OpenVMS

Struktur - Anwendungen - PC-Integration

von
Werner Simon

3., überarbeitete und erweiterte Auflage

R. Oldenbourg Verlag München Wien 1995

Die Deutsche Bibliothek - CIP-Einheitsaufnahme

Simon, Werner:
Open VMS / von Werner Simon. - 3., überarb. und erw. Aufl. -
München ; Wien : Oldenbourg, 1995
Bis 2. Aufl. u.d.T.: Simon, Werner: VAX, VMS
ISBN 3-486-23259-2

Gesamtherstellung: R. Oldenbourg Graphische Betriebe GmbH, München

ISBN 3-486-23259-2

Inhaltsverzeichnis

Vorwort

Mehrbenutzer–Betriebssysteme haben die Aufgabe, die Betriebsmittel (resources) des Rechners gleichmäßig den Benutzern dieses Rechners zur Verfügung zu stellen, sowie den Ablauf der Programme im Rechner zu steuern und zu überwachen. Außerdem soll das Betriebssystem Benutzern den Umgang mit dem Rechner erleichtern. Die Konzepte von allen Mehrbenutzer–Betriebssystemen sind ähnlich. Befehle und Funktionen des in diesem Buch behandelten bekannten Mehrbenutzer–Betriebssystems OpenVMS der Fa. Digital Equipment Corporation (DEC) finden sich auch in anderen Betriebssystemen wieder.

OpenVMS ist ein *interactive–multiuser–realtime–virtual* Betriebssystem, das sich hervorragend für die Darstellung der Struktur und der Benutzung moderner Betriebssysteme eignet.

Dieses Buch beschreibt aus der Sicht des Anwenders die Nutzung eines Rechners unter dem Betriebssystem OpenVMS (open virtual memory system), sowie den Einsatz dieses Betriebssystems als Serversystem für PC–Netzwerke auf LAN Manager–Basis. Es eignet sich als Wegweiser für erstmalige Benutzer und als Informationsquelle für erfahrene VMS Anwender. OpenVMS unterstützt als einheitliches Betriebssystem VAX Prozessoren mit einer 32–Bit–Architektur und Alpha–AXP Prozessoren mit einer 64–Bit–Architektur. Die Anwendungsspanne reicht vom kleinen Alpha PC bis zum komplexen Mehrprozessorsystem.

War der ursprüngliche Einsatzbereich mehr technisch–wissenschaftlich gedacht, so ergaben sich mit dem rapiden Wachstum der Informationsverarbeitung immer neue Einsatzbereiche. Das Buch bietet einen vollständigen Einblick in das Betriebssystem OpenVMS. Es werden die Befehle und Anweisungen für eine schnellstmögliche und eine effiziente Systemanwendung vermittelt. Der Bogen spannt sich von der Terminaleinstellung, dem Filesystem, der Kommandosprache und dem System–Management eines OpenVMS Systems bis zur Netzwerkeinbindung. Dabei wird neben der Kommandosprache DCL (*DEC command language*) der Standard–Editor EDIT/TPU ausführlich behandelt. Auf die Dienstprogramme wie MAIL und PHONE wird ebenso eingegangen wie auf die Programmentwicklung unter OpenVMS. Der Einblick in die Struktur von VMS vermittelt ein besseres Verständnis für die internen Abläufe von Mehrbenutzerbetriebssystemen. Weitere Aspekte sind die Schutzmechanismen in VMS (Datenschutz, Security) sowie Dienstprogramme für das System–Management.
Ausführlich wird die Anbindung von Personalcomputern an OpenVMS behandelt. Das Software Produkt PATHWORKS unterstützt die PC–Vernetzung für die unterschiedlichsten Betriebssysteme und bildet die Grundlage moderner Client/Server Anwendungen.

Das Buch basiert auf der jahrelangen Erfahrung bei der Schulung von VMS–Benutzern und enthält zahlreiche getestete Beispiele und Übungsaufgaben.

Da dieses Buch kein Originalmanual ersetzen soll, stellen die aufgeführten DCL–Kommandos bewußt nur eine Auswahl dar, sowohl in ihrer Gesamtheit als auch in ihren Möglichkeiten weiterer Spezifikation durch Befehlszusätze (Qualifier). Dadurch wird der Anfänger nicht durch zuviel Information verwirrt. Eine ausführlichere Beschreibung kann jederzeit am Bildschirm über die OpenVMS–Help–Utility abgerufen werden.

Das Buch gliedert sich in folgende Hauptkapitel:

- OpenVMS– Struktur,
- Benutzerumgebung (Bildschirmbedienung und Editor),
- DEC command language (DCL),
- Programmentwicklung unter OpenVMS,
- OpenVMS–Schutzmechanismen,
- System–Management eines *multiuser* System,
- Netzwerkbetrieb unter OpenVMS (DECnet, TCP/IP, OSI),
- Die Anbindung von Personal–Computern an OpenVMS auf LAN Manager–Basis.

Das Kapitel über die OpenVMS–Struktur veranschaulicht die Konzepte und Strategien von VMS. Danach folgen die Abschnitte über die praktische Arbeit mit VMS. Der Netzwerkbetrieb (DECnet, TPC/IP) und die Möglichkeiten der Integration der Personal–Computer (PC) in die OpenVMS–Welt sind ein weiterer Schwerpunkt des Buches. Es werden sowohl die PATHWORKS Serververwaltung als auch die Nutzung der PATHWORKS Client Software auf der Basis von LAN Manager ausführlich beschrieben.

Ein ausführliches Stichwortverzeichnis, ein Literaturverzeichnis sowie Lösungen zu den Übungsaufgaben sind im Anhang zu finden.

Dem vorliegenden Buch liegen die OpenVMS–Version 6.2 und die Version 5 von PATHWORKS (LAN Manager) für OpenVMS bzw. MS–DOS zugrunde.

1. OpenVMS – Struktur

OpenVMS – das Betriebssystem der VAX– und Alpha AXP–Rechnerserie der Fa. Digital Equipment Corporation ist ein Betriebssystem, welches die Anforderungen an ein Mehrbenutzer–Betriebssystem (multiuser system) glänzend erfüllt und auch Echtzeit–Verarbeitung (realtime) erlaubt.
Der VAX–Rechner basiert auf einer CISC Architektur und der Alpha AXP–Rechner auf der RISC Architektur. Dabei steht CISC für complex instruction set computer und RISC für reduced instruction set computer. In der nachfolgenden Tabelle sind die wesentlichen Architekturunterschiede zwischen der VAX– und Alpha–Rechnerserie dargestellt.

	VAX	**Alpha AXP**
Architektur	CISC	RISC
Virtueller Adreßraum	32 Bits	64 Bits
Physikalischer Adreßraum	bis zu 32 Bits	bis zu 48 Bits
Seitengröße	512 Bytes	8 KBytes–64 KBytes
Befehlslänge	1–51 Bytes	4 Bytes
Anzahl der Befehle	256	132
Allgemeine Register	16 zu 32 Bits	64 zu 64 Bits
Direkt unterstützte Datentypen	integer, floating, bit field, character string, decimal data, queue	integer, floating
Adressierungsmodi	21	3

Ein virtuelles Speichersystem und die Einführung des Prozeß–Begriffs als Verwaltungseinheit für parallel laufende Programme ermöglichen ein Betriebssystem mit den Eigenschaften: *interactiv–multiuser–realtime–virtuell.*

1.1 Aufgaben eines Betriebssystems

Das Betriebssystem (operating system) ist ein Programm, welches als wichtigste Aufgaben hat, alle Betriebsmittel (resources) des Rechners gleichmäßig den Benutzern dieses Rechners zur Verfügung zu stellen, sowie den Ablauf der Programme im Rechner zu steuern und zu überwachen.
Betriebsmittel sind insbesondere der Hauptspeicher und die Hintergrundspeicher (Magnetplatten) eines Computers.
Außerdem soll das Betriebssystem Benutzern den Umgang mit dem Rechner erleichtern.

Nur unter Benutzung des Betriebssystems läßt sich die Hardware des Rechners von Benutzerprogrammen aus ansprechen.
Auf einem Computer, dessen Kapazität sich mehrere Benutzer teilen, müssen die Betriebsmittel zu gleichen Teilen für die Benutzer zur Verfügung stehen. Jeder Benutzer eines Mehrbenutzer–Betriebssystems soll den Eindruck haben, daß er al-

leine den Rechner benutzt. Damit werden an ein Mehrbenutzer–Betriebssystem erheblich höhere Anforderungen bzgl. Ablaufsteuerung, Speicherverwaltung, Sicherheit und Datenschutz gestellt als an ein Einbenutzer–Betriebssystem (single user) wie beispielsweise CP/M oder MS–DOS.

Das Betriebssystem OpenVMS ist auf Grund seiner Struktur für alle Anwendungen der Datenverarbeitung geeignet. Kenntnisse über die interne Arbeitsweise von OpenVMS können hilfreich für eine effizientere Programmierung sein.
Nachfolgend wird anhand von OpenVMS die Struktur eines modernen Betriebssystems erläutert.

1.2 Der Prozeß–Begriff

Job und Prozeß sind im Betriebssystem OpenVMS grundlegende Begriffe. Erfolgt von einem Terminal aus die Anmeldung eines Benutzers (login), so wird ein Job eingerichtet. Die Datenstruktur, die diesen Job verwaltet, heißt Jobinformationsblock (JIB). Dort werden die für die gesamte Jobabarbeitung zugelassenen Betriebsmittel (Quotas) vermerkt, beispielsweise die maximal erlaubte CPU–Zeit und die für E/A–Aufträge maximal zugelassenen Buffer).
Jobs werden auch bei der Stapelverarbeitung (batch jobs) und dem Netzwerkbetrieb angelegt. Zu jedem Job gehört ein Prozeß. Unter OpenVMS werden batch jobs durch eine Datei gesteuert, die Kommandos enthält.

Definition: Ein Prozeß (task, process) ist die startbare (schedulable) Einheit, welche durch den Prozessor bearbeitet wird.

Als Voraussetzung für die Realisierung eines Betriebssystems mit den Eigenschaften *multiuser* und *ereignisgesteuert* ist die Einführung eines Prozeß–Modells erforderlich.
Für ein gestartetes Programm wird im Betriebssystem ein Prozeß erzeugt, in dem die gesamte Information über das ablaufende Programm enthalten ist. Durch das Wort *Prozeß* soll das Dynamische eines ablaufenden Programms zum Ausdruck kommen.
Man muß den Prozeß klar von dem dazugehörenden Programmcode unterscheiden. Von einem Programm können im Betriebssystem mehrere Prozesse existieren.

Ein Prozeß umfaßt alle Komponenten, die für die Ausführung eines Programms benötigt werden:

- Hardware–Kontext
- Software–Kontext
- Virtuelle Adreßabbildung
- Programmcode (Image)

Unter OpenVMS gibt es zwei Hauptgruppen von Prozessen, die Hauptprozesse (detached process) und die Subprozesse. Zu jedem Job gehört genau ein Hauptprozeß. Innerhalb eines Prozesses kann immer nur ein Image geladen sein. So können von einem Prozeß beliebig viele Images nacheinander abgearbeitet werden.
Subprozesse können von einem Hauptprozeß erzeugt werden und erlauben dadurch eine scheinbar parallele Ausführung von Images. Subprozesse sind immer

fest mit ihrem erzeugenden Hauptprozeß verbunden. Ein Subprozeß wird spätestens dann beendet, wenn der Hauptprozeß beendet ist. Eine parallele Ausführung von Prozessen oder Subprozessen ist nur bei Mehrprozessorsystemen möglich.

Hardware–Kontext

Der Hardware–Kontext eines Prozesses umfaßt unter anderem die verschiedenen Registerinhalte. Dazu zählen bei einem Alpha AXP–Prozessor der Befehlszähler (program counter), 32 Integer und 32 Floating–point–Register sowie Register, die bei OpenVMS als Stack Pointer benutzt werden. Das Ablegen des Hardware–Kontexts des gerade aktiven Prozesses und das Laden des Hardware–Kontexts für einen neuen Prozess wird als context switching bezeichnet. Context switching vollzieht sich bei jedem Prozeßwechsel durch den Scheduler des Betriebssystems.

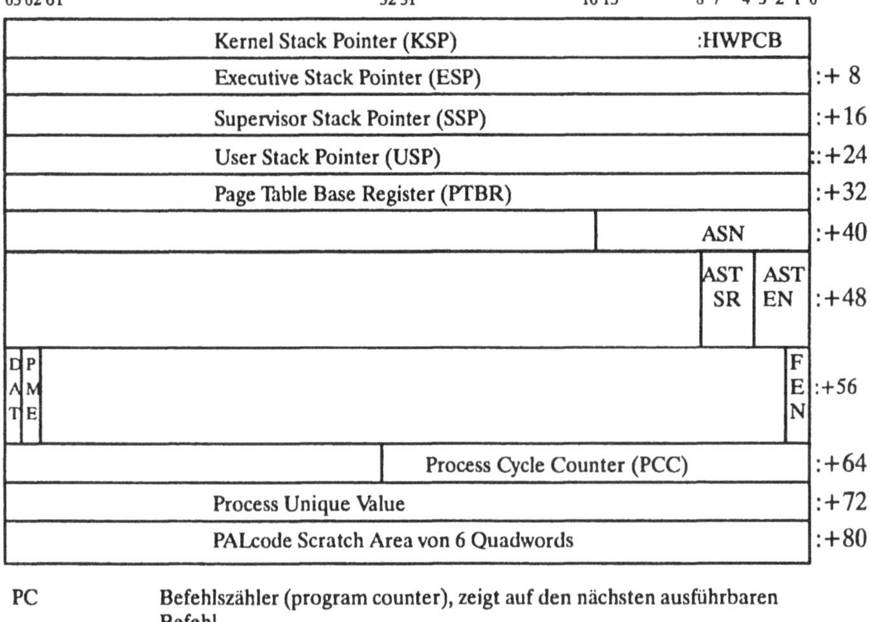

PC	Befehlszähler (program counter), zeigt auf den nächsten ausführbaren Befehl
PS	Processor status Register, enthält den aktuellen Status des Prozessors.
ASTEN,	Asynchronous system trap enable
ASTSR	Asynchronous summary register
PTBR	Process page table base register
ASN	Address space number
FEN	Floating enable register
PCC	Process cycle counter
DAT	Data alignment trap
PME	Performance monitoring enable register

Abb. 1.2–1: Hardware Kontextblock (privilegiert)

Die Adresse des Hardware Privileged Context Block (HWPCB) des aktuellen Prozesses steht im Privileged Context Block Base Register (PCBB). Der Befehl

SWPCTX speichert den Prozeßkontext des aktuellen Prozesses in dem durch den Inhalt des Registers PCBB spezifizierten HWPCB.

Software–Kontext

Der Software–Kontext eines Prozesses umfaßt alle Informationen darüber, wann dieser Prozeß das nächste Mal die Kontrolle der CPU erhält, d.h. gestartet wird, und welche Funktionen dieser Prozeß ausführen darf, wenn er abläuft.
Die vom Betriebssystem zu verwaltende Information über den Zustand eines Prozesses ist sehr umfangreich und wird unter OpenVMS in verschiedenen Kontrollblöcken verwaltet. Die Information, welche zu einem Prozeß immer im Hauptspeicher sein muß, wird in der Datenstruktur PCB (process control block) abgelegt. Darin sind die eindeutige Prozeßidentifikation (PID) und Angaben wie Priorität oder der Zustand eines Prozesses enthalten. Wird ein Prozeß ausgelagert, wird seine Position im Swapfile des Hintergrundspeichers auch im PCB vermerkt. Im JIB (job information block) befinden sich die Angaben über die maximal erlaubten Betriebsmittel (limits, quotas), im Prozeß–Header (PHD) Angaben zu den Privilegien des Prozesses, ein Zeiger zum Hardware PCB (Hardware–Kontext), Angaben über verbrauchte CPU–Zeit oder Anzahl der Plattenzugriffe sowie Angaben zur virtuellen Adreßumgebung. Im ARB (access rights block) befinden sich Angaben zu den Identifier (beschrieben im Abschnitt "9.1.5 Identifier–Zuweisung"), über welche Zugriffsberechtigungen des Prozesses festgelegt sind.

Zum Software–Kontext zählen:

- Priorität:
  Sie entscheidet darüber, welcher Prozeß als nächster die Kontrolle über die CPU erhält.
- Prozeßzustände:
  - gerade rechnend (CUR),
  - gerade nicht aktiv, aber bereit den Programmcode auszuführen, wenn die CPU frei wird (READY),
  - wartend auf ein Ereignis (WAIT).

  Beim OpenVMS Betriebssystem gibt es noch weitere Prozeßzustände (siehe auch Abb. 1.3–2), die im Prinzip nur verschiedene Wartebedingungen kennzeichnen (scheduler wait queues). READY entspricht unter OpenVMS dem Zustand COM (computable).
- Privilegien:
  Bestimmen, welche Rechte ein Prozeß bei seiner Abarbeitung hat. Dazu zählen vor allem die sogenannten gefährlichen Rechte. Das sind Privilegien, die es erlauben, das Betriebssystem bzw. andere Prozesse zu beeinflussen.
- Identifier:
  Legen die Zugriffsberechtigungen auf Betriebsmittel wie beispielsweise Plattenverzeichnisse (Directories) und Drucker fest.
- Quotas:
  Begrenzen die Anzahl der Betriebsmittel (resources), die ein Prozeß benutzen darf. Als wichtigstes Betriebsmittel wird dabei der Hauptspeicher angesehen.
- Abrechnungsdaten:
  Es werden die verbrauchte CPU–Zeit und die benötigten Betriebsmittel des

Prozesses während der Abarbeitung aufsummiert. Bei Prozeß-Ende werden diese Daten in eine Abrechnungs-Datei geschrieben. Diese Datei kann für die Abrechnung (accounting) der Rechnerleistungen benutzt werden.

Der Programmcode (Image)

Das Image oder der Programmcode, der vierte Teil eines Prozesses, wird ausgeführt, wenn der Prozeß zum laufenden Prozeß wird (Zustand: *current*). Der Programmcode befindet sich auf dem Hintergrundspeicher (Platte) und wird beim Programmstart (image activation) in den Hauptspeicher übertragen. Mehrere Prozesse können dasselbe Image benutzen. Innerhalb eines Prozesses kann immer nur ein Image geladen und ausgeführt werden.

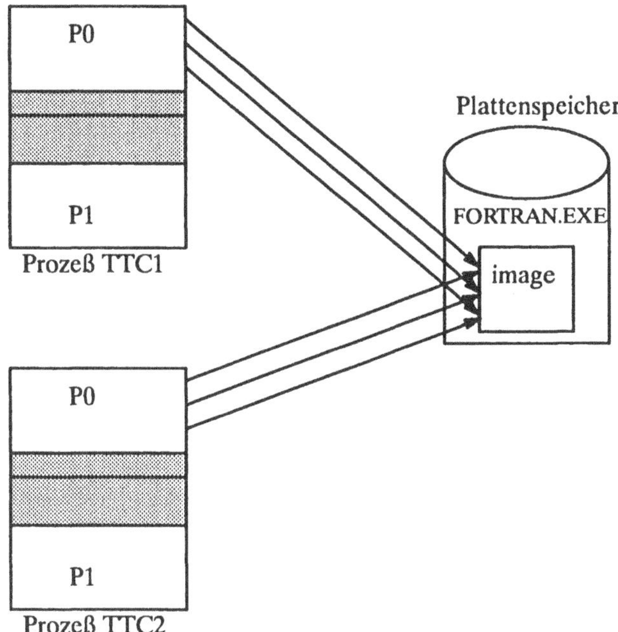

Abb. 1.2–2: Gemeinsam benutzter Programmcode

Die Abbildung 1.2–2 zeigt den Status von zwei Benutzern. Einem Benutzer ist der Prozeß TTC1, dem anderen der Prozeß TTC2 zugeordnet. Beide sind bereit, die Ausführung des FORTRAN-Compilers zu beginnen.

1.3 Scheduling unter OpenVMS

Die Einführung von Prioritäten für die Prozesse ist Voraussetzung für die Realisierung eines Echtzeit-Betriebssystems (*realtime*).
Unter OpenVMS gilt, daß immer der Prozeß mit höchster Priorität von der CPU zu bearbeiten ist. Zwei verschiedene Mechanismen, die das Wort Priorität enthalten, sind jedem Prozeß zugeordnet:

- Der Interrupt priority level (IPL) steuert die Reihenfolge der Abarbeitung der durch die Hardware verursachten Unterbrechungen (interrupts). Der IPL wird im processor status longword (PSL) des Prozesses verwaltet.
- Die Prozeß–Priorität beeinflußt die Reihenfolge der Bearbeitung der Prozesse (Scheduling) sowie die Anwesenheit im Hauptspeicher. Das Wort Priorität ohne Zusatz bezieht sich immer auf die Prozeß–Priorität. Die Priorität ist ein Bestandteil des Prozeß–Kontrollblocks (PCB).

Unter OpenVMS für VAX gibt es maximal 32 unterschiedliche Scheduling–Prioritäten (0 bis 31). Die Prioritäten 0 bis 15 werden dabei als Timesharing–Prioritäten, 16 bis 31 als Echtzeit–Prioritäten (realtime) bezeichnet. Die Default–Priorität für Terminalbenutzer ist 4 und kann vom System–Manager festgelegt werden. Für Alpha AXP–Prozessoren stehen 64 Prioritäten zur Verfügung. Die Prioritäten 0 bis 15 sind Timesharing–Prioritäten und 16 bis 63 sind Echtzeitprozessen zugewiesen.

Jeder Prozeß hat einen bestimmten Zustand. Er kann beispielsweise auf die Beendigung eines I/O–Vorgangs warten, oder er wartet auf kein externes Ereignis und ist damit ein "rechnender" (computable) Prozeß. Unter OpenVMS gibt es mehrere unterschiedliche Wartezustände. Jedem Zustand ist eine Warteschlange zugeordnet (siehe Abb. 1.3–2 Scheduling unter OpenVMS). Für jede der bei OpenVMS möglichen 32 Prioritäten (0 bis 31) bzw. 64 Prioritäten gibt es im Zustand "rechnend" (*COM*) eine Warteschlange.

Der Prozeß ist die startbare (schedulable) Einheit im OpenVMS. Der Prozeß–Starter (scheduler) arbeitet so, daß immer die Prozesse mit der höchsten Priorität in die Liste der rechnenden Prozesse eingereiht werden.

Der Scheduler ist eine extrem schnelle Routine im Betriebssystemkern (executive) des OpenVMS, die immer nach jedem Interrupt (Unterbrechung) aktiviert wird, d.h. wenn ein Prozeß–Zustandswechsel zu erwarten ist. Pro Prioritätsstufe ist in dem sogenannten summary longword ein Bit gesetzt, wenn die zugehörige Warteschlange nicht leer ist. Ein spezieller Prozeß–Kontrollblock ist als Platzhalter definiert (null PCB). Dieser kennzeichnet, daß kein gültiger PCB vorhanden ist. In älteren VMS Versionen war dies der NULL–Prozeß, der in einer unendlichen Schleife lief. Dieser wird nicht mehr ausgeführt.

Interrupts und andere Systemereignisse können den Prozeß–Zustand verändern. Beim Übergang von LEF nach COM wird beispielsweise der Scheduler aufgerufen. Dieser verdrängt den gerade aktiven Prozeß, wenn der gerade computable werdende Prozeß eine höhere Priorität hat als der bisher aktive Prozeß.

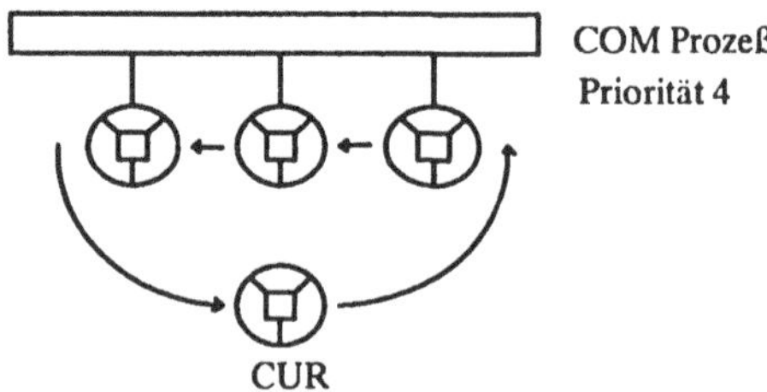

Abb. 1.3–1: Round–Robin–Scheduling

Der Scheduler muß dafür sorgen, daß immer der Prozeß mit der höchsten Priorität die CPU erhält. Timesharing–Prozesse mit gleicher Priorität werden nach dem

Round–Robin–Verfahren gestartet. Hierzu ist festgelegt, daß Prozesse maximal eine Zeitscheibe (*quantum*) lang die CPU belegen können. Danach erfolgt automatisch eine Verdrängung des Prozesses und ein Einreihen an das Ende der prioritätspezifischen Warteschlange.

Wird OpenVMS auf einer Mehrprozessormaschine benutzt, so bearbeitet der Scheduler zusätzlich eine Datenbasis, die prozessorspezifische Information enthält. Diese Datenbasis enthält unter anderem den CPU–Zustand, die CPU–Priorität, die CPU–Identifikation sowie einen Verweis auf den PCB des gerade aktiven Prozesses. Jede CPU wird durch eine Zahl zwischen 0 und 31 identifiziert. In der OpenVMS Literatur ist dies unter dem Stichwort symmetric multiprocessing (SMP) zu finden.

Prozeß–Zustandsbezeichnungen unter OpenVMS

Nachfolgend sind die wichtigsten Prozeß–Zustände bei OpenVMS aufgeführt. Die Abbildung 1.3–2 veranschaulicht die möglichen Prozeß–Zustandsübergänge unter OpenVMS.

Prozeß–Zustand	**Bedeutung**
Collided page wait (COLPG)	Prozeß–Seitenfehler bei einer Seite, die gerade ein– bzw. ausgelagert wird.
Common event flag wait (CEF)	Prozeß wartet auf das Setzen eines Event Flags, das shared ist. Event Flags sind ein Ein–Bit Interprozeß–Signalmechanismus
Free page wait (FPG)	Prozeß wartet auf eine freie Kachel des Hauptspeichers.
Hibernate wait (HIB)	Prozeß befindet sich im *Schlafzustand* und ist im Hauptspeicher.
Hibernate wait, swapped out of Memory (HIBO)	Prozeß befindet sich im *Schlafzustand* und ist aus dem Speicher ausgelagert.
Local event flag wait (LEF)	Prozeß wartet auf das Setzen eines lokalen Event Flags (gebräuchlich für I/O–Vorgänge) und ist im Hauptspeicher.
Local event flag wait outswapped (LEFO)	Prozeß wartet auf das Setzen eines lokalen outswapped, ist aber ausgelagert auf Platte
Suspended wait (SUSP)	Prozeß ist angehalten (suspended) und im Hauptspeicher.
Suspended wait out of memory (SUSPO)	Prozeß ist angehalten (suspended) und nicht im Hauptspeicher.
Miscellaneous wait (MWAIT)	Prozeß wartet auf ein Betriebsmittel, ein Job–Quota oder ein belegtes Mutex (mutual exclusion semaphor).
Page fault wait (PFW)	Prozeß wartet auf eine Seite, die sich nicht in seinem Working–Set befindet und vom Hintergrundspeicher eingelesen werden muß.

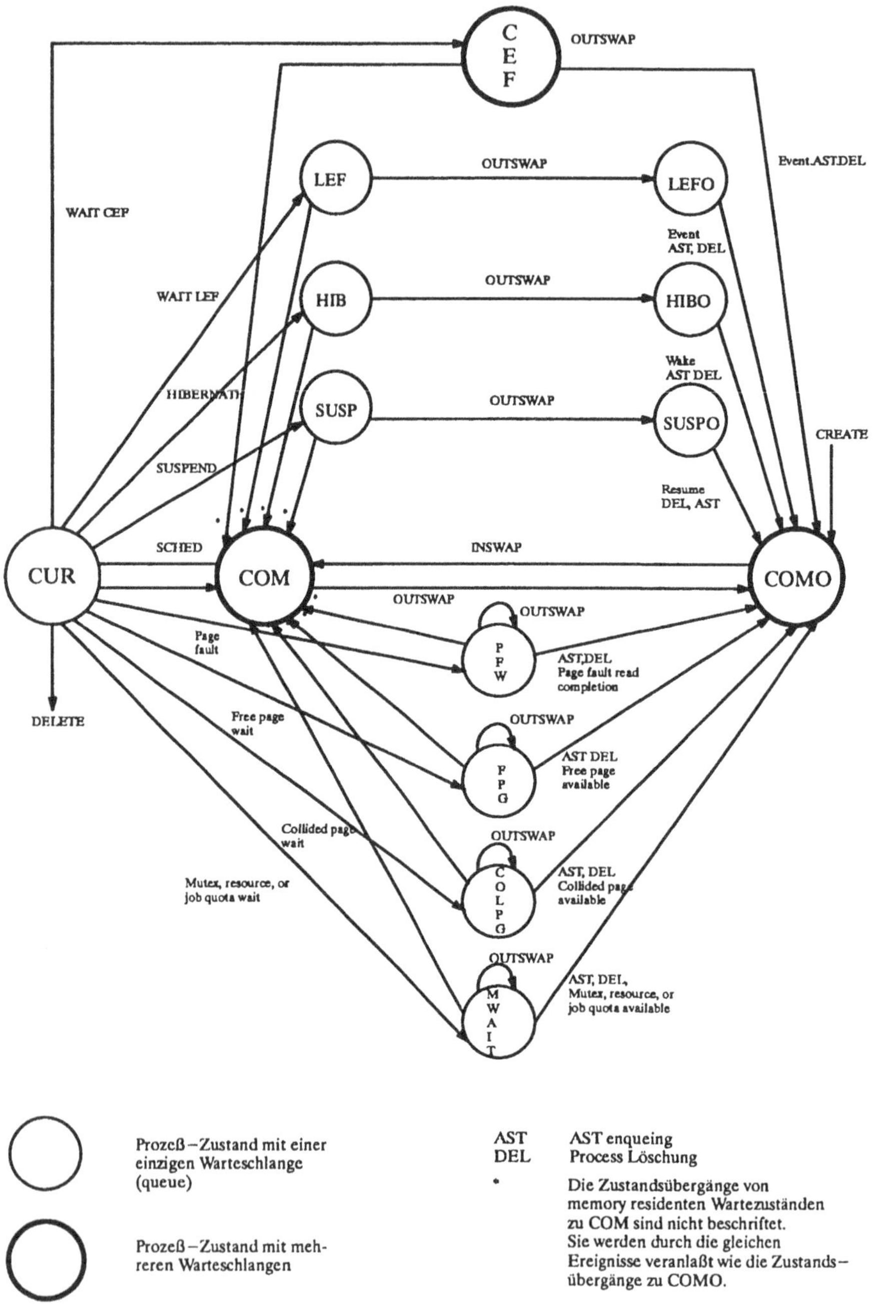

Abb. 1.3−2: Scheduling unter OpenVMS

Im laufenden Betrieb eines OpenVMS–Systems können verschiedene Wartezustände aufgrund nicht ausreichender Betriebsmittel, fehlender Job Quota oder blockierter Mutexe entstehen. Diese MWAIT–Zustände (miscellaneous wait state) haben verschiedene Ursachen, die sich meist nur sehr schwer erkennen lassen. Die nachfolgende Tabelle soll einige Hinweise dazu geben.
Ein Mutex dient unter OpenVMS der Kontrolle des Zugriffs der Prozesse auf geschützte Datenstrukturen des Betriebssystems (Semaphortechnik). Unter AST (asynchronous system trap) wird in der OpenVMS–Literatur ein Mechanismus verstanden, mit dem Prozessen ein asynchron aufgetretenens Ereignis gemeldet wird. Der Prozeß wird beim Auftreten eines derartigen Ereignisses sofort unterbrochen und kann unmittelbar darauf reagieren.

Kürzel	Name des Resource Wait
RWAST	Wartet auf die Beendigung eines speziellen Kernel AST. Dieser Zustand kann eintreten nach dem Absenden eines AST zu einem Prozeß, und wenn noch zu viele E/A–Anforderungen des Prozesses ausstehen.
RWMBX	Mailbox ist voll.
RWNPG	Nicht genügend nonpaged dynamic memory vorhanden.
RWPFF	Der Page–File ist voll.
RWPAG	Nicht genügend paged dynamic memory vorhanden.
RWBRK	– noch nicht benutzt –
RWIMG	– noch nicht benutzt –
RWQUO	Job pooled quota
RWLCK	– noch nicht benutzt –
RWSWP	Nicht genügend Platz im Swap–File vorhanden.
RWMPE	Die modified page list ist leer.
RWMPB	Der modified page writer ist belegt (busy).
RWSCS	Distributed lock manager wait (Cluster–Betrieb), der Lock–Manager muß auf Antwort von einem anderen System im Cluster warten.
RWCLU	Cluster–Zustandswechsel (Cluster–Betrieb).
RWCAP	CPU capability wait, ein Prozeß benötigt für die weitere Abarbeitung eine andere CPU, die nicht frei ist (nur bei SMP–Systemen).
RWCSV	Cluster server process wait, die maximale Zahl ausstehender Transferanforderungen eines OpenVMS–Clusterknotens zu einem anderen Clusterknoten ist erreicht.

Prioritäts–Scheduling

OpenVMS ist ereignisgesteuert und mit einem effizienten Interrupt–Mechanismus ausgestattet. Man unterscheidet hierbei zwischen den programmgetriebenen Ereignissen Exceptions, die aus der direkten Verarbeitung eines Programms, beispielsweise eine Division durch 0, resultieren und auch synchronous events genannt werden und den Ereignissen, die systemweit ausgelöst werden und unter OpenVMS Interrupts (asynchronous events) genannt werden.

Wird die CPU bei der Ausführung von Befehlen unterbrochen, so erfolgt die Abarbeitung des Ereignisses immer nach dem gleichen Schema:

- Die CPU muß die Betriebssystemroutine (interrupt service routine) lokalisieren, die für die Bearbeitung dieser Unterbrechung zuständig ist.
- Der aktuelle Status des Prozessors muß gesichert werden (Hardware–Kontext)
- Die lokalisierte Betriebssystemroutine muß abgearbeitet werden.
- Die CPU hat die beim Eintritt des Ereignisses unterbrochene Arbeit wieder aufzunehmen. Es wird der Prozeß weiterbearbeitet, welcher in der Liste der wartenden Prozesse (computable) die höchste Priorität hat.

Prozesse werden unter OpenVMS gemäß ihrer Priorität gestartet. Zwei Merkmale unterscheiden Echtzeit–Prozesse von Timesharing–Prozessen:

- Die einmal festgelegte Priorität ändert sich nicht bei der Bearbeitung, wenn diese nicht direkt durch das Programm selbst oder einen Operatorbefehl gewollt wird (keine dynamische Prioritätsanpassung).
- Ein Echtzeit–Prozeß wird solange ausgeführt, bis er entweder durch einen Prozeß mit höherer Priorität verdrängt wird oder selbst in einen Wartezustand übergeht.

Starre Prioritäten führen zwangsläufig zu einer starken Benachteiligung I/O–intensiver Prozesse, da diese selten ihre volle CPU–Zeitscheibe ausnützen können. Das Scheduling–Prinzip von OpenVMS beinhaltet die Möglichkeit, die Priorität von Prozessen dynamisch zu verändern. Damit lassen sich I/O–intensive Prozesse beschleunigen. Dies wird für Prozesse mit Timesharing–Priorität angewandt. Falls ein Ereignis eintritt, auf das ein Prozeß gewartet hat oder ein benötigtes Betriebsmittel verfügbar wird, so wird die aktuelle Priorität neu bestimmt indem die Basis–Priorität automatisch erhöht wird (priority boosting). Die Erhöhung der Priorität richtet sich dabei nach der Art des aufgetretenen Ereignisses.
Beispielsweise wird bei einem Prozeß mit der Priorität 4 nach Abschluß eines Terminalinterrupts (Ende einer I/O–Operation, Zustandswechsel von LEF nach COM) mit jeder Zeitscheibe schrittweise die Priorität bis auf maximal 10 erhöht und danach wieder schrittweise bis zur Basis–Priorität verringert.

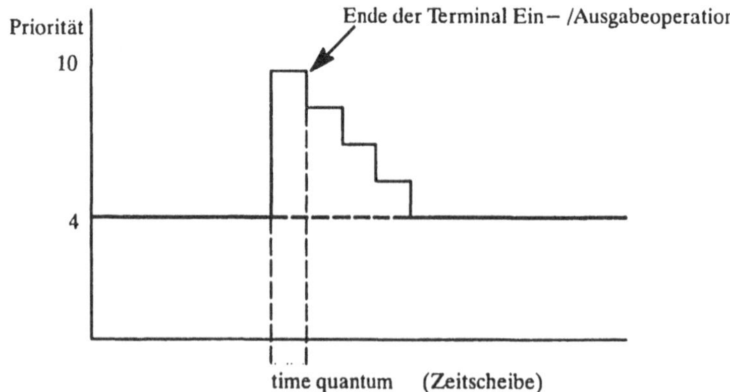

Abb. 1.3–3: Dynamische Prioritäten

1.4 Virtuelles Speicherkonzept

Das Speicherkonzept beschreibt die Hardware und Software, welche für die Verwaltung des physikalischen Speichers benötigt wird. In einem typischen multitasking System befinden sich mehrere Prozesse gleichzeitig im physikalischen Hauptspeicher. OpenVMS verwendet mehrere Adreßräume und Speicherschutzmechanismen, um zu gewährleisten, daß die verschiedenen Prozesse und das Betriebssystem sich nicht gegenseitig stören. Ein virtuelles Speicherkonzept erlaubt den Ablauf von Programmen vollkommen unabhängig von der Größe des tatsächlich vorhandenen Hauptspeichers. Ein virtuelles Speichersystem simuliert das Vorhandensein von physikalischem Hauptspeicher indem der Speicherinhalt transparent zwischen dem physikalischen Hauptspeicher und einem Hintergrundspeicher (üblicherweise Plattenspeicher) bewegt wird. Die Hauptspeicherverwaltung (memory management) bei OpenVMS für Alpha AXP unterscheidet sich von der Speicherverwaltung, die bei VAX Prozessoren verwendet wird.

- Bei der VAX wird der durch die 32 Bit–Adressierung vorgegebene Adreßraum (virtueller Adreßraum) von 2^{32} –1 Byte (ca. 4 GByte) in sogenannte Seiten (*pages*) konstanter Größe (512 Bytes) aufgeteilt. Entsprechend wird der zur Verfügung stehende physikalische Hauptspeicher in sogenannte Kacheln (*frames*) konstanter Größe aufgeteilt (512 Bytes). Außerdem wird der Hintergrundspeicher (Platte) in Blöcke konstanter Größe (512 Bytes) eingeteilt.
- Bei Alpha AXP besteht die virtuelle Adresse aus 64 Bits. Abhängig von der Konfiguration umfaßt der virtuelle Adreßraum 43, 47, 51 oder 55 Bits in Abhängigkeit der verwendeten Seitengröße (page size). Die Seitengröße reicht von 8K Bytes bis 64K Bytes. Eine Alpha AXP–Seite besteht aus sogenannten pagelets. Ein pagelet entspricht einer bei der VAX verwendeten Seitengröße von 512 Bytes.

Der Anteil des Hauptspeichers, die jeder Prozeß maximal belegen darf, wird allgemein als der *Working–Set* des Prozesses bezeichnet. Diese Größe kann der System–Manager eines OpenVMS Systems an die Anwendungen anpassen.
Wird ein Programm gestartet, so darf es sich maximal bis zur Größe des Working–Sets im Hauptspeicher ausdehnen. Benötigt der zugehörige Prozeß danach noch mehr Hauptspeicher, so muß er für eine neu zu ladende Seite eine andere Seite seines Working Sets hergeben. Es wird die Seite im Hauptspeicher von einer neu zu ladenden Seite überschrieben, die am längsten im Working–Set ist. Wurde diese Seite während des Programmablaufs verändert, so wird sie auf den sogenannten Pagefile (Plattenfile) geschrieben.

Wird beim Programmablauf eine alte Seite, die sich nicht mehr im Working–Set befindet, erneut angesprochen, so wird ein Interrupt generiert (Seitenfehler–Unterbrechung = page fault interrupt). Das Betriebssystem stellt dann dem Prozeß automatisch diese Seite wieder in den Working–Set (*paging*).

Das obige Beispiel ist stark vereinfacht. Man erkennt dabei aber auch einen Nachteil eines virtuellen Betriebssystems: Es sind während des Programmablaufs Plattenzugriffe erforderlich, um fehlende Seiten in den Hauptspeicher zu laden.
Ziel jedes virtuellen Betriebssystems ist es, die Overheadzeiten für das Paging zu minimieren. Bei OpenVMS wird dies beispielsweise durch die Verwendung eines *Cache*–Konzepts (free page list, modified page list) und eines *Translation–Buffers*

erreicht. Alte Seiten, die überlagert werden sollen, werden in einem Bereich des Hauptspeichers zwischengepuffert. Wird die Seite während der Programmausführung verändert, wird sie bei Freigabe der *modified page list,* sonst der *free page list* zugeordnet. Für eine ausgelagerte Seite besteht die Chance, daß sie bei erneuter Ansprache noch im Cache gefunden wird und nicht wieder von der Platte eingelagert werden muß.

Die zwei Hauptvorteile eines virtuellen Betriebssystems sind:

- Es werden Programme unterstützt, die mehr Hauptspeicher benötigen, als physikalisch verfügbar ist. Änderung der Programme zur Anpassung an die verfügbare Hauptspeichergröße sind nicht erforderlich.
- Es können eine größere Anzahl von Benutzerprozessen gleichzeitig im Hauptspeicher sein als theoretisch von den Programmgrößen her möglich wäre, da für jeden Prozeß nur maximal der Working–Set an Hauptspeicherkacheln belegt wird.

1.4.1 Vereinfachtes Beispiel eines virtuellen Systems

Ein virtuelles Speicherkonzept erlaubt den Ablauf von Programmen vollkommen unabhängig von dem tatsächlich vorhandenen Hauptspeicher. Die Anzahl der Seiten eines Prozesses, die sich gleichzeitig im Hauptspeicher befinden, wird als der *Working–Set* des Prozesses bezeichnet. Unter OpenVMS kann die maximale Größe eines *Working–Sets* sowohl systemweit (Systemparameter WSMAX) als auch userprozeßweit (Userparameter WSEXTEND) festgelegt werden.

Das Programm habe eine Größe von 2 MByte (4000 Pages), und der physikalische Adreßraum (Hauptspeicher) umfasse 4 MByte. Vom System–Manager wird festgelegt, daß jeder Benutzer beispielsweise nur 1000 Pages des Hauptspeichers benutzen darf. Diese Festlegung erfolgt über den Userparameter WSEXTEND und definiert die Größe, auf die sich der *Working–Set* eines Benutzers maximal ausdehnen kann.

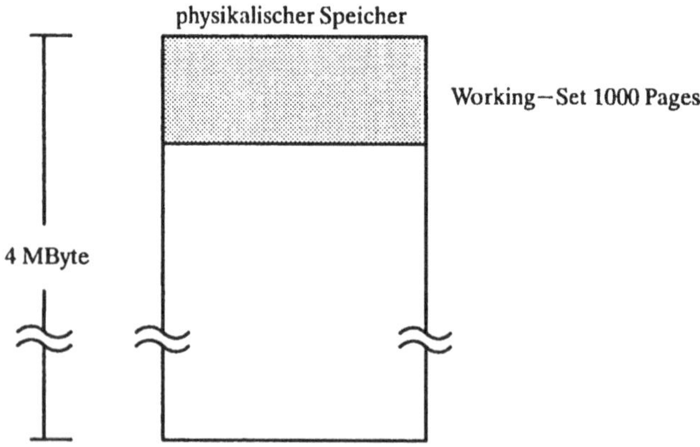

Abb. 1.4–1: Working–Set im Hauptspeicher

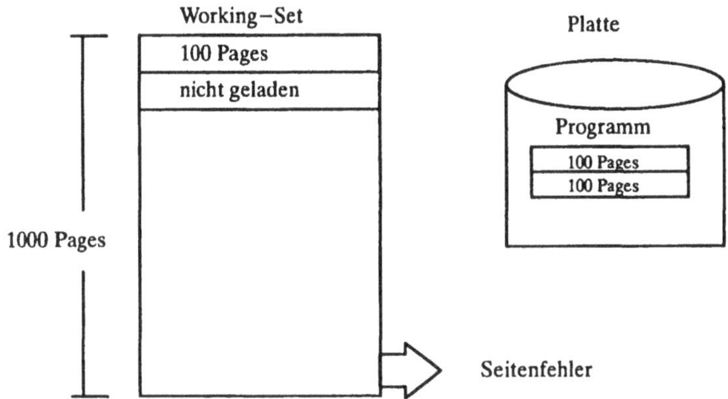

Abb. 1.4–2: Seitenfehler (page fault) beim Laden eines Programms

Das Programm wird gestartet, und es werden beispielsweise die ersten 100 Pages (definiert über den Systemparameter PFCDEFAULT), vom Hintergrundspeicher in den Hauptspeicher übertragen.
Die ersten 100 Pages des Programmcodes werden ausgeführt. Danach wird eine Adresse angesprochen, die außerhalb dieses Adreßraums liegt. Der Prozeß veranlaßt einen Seitenfehler (page fault). Die angesprochene Seite ist nicht im Hauptspeicher.

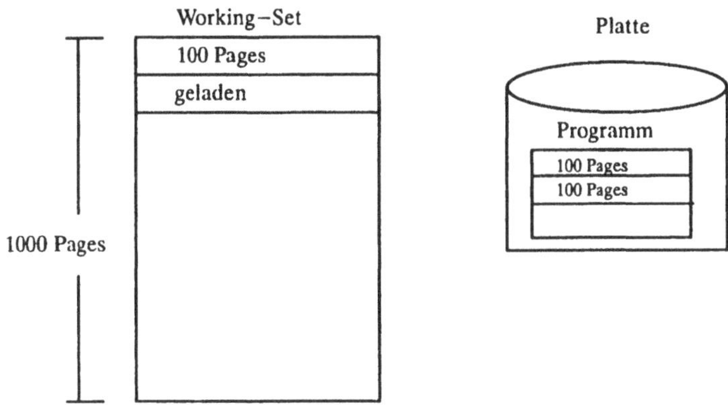

Abb. 1.4–3: Vergrößerung des Working-Sets

Das System stoppt die Programmausführung und liest die nächsten 100 Pages in den Hauptspeicher ein. Sind diese geladen, so erlaubt das System dem Programm weiterzulaufen.

Dieses Einladen von 100 Pages wird solange fortgesetzt, bis die Working-Set-Größe von 1000 Pages erreicht ist. Dann steht das System vor der Aufgabe festzulegen, wohin die nächste Seite geladen werden soll.

Es wird die Seite im Hauptspeicher von einer neu zu ladenden Seite überschrieben, die am längsten im Working-Set ist. Wurde diese Seite während des Programmablaufs verändert, so wird sie auf den sogenannten Page–File geschrieben und danach die neue Seite auf diese Hauptspeicherposition gebracht.

Das Programm läuft weiter, wobei nach und nach die nächsten 100 Pages in den Working–Set gebracht werden. Wird eine alte Seite angesprochen, die verändert wurde, so wird diese nicht vom Programm–File, sondern aus der modified page list bzw. vom Page–File geholt.

Damit lassen sich mehr Programme gleichzeitig im Hauptspeicher ausführen als theoretisch durch die Größe des physikalischen Hauptspeichers möglich wäre.

Eine Seite im virtuellen Adreßraum liegt entweder im Hauptspeicher oder auf dem Hintergrundspeicher (Platte) oder genauer im Working–Set, im Cache, im Page–File oder im Programm–File.

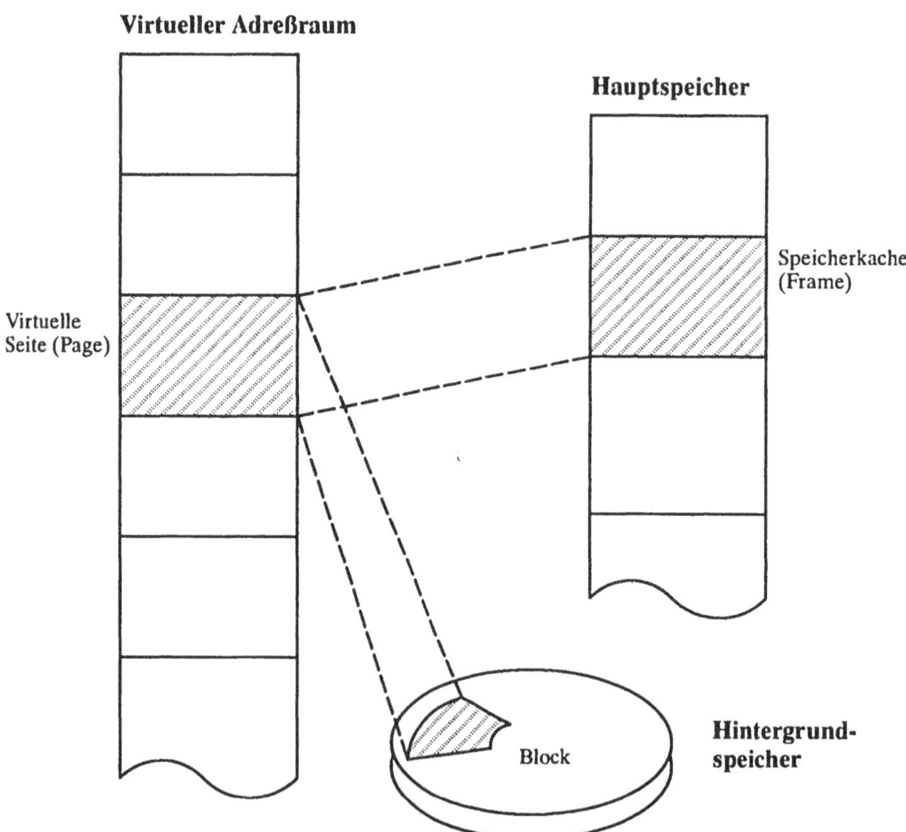

Abb. 1.4–4: Virtueller Adreßraum – Hauptspeicher – Platte

1.4.2 Virtuelle Adreßumsetzung

Der virtuelle Adreßraum wird unter OpenVMS in drei Teile zerlegt. Die Program–Region P0 und die Control–Region P1 bilden den Adreßraum eines Prozesses, der

System-Space ist für das Betriebssystem reserviert.
Der Programmcode befindet sich in P0; Steuerinformationen wie Stacks, spezielle Routinen (Treiber) usw. befinden sich in P1. Einige Teile des P1-Space werden dynamisch angelegt, wenn der Prozeß erzeugt wird.
Unter OpenVMS für VAX Prozessoren wird der Systembereich auf eine System-Seitentabelle abgebildet. P0- und P1-Bereich werden jeweils über eine eigene Seitentabelle angesprochen. Unter OpenVMS für Alpha AXP werden der Systembereich und die P0- und P1-Bereiche durch Umsetzung über eine dreistufige Hierachie von Seitentabellen auf angesprochen (L1-, L2- und die L3-Seitentabelle siehe Abbildung 1.4-12).

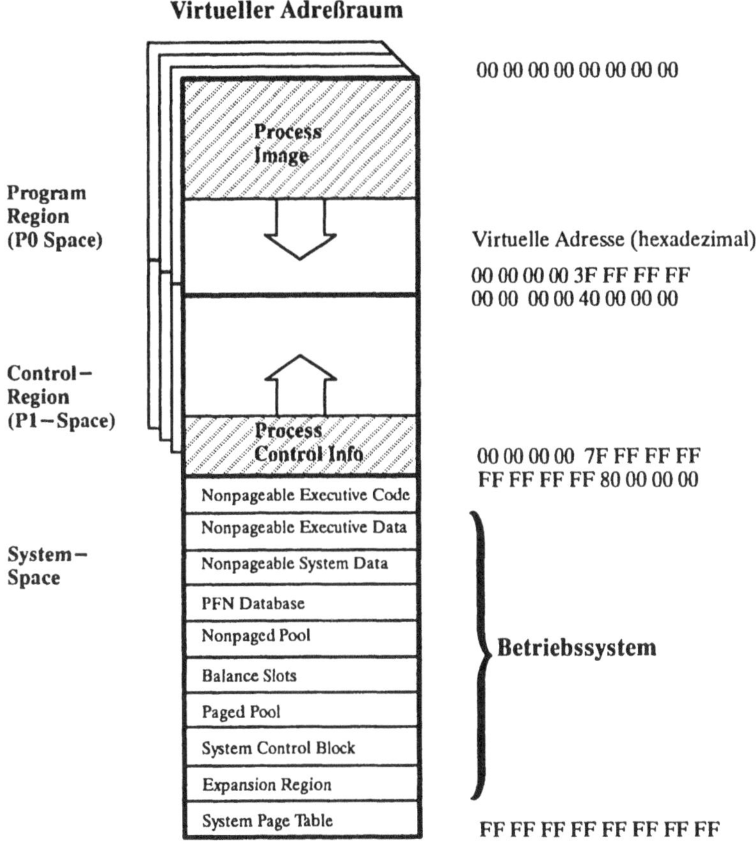

Abb. 1.4-5: Virtueller Adreßraum bei OpenVMS für Alpha AXP

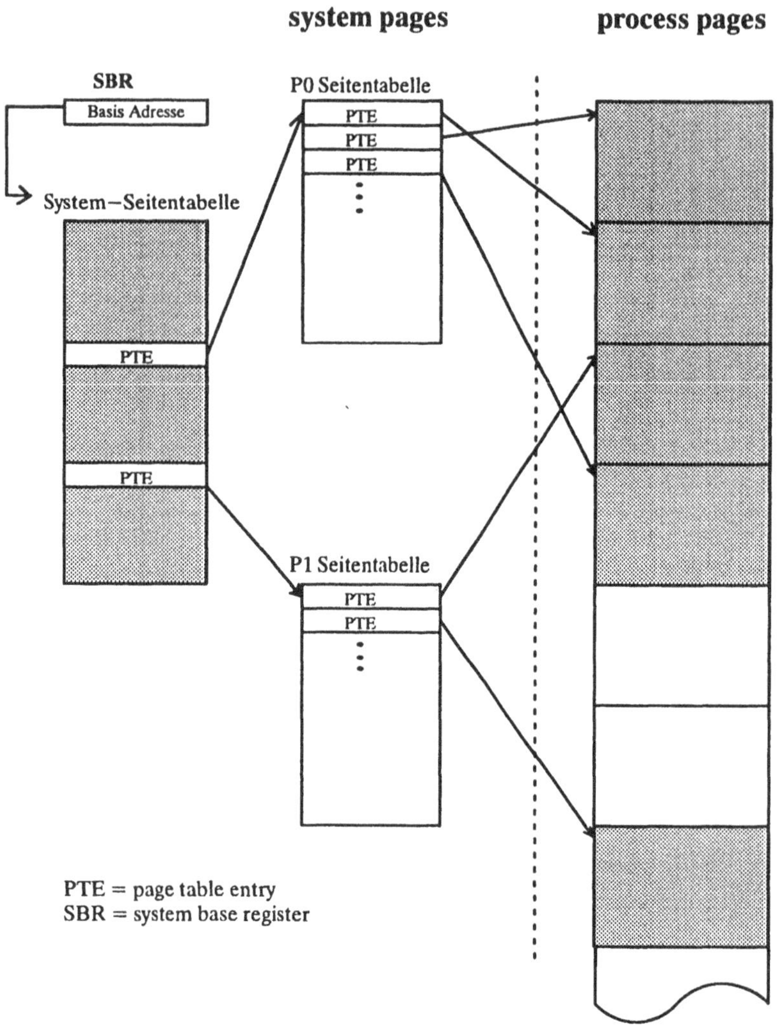

Abb. 1.4–6: System–Seitentabelle – Prozeß–Seitentabellen OpenVMS für VAX

1.4.3 Paging unter OpenVMS für VAX–Prozessoren

Eine virtuelle Adresse umfaßt bei VAX–Prozessoren 32 Bits. Über die Seitentabellen (*page tables*) erfolgt die Adreßumsetzung virtuell auf physikalisch. Die System Page Table (SPT) beschreibt alle Seiten in der System–Region (S0). Alle Prozesse teilen sich den Systembereich. Deshalb gibt es nur eine SPT. Seiten, die einem Userprozeß zugeordnet sind, werden durch zwei Seitentabellen definiert:

- Die P0 Page Table (P0PT) enthält Status–, Schutz– und Mapping–Information für Seiten in der Program–Region (P0).
- Die P1 Page Table (P1PT) enthält die äquivalente Information für Seiten, die sich in der Control–Region (P1) befinden.

Von OpenVMS werden für jeden Prozeß im System eigene Seitentabellen angelegt, die in S0 abgelegt werden. Über die System Page Table (SPT) werden sie auf den physikalischen Speicher abgebildet.
Für jede virtuelle Seite existiert ein Seitentabelleneintrag (PTE = page table entry) über den festgelegt wird, wo sich die zugehörige physikalische Kachel (PFN = page frame number) im Hauptspeicher befindet.

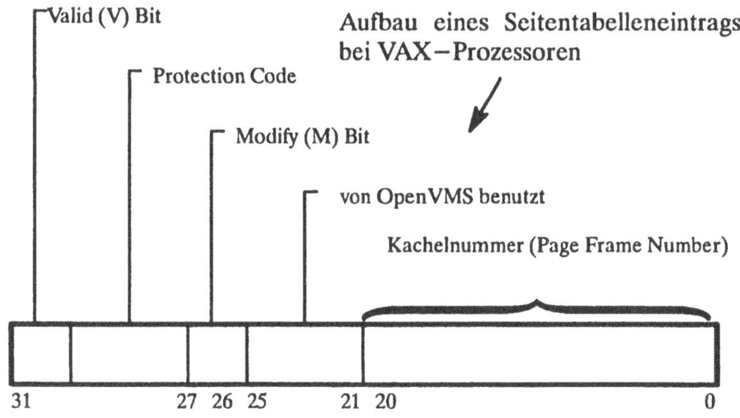

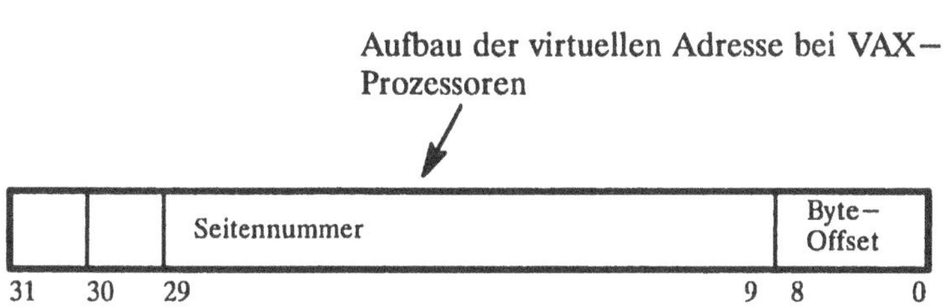

Abb. 1.4–7: Seitentabelleneintrag – virtuelle Adresse

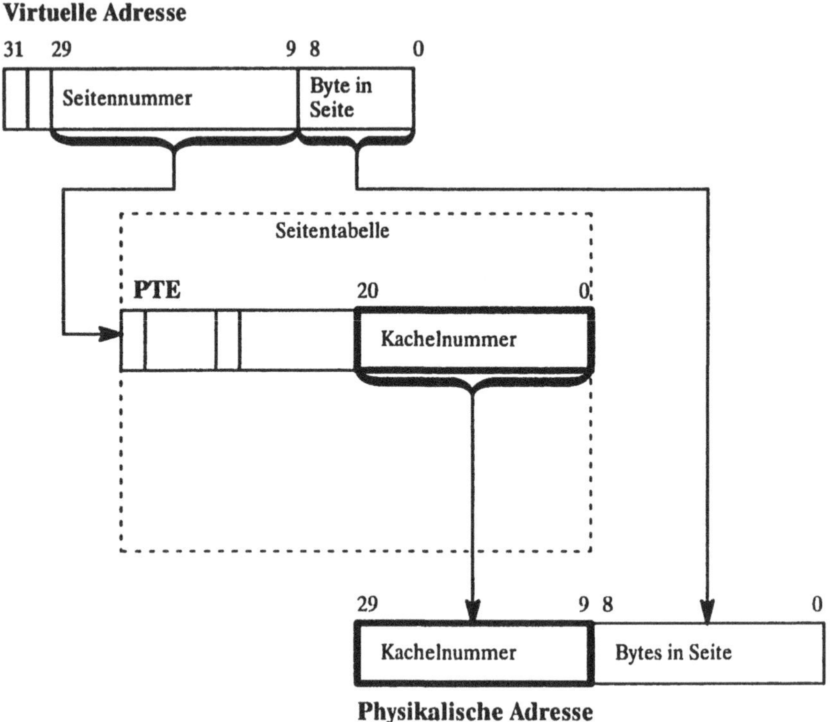

Abb. 1.4–8: Virtuelle Adresse – Seitentabelleneintrag – physikalische Adresse

In der Abbildung 1.4–8 ist noch einmal veranschaulicht, wie aus einer virtuellen Adresse die physikalische Adresse ermittelt wird. Die Seitennummer (Bit 9 bis 29 der virtuellen Adresse) dient als Index für die Seitentabelle, die aus 4 Byte–Einträgen (longword) besteht. Der zugeordnete Seitentabelleneintrag (PTE) enthält die Kachelnummer. Diese Kachelnummer, konkateniert mit dem Byte–Offset (Bit 0 bis 8 der virtuellen Adresse), bildet die physikalische Adresse.

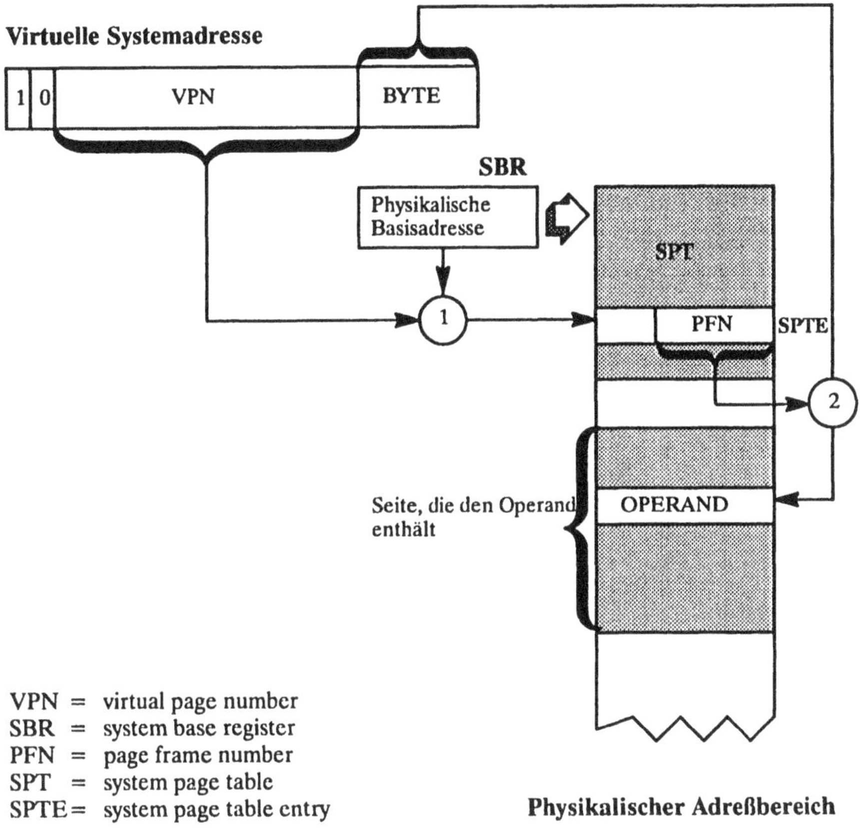

Abb. 1.4–9: Adreßumsetzung einer virtuellen Systemadresse

Die Abbildung 1.4–9 zeigt, wie eine virtuelle Adresse des Systembereichs umgesetzt wird. Im Schritt 1 muß der Seitentabelleneintrag (SPTE) in der System page table ermittelt werden. Dies erfolgt durch Addition der virtuellen Seitennummer (VPN) zu der physikalischen Adresse des System base registers (SBR). Nachdem der Seitentabelleneintrag (Kachelnummer) aus dem Speicher gelesen wurde, kann damit die physikalische Adresse des Operanden bestimmt werden.
Im Schritt 2 wird der Byte–Offset der virtuellen Adresse mit der Kachelnummer, die aus der System page table ermittelt wurde, konkateniert.

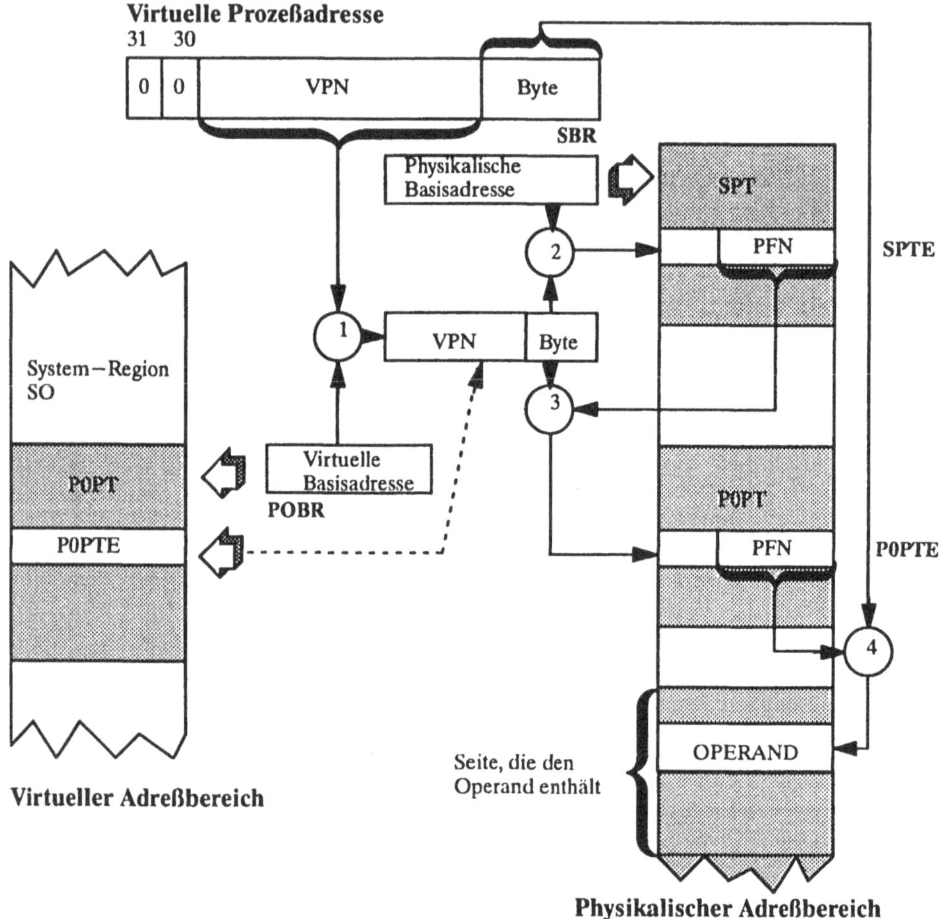

Abb. 1.4–10: Adreßumsetzung einer virtuellen Userprozeßadresse

Erklärung:
Bei der Umsetzung einer virtuellen Userprozeßadresse auf die physikalische Adresse muß zuerst die Anfangsadresse der prozeßeigenen Seitentabelle bestimmt werden. Diese Adresse gehört zum Hardware–Kontext eines Prozesses (mapping register P0BR bzw. P1BR) und ist ebenfalls eine virtuelle Adresse, die sich im Systembereich (S0) befindet. Damit läßt sich die Anfangsadresse der prozeßeigenen Seitentabelle durch eine Adreßumsetzung über die System page table (SPT) bestimmen. In den Schritten 1 und 2 wird die virtuelle Adresse der Prozeß–Seitentabelle über die Seitennummer (abgeleitet aus dem P0BR) und dem system base register (SBR) bestimmt. Danach kann erst die Umsetzung des Operanden auf die physikalische Adresse über die prozeßeigene Seitentabelle erfolgen. Hierzu wird über die Seitennummer (VPN) auf den Eintrag in der P0PT zugegriffen (3). Auf die daraus ermittelte Kachelnummer wird der Byte–Offset addiert (4).

1.4.4 Virtuelle Adreßumsetzung unter OpenVMS für Alpha AXP

Die virtuelle Adresse bei der Alpha-Rechnerserie umfaßt 64 Bits (unsigned integer). Der zur Verfügung stehende Adreßraum ist abhängig von der verwendeten Seitengröße und umfaßt 43, 47, 51 oder 55 Bits. Implementierungsabhängig ist der physikalische Adreßraum. Er umfaßt je nach Seitengröße maximal 48 Bits. Bei den nachfolgenden Abbildungen und Beispielen wird von einer Seitengröße von 8K Bytes ausgegangen. Dabei umfaßt eine Seitentabelle 1024 Seitentabelleneinträge (8192/8=1024). Um einen Eintrag in diese Seitentabelle ansprechen zu können, muß daher die Länge eines Stufenfelds der virtuellen Alpha AXP-Adresse 10 Bits umfassen. Der Byte Offset in einer Seite hat bei einem System, das mit einer Seitengröße von 8K Bytes arbeitet die Länge von 13 Bits.

Page Size (bytes)	**Byte Offset** (bits)	**Level Size** (bits)	**Virtual Address** (bits)	**Physical Address** (bits)
8 K	13	10	43	45
16 K	14	11	47	46
32 K	15	12	51	47
64 K	16	13	55	48

Das PFN-Feld eines Seitentabelleneintrags ist immer 32 Bits lang und legt damit die maximale Größe des von einem Prozessor adressierbaren Speichers fest. Damit kann der physikalischen Hauptspeicher maximal 2^{32} Seiten umfassen.

Virtuelle Adresse OpenVMS für Alpha AXP

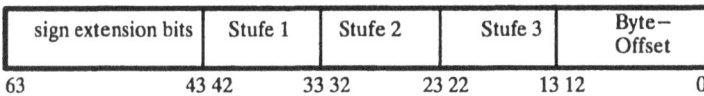

sign extension bits	Stufe 1	Stufe 2	Stufe 3	Byte-Offset
63 … 43	42 … 33	32 … 23	22 … 13	12 … 0

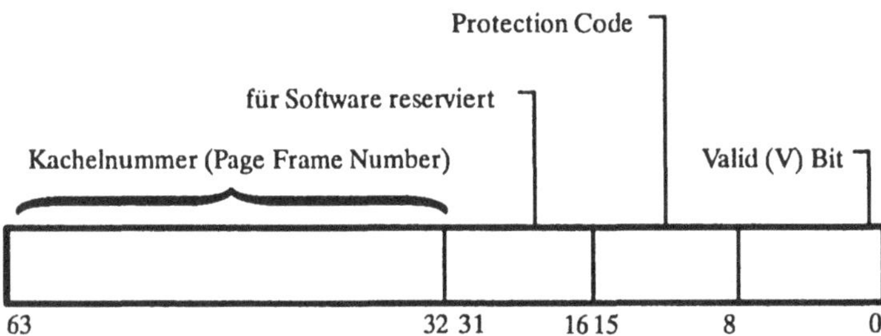

Abb. 1.4-11: Seitentabelleneintrag (PTE) – virtuelle Adresse (Alpha AXP)

Die Umsetzung der virtuellen Adresse auf eine physikalische Adresse erfolgt über eine dreistufige Seitentabellenstruktur (three-level page table structure). Damit hat jeder Prozeß seine eigenen L1, L2 und L3 Seitentabellen. Der Byte–Offset der virtuellen Adresse gibt die Position innerhalb einer Seite an und kann daher 13, 14, 15 oder 16 Bits umfassen. Jedes Stufenfeld enthält n Bits, wobei n abhängig von der Seitengröße ist, beispielsweise n=10 für eine 8 K Bytes große Seite. Die sign extension bits (sext) müssen den gleichen Wert haben wie Bit 42 bei einer Seitengröße von 8KBytes.

Das Page Table Base Register (PTBR) enthält die physikalische Kachelnummer der ersten Seitentabelle (L1). Die Basisadresse der Stufe 1–Seitentabelle des aktuellen Prozesses ist Bestandteil des Hardware Kontextblocks (Abbildung 1.2–1). Bei einer Prozeßumschaltung wird dieses Register geladen (Befehl Swap Privileged Context (SWPCTX). Die Bits im <Stufe 1>–Feld der virtuellen Adresse werden als Index für die Seitentabelle der ersten Stufe (first level page table, L1PT) benutzt, um die Kachelnummer der Basisadresse der zweiten Seitentabelle (L2PT) zu erhalten. Die Bits im <Stufe 2>–Feld der virtuellen Adresse werden als Index für die Seitentabelle der zweiten Stufe benutzt, um die Kachelnummer der Basisadresse der dritten Seitentabelle zu erhalten. Die Bits im <Stufe 3> –Feld werden als Index für die dritte Seitentabelle (L3PT) benutzt, um die Kachelnummer (PFN) der Seite zu erhalten, welche durch die virtuelle Adresse angesprochen wird. Diese Kachelnummer wird mit dem Byte–Offset konkateniert um die Adresse im physikalischen Speicher zu erhalten. Diese Methode ist in der Abbildung 1.4–12 dargestellt.

Wenn ein Prozeß angelegt wird, reserviert das Betriebssystem physikalischen Speicher für die L1PT und initialisiert drei gültige L1 Seitentabelleneinträge:

- Einen L1PTE für die L2PT, welche die Seitentabelleneinträge für die Basisadressen der Seitentabellen des prozeßspezifischen P0– und P1 Adreßraums sind.
- Einen L1PTE, welche auf die page table virtual address region zeigt, die zur Optimierung der virtuellen Adreßumsetzung benutzt wird (siehe auch Seite 40).
- Einen L1PTE für die L2PT, welche für die Seitentabelle des S0–Adreßraums (system space) benutzt wird.

Die Adresse der L1PT wird im Hardware PCB des Prozesses abgelegt und bei Aktivierung in das Register PTBR übertragen. Der Systemadreßraum wird bei allen Prozessen auf denselben Platz abgebildet und ist gemeinsam genutzt (shared).

In der Abbildung 1.4–13 ist die Abbildung des Systembereichs sowie der Prozeßbereiche P0 und P1 unter OpenVMS für Alpha AXP dargestellt.

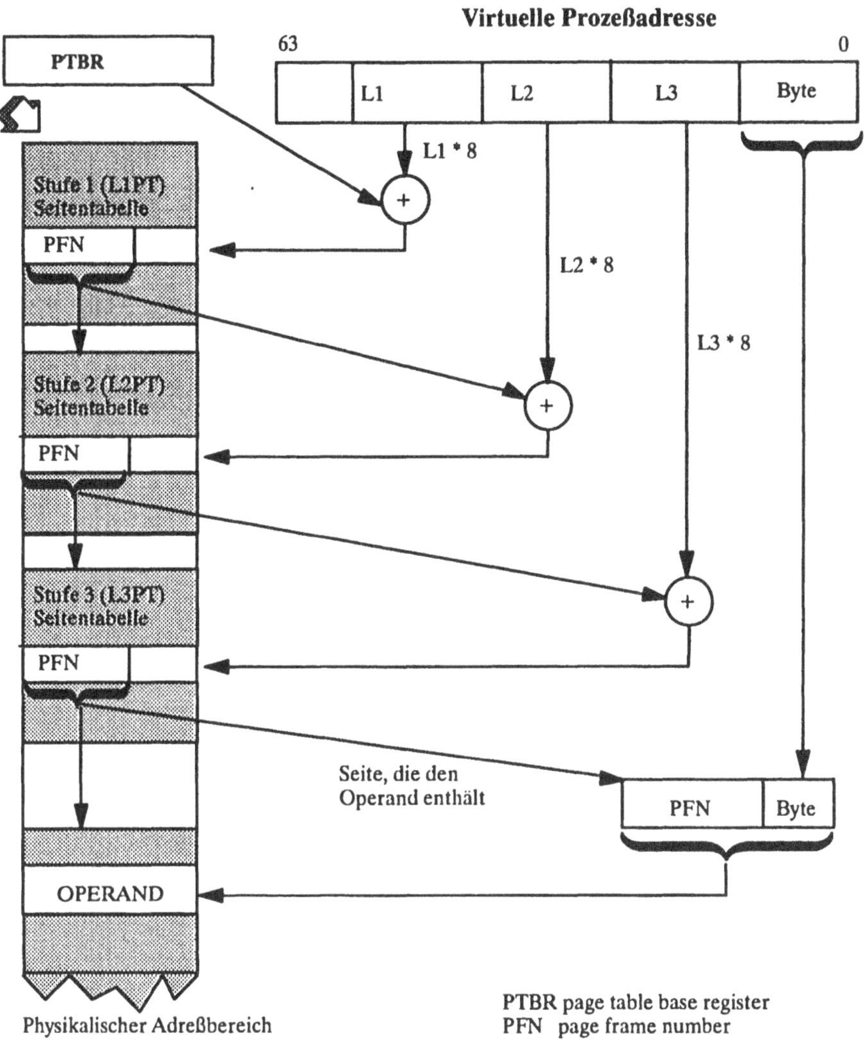

Abb. 1.4–12: Virtuelle Adreßumsetzung für Alpha AXP–Prozessoren

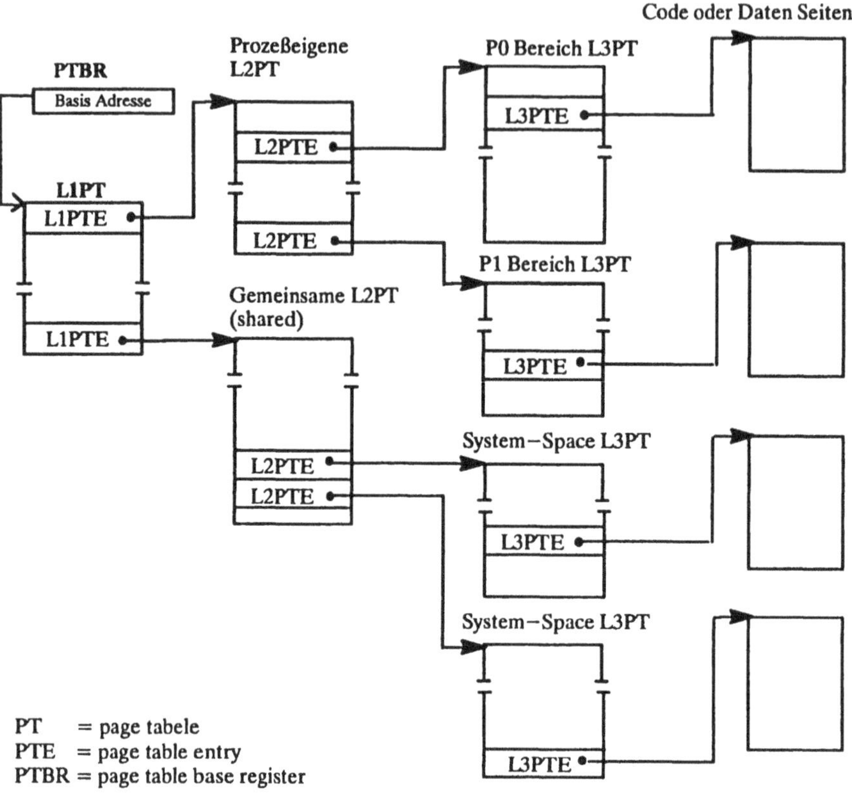

Abb. 1.4–13: Abbildung des P0–, P1– und des Systemadreßraums bei Alpha AXP

1.4.5 Der Pager

Der Pager ist verantwortlich dafür, welche Seiten aus dem Working Set entfernt werden, um Platz für neu einzulagernde Seiten zu erhalten. Wird vom Programm eine Adresse angesprochen, die sich zur Zeit nicht im Hauptspeicher befindet, so wird ein sogenannter *page fault interrupt* (translation–not–valid fault) ausgelöst (Kennung: Valid Bit im Seitentabelleneintrag). Der Pager hat nun die Aufgabe, diese Programm–Seite im Hauptspeicher zugänglich zu machen.
Nach einem *page fault interrupt* sind die in Abbildung 1.4–14 gezeigten Daten auf dem *Kernel Stack* (Datenstruktur für die Interrupt–Bearbeitung) abgelegt.

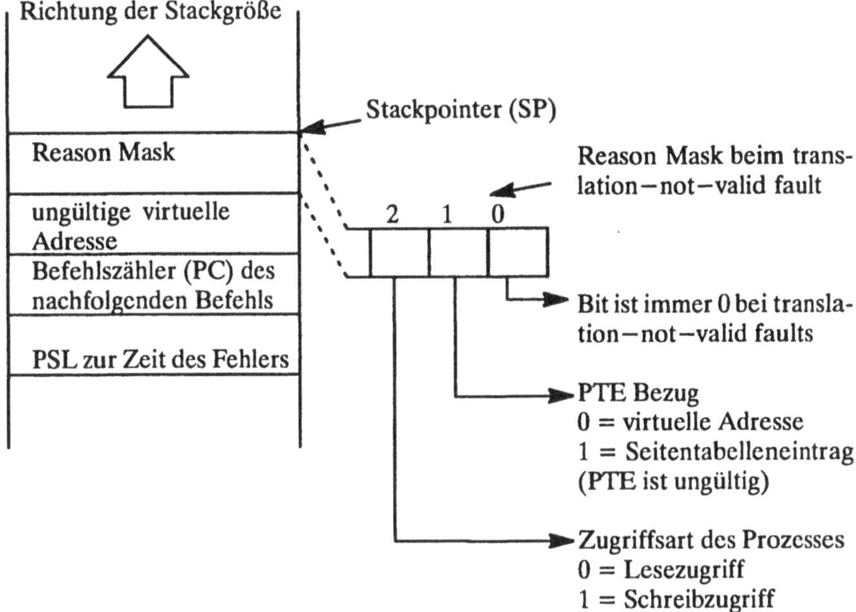

Abb. 1.4–14 Zustand des Kernel Stack nach einem translation–not–valid fault

1.4.6 Effizienzsteigerung eines virtuellen Betriebssystems

Die Zeitnachteile, die einem virtuellen Betriebssystem durch den häufigeren Zugriff auf die Paging–Platte entstehen können, lassen sich durch verschiedene Methoden minimieren.

Free page list – modified page list:

Für den Pager sind zwei Caches vorgesehen, die free page list und die modified page list (systemweite Pools).
Das System verwaltet die free page list wie folgt:

Wenn ein Prozeß für eine neu hinzukommende Seite eine Speicherkachel benötigt, holt er sich diese aus der free page list. Hat der Prozeß seine Working–Set–Grenze erreicht, muß er die Seite, die sich am längsten im Working–Set befindet, an die free page list abgeben. Wird diese aber kurz danach wieder benötigt, so wird sie noch auf der free page list gefunden und braucht nicht wieder von der Platte nachgeladen zu werden. Auf diese Weise gelangen die am wenigsten benutzten Seiten aus dem Working–Set.

Seiten, die während des Prozeßablaufs verändert wurden, werden bei einer Auslagerung zuerst in der modified page list abgelegt. Diese wird nach dem gleichen Prinzip wie die free list verwaltet. Unterschreitet die Länge der free page list ein Minimum, welches über den Systemparameter FREELIM festgelegt ist, so werden Kacheln von der modified page list in die free page list übernommen, wobei die betroffenen Seiten auf den Page–File des Hintergrundspeichers geschrieben werden.

Eine Seite des virtuellen Adreßraums kann sich somit befinden:

- Im Hauptspeicher
  - im Working–Set
  - in der free page list
  - in der modified page list
- Auf dem Hintergrundspeicher
  - im Programm–File (image file)
  - im Page–File

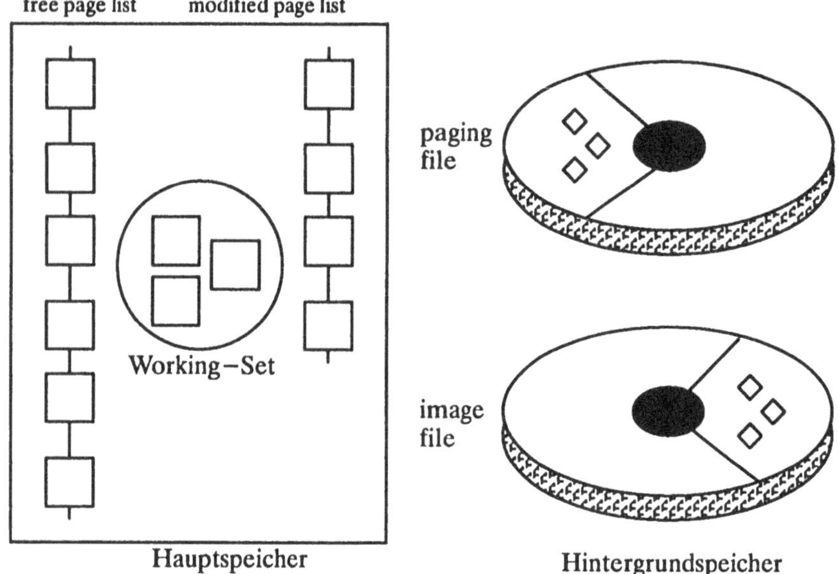

Abb. 1.4–15: Aufenthaltsort von Seiten im Speicher

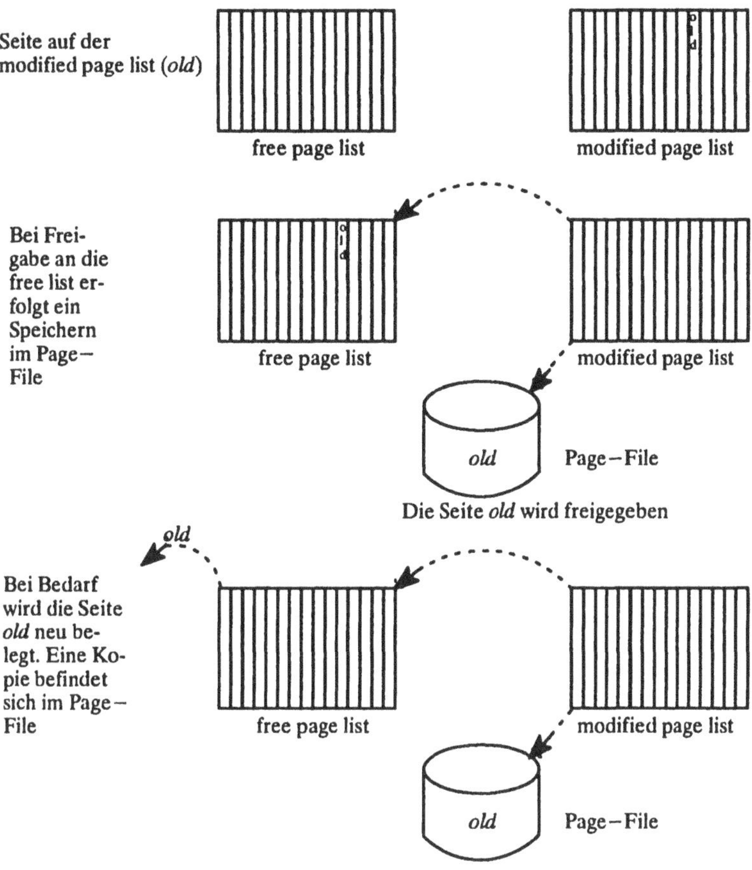

Abb. 1.4–16: Stationen einer veränderten Seite

Translation–Buffer:

Eine spezielle Hochgeschwindigkeits–Speichereinheit (Translation–Buffer) ist Teil der CPU. Dieser Translation–Buffer (TB) verbessert die Performance, indem er die Anzahl der Hauptspeicherzugriffe während einer Adreßumsetzung reduziert. Im TB wird eine Kopie von bis zu 1024 Seitentabelleneinträge (implementierungsabhängig) gespeichert.

Wird eine Seite das erste Mal über ihre virtuelle Adresse angesprochen, so muß der zugehörige Seitentabelleneintrag (PTE) aus dem Hauptspeicher geholt werden. Dieser PTE wird dann in den TB kopiert. Immer wenn ein benötigter PTE im TB gefunden wird, besteht die virtuelle Adreßumsetzung nur aus einer Konkatenation der Kachelnummer (im PTE) mit dem Byte–Offset der virtuellen Adresse. Im Falle eines Prozeß–Wechsels müssen die entsprechenden Tabelleneinträge umgeladen werden.

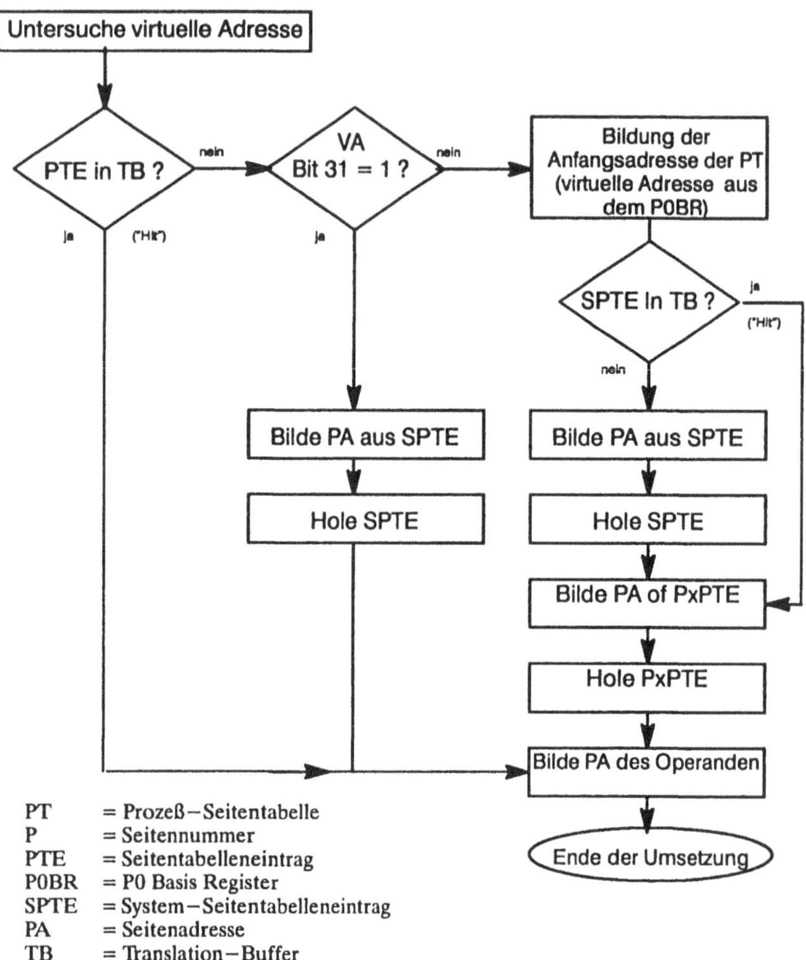

Abb. 1.4–17: Translation–Buffer–Algorithmus unter OpenVMS für VAX

Bei Alpha AXP–Prozessoren enthält der Translation–Buffer nur gültige Adressen der Level 3 (L3) Seitentabelle.

Virtual Page Table Base Register (VPTB)

Um unter OpenVMS für Alpha AXP (dreistufige virtuelle Adreßumsetzung) L3PTEs schneller lokalisieren zu können verwaltet OpenVMS neben dem Translation–Buffer noch einen linearen Bereich (Page Table Virtual Address Region), der alle gültigen L3PTEs für einen gegebenen Prozeß–Adreßbereich enthält. Dieser Bereich wird für die Suche nach der physikalischen Kachelnummer benutzt, wenn die Adresse nicht mit Translation–Buffer gefunden wurde.
Die Basis dieses Bereichs wird systemweit bei der Systeminitialisierung gesetzt und im Prozessorregister VPTB abgelegt.

1.4.7 Swapping unter OpenVMS

Swapping ist ein Transfer von einem Image oder Imagesegment zwischen dem Hauptspeicher und dem Hintergrundspeicher. Im Gegensatz zum Pager, der als Routine der Executive im Prozeß–Kontext läuft, ist der Swapper ein eigener startbarer Prozeß mit der Priorität 16.
Der Swapper schaufelt einen gesamten Prozeß–Working–Set auf einen speziellen Swap–File und gibt die freigewordenen Seiten an die free page list ab.
Die generelle Funktion des Swappers ist es, zu gewährleisten, daß sich die ausführbaren (COM) Prozesse mit der höchsten Priorität im Hauptspeicher befinden.

Swapping ist notwendig, da das System den zur Verfügung stehenden Hauptspeicher und die Hauptspeicheranforderungen der Prozesse sorgfältig ausbalancieren muß. Ein Prozeß, dessen Working–Set sich im Hauptspeicher befindet, ist im sogenannten balance set. Der Systemparameter *balance set count* bestimmt die maximale Anzahl der sich gleichzeitig im Hauptspeicher befindlichen Prozesse.

Der gesamte Software–Kontext eines Prozesses wird auf drei Datenstrukturen abgebildet:

- Prozeß–Header (PHD), der zum Working–Set zählt und somit vom Swapper ausgelagert werden kann. Er enthält unter anderem die P0– und P1 Seitentabelle. Die Größe dieser Seitentabelle wird durch den Systemparameter VIRTUALPAGECNT begrenzt.
- Prozeß–Kontrollblock (PCB), der nicht swappbar ist.
- Jobinformationsblock (JIB)

Der Swapper wird aktiv, wenn die free page list zu klein wird oder ein Prozeß in den Hauptspeicher soll, und die maximale Anzahl der Prozesse im Hauptspeicher (balance set count) schon erreicht ist.
Die Auslagerung von Prozessen erfolgt dabei nach folgenden Regeln:

- Unabhängig von der Priorität die Prozesse mit den Prozeß–Zuständen SUSP, HIB, LEF und CEF (direct I/O count = 0).
- Prozesse in verschiedenen Prozeßzuständen, die niedrigste Priorität zuerst.
- CEF– und LEF– (direct I/O count = 0), COM–Prozesse, entsprechend der Priorität.

Grundsätzlich werden nur Prozesse ausgelagert, die eine niedrigere Priorität als die einzulagernden Prozesse haben.

1.5 Schutzmechanismen unter OpenVMS

Die Schutzmechanismen unter OpenVMS lassen sich in drei große Gruppen einteilen:

- Schutz der Betriebssystemstruktur
- Security–Schutz gegen beabsichtigtes bzw. unberechtigtes Eindringen in ein OpenVMS–System
- Dateischutz unter OpenVMS

In diesem Kapitel werden die Schutzmechanismen gegen fehlerhaft arbeitende Programme geschildert. Die Themen Dateischutz und Security werden in den Abschnitten 7.2 und 9.6 ausführlich behandelt.

1.5.1 Zugriffsmodi unter OpenVMS

Die Prozessor–Zugriffsmodi schützen das Betriebssystem gegen unbeabsichtigte Zerstörung durch ungetestete Programme. Der Zugriffsmode bestimmt, welche Instruktionen ausführbar sind und auf welche Speicherbereiche zugegriffen werden kann. Der Schutz der Speicherbereiche geschieht zwischen den Userprozessen dadurch, daß jeder Prozeß seine eigenen Seitentabellen hat. Die Seiten des Systembereichs (S0) sind jedoch allen Prozessen gemeinsam.
Unter OpenVMS existieren vier Zugriffsmodi: Kernel–Mode, Executive–Mode, Supervisor–Mode und User–Mode.
Im Processor Status (PS), das zum Hardware–Kontext eines Prozesses gehört, befindet sich ein Feld, in dem die Zugriffsmodi hinterlegt sind. Unter OpenVMS für VAX ist dies im PSL (processor status longword) ein 2 Bit–Feld (current access mode). Das Prozessorstatus–Register (PSR) für Alpha AXP–Prozessoren besteht aus 64 und enthält ebenfalls ein 2 Bit–Feld CM (current mode) in dem die Zugriffsmodi codiert sind.

00 = Kernel   01 = Executive   10 = Supervisor   11 = User

Außerdem sind jedem Seitentabelleneintrag Protection Bits bzw. ein Protection Code zugeordnet. Beim Zugriff auf eine virtuelle Adresse erfolgt der Vergleich, Der Protection Code der Seite und Zugriffsmode des PSL bestimmen die Zugriffsrechte des Prozesses.
Durch Vergleich des Eintrags current access mode im PSL bzw. des CM–Felds beim PSR mit dem Protection Code–Eintrag in der Seitentabelle des zugehörigen Prozesses wird geprüft, ob der gewünschte Zugriff dem Prozeß gestattet ist. Dadurch kann erreicht werden, daß bestimmte kritische Betriebssystem– bzw. Programmteile nur in einem bestimmten Modus durchlaufen werden können. Beispielsweise können Änderungen an den Scheduling–Listen des Betriebssystems nur im Kernel–Mode erfolgen.

Unter OpenVMS für Alpha AXP befinden sich im Seitentabelleneintrag die Bits 8 bis 15 (siehe auch Abbildung 1.4–11 auf der Seite 33) über welche die Zugriffsrechte der verschiedenen Prozessormodis auf die Seite festgelegt werden.

Bit	**Beschreibung**
8	Kernel Read Enable (KRE)
9	Executive Read Enable (ERE)
10	Supervisor Read Enable (SRE)
11	User Read Enable (URE)
12	Kernel Read Enable (KRE)
13	Kernel Write Enable (KWE)
14	Supervisor Write Enable (SWE)
15	User Write Enable (UWE)

Unter OpenVMS für VAX besteht die Darstellung des Protection Codes in der Seitentabelle aus vier Bits (siehe Abbildung 1.4–7). Dieser Seitentabelleneintrag gibt an, in welchem Prozessormodus auf die Seite geschrieben bzw. gelesen werden kann. Der Zusammenhang zwischen dem Protection Code eines Seitentabelleneintrags und dem Zugriffsmode unter OpenVMS für VAX, mit dem versucht wird, auf diese Seite zuzugreifen, ist in der nachfolgenden Abbildung 1.5–1 dargestellt.

Protection Code in der PTE	Current Access Mode			
	Kernel	*Executive*	*Supervisor*	*User*
0000	--	--	--	--
0001	nicht definiert		nicht definiert	
0010	RW	--	--	--
0011	R	--	--	--
0100	RW	RW	RW	RW
0101	RW	RW	--	--
0110	RW	R	--	--
0111	R	R	--	--
1000	RW	RW	RW	--
1001	RW	RW	R	--
1010	RW	R	R	--
1011	R	R	R	--
1100	RW	RW	RW	R
1101	RW	RW	R	R
1110	RW	R	R	R
1111	R	R	R	R

-- kein Zugriff, R = Lesezugriff, RW = Lese/Schreibzugriff

Abb. 1.5–1: Protection Codes der Seitentabelle – Zugriffsmodi

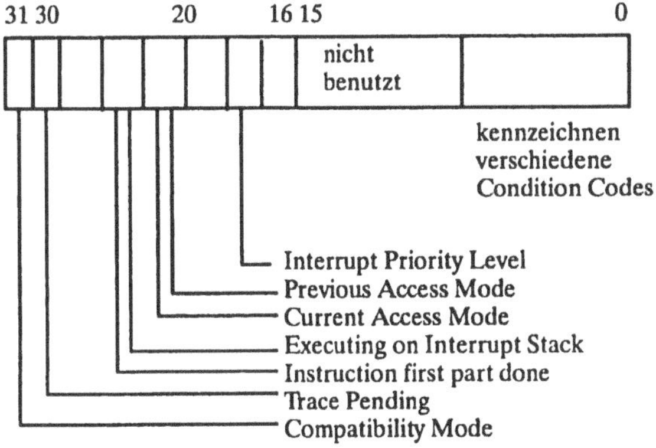

Abb. 1.5–2: Processor Status Word (PSL) für VAX Prozessoren

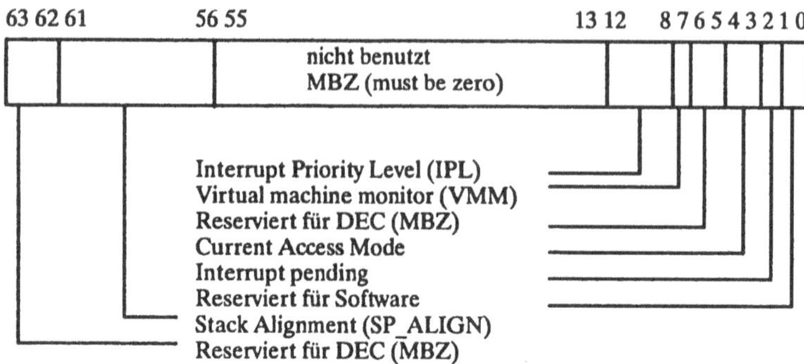

Abb. 1.5–3: Processor Status Register für Alpha AXP–Prozessoren

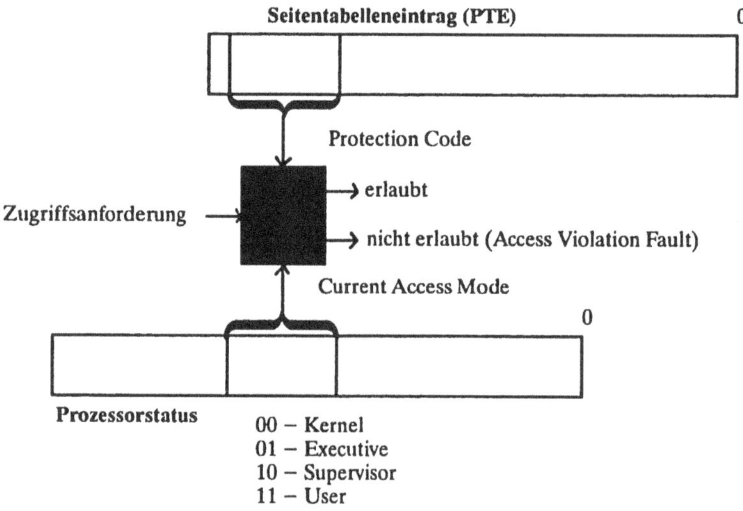

Abb. 1.5–4: Vergleich der Zugriffsmodi bei Seitenzugriff

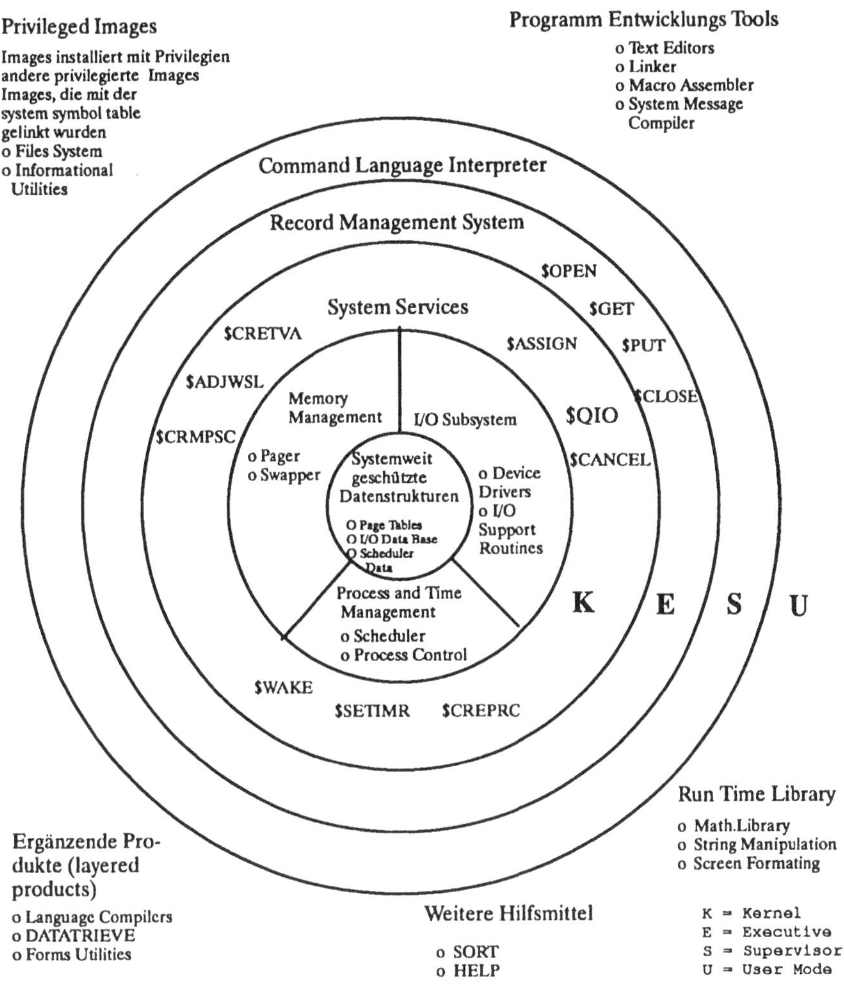

Abb. 1.5–5: Schichtenmodell von OpenVMS

1.5.2 Quotas unter OpenVMS

Jedem Benutzer werden vom System–Manager beim Einrichten eines Benutzernamens (username) die maximale Zahl der zu benutzenden Betriebsmittel (*Quotas*), seine Basis–Priorität und seine Privilegien zugewiesen.
Zu den Betriebsmitteln zählt beispielsweise der Hauptspeicherbereich, den er für Ein– und Ausgabeaufträge (I/O) belegen darf. Einige Quotas, die im Zusammenhang mit der Hauptspeicherverwaltung stehen, sind nachfolgend aufgeführt:

ASTLM	Maximale Anzahl gleichzeitig ausstehender asynchromous system traps (AST)
BIOLM	Buffered I/O Limit
BYTLM	Buffered I/O Byte Zähler (Pufferbereich) BYTLM und BIOLM bestimmen die maximale Größe des dynamischen Speichers für Ein– und Ausgabe, Filebearbeitung usw.
DIOLM	Maximale Zahl gleichzeitig ausstehender direct I/O Aufträge (in der Regel Plattenzugriffe)
ENQLM,	Maximale Anzahl von Eintragungen in die Sperren–Warteschlange
FILLM	Maximale Anzahl gleichzeitig offener Files
PGFLQUOTA	Maximale Anzahl von Seiten des Prozesses im Page–File
PRCLM	Maximale Anzahl erzeugbarer Subprozesse
TQELM	Maximale Anzahl von Eintragungen in die Timer–Warteschlange
WSDEFAULT	Default Working–Set Größe
WSEXTEND	Maximale Größe des Working–Sets

Die belegten Betriebsmittel eines Prozesses können unter OpenVMS mit dem Kommando SHOW PROCESS/QUOTA angezeigt werden.
Beispiel:
$ SHOW PROCESS/QUOTA/MEMORY

```
30-SEP-1991 17:06:15.32   User: SIMON      Process ID:    20E00140
                          Node: GSNV01     Process name: "SIMON_L5066"

Process Quotas:
Account name: 8060_DV
CPU limit:                        Infinite  Direct I/O limit:       100
Buffered I/O byte count quota:       62176  Buffered I/O limit:     100
Timer queue entry quota:                10  Open file quota:         99
Paging file quota:                   30895  Subprocess quota:        10
Default page fault cluster:             64  AST quota:              323
Enqueue quota:                        5000  Shared file limit:       10
Max detached processes:                 10  Max active jobs:          0

Process Dynamic Memory Area
Current Size (bytes)      51200     Current Total Size (pages)     100
Free Space (bytes)        28224     Space in Use (bytes)         22976
Size of Largest Block     28112     Size of Smallest Block           8
Number of Free Blocks         5     Free Blocks LEQU 32 Bytes        3
```

1.5.3 Privilegien unter OpenVMS

Privilegien beschränken die Operationen, die ein Prozeß ausführen darf. Einige System–Management–Aktivitäten sollten auf wenige Benutzer beschränkt bleiben. Die Restriktionen bei der Privilegienvergabe schützen die Integrität des Betriebssystems. Privilegien sollten nach zwei Gesichtspunkten vergeben werden:

- Ist die Verwendung des Privilegs durch den Benutzer wirklich erforderlich?
- Hat der Benutzer auch die Erfahrung, mit dem Privileg umzugehen, ohne den Systembetrieb zu beeinflussen?

Die User–Privilegien sind im User Authorization File (UAF) in zwei 64 Bit–Vektoren abgelegt. In einem Vektor werden die Default–Privilegien abgelegt, das sind die Privilegien, die dem Benutzer sofort nach dem Login zur Verfügung stehen, im anderen Vektor die Privilegien, die der Benutzer sich selbst setzen kann. Beim Login eines Users in das System wird der Privilegienvektor in den Kontrollblock PHD (Prozeß–Header) kopiert. Ein Benutzer mit dem Privileg SETPRV kann diesen Privilegien–Vektor modifizieren.

Werden bei einer Terminal–Sitzung über DCL unerlaubte Operationen versucht (z.B. Löschen fremder Prozesse), so erscheint auf dem Bildschirm folgende Fehlermeldung:

%SYSTEM–F–NOPRIV–no privilege for attempted operation

Die Privilegien werden in der OpenVMS–Literatur in folgende Klassen eingeteilt:

- Normal: Zu dieser Gruppe gehören die Privilegien für eine effektive Systembenutzung
- Group: Diese Privilegien erlauben die Beeinflussung von Prozessen in der gleichen Benutzergruppe.
- Devour: Diese Privilegien erlauben die Verwendung unkritischer system–weiter Betriebsmittel.
- System: Diese Privilegien erlauben die Durchführung von System–Management–Aufgaben
- Files: Zu dieser Grupppe gehören die Privilegien, durch die eine Umgehung des Fileschutzes eintreten kann (z.B. Überschreiben von Magnetbändern).
- All: Ein Prozeß mit diesen Privilegien kann das System beeinflussen, alle Systemfiles zerstören und somit das System vollständig lahmlegen.

Die Einschränkungen bei den Quotas und den Privilegien schützen die Integrität und Leistung des Betriebssystems.

Eine genaue Beschreibung der Bedeutung der einzelnen Quotas sowie der Privilegien ist bei der OpenVMS–Dokumentation im OpenVMS System Manager's Manual: Essentials zu finden.

Liste der Privilegien:

Normal:

MOUNT	Erlaubt Mount volume I/O–Funktionen
NETMBX	Der Prozeß kann ein Network–device erzeugen (DECnet)
TMPMBX	Der Prozeß kann temporäre Mailboxen erzeugen. Dies wird beispielsweise für Ausgaben mit dem PRINT–Kommando benötigt oder um einen Job mit dem Kommando SUBMIT in die Batch Queue zu bringen.

Group:

GROUP	Ein Prozeß kann andere Prozesse in der gleichen Gruppe beeinflussen. Prozesse in der gleichen Gruppe können damit gestoppt oder zeitabhängig gestartet werden.

GRPPRV	Ein Prozeß kann auf Dateien derselben Gruppe zugreifen wie die Gruppe System.
Devour:	
ACTNT	Es können Prozesse oder Subprozesse erzeugt werden, für die das Accounting ausgeschaltet ist.
ALLSPOOL	Es können spooled Geräte belegt werden.
BUGCHK	Erlaubt Log–Einträge für Bugchecks (Systemfehler) im Fehlerprotokollierungsfile (errlog file).
EXQUOTA	Vorgegebene Grenzen bei der Benutzung von Betriebsmitteln dürfen überschritten werden. Außerdem kann die Plattenplatz–verwaltung dadurch umgangen werden (Diskquotas).
GRPNAM	Erlaubt Eintragungen von Namen in der Group logical name table.
PRMCEB	Es dürfen permanente *common event flag clusters* angelegt oder gelöscht werden.
PRMGBL	Es dürfen permanente global sections angelegt werden. Dies sind Datenstrukturen, die gleichzeitig auf den virtuellen Adreßraum mehrerer Prozesse abgebildet werden können. Alle Prozesse können dadurch auf die gleichen Daten zugreifen.
PRMMBX	Es dürfen permanente global sections angelegt werden. Mailboxen sind Bereiche im virtuellen Speicher, die wie ein datensatzorientiertes Gerät angesprochen werden können. Sie dienen der Interprozeßkommunikation.
SHMEM	Erlaubt dem Prozeß die Anlage von Mailboxen und global section in einem Multiport–Memory.
System:	
ALTPRI	Die Basis–Priorität kann geändert werden; dadurch kann ein Prozeß eine höhere Priorität als der Vaterprozeß erhalten.
OPER	Erlaubt Operator–Funktionen wie: • Nachrichten an Terminals schicken (REPLY) • Verwaltung von Warteschlangen • Installieren von Programmen (INSTALL) • Verwaltung von spooled Devices
PSWAPM	Erlaubt das Sperren eines Prozesses gegen Swapping.
WORLD	Erlaubt die Kontrolle jedes Prozesses im System.
SECURITY	Der Prozeß kann eine für die Security des Systems relevante Funktion ausüben.
SYSLCK	Der Prozeß kann systemweite Betriebsmittel gegen anderen Zugriff sperren. Dies kann Einfluß auf die Synchronisation der gesamten Software haben.

Diagnose:

DIAGNOSE	Erlaubt dem Benutzer, online Testprogramme zu starten und Einträge in der Fehleraufzeichnungsdatei (Errorlog–File) auszuwerten.
SYSGBL	Erlaubt dem Prozeß die Anlage systemweiter global sections.
VOLPRO	Erlaubt dem Prozeß die Umgehung des File–Schutzes bei Datenträgern. Hierzu gehört beispielsweise das Initialisieren eines Magnetbandes mit einer anderen Eigentümerkennung (UIC–Kennung).

All:

BYPASS	Erlaubt die Umgehung jeglichen File–Schutzes.
CMEXEC	Ändern des Zugriffsmode (change mode to executive).
CMKRNL	Ändern des Zugriffsmode (change mode to kernel).
DETACH	Erlaubt dem Prozeß das Anlegen von Hauptprozessen (detached processes) unter einer anderen UIC–Kennung.
LOG_IO	Logische I/O–Funktionen sind erlaubt (Umgehen von RMS). Damit können beispielsweise permanente Terminal–Einstellungen vorgenommen werden.
PFNMAP	Der Prozeß kann sich Geräteregister oder spezielle physikalische Seiten des Hauptspeichers zuordnen.
PHY_IO	Erlaubt dem Prozeß die direkte Kommunikation mit einem Gerät unter Umgehung des E/A–Treiberprogramms.
READALL	Erlaubt das Lesen aller Files unabhängig von dem angegebenen Fileschutz.
SETPRV	Der Prozeß kann sich jedes Privileg setzen.
SHARE	Der Prozeß kann sich einen Datenkanal (channel) zu einem Gerät einrichten, das von einem anderen Prozeß belegt ist.
SYSNAM	Erlaubt Einträge in die *system logical name table.*
SYSPRV	Benutzer kann auf Files zugreifen, als ob er System–UIC hätte.

1.6 OpenVMS Record Management Services (RMS)

RMS ist ein File– und Satz–Zugriffssystem (record access system) für alle VAX– und Alpha AXP–Prozessoren mit dem OpenVMS–Betriebssystem.
Die wichtigsten RMS–Funktionen sind:

- Unterstützung sequentieller, relativer und indexsequentieller Dateien mit festen und variablen Satzlängen
- Zugriffskontrolle
- Filesharing–Mechanismen wie record locking (Satzsperre)

RMS–Files liegen logisch in der sogenannten *Files–11*–Struktur ab. Files–11 ist eine hierarchische Organisationsform für Files. Manchmal wird auch hierfür der

Begriff ODS–2–Struktur (online disk structure) verwendet. Das OpenVMS–File-system implementiert die Plattenstruktur und die Zugriffskontrolle zu allen Files auf der Platte.

Die kleinste adressierbare Einheit auf der Platte ist der Block. Auf einer Files–11–Platte ist ein Block 512 Bytes groß. Blöcke werden logisch zu einem Cluster gruppiert. Der System–Manager legt die Anzahl der Blöcke pro Cluster fest (Qualifier /CLUSTER_SIZE bei der Initialisierung einer Platte). Zusammenhängende Cluster heißen Extend. Ein Extend kann einen ganzen File oder einen Teil eines Files umfassen. Von RMS wird immer versucht, einen File in einem Extend unterzubringen. Ein File kann aber auch multiple Extends umfassen.

1.6.1 Files–11–Struktur

Ein Files–11–Speichermedium kann man sich als geordnete Menge von 512–Byte großen Blöcken vorstellen (1 – n , wobei n von der Größe der Platte abhängig ist).

Jedes Files–11–Volume besitzt einen Index–File, der bei der Initialisierung des Mediums angelegt wird. Weiterhin befinden sich auf einer Platte:

- Der Bootstrap–Block ist physikalisch der erste Block auf der Platte. Handelt es sich bei der Platte um keine Systemplatte, so enthält dieser Block ein Programm, das eine Meldung auf die Systemkonsole ausgibt, wenn versucht wird, diese Platte zu booten.
- Der Home–Block ist normalerweise der nächste Block nach dem Boot–Block. In diesem Block steht spezifische Information über das Volume und Default–Angaben über Files auf dem Volume.
  Beispielsweise stehen im Home–Block:
  - Name des Volumes (Label)
  - Information über die Lage des Index–Files
  - Die maximale Anzahl der Files, die auf dem Volume Platz finden können
  - Der User Identification Code (UIC) des Owner
  - Volume Schutzinformation (read–, write–Zugriffsrechte)

  Ein Files–11–Volume enthält mehrere Stellen, an denen sich der Home–Block befinden kann, um zu verhindern, daß bei einer Zerstörung des Home–Blocks die Platte nicht mehr zu benutzen ist.
- Der Index–File besteht im wesentlichen aus den File–Headern. Jeder File–Header beschreibt einen File auf der Platte. File–Header enthalten Informationen wie:
  - Eigentümer (owner) des Files,
  - Angaben zum Fileschutz (file protection),
  - Erstellungsdatum,
  - Modifikationsdatum.

Wichtig ist auch, daß im File–Header steht, aus welchen Extends der File besteht (physikalische Lage des Files auf der Platte).

Bei Neuanlage eines Files stellt RMS den File–Namen (siehe auch Abschnitt) und den File–Identifier in ein Inhaltsverzeichnis (Directory). Der dortige Eintrag verweist auf den File–Header. Wird der File angesprochen, gelangt RMS über den File–Namen zu dem zugehörigen Directory–Eintrag. Dort befindet sich ein Zeiger auf den zugehörigen File–Header. Der File–Header enthält die Startadressen der Extends, welche die aktuellen Daten auf der Platte enthalten. Jeder Extend wird über die Angabe Startadresse und Länge genau definiert. Die Startadresse wird über eine Blocknummer spezifiziert und die Länge über eine Zahl.

1.6.2 File–Organisationsformen

Unter *file organization* wird die Anordnung der Daten in einem File verstanden. RMS kennt folgende Organisationsformen für Files:

- Sequential organization:
  Die Datensätze liegen nacheinander auf dem Speichermedium (volume) ab.
- Relative organization:
  Die Datensätze belegen Zellen gleicher Länge. Jeder Zelle ist eine relative Satznummer zugeordnet, welche die Position des Datensatzes relativ zum Dateianfang angibt.
- Indexed organization:
  Der Zugriff auf den Datensatz kann über ein Schlüsselfeld (key) erfolgen, das Bestandteil des Datensatzes ist.

Ein Satzzugriffsverfahren (record access method) ist eine Methode für das Einfügen und Wiederauffinden von Datensätzen im File. Die Zugriffsmethode hat nichts mit der physikalischen Ablage der Files (File–Organisation) zu tun.

RMS ermöglicht folgende Zugriffsmethoden:

- Sequentiell:
  In einem sequentiellen File folgt ein Satz dem anderen. Um einen bestimmten Datensatz zu lesen, müssen erst alle eventuell davorstehenden Datensätze gelesen werden.
- Wahlweise (random access):
  Bei indexsequentiell organisierten Files erfolgt der Zugriff auf die Datensätze über einen Schlüssel (key). Die Transfereinheit zwischen Hauptspeicher und Platte heißt bei indexed Files *bucket*. Die bucket–Größe wird bei Anlage des Files vorgegeben.
  Bei relativ organisierten Files erfolgt der Zugriff über die relative Satznummer oder die Satzadresse RFA (record file address).
  Bei einem Zugriff über die RFA erfolgt die Selektion über eine eindeutige Positionsangabe im File. RMS gibt diese RFA in einem vom Programm zur Verfügung gestellten Parameter–Block zurück, wenn ein Satz gelesen oder geschrieben wird.

Nicht sequentiell organisierte Files können mit verschiedenen Zugriffsmethoden (record access methods) angesprochen werden.
Eine Änderung der File–Struktur ist mit dem Dienstprogramm CONVERT möglich.

Satzzugriffs Methode	File–Organisation Sequential	Relative	Indexed
Sequential	ja	ja	ja
Wahlweise mit relativer Satznummer	nein	ja	ja
Wahlweise mit Schlüssel	nein	nein	ja
Wahlweise mit Satzadresse	ja	ja	ja

Abb. 1.6–1: Zugriffsmethode in Abhängigkeit von der Fileorganisationsform

Das Satzformat (record format) legt fest, wie ein File physikalisch auf dem Speichermedium abgelegt ist. RMS unterstützt vier Formate:

- Feste Satzlänge:
  Alle Datensätze des Files haben die gleiche Länge.
- Variable Satzlänge:
  Die Datensätze können unterschiedlich lang sein.
- Variable Satzlänge mit Längenfeld:
  Die Datensätze haben nicht die gleiche Länge. Sie beinhalten jedoch ein Feld mit fester Länge, das jedem Datensatz vorangeht und eine Angabe über die Satzlänge enthält.
- Stream:
  Die Datensätze werden durch ein spezielles Trennzeichen (terminator) voneinander getrennt. Datensätze im Streamformat werden als Bytefolge verstanden. Die Steuerzeichen carriage return (CR) und line feed (LF) dienen häufig als Trennzeichen.

1.6.3 Aufbau des File–Headers unter RMS

Jeder File hat einen File–Header, der beispielsweise folgende Information enthält:

```
Header area
    Identification area offset:          40
    Map area offset:                     100
    Access control area offset:          255
    Reserved area offset:                255
    Extension segment number:            0
    Structure level and version:         2, 1
    File identification:                 (14063,72,0)
    Extension file identification:       (0,0,0)
    VAX-11 RMS attributes
        Record type:                     Variable
        File organization:               Sequential
        Record attributes:               Implied carriage control
        Record size:                     80
        Highest block:                   339
```

```
        End of file block:                    337
        End of file byte:                     16
        Bucket size:                          0
        Fixed control area size:              0
        Maximum record size:                  255
        Default extension size:               0
        Global buffer count:                  0
        Directory version limit:              0
    File characteristics:                     <none specified>
    Map area words in use:                    12
    Access mode:                              0
    File owner UIC:                           [SIMON]
    File protection:                          S:RWED, O:RWED, G:RE, W:RE
    Back link file identification:            (533,1,0)
    Journal control flags:                    <none specified>
    Active recovery units:                    None
    Highest block written:                    337

Identification area
    File name:                                XX.RNO;7
    Revision number:                          1
    Creation date:                             5-SEP-1991 09:29:16.28
    Revision date:                             5-SEP-1991 09:29:17.04
    Expiration date:                          <none specified>
    Backup date:                              <none specified>

Map area
    Retrieval pointers
        Count:          3         LBN:        459633
        Count:         78         LBN:        464919
        Count:          6         LBN:        465084
        Count:          6         LBN:        465093
        Count:         36         LBN:        465108
        Count:        210         LBN:        465147

Checksum:                                     46346
```

■

Wichtig für das Auffinden des Files ist die sogenannte *map area*. Dort ist verzeichnet, wo sich die zu einem File zugehörigen Blöcke auf der Platte befinden. Es ist immer die Startblockadresse und die Anzahl der zugehörigen Blocks angegeben (logical block number, count). Diese Zeigerbereiche im File−Header können unterschiedlich lang sein.

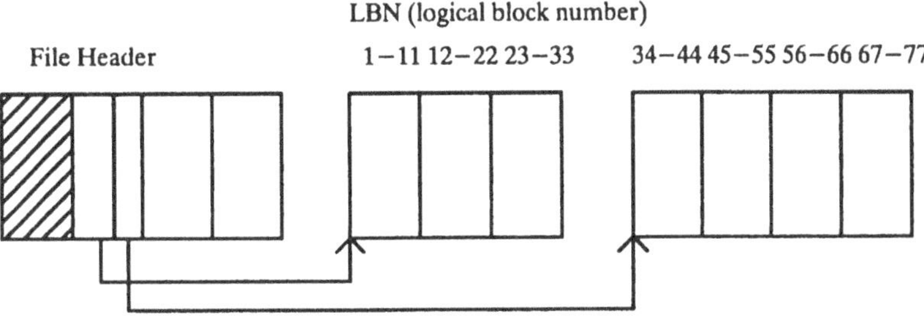

Abb. 1.6−2: ODS−2−Struktur

1.6.4 Dienstprogramme und Hilfsmittel für RMS

Unter OpenVMS ist es möglich, die Struktur von Files durch eine eigene Sprache zu beschreiben (*FDL* = file description language). Für die Erstellung von Files mit einer bestimmten Struktur gibt es einen Editor, der mit EDIT/FDL aufgerufen wird.

Beispiel:
$ EDIT/FDL NEUERFIL.TES

Dieser Editor fragt beispielsweise Organisationsform, Satzlänge, Satzformat, usw. ab.

Für die Analyse von Files bezüglich ihres Aufbaus und ihrer Struktur gibt es ein Dienstprogramm (utility), das es ermöglicht, einen File auf seine Konsistenz zu prüfen. Dabei wird, falls gewünscht, ein File erstellt, der die Beschreibung der File–Struktur enthält.

Beispiel:
$ ANALYZE/RMS/FDL WZK.DAT/OUTPUT=WZK.FDL

Der File WZK.DAT wird analysiert und anschließend die File–Strukturbeschreibung im File WZK.FDL abgelegt.

Für die Umformung verschiedener File–Strukturen in andere File–Strukturen gibt es unter OpenVMS das Dienstprogramm CONVERT. Die CONVERT–Utility wandelt einen File in einen anderen um. Beispielsweise kann so ein sequentieller File in einen indexsequentiellen File umgesetzt werden. Für den Umformungsvorgang wird ein File benutzt, der die File–Beschreibung (file description) des neu zu erstellenden Files enthält.

Beispiel:
$ CONVERT/FDL=WZK.FDL XXXEIN.DAT WZKNEU.DAT

Der File XXXEIN.DAT wird in den File WZKNEU.DAT umgewandelt, der die im File WZK.FDL beschriebene Struktur aufweist.

Für die Optimierung indexsequentieller Dateien ist das Kommando ANALYSE/RMS sehr nützlich. Aus einer vorgegebenen File–Strukturbeschreibung kann ein Vorschlag für eine optimierte File–Struktur erstellt werden. Dieser Vorschlag kann dann dazu genutzt werden, die indexsequentielle Datei mit dem Kommando CONVERT neu zu erstellen.

Beispiel:

```
$ EDIT/FDL/ANALYSIS=WZK.FDL/NOINTERACTIVE -
_$            /OUTPUT=WZK_OPT.FDL  WZK.FDL
$ CONVERT/FDL=WZK_OPT.FDL  WZKNEU.DAT WZKOPT.DAT
```

1.7 OpenVMS – ein offenes System

1993 wurde das Betriebssystem VAX/VMS in OpenVMS umbenannt. Diese Umbenennung soll die Öffnung zu anderen Rechnerwelten zeigen und gleichzeitig unterstreichen, daß das VMS–Betriebssystem nicht mehr an die VAX–Hardware–Architektur gebunden ist. Offenheit hat etwas mit Freiheit und Flexibilität zu tun, die Freiheit, etwas zu bewegen (portability), zu wachsen (scalability) und ein gewünschtes Gut (Hardware, Software) auch von mehreren Anbietern zu bekommen (availability). Sie bedeutet aber auch die Möglichkeit der Zusammenarbeit mit anderen (interoperability). Portabilität, Kooperationsfähigkeit, Skalierbarkeit und Integrationsfähigkeit sind die vier Säulen der Offenheit. Wirklich offene Betriebssysteme müssen folgende Eigenschaften haben:

- Die Skalierbarkeit ermöglicht die Nutzung des Betriebssystems auf der Basis unterschiedlicher Prozessortypen.
- Genügend Funktionalität, um die Implementierung von portablen Anwendungen und Ablaufumgebungen komfortabel unterstützen zu können.
- Koorperationsfähigkeit, damit die Aktivitätsträger (Prozesse, Tasks) verbundener Systeme wirklich Hand in Hand arbeiten, als würden sie physikalisch auf einem System laufen. Um diese Forderung zu erfüllen, muß das Betriebssystem auf mehreren Ebenen integrierend wirken.

Um offene Systeme überhaupt realisieren zu können, müssen Standards vorhanden sein. Standards sind definierte und abgestimmte Schnittstellenfestlegungen. Formal werden sie durch verschiedene Organisationen wie ANSI (American National Standards Institution) oder ISO (International Organization for Standardization) genormt. Standards können auch proprietär sein, wenn sie nur von einem Computerhersteller benutzt werden.

Die ISO hat beispielsweise das Schichtenmodell OSI (Open Systems Interconnect) definiert, welches Standards für die Kommunikation zwischen Systemen festlegt. CCITT (International Telegraph and Telephone Consultative Committee) definierte unter anderem die Standardschnittstelle X25 für paketvermittelte Übertragungen.

Die Open Software Foundation (OSF) wurde am 17. Mai 1988 von Apollo, Bull, Digital, IBM, HP, Nixdorf und Siemens als Forschungs– und Entwicklungsorganisation gegründet. Diese Organisation hat sich zum Ziel gesetzt, eine Spezifikation für offene Softwareumgebungen zu definieren. Bisher arbeitet die OSF an fünf Projekten:

- einer grafischen Benutzeroberfläche (OSF/Motif),
- einer Betriebssystemimplementierung (OSF/1),
- einer Umgebung für verteilte Anwendungen (OSF–DCE),
- einer Umgebung zur verteilten System– und Netzwerkverwaltung (OSF–ME),
- einem hardwareunabhängigen Softwareverteilungs– und Installationsverfahren (ANDF).

Verschiedene Arbeitsgruppen des Institute of Electrical and Electronics Engineers (IEEE) haben Normen zu Themenkreisen der Rechnertechnik geliefert (unter anderem Ethernet IEEE P802.3 und Token Ring IEEE P802.5). IEEE–Normen werden meist von ANSI (American National Standards Institute), der offiziellen nationalen Normierungsorganisationen der USA, übernommen. Besondere Bedeutung haben die POSIX–Arbeiten (Portable Operating System Interface) zum Thema Betriebssystemschnittstellen gefunden. P1003.1 definiert die Schnittstelle auf der elementaren Betriebssystemebene (system service interface) und ist bisher die einzige offiziell verabschiedete Norm. Einige andere liegen als Vorabversionen (sogenannte Drafts) vor.

Lange bevor sich IEEE mit dem Thema Betriebssystem beschäftigt hat, haben sich Computerhersteller in der X/Open organisiert, um das Thema der offenen Systeme voranzutreiben. Die Organisation beschäftigt sich schwerpunktmäßíg mit dem Thema Portabilität. X/Open veröffentlicht seine Spezifikationen im sogeannten X/Open Portability Guidee (XPG). Neben den Spezifikationen bietet X/Open noch ein sogenanntes Branding Program, mit dem sich ein Hersteller die Erfüllung dieser Normen durch sein Betriebssystem bestätigen lassen kann.

Unter OpenVMS besteht die Möglichkeit, mit allen anderen Systemen zu kommunizieren. Es werden die wichtigsten Standards und Spezifikationen unterstützt, welche in den letzten Jahren durch IEEE und die OSF vorgegeben wurden. Die Netzwerkprotokolle DECnet/OSI und TCP/IP erlauben die Kommunikation mit verteilten Systemen.
Ein Ziel beim Entwurf der Alpha AXP–Architektur war es, eine Schnittstelle zu schaffen, die es erlaubt, Besonderheiten eines Betriebssystems von der Hardware zu entkoppeln. Komplexe Funktionen wie beispielsweise die Unterbrechungsbehandlung wurden bei der VAX–Architektur im Microcode realisiert. Bei Alpha AXP–Prozessoren wurde dies durch Routinen der *Privileged Architecture Library* (PALcode) realisiert. Bei der VAX–Architektur wurde dies durch Microcode erreicht. Der PALcode bildet die Vermittlungsschicht zwischen dem Betriebssystem und dem Alpha AXP–Prozessor. Genutzt wird dies beispielsweise bei Funktionen des Speichermanagements, der Unterbrechungsbehandlung, der Prozeßumschaltung (context switching) und Befehlen, welche als ununterbrechbare Einheit (atomic operation) betrachtet werden. Neu entwickelte Alpha AXP–Prozessoren lassen sich damit sofort durch das Betriebssystem nutzen, wenn die PALcode–Funktionen konsequent durch das Betriebssystem genutzt wurden.

Übungsaufgaben:

1. Was sind die Hauptkomponenten eines Computers ?
2. Wozu dienen die Hintergrundspeicher ?
3. Welche Eigenschaften charakterisieren das Betriebssystem OpenVMS ?
4. Welche Methoden gibt es zur Beschleunigung der virtuellen Adreßumsetzung?
5. Wie ist unter OpenVMS das Scheduling organisiert ?
6. Wozu dienen Quotas und Privilegien ?
7. Wie ist der OpenVMS–File–Name aufgebaut ?

2. OpenVMS – Benutzerumgebung

2.1 Das Terminal

Das Terminal besteht aus einem Bildschirm (display) und einer Tastatur (keyboard). Über die Tastatur können Eingaben gemacht werden. Am Bildschirm werden Ausgaben des Rechners und das Echo der Eingaben von der Tastatur angezeigt.

Als zeichenorientierte Standard–Terminals für die interaktive Arbeit unter OpenVMS bietet DEC folgende Typen an:

- VT100 Serie (VT101, VT102, VT125) (bis ca. 1985)
- VT200 Serie (VT220, VT240, VT241) (bis ca. 1988)
- VT300 Serie (VT320, VT340) (ab 1987)
- VT400 Serie (VT420) (ab 1990)
- VT500 Servie (VT510) (ab 1994)

Die einzelnen Typen einer Terminal–Serie unterscheiden sich durch Zusatzoptionen wie Grafik–Mode, Farbbildschirm, Bildschirmgröße. Die Terminals der VT510–Reihe bieten verschiedene Terminalemulationen, so daß sie auch in heterogenen Umgebungen eingesetzt werden können.

2.1.1 Die VT200/VT300/VT400 Terminal–Familie

Die Terminals der Serie VT bestehen aus einem Bildschirm (Display) und einer Tastatur. An der Leuchtdiodenanzeige an der Frontseite des Terminals erkennt man, daß der Bildschirm eingeschaltet ist. Um die Bildröhre zu entlasten, besitzen diese Terminals eine automatische Dunkelschaltung, wenn innerhalb von ca. 10 Minuten keine Ein– oder Ausgaben über das Terminal erfolgen (screen saver). Sobald man eine beliebige Taste betätigt, wird der Bildschirm wieder hellgeschaltet.

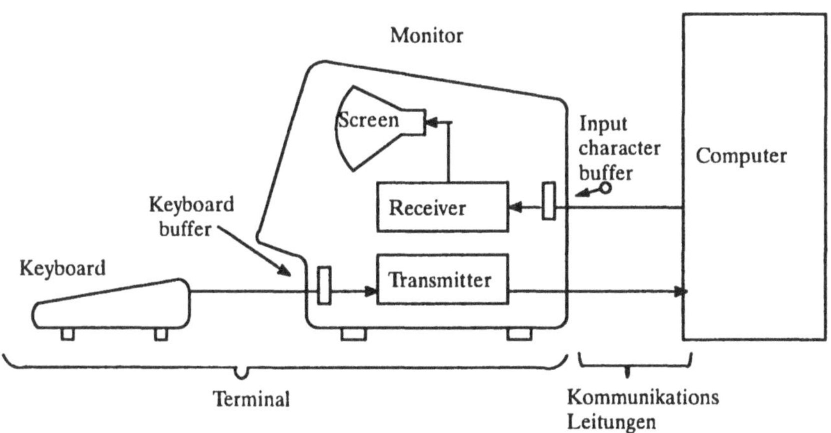

Abb. 2.1–1: Terminal–Verbindung mit dem Computer

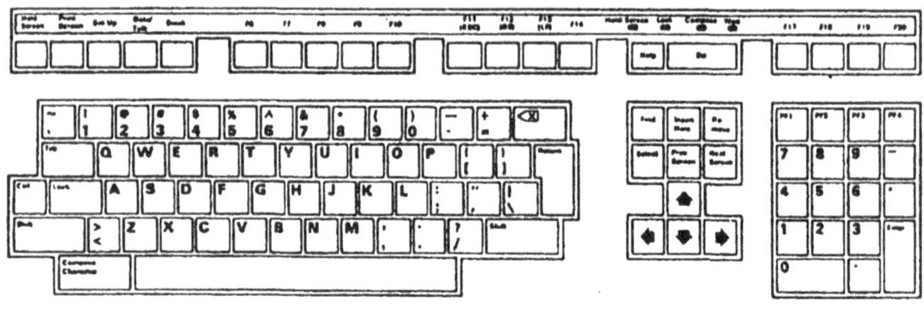

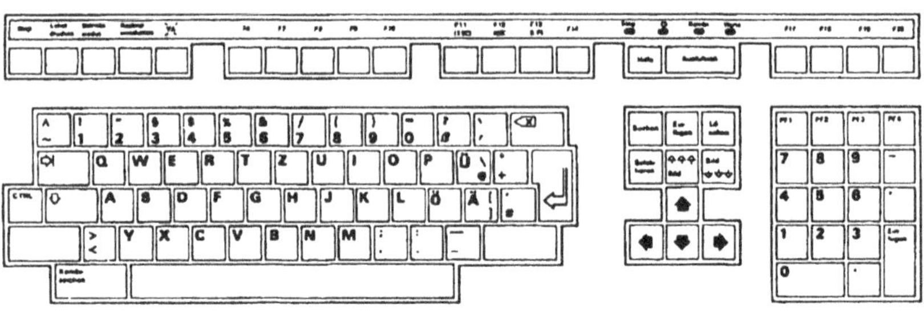

Abb. 2.1–2: Terminal–Tastaturen (keyboards)

Das VT200/VT300/VT400 Tastenfeld:
Die Schreibmaschinen–Tastatur steht in länderspezifischen Ausführungen zur Verfügung. Die Funktionstasten lassen sich bei den neueren VT–Terminals in drei Bereiche gliedern:

- Funktionstasten F1–F20 plus Sondertasten (erste Reihe der Tastatur)

<F1>	Hold Screen, der Bildschirmlauf wird angehalten, wenn diese Taste betätigt wird.
<F2>	Print Screen, es wird eine Bildschirm–Hardcopy ausgedruckt.
<F3>	Setup
<F4>	Data/talk , diese Taste wird bei Funktionen der Datenübertragung verwendet werden.
<F5>	Break, sendet Unterbrechungssignale an den Rechner. Bei einem Anschluß an einem Terminal–Server kann damit der Server angesprochen werden.
<F11>	ESC, sendet das <ESC>–Zeichen an den Rechner.
<F12>	Backspace (BS), der Cursor wird an den Anfang der aktuellen Zeile bewegt, ohne Zeichen zu löschen.
<F13>	Line feed, sendet das <LF>–Zeichen (Zeilenende) an den Rechner.
<F14>	schaltet den Terminalmodus zwischen Einfüge– und Überschreibemodus um.
<F15>	Help, mit dieser Taste können Hilfe–Funktionen von verschie–

denen Programmen aufgerufen werden.

<F16> Do, diese Taste bewirkt die Ausführung von Kommandos bei verschiedenen Programmen (z.B. EDIT/TPU).

- Editier–Tasten bei Editor–Programmen (z.B. den extensible versatile editor *EVE*) für die Funktionen Suchen, Einfügen, Löschen, Selektieren, usw.
- Numerisches Tastenfeld für Zahleneingabe sowie Editier–Funktionen für die Editoren EVE und EDT über die Tasten PF1, PF2, PF3 und PF4.

Eine wichtige Taste bei den VT–Terminals ist die Kombitaste (<compose character>) am linken unteren Rand der Tastatur. Diese Taste erlaubt das Erzeugen von Zeichen, die nicht auf der Tastatur vorhanden sind. Beispielsweise können die deutschen Umlaute Ä, Ö usw. auf einer amerikanischen Tastatur wie folgt erzeugt werden:

Umlaute	Tastenfolge, die nacheinander zu drücken ist
ä	<combi> <a> <">
Ä	<combi> <shift und a> <">
ß	<combi> <s> <s>

Die Belegung des zusätzlichen Keypad–Tastenfelds ist je nach Anwendung verschieden. Bei Verwendung des Texteditorprogramms EDIT/EDT bzw. des EVE können über diese Tasten Textmanipulationen durchgeführt werden (siehe Abschnitt 4.2.4 Keypad–Editierfunktionen im Keypad–Mode).
Beim VT510–Terminal steht neben der VT–Tastatur auch eine erweiterte PC–Tastatur zur Verfügung.

2.1.2 Bedienelemente des Terminals

Jedes Terminal verfügt über einen power–up–Schalter, Bildschirmhelligkeits– und Kontrastregler, Anschlüsse für die Verbindung zum Computer und eventuell noch einen Anschluß für einen Hardcopy–Drucker (printer port). Die Bildschirmhelligkeit und der Kontrast lassen sich beispielsweise bei den Terminals an der rechten Seite des Bildschirms einstellen.

2.1.3 Einstellungsmöglichkeiten beim Bildschirm (Setup)

Das Erscheinungsbild des Setup ist abhängig vom Terminal–Typ. Beim VT300–Terminal erfolgt die Umschaltung in den Setup–Modus durch Drücken der Taste F3 (Betriebsmodus). Das VT510–Terminal ist mit einem Windows–ähnlichen Setup ausgestattet und ist mit seinen 17 Terminalemulationen gut geeignet für den Einsatz in heterogenen Umgebungen. Nachfolgend sind beispielhaft die Einstellungsmöglichkeiten des VT320 beschrieben.

Das Terminal kann auf bestimmte Benutzeranforderungen (Betriebsmodi) eingestellt werden. Diesen Vorgang nennt man in DEC–Terminologie *Setup*.

Folgende Eigenschaften des Terminals lassen sich beim Setup abändern:

- Bildoptik (dunkler Hintergrund, helle Schrift bzw. heller Hintergrund, dunkle Schrift = Inversmode).
- Geschwindigkeit der Anzeigen (*scrolling*)
- Bildgröße (80 Spalten bzw. 132 Spalten)

- Akustische Kennungen (margin bell = Randüberwachung bzw. Tastenanschlagskennung = key klick)
- Löschen des Bildschirms (clear display)
- Tabulatoren
- *Reset* des Terminals, der Verbindungsstrecke
- Allgemeine Dinge, wie Sprache der Setup – Hilfstexte (englisch, deutsch, usw.), Zeilenumbruch (*wrap*), verwendeter Zeichencode
- Merken der Setup – Einstellungen (save, recall)
- Benutzte Anschlußtechnik (Geschwindigkeit, Datenformat = Anzahl Bits pro Zeichen, Parity, Zahl der Stop – Bits); die meisten Standardterminals sind mit 4800 Baud bzw. 9600 Baud, kein Parity und 1 Stop – Bit angeschlossen.
- Einstellungen für einen lokal angeschlossenen Drucker
- Betriebsmodus (online, local)
- Vorder – und Hintergrundfarbe der Bildschirmanzeige (bei Farbterminals)

Bedienung des Setup – Modes:

Den Setup – Mode kann man unabhängig von einer gerade am Bildschirm laufenden Anwendung anwählen, indem man die Taste F3 (Setup) drückt. Danach wird im unteren Schirmviertel das in der Abbildung 2.1 – 3 gezeigte Setup – Gruppenmenü angeboten. Durch erneutes Drücken der Taste F3 (Setup) kann der Setup – Mode wieder verlassen werden.

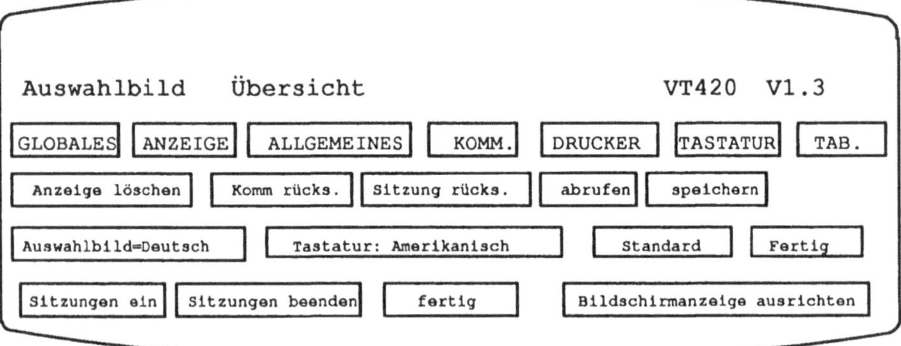

Abb. 2.1 – 3: Terminal – Setup des VT420

Man kann eine Funktion dieses Menüs anwählen, indem man die Pfeiltasten auf das entsprechende Feld positioniert und danach die Taste *Eingabe* (ENTER) drückt. Danach wird entweder ein neues Menü angezeigt oder eine neue Möglichkeit der Einstellung des angewählten Setup – Feldes. Von jedem Gruppenmenü kann man durch die Funktion *Nächstes Auswahlbild* in das nachfolgende Gruppenmenü gelangen. Durch Anwahl der Funktion *Übersicht* gelangt man zurück in das Auswahlbild *Übersicht*.

Die Einstellungsmöglichkeiten des Setup – Menüs sind vom Terminaltyp abhängig und lassen sich in folgende Gruppen einteilen:

- Display Setup (Anzeige)
- General Setup (Allgemeines)
- Communication Setup (Kommunikation)
- Printer Setup (Drucker)
- Keyboard Setup (Tastatur)
- Tab Setup (Tabulatoren)

Die Anwahl der Funktion *speichern* (save) bewirkt ein "Einbrennen" der im Setup–Mode gemachten Änderungen, so daß diese auch nach Aus/Ein–Schalten des Bildschirms wieder Gültigkeit besitzen. Die Funktion *abrufen* (restore) stellt im Terminal die abgespeicherte Setup–Einstellung ein. *Standard* bewirkt eine Einstellung des Terminals mit der vom Herstellerwerk vorgegebenen Grundeinstellung.

2.2 Eröffnen und Beenden einer Terminal–Sitzung

Eröffnen einer Terminal–Sitzung (Login)

Üblicherweise sind Terminals der VT–Serie über einen Terminalserver an ein OpenVMS System angeschlossen. Dies bietet den Vorteil, daß direkt vom Terminal aus unterschiedliche Rechner durch Eingabe des Rechnernamens angewählt werden können. Für die Anmeldung ist ein gültiger Benutzername (username) zu verwenden, welcher vom Systemmanager der OpenVMS Systems eingerichtet werden muß. Die Anmeldung beim Rechner (login) über einen Terminalserver geschieht auf folgende Weise:

- Einschalten des Bildschirms und warten, bis der Cursor (Blinkmarke) oben links auf dem Bildschirm zu sehen ist.
- Drücken der Taste BREAK, um sich beim Terminalserver anzumelden. Danach muß die Anzeige *Local* erscheinen, oder es meldet sich der Terminalserver mit *Enter Username*>. Wird nach einem Benutzernamen gefragt, kann für die Anmeldung beim Terminalserver ein beliebiger Name angegeben werden.
  Für den Aufbau einer Verbindung zum gewünschten Rechner (Service) ist das Terminalserver–Kommando CONNECT <Servicename> zu benutzen. Der Benutzer gibt danach die gewünschte Rechnerbezeichnung ein. Als <Servicename> ist dabei die Bezeichnung eines Netzwerkknotens einzugeben (z.B. ALPHA1 oder TVAX), der von dem Terminal–Server aus erreichbar ist. Durch Eingabe der Terminalserver–Kommandos SHOW SERVICES können die verfügbaren Dienste angezeigt werden.

  Local>connect GSNV02

  Die Eingabe muß durch die RETURN– bzw. ENTER–Taste abgeschlossen werden. Danach erfolgt vom angewählten Rechner aus die Anzeige der Eingabeaufforderung:

  Username:
- Auf die obige Anforderung gebe man seinen Benutzernamen (Usernamen) ein. Danach erscheint die Anfrage:

Password:

Im Gegensatz zum Benutzernamen werden bei Eingabe des Kennworts (password) die eingegebenen Zeichen nicht angezeigt.

- Danach erfolgt die Begrüßung:

  Welcome to OpenVMS version Vn.n ....

  Erscheint keine Begrüßungsmeldung, sondern der Text

  User authorization failure ,

  so wurde bei der Eingabe des Benutzernamens oder des Kennworts ein Fehler gemacht und der Vorgang muß wiederholt werden.
  Das Eingabeaufforderungszeichen $ (Prompt) zeigt an, daß Kommandos über das Terminal eingegeben werden können.

Unterbrechen einer Terminal – Sitzung

Wird am Terminal die Taste BREAK gedrückt, so wird die Verbindung zum Rechner unterbrochen und man befindet sich auf der Ebene des Terminalservers. Der Prozeß auf dem Rechner bleibt bestehen. Nun kann eine neue Verbindung zu einem anderen auf dem Terminalserver angebotenen Service hergestellt werden. Wieviele aktive Verbindungen bestehen kann mit dem Terminalserver – Kommando SHOW SESSION abgefragt werden.
Soll eine unterbrochene Verbindung zu einem bestimmten Service wieder aufgebaut werden, so ist das Terminalserver – Kommando RESUME <session number> zu benutzen.

Beispiel:

```
LOCAL>show session
Port 3:  HUBER                        Local Mode      Current Session: 2
- Session 1:      Connected           interactive     GSNA12
- Session 2:      Connected           interactive     GSNV01
- Session 3:      Connected           interactive     GSND01
LOCAL>resume 1
Local -012- GSNA12 Session 1 resumed
```

Beenden einer Terminal – Sitzung (Logout)

Eine Terminal – Sitzung wird beendet, indem der Benutzer die Zeichenfolge LOGOUT eingibt (Abkürzung: LO). Dadurch werden im Rechner die dem Benutzer zugewiesenen Verwaltungsbereiche wieder freigegeben. Der Bildschirm kann danach ausgeschaltet werden. Wird der Bildschirm vor dem Kommando LOGOUT ausgeschaltet, so bleibt der im Rechner aktive User – Prozeß bestehen.

2.3 Abläufe beim Login

Alle Aktionen die notwendig sind, um einen Zugang zum System zu erlangen, werden als Login – Vorgang bezeichnet. Während des Logins muß sich der Benutzer

durch einen Benutzernamen und ein Kennwort identifizieren.
Durch das Drücken der Taste RETURN erkennt das OpenVMS–Betriebssystem, daß sich ein Benutzer neu einloggen will. Der Systemprozeß *JOB_CONTROL* startet ein Programm (SYS$SYSTEM:LOGINOUT.EXE), welches die Eingaben des Benutzers (username, password) auf Gültigkeit überprüft. Stimmen diese Angaben mit den vom System–Manager in der Benutzernamen–Verwaltungsdatei (user authorization file) eingetragenen Daten überein, werden im Rechner der Login–Prozeß entsprechend der im File SYS$SYSTEM:AUTHORIZE.DAT festgelegten User–Information modifiziert und die notwendigen Verwaltungsbereiche für diesen Benutzer angelegt (process creation). Dem Benutzer wird ein Prozeß–Name und eine Prozeß–Identifikationsnummer (PID) zugewiesen. Anhand dieser PID wird jeder Prozeß im Rechner eindeutig identifiziert. Danach wird die vom System–Manager festgelegte Kommando–Prozedur SYS$MANAGER:SYLOGIN.COM durchlaufen. In dieser Kommando–Prozedur kann beispielsweise festgelegt werden, auf welchem Drucker bei Eingabe des PRINT–Befehls ausgedruckt wird. Wenn vorhanden, wird nun in der Default Directory des Benutzers ein File mit dem Namen SYS$LOGIN:LOGIN.COM durchlaufen. In diesem File können benutzerspezifische Symbole (beispielsweise Abkürzungen) definiert sein.

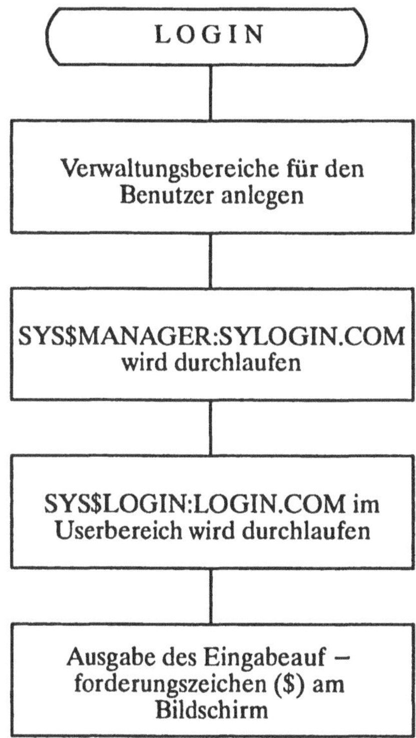
LOGIN
Verwaltungsbereiche für den Benutzer anlegen
SYS$MANAGER:SYLOGIN.COM wird durchlaufen
SYS$LOGIN:LOGIN.COM im Userbereich wird durchlaufen
Ausgabe des Eingabeauf – forderungszeichen ($) am Bildschirm

Abb. 2.3–1: Ablauf des Logins aus Benutzersicht

Am Ende gibt das Betriebssystem auf den Bildschirm den aktuellen Betriebssystem – Prompt (im allgemeinen das $ – Zeichen) aus. Dieses Zeichen ist für den Benutzer die Kennung, daß er Kommandos der DEC Command Language (DCL) eingeben kann.

Unter OpenVMS existieren folgende Möglichkeiten eines Logins:

Login Klasse	*Login Typ*
LOCAL	interaktiv, der Login erfolgt direkt über ein Terminal.
DIALUP	interaktiv, der Login erfolgt über eine als Wählleitungseingang markierte Schnittstelle.
REMOTE	interaktiv, unter Ausnutzung der Netzwerk Software DECnet mittels des DCL – Kommandos: SET HOST <Knotenname>.
NETWORK	nicht interaktiv, implizit beispielsweise bei einem Zugriff auf ein File, das auf einem anderen Rechnerknoten im Netzwerk abliegt (beispielsweise File – Transfer mittels DECnet).
BATCH	nicht interaktiv, Start eines Batch – Jobs, der mittels des DCL – Kommandos SUBMIT übergeben wurde. Der Login wird durchgeführt, sobald der Batch – Job aktiviert wird.
DETACHED	nicht interaktiv, ein detached Prozeß Login erfolgt, nachdem mit dem Kommando RUN bzw. dem Systemservice $CREPRC ein Prozeß erzeugt wurde und die Parameter zur Erzeugung eines detached Prozesses angegeben wurden.
SUBPROCESS	nicht interaktiv, ein Subprozeß Login erfolgt, nachdem mit dem Kommando RUN bzw. dem Systemservice $CREPRC ein Prozeß erzeugt wurde und die Parameter zur Erzeugung eines Subprozesses angegeben wurden.

Das Wort interaktiv bedeutet in diesem Zusammenhang, daß der Login durch eine Benutzereingabe an das Betriebssystem erfolgte.

2.4 Login – Kontrolle

Jeder Benutzer hat die Möglichkeit, zusätzlich 1 oder 2 Kennworte (passwords) mit seinem Benutzernamen zu verbinden. Der Benutzername sowie die Anzahl der Kennworte werden vom System – Manager festgelegt. Das Kennwort kann der Benutzer selbst mit nachfolgendem Kommando festlegen:

```
$ SET PASSWORD

Old Password: ..................
New Password: ..................
Verification: ..................
```

Bei der Abfrage *Verification:* muß das neue Kennwort nochmals wiederholt werden.

- Für Kennworte gibt es ein automatisches Verfallsdatum. Die Benutzer werden dadurch gezwungen, in regelmäßigen Abständen ihre Kennworte zu ändern.

Die Verfallszeit kann vom System–Manager eingestellt werden (Parameter / PWDLIFETIME im user authorization file AUTHORIZE.DAT).
Die Benutzer erhalten 5 Tage vor dem Verfall des Kennworts eine Mitteilung am Bildschirm. Nach dem Verfall des Kennworts ist noch ein Login erlaubt. Danach muß das Kennwort geändert werden. Als neues Kennwort kann dabei das alte Kennwort nicht benutzt werden.

- Für Kennworte kann vom System–Manager eine Mindestlänge festgelegt werden (Parameter /PWDMINIMUM=n im user authorization file).
- Falls systemweit eingerichtet, können Benutzer noch ein zweites Kennwort definieren: SET PASSWORD/SECONDARY
- Benutzer können sich selbst Vorschläge für Kennworte vom Rechner anzeigen lassen (Kennwort–Generierung): SET PASSWORD/GENERATE
- Die Gültigkeitsdauer eines Kennworts kann vom System–Manager festgelegt werden (Parameter /PWDLIFETIME=n im File user authorization file)
- Kennworte können automatisch mit einer Tabelle verglichen werden (system dictionary), falls dies der System–Manager aktiviert hat. Dadurch werden die Benutzer gezwungen, ihre Kennworte nicht zu einfach zu gestalten. Außerdem kann sich das System die zuletzt benutzten Kennworte merken.

2.5 Workstations und DECwindows Motif

Eine Workstation ist ein Einzelplatzsystem mit einer grafischen Benutzeroberfläche. Die DEC–Implementierung dieser Oberfläche hat den Namen *DECwindows Motif* und entspricht dem von der OSF (Open Software Foundation) veröffentlichtem Standard einer fensterorientierten, netzwerkfähigen Benutzeroberfläche, mit einer standardisierten, portablen Entwicklungsumgebung (Motif Toolkit). Die OSF wurde am 17. Mai 1988 von Apollo, Bull, Digital, IBM, HP, NIXDORF und SIEMENS als Forschungs– und Entwicklungsorganisation gegründet. Die OSF liefert Spezifikationen, die sogenannten AES (Application Environment Specification), und Implementierungen unter Berücksichtigung von Standards. Ein weiteres wichtiges Projekt der OSF ist die Betriebssystemimplementierung OSF/1, welche alle im Zusammenhang mit Betriebssystemen wichtigen Standards (POSIX, XPG3 usw.) berücksichtigt.

Über Ethernet oder Glasfaserkopplungen (zum Beispiel FDDI) sind Workstations mit anderen Rechnern vernetzbar. Die Hardware einer Workstation besteht aus der Zentraleinheit, dem Grafikbildschirm, der Tastatur und der Maus. Der Unterschied zu den Personalcomputern (PCs) ist heute kaum noch erkennbar. Auch PCs kann man als Workstations bezeichnen, insbesondere, wenn sie unter den Betriebssystemen UNIX, Windows NT oder OpenVMS arbeiten.

Der Benutzer hat bei Workstations die Möglichkeit, mehrere Anwendungen in verschiedenen Bildschirmfenstern (windows) gleichzeitig ablaufen zu lassen (Mehrfenstertechnik). Für den Endanwender stellt sich DECwindows Motif ähnlich wie die in der PC–Welt üblichen Oberflächen MS–Windows bzw. Presentation Manager dar. Gegenüber den PC–Oberflächen bietet DECwindows vor allem den Vorteil der Netzwerkfähigkeit auf der Basis von X–Windows Version 11 (X11).

Die Motif–Spezifikation der OSF entspricht dem X11–Standard des Massachusetts Institute of Technologie (MIT). Das X–Window–System basiert auf dem Client/Server–Modell:

- Der *X–Server* ist für die Steuerung der Bildschirmausgabe von X–Anwendungen zuständig. Der X–Server nimmt Anforderungen von Anwendungen entgegen, führt die entsprechenden Operationen aus, verwaltet die Bildschirmeingabe, leitet Tastatur– und Mauseingaben an die entsprechenden X–Anwendungen weiter und fragt die Zugriffsberechtigungen anfordernder Benutzer ab. X–Server und X–Anwendungen kommunizieren über das X–Protokoll.
- X–Anwendungen, die auch als *X–Clients* bezeichnet werden, senden Anforderungen (z.B. das Öffnen eines Fensters) an den X–Server. Tastatur und Mauseingaben wiederum werden vom X–Server an die X–Anwendungen weitergeleitet. Die Kommunikation zwischen X–Server und X–Client ist für den Benutzer nicht sichtbar (transparent).

Window–Systeme bieten eine einfache, einheitliche grafische Bedienoberfläche. In einer X–Server–Umgebung kann der Bildschrim in mehrere Fenster (windows) aufgeteilt werden. In jedem dieser Fenster wird eine Anwendung angezeigt. Die in der Fensterumgebung angezeigten Anwendungen werden über Menüs und Dialogboxen gesteuert. Diese Bildschirmelemente enthalten Kommandos und Optionen, die mit der Maus ausgewählt werden können.
Die Menütechnik ermöglicht dem Benutzer, mit Anwendungen zu arbeiten, ohne sich vorher spezielles Wissen über Betriebssystem–Kommandos aneignen zu müssen. Die Motif–Oberfläche erleichtert die Arbeit mit dem Rechner und kann die Effektivität erhöhen. DECwindows Motif ist netzwerkfähig, d.h. rechenintensive Anwendungen können auf einem anderen Rechner (client) abgearbeitet werden. Die Ausgabe und die interaktive Eingabe erfolgen über den Bildschirm der Workstation (server).

2.5.1 DECwindows Motif–Überblick

Unter DECwindows erfolgt die Eingabe bzw. Auswahl von Befehlen entweder mit dem Bedienelement Maus oder über die Tastatur. Die DCL–Befehle sind die gleichen wie bei der Benutzung eines VT–Terminals, nur kann die Eingabe durch Auswahl einer Zeile in einem über die Maus anwählbarem Menü erfolgen.

Der Prozeß *Session Manager* erzeugt und koordiniert die Benutzersitzung (session). Er ist der Einstiegspunkt und die Zentrale von DECwindows–Anwendungen. In der Grundeinstellung werden die Menüpunkte Session, Application, Options und Help angezeigt. Aus diesen Menüs heraus können Anwendungen gestartet, die Arbeitsumgebung eingestellt und die Session beendet werden.

- Options
  Unter diesem Menüpunkt sind Betriebseinstellungen (customize) der Workstation möglich, die mit dem Setup bei VT–Terminals vergleichbar sind. Damit kann eine individuelle Einstellung der Benutzerumgebung erfolgen. Hierzu zählen:

  Keyboard — Tastaturtyp, akustisches Warnsignal, Keyclick.

Language	Default ist american english. Falls die richtige Sprachunterstützung auf dem System installiert ist, können die DECwindows–Anwendungen auch mit anderen Sprachoberflächen angezeigt werden.
Pointer	Eingestellt weren können das Aussehen und Farbe des Zeigers sowie eine Einstellung für Links/Rechts–Händer.
Security (Sicherheit)	Erlaubt Einstellungen für Zugriffsberechtigungen über das angeschlossene Netzwerk auf die Workstation.
Menus, Menu bar	Menüpunkte und Überschriften des Session Managers können angepaßt werden.
Window colors	Farbeinstellungen für den Vorder– und Hintergrund
Save Session Manager	Speichern der aktuellen Anpassungen.

- Session

Logical Names	Unter diesem Menüpunkt können logische Namen für die Session definiert werden.
Privileges	Privilegien des angemeldeten Benutzers können angezeigt und, falls die Berechtigung dazu besteht, auch geändert werden.
Work in progress	Zeigt einen Überblick der auf der Workstation aktiven Prozesse an.
Pause	Nach Anwahl der Pause–Funktion bleiben die aktiven Sessions bestehen. Die Workstation kann jedoch nur wieder aktiviert werden, wenn das richtige Kennwort eingegeben wird.
End Session	Beenden einer Session.

- Applications
  Unter dieser Rubrik können DECwindows–Anwendungen gestartet werden. Insbesondere ist die Eröffnung eines DEC–Terminalfensters (DECterm) möglich. Dann kann in der gewohnten DCL–Umgebung mit dem Betriebssystem gearbeitet werden.

Standard DECwindows–Anwendungen sind:

• Bookreader	Buchfunktion zum Lesen von Online–Dokumentation
• CDA Viewer	Darstellung von DDIF oder Postscript–Dateien auf der Workstation
• Calculator	Taschenrechner
• Calendar	Kalender für Zeitplanung
• Cardfilter	Elektronischer Karteikasten
• Clock	Darstellung der Uhrzeit auf dem Bildschirm
• DECsound	Unterstützung für Multi–Media Anwendungen

- DECterm Aufbau eines VT–Terminalfensters
- Mail Elektronische Post
- Message Window Anzeigefenster für Nachrichten und Problemmeldungen
- Notepad Editor für einfache Textbearbeitungen
- Paint einfacher, punktorientierter Grafikeditor (Malprogramm)
- Print Screen
  Hier können die Voreinstellungen für einen Bildschirmausdruck (Hardcopy) festgelegt werden. Hardcopies können sowohl vom gesamten Bildschirminhalt als auch von Teilen des Bildschirminhalts erstellt werden.
- FileView
  Das grafische Benutzer–Interface zum Betriebssystem unter DECwindows. Menügeführt können DCL–Kommandos zur Modifikation von Dateien (Kopieren, Umbenennen, Löschen, Ausdrucken usw.) aktiviert und Anwendungen gestartet werden. Dadurch sind keine umfangreichen Betriebssystemkenntnisse erforderlich.

Ein weiterer Standardprozeß von DECwindows ist der *Window Manager.* Dieser verwaltet den Bildschirm und erlaubt folgende Window–Operationen:

- Vergrößern, Verkleinern
- Verschieben
- Zum Sinnbild (icon) verkleinern
- Übereinanderlegen von Windows

Jede *Icon Box* repräsentiert eine gestartete DECwindows–Anwendung. Jede dieser Anwendungen hat ein charakteristisches Icon (Sinnbild).

2.5.2 DECwindows Motif–Bedienung

Anmeldung (Login):

Für die Anmeldung beim Rechner sind der Benutzername und das Kennwort einzugeben. Nach dem erfolgreichen Login wird der Session Manager als erste Anwendung gestartet. In der Abb. 2.5–3 sind das Fenster des Session Managers und das Fenster der Anwendung FileView angezeigt. Mit diesem Kontrollprogramm kann der Benutzer die weitere Arbeit unter DECwindows steuern und weitere Anwendungen starten. Wurde bei der Anmeldung ein falsche Benutzerkennung eingegeben, so schaltet die Workstation in den Operator–Konsolmodus um und zeigt eine entsprechende Fehlermeldung an. Durch gleichzeitiges Drücken der beiden Tasten *Ctrl* und *F2* wird wieder auf das DECwindows–System umgeschaltet.
Jedes Fenster hat unter DECwindows Motif den gleichen Aufbau und besteht aus dem Window–Rahmen mit den Elementen Kopfzeile (title bar), Fenstermenü–Knopf (window menu button), Knopf zum Verkleinern des Fensters auf ein Sinnbild (minimize button), Knopf zum Umschalten auf Vollbilddarstellung (maximize button) und den Größenänderungsrändern (resize boarder).

- Die Kopfzeile (title bar), zeigt den Namen der in diesem Fenster aktivierten Anwendung und enthält die Knöpfe zur Veränderung der Fensterdarstellung, links den window menu button und rechts den minimize und maximize button).
- Der Fenstermenü–Knopf im linken Teil der Kopfzeile enthält Menüpunkte für das Arbeiten mit den Fenstern (siehe Abb. 2.5–5)

- In der Menüzeile (menu bar) werden die für die aktive Anwendung möglichen Funktionen angezeigt.
- Mit den Rollbalken (scroll bar) können die Fensterinhalte nach oben bzw. nach unten verschoben werden.
- Der Arbeitsbereich (work area) stellt die eigentliche Arbeitsumgebung des Windows zur Verfügung. Die Rahmen des aktiven und der inaktiven Fenster können beispielsweise in verschiedenen Farben dargestellt werden. Für diese und ähnliche Einstellungen gibt es im Fenstermenü das Untermenü work space.

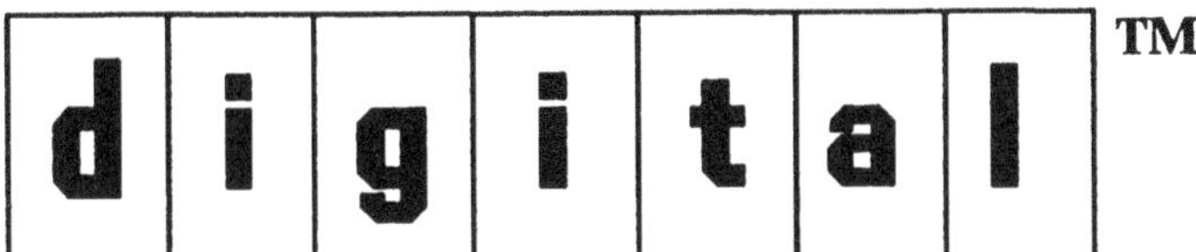

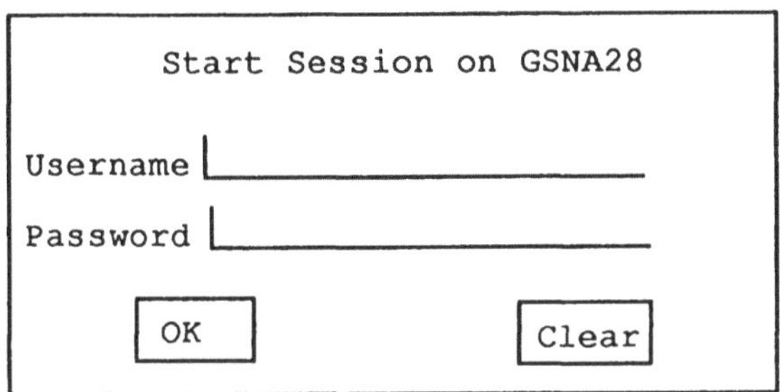

Abb. 2.5–1: Workstation–Login

Starten einer Anwendung im Session Manager:

Im Menüpunkt Applikationen des Session Managers ist die Anwendung *FileView* oder *DECterm* anzuwählen. FileView ist das grafische Benutzerinterface zum Betriebssystem. Es erlaubt die menügeführte Benutzung von DCL–Kommandos, das Ausführen von Anwendungen und die Modifikation von Dateien, ohne daß genaue Kenntnisse der DCL–Kommandos erforderlich sind. Außerdem bietet *FileView* eine betriebssystemunabhängige Bedienoberfläche. Für den Workstation–Benutzer ist es ohne Bedeutung, ob sein Basisbetriebssystem OpenVMS oder OSF/1 heißt.

Wird die DECwindows–Anwendung DECterm gestartet, so erlaubt dieses Terminal–Fenster die Eingabe von DCL–Kommandos auf die gleiche Art wie über ein VT–Terminal.

Benutzung von FileView:

FileView sollte immer gestartet sein. Dies kann unter dem Menüpunkt *Automatic Startup* im Optionenmenü des Session Managers eingestellt werden. Im Untermenü *Optionen* des FileView kann die Darstellung der Dateinamen im Dateianzeigefenster nach Anwahl des Punktes *Layout* verändert werden. Dies entspricht der Angabe von Qualifiern bei dem DCL–Befehl DIRECTORY. Alle Kommandos der Dateibehandlung, wie DELETE, RENAME oder COPY, werden menügesteuert durchgeführt. Dabei gilt immer die gleiche Vorgehensweise:

- Kommando auswählen, wurde kein File–Name selektiert, erscheint ein Bearbeitungsfenster.
- Kommando–Parameter setzen
- Kommando–Ausführung bestätigen.

Beispiel: Datei umbenennen

- Markieren Sie die Datei, die umbenannt werden soll.
- Wählen Sie die Funktion Rename im Menü Files.
- Geben Sie den neuen File–Namen an, Beispiel: M1.DAT.
- Klicken Sie das OK–Feld an.

■

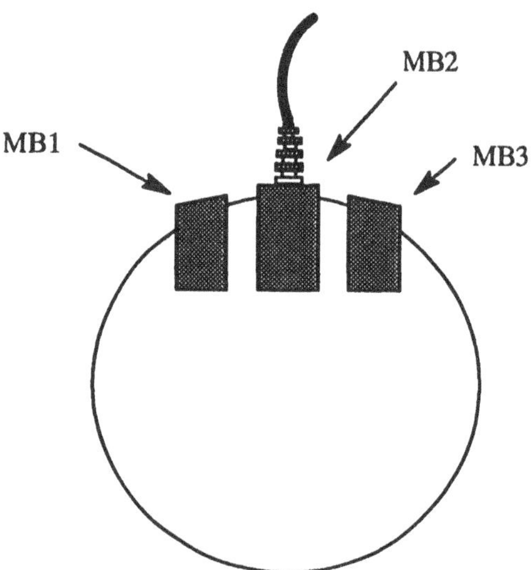

Abb. 2.5–2: Das Bedienelement Maus

Umgang mit der Maus:

Folgende Begriffe werden oft im Zusammenhang mit der Maus–Steuerung gebraucht:

- Click
  Es ist die Taste MB1 zu drücken.
- Doppelclick
  Die Taste MB1 ist zweimal kurz nacheinander zu drücken.
  Beispiele:
  – Ein Doppelclick auf ein Icon bewirkt, daß die Anwendung als Window aufgeschaltet wird.
  – Ein Doppelclick auf den Rahmen eines Windows bewirkt, daß das Window

zu einem Icon verkleinert wird.
– Ein Doppelclick auf einen im FileView angezeigten Filenamen bewirkt, daß das zugehörige Anwendungsprogramm gestartet wird. Bei einem Filenamen mit dem Filetyp *PS* wird beispielsweise das Programm CDA Viewer gestartet.

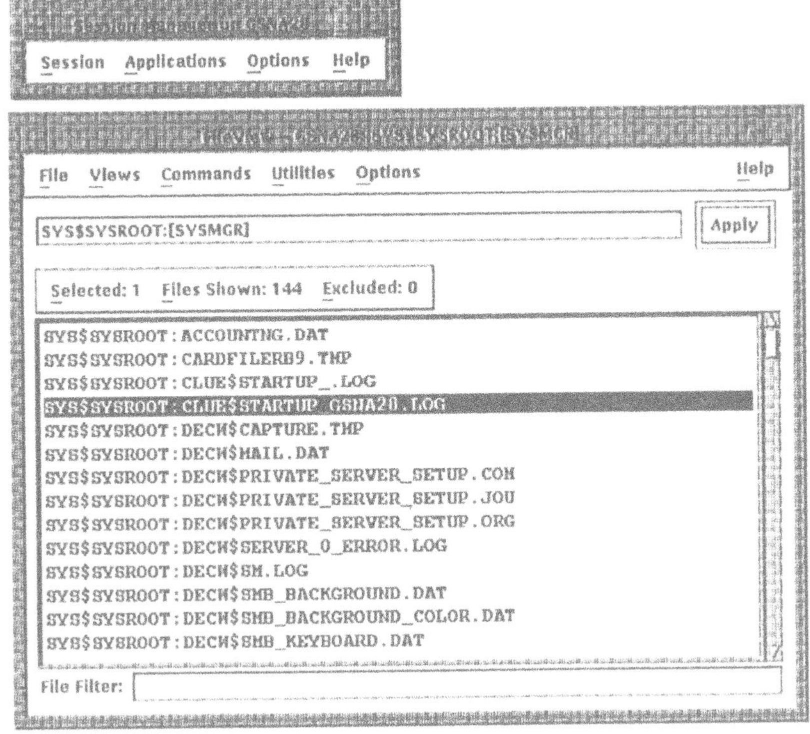

Abb. 2.5–3: DECwindows Session Manager, FileView

- Pulldown–Menü
  Der Mauszeiger ist auf den gewünschten Menüpunkt zu positionieren. Durch Halten der Taste MB1 erscheint das zugeordnete Pulldown–Menü.
- Popup–Menü (Untermenü)
  Wird innerhalb der work area die Taste MB3 gedrückt, ohne die Maus zu bewegen, so erscheint das Untermenü, das nur die Funktionen enthält, welche im aktiven Arbeitsumfeld angewendet werden können. Solange MB3 gedrückt bleibt, kann innerhalb des Menüs auf– und abgefahren werden. Wird die Taste MB3 außerhalb des markierten Menübereichs losgelassen, so wird keine Aktion ausgeführt.
- Bereichsmarkierung (drag):
  Für die Markierung eines beliebigen Bereichs des Bildschirms ist MB1 zu halten und der Mauszeiger zu bewegen. Dadurch wird ein Bereich des Bildschirms markiert. Ist der Bereich ausgewählt, so ist die Taste MB1 wieder loszulassen. Soll die Operation nicht durchgeführt werden (cancel), so ist die Taste MB1 er-

neut zu drücken. Ein so selektierter Bereich kann beispielsweise in ein anderes Fenster übertragen werden, indem der Mauszeiger im Zielfenster auf die Stelle gesetzt wird, wo der Bereich eingefügt werden soll und danach die Taste MB2 angeklickt wird. Ein selektierter Bereich bleibt im Zwischenspeicher, bis im Ausgangsfenster erneut die Taste MB1 gedrückt wird.

- Dialogbox
  Dialogboxen erscheinen, wenn ein Punkt eines Menüs angewählt wird, hinter dem drei Punkte (...) stehen. Die Eintragungen können in der Dialogbox vorgenommen werden. Durch Anklicken des Feldes *OK* werden diese bestätigt.
- Optionen – Menü
  Hinter einem Feld einer Dialogbox kann sich ein Optionen – Menü verbergen. Zur Anwahl ist der Mauszeiger auf das gewünschte Feld zu bewegen und MB1 zu halten.

Statt der Maus kann auch die Tastatur benutzt werden. Für die Anwahl eines Menüpunktes ist dabei der unterstrichene Buchstabe des Menüpunktes und die Taste *ALT* gleichzeitig zu drücken.

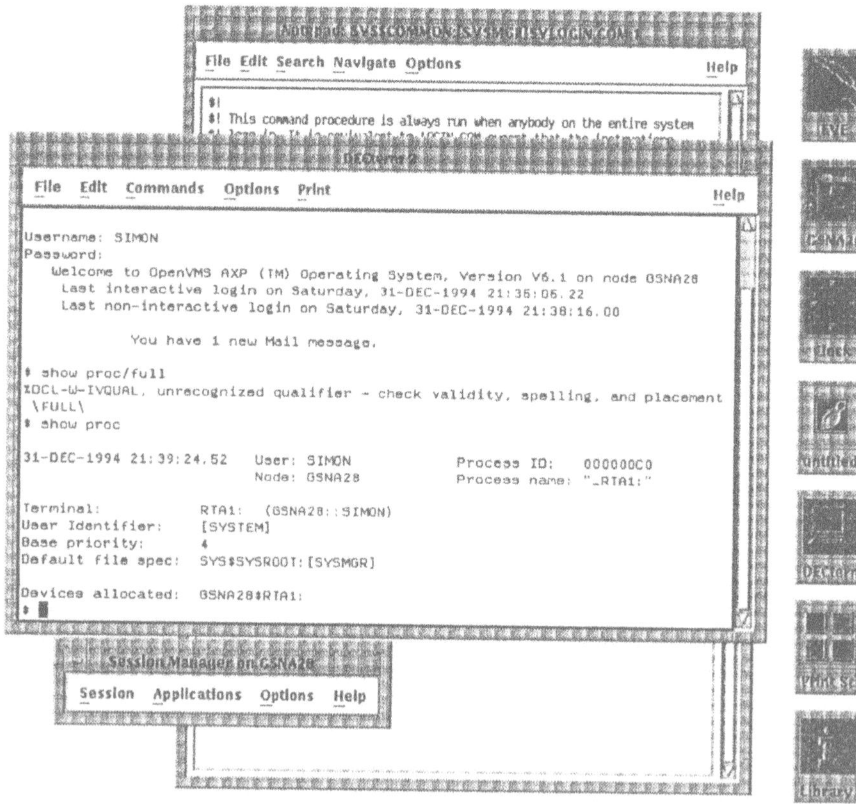

Abb. 2.5 – 4: DECwindows – Informationsfelder

Das Arbeiten mit Fenstern (windows):

Jedes Fenster besteht neben dem eigentlichen Anzeigefeld aus einer Reihe von Informationsfeldern, die sich im Kopfbereich (title bar) des Fensters befinden.

Auswahl eines Fensters:
Sind mehrere Fenster aufgebaut, so kann mit der Maus zwischen den einzelnen Fenstern gewechselt werden. Dazu muß die Maus auf ein freies Feld des Fensters bewegt werden. Dannach ist die Taste MB1 einmal zu drücken, wodurch das Fenster angewählt wird.

Bewegen eines Fensters:
Ein angewähltes Fenster kann bewegt werden. Hierzu ist im Kopfbereich des Fensters die Maustaste MB1 zu drücken. Bei gedrückter MB1–Taste kann die Maus bewegt werden, und das Fenster bewegt sich mit. An der Stelle, an der das Fenster positioniert werden soll, ist die Taste MB1 loszulassen.

Fenster – Sinnbild:
Wird ein Fenster nicht mehr benötigt, so kann es gelöscht (close) oder zu einem Sinnbild (Piktogram, Icon) verkleinert werden (Doppelclick in der Kopfzeile). Als Icon bleibt das Fenster verfügbar und kann jederzeit durch Doppelclick auf das Icon wieder aktiviert werden.

Restore	Alt + F5	Fenster von einem Sinnbild aufschalten
Move	Alt + F7	Fenster bewegen
Size	Alt + F8	Fenstergröße ändern
Minimize	Alt + F9	Fenster zu einem Sinnbild verkleinern
Maximize	Alt + F10	Fenster zum Vollbild vergrößern
Lower	Alt + F3	Fenster in den Hintergrund abblenden
Workspace		Einstellmöglichkeiten für die Darstellung der Fenster auf dem Bildschirm
Close	Alt + F4	Fenster schließen
Help		Hilfe–Menü zum Umgang mit DECwindows

Abb. 2.5–5: DECwindows–Einträge im Fenstermenü

Ändern der Fenstergröße:
Die Maus ist auf den Rand des Fensterrahmens zu positionieren. Die Richtung der Größenänderung richtet sich nach der Position des Mauszeigers. Die Maustaste MB1 ist zu drücken, und bei gedrückter Maustaste kann nun die Größe verändert werden. Das Loslassen der Maustaste MB1 schließt den Vorgang ab. Das Fenster wird in der veränderten Größe neu aufgebaut. Soll die Größenänderung abgebrochen werden ist die Taste *ESC* bzw. *F11* zu drücken.

Fenster in den Hintergrund stellen:
In der Kopfzeile des Fensters ist die Taste MB3 zu drücken. In dem nun aufgeschalteten Fenstermenü (Abb. 2.5–5) ist die Funktion *Lower* anzuwählen.

Ende einer Session (logout):
Im Menüpunkt ist *Session* anzuwählen. Es wird ein Popup–Menü aufgeschaltet. Wird *End Session* angewählt, so erscheint eine Dialogbox, in der nochmals abgefragt wird, ob die Session wirklich beendet werden soll. Bei Beendigung der Session werden auch alle laufenden Anwendungen gestoppt.
Soll die Workstation aktiv aber für andere Benutzer gesperrt bleiben, so ist im Session–Menü das Feld *PAUSE* anzuwählen. Die aktuelle Session wird angehalten und eine Dialogbox angezeigt, in der ein Kennwort verlangt wird. Die Session ist nur wieder aktivierbar, wenn das richtige Kennwort des aktiven Benutzers eingegeben wird.

2.5.3 Die DECwindows – Standardanwendung Bookreader

Das Dienstprogramm Bookreader gibt die Möglichkeit, Online–Dokumentation zu lesen. Ab der Version 6.0 von OpenVMS ist die gesamte Systemdokumentation im Bookreader Format auf CD–ROM verfügbar. Das DECwindows Programm Bookreader erlaubt einen direkten Zugriff auf diese Dokumentation. Verwendet werden dabei ein Inhaltverzeichnis und ein Schlagwort–Register. Beipielsweise können entsprechende Buchseiten durch zweimaliges Anklicken des entsprechenden Schlagworts auf dem Bildschirm angezeigt werden. Dateien im Bookreader Format haben den Filetyp *DECW$BOOK*. Verzeichnisse haben den Dateinamen *LIBRARY.DECW$BOOKSHELF.*

Anwenden des Bookreaders:

Die Anwendung Bookreader wird durch Anwählen und Anklicken des Feldes Bookreader im Pulldown–Menü *Application* des FileView–Fensters bzw. auf DCL–Ebene durch Aufruf von RUN SYS$SYSTEM:DECW$BOOKREADER gestartet. Danach wird ein Fenster mit den Menüpunkten File, Link, View, Search und Help angezeigt (Abb. 2.5–6).

- Buch anzeigen:
  Der Cursor ist auf den gewünschten Buchtitel zu positionieren und die Taste MB1 zweimal zu drücken (Doppelclick). Es wird ein neues Fenster mit dem Inhaltsverzeichnis des Buches aufgezeigt. Ein weiterer Doppelclick auf einen Hauptpunkt dieses Verzeichnisses zeigt in einem weiteren Fenster das zugehörige Dokument an.
- Text auf–und abrollen (scrollen):
  Im Textfenster kann der Text auf– und abgerollt werden, indem der Cursor auf den vertikalen Rollbalken (scroll bar) positioniert wird. Danach ist die Taste MB1 zu drücken und festzuhalten. Bei gedrückter Taste MB1 kann nun mit der Maus auf– und abgefahren werden. Außerdem können die Taste PgUp bzw. PgDn benutzt werden. Am unteren Rand den Fensters sind noch die Blätterfunktionen *Topic* und *Screen* verfügbar.
- Zugriff über Schlagwort (Index):
  Für den Zugriff über ein Schlagwort ist der Auswahlknopf (button) *Index* anzuklicken. Der Index ist alphabetisch sortiert. Es werden die Anfangsbuchstaben

der verfügbaren Indexe angezeigt. Zur Auswahl eines bestimmten Schlagworts ist der Cursor auf den entsprechenden ersten Buchstaben des Schlagworts zu positionieren und die Taste MB1 zweimal zu drücken. Danach werden die verfügbaren Schlagworte angezeigt, und die zugehörige Textstelle im Buch kann durch Doppelclick angezeigt werden.

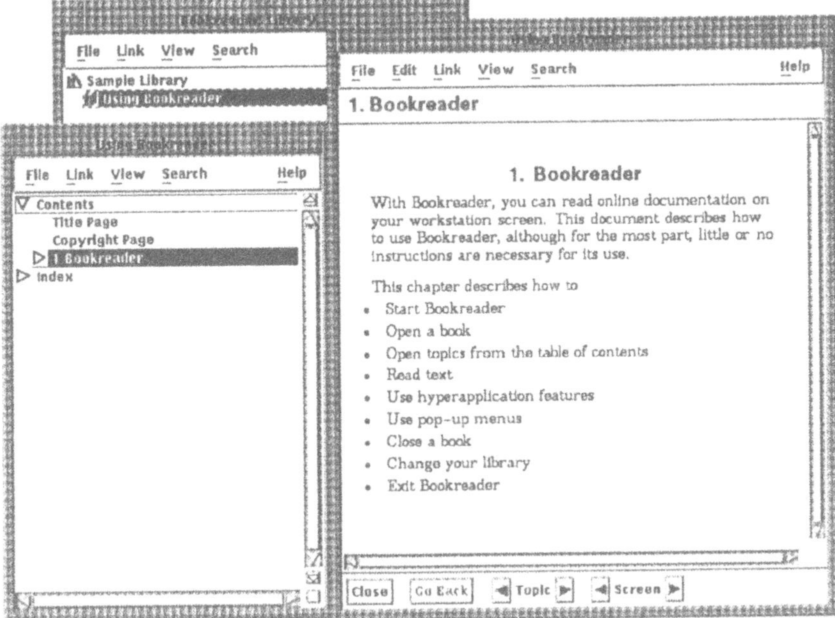

Abb. 2.5–6: DECwindows–Anwendung Bookreader

- Zugriff auf Tabellen und Bilder:
  Wird im Buch auf eine Tabelle verwiesen, so kann diese Tabelle durch Doppelklick auf den Tabellennamen sofort in einem weiteren Fenster angezeigt werden.
- Beenden des Bookreaders:
  Im Filemenü ist das Schlüsselwort *Exit* anzuwählen.

2.5.4 Benutzung der OpenVMS Online–Dokumentation

Der OpenVMS Online Dokumentations Kit besteht aus vier compact disks (CDs). Mit der DECwindows Motif Anwendung Bookreader kann gezielt über eine Workstation auf die OpenVMS Online documentation library zugegriffen werden.

Für das Lesen der Online Dokumentation ist eine Lizenz erforderlich. Diese Lizenz befindet sich auf jeder CD einer Online Dokumentation. Für das Eintragen dieser Lizenz in die Datenbasis des OpenVMS License Managers (LMF) kann eine Kommandoprozedur gestartet werden, die sich auf der CD befindet.

Beispiel:

```
$ mount dka400 : /overide=id
$ set default dka400:[decw$book]
$ @bookbrowser
```

Für den Ersteintrag dieser Lizenz ist es wichtig, daß der Maschinentyp (VAX oder Alpha AXP) mit der auf der CD aufgedruckten Angabe VAX oder Alpha übereinstimmt. Ansonsten kann der Zugriff auf bestimmte Dokumente einer CD mit einer Fehlermeldung abgebrochen werden. Das DCL–Kommando LICENSE LIST BOOKBROWSER /FULL zeigt Informationen aus der License Management Database (LMF) an. Der Zugriff auf eine CD ist nachfolgend beschrieben.

- Die CD muß sich im Laufwerk (zum Beispiel DKA400:) befinden und im System angemeldet sein (DCL–Kommando MOUNT, siehe auch Seite 108).
  ```
  $ mount DKA400: /override=identification
  ```
- Das Inhaltsverzeichnis der Online Dokumentation befindet sich dann in der Datei DKA400:[DECW$BOOK]LIBRARY.DECW$BOOKSHELF.
  Die Bookreader Anwendung ist zu starten, und im Filemenü des Bookreaders ist die Funktion *Switch Library...* anzuwählen. Im Fenster *Selection* ist der vollständige Dateinamen dieser Library anzugeben. Danach wird der Inhalt der angewählten Library angezeigt.

  Beispiel: Library 1
  Getting Started
  CDROM Programm Information
  Digital Services and Marketing Information
  Online Documentation Library Contents
  Database and Transaction Processing
  ...
  ...

■

- Über den Hauptpunkt *Online Documentation Library Contents* kann der Inhalt jeder CD abgefragt werden, welche zu dem eingelegten Online Dokumentationskit gehört.
- Das gesuchte Sachgebiet ist mit Doppelclick anzuwählen. Danach kann mit der gleichen Methode (Doppelclick auf das gewünschte Thema) die gesuchte Seite der Dokumentation gefunden werden.

Wird auf das CD–Laufwerk oft zugegriffen, ist es sinnvoll, Defaults zu definieren, so daß bei Start der Bookreader–Anwendung automatisch das richtige Library–Verzeichnis angesprochen wird. Im nachfolgenden Beispiel ist DKA400: die Bezeichnung des CD–Laufwerks.

```
$ define decw$book          dka400:[decw$book]
$ define decw$bookshelf     dka400:[decw$book]library.decw$bookshelf
$ run sys$system:decw$bookreader
```

■

Alternativ kann der Bookreader mit diesen Defaults aus dem DECwindows Motif Anwendungsmenü gestartet werden, wenn die logischen Namen systemweit definiert wurden.

2.6 Files und Directories (Verzeichnisse)

Sämtliche Daten (Programme und eigentliche Datenbestände) werden unter den Betriebssystemen in Form von sogenannten Dateien (abgeleitet von den Wörtern Daten und Kartei) verwaltet. Auch im Deutschen hat sich für das Wort Datei der Begriff *File* durchgesetzt. Daten werden auf einem nichtflüchtigen Speicher abgelegt. Hierfür werden u.a. folgende Speichermedien benutzt:

- die magnetische Platte (Fest– bzw. Wechselplatte)
- die Magnetbänder
- die optischen Platten

Man unterscheidet bei diesen sogenannten Hintergrundspeichern zwei Gruppen:

- die Direktzugriffsspeicher (random access)
- die sequentiell organisierten Speicher (sequential access)

Typische Beispiele für Direktzugriffsspeicher sind die Magnetplatten, für sequentiell organisierte Speicher die Magnetbänder. Jeder Direktzugriffsspeicher muß ein Inhaltsverzeichnis besitzen, aus dem hervorgeht, welche Dateien sich auf dem Datenträger befinden und wo sich die Daten auf dem Speichermedium befinden.

Definition: Ein File ist die Einheit, über die Daten auf dem Rechner verwaltet werden.

Damit Daten wieder aufgefunden werden, muß jeder File mit einem Namen, dem File–Namen, versehen sein. Über diesen Namen kann der File gelesen, beschrieben und auch wieder gelöscht werden. Ein Bestandteil des Platteninhaltsverzeichnisses ist z.B. dieser File–Name.
Weitere Bestandteile des Inhaltsverzeichnisses sind:

- wem gehört der File (Owner–Eintrag)
- die Zugriffsrechte (wer darf lesen, schreiben, löschen)
- die Position auf dem Datenspeicher (logical block number, LBN)

Für die Namensgebung für File–Namen besteht unter OpenVMS kaum eine Einschränkung. Jeder File–Name darf aus maximal 252 Zeichen bestehen. Zusätzlich sind als Sonderzeichen die Zeichen $, – und _ als Bestandteile eines File–Namens erlaubt.

Jedem Benutzer wird vom System–Manager bei der Einrichtung seines Benutzernamens eine Device/Directory–Kombination zugewiesen, unter der er seine Dateien (Files) ablegen kann. Diese Angaben bewirken einen Eintrag in das Inhaltsverzeichnis des Hintergrundspeichers (Platte). Unter Device versteht man den Datenträger oder das Gerät, auf dem sich der File befindet.
Directories (Verzeichnisse) sind Dateien vom Dateityp *.DIR*. Sie enthalten die Namen und die Plazierungsangaben anderer Dateien, die dem betreffenden Directory zugeordnet sind. Die Directory kann man sich als Teilgebiet eines Plattenspeichers vorstellen, in das man seine Files ablegen darf. Ein Directory kann man beispielsweise mit den Fächern eines Kleiderschranks vergleichen. Jedes Device und jedes Directory haben ebenfalls Namen. Meist entspricht der Directory Name auch dem Benutzernamen bzw. dem Namen eines Projekts, an dem der Benutzer (user) mitarbeitet. Diese Angaben (Device/Directory), die der System–Manager für den Benutzer festlegt, werden auch als sogenannte Default–Angaben des Benutzers be-

zeichnet. Nach dem Login arbeitet der Benutzer mit diesen Default–Angaben; d.h. bei jedem Filezugriff arbeitet er mit seiner Default–Device und seiner Default–Directory, sofern er diese Default–Angaben nicht über ein DCL–Kommando ändert.
Für die Anzeige des Inhaltsverzeichnis einer Platte gibt es das DCL–Kommando DIRECTORY. Dieser Befehl zeigt alle Dateienamen der aktuellen Directory an.

Beispiel:

$ DIRECTORY

```
Directory DATA18:[HUBER.TEST]

CALLEDT.EXE;2       CALLEDT.FOR;2       CALLEDT.OBJ;2       DET.FOR;16
DET.OBJ;18          FEHL.LOG;1          KITBUILD.COM;45     KITINSAL.COM;73
LAQUEUE.COM;6       IB86COM.COM;6       LISTEBAT$$$_AOT.COM;11
LISTEBAT$$$_SMS.COM;11                  LL.COM;8            LOGIN.COM;154
MER.COM;14          SCR.JOU;17          CR.SCR;3            SCR.TMP;3

Total of 18 files.
```

2.6.1 Aufbau des File–Namens

Ein File–Name besteht unter OpenVMS aus mehreren Bestandteilen. Diese Teile sind durch spezielle Zeichen getrennt, "::", ":", ".", "[", "]", ";".
Die maximale gesamte Länge des File–Namens darf 252 Zeichen nicht überschreiten. Der File–Name muß aus alphanumerischen Zeichen bestehen, wobei das Dollarzeichen ($), der Bindestrich (–) und der Unterstrich (_) als Bestandteile des File–Namens erlaubt sind. Die Abbildung 2.6–1 zeigt an einem Beispiel den Aufbau des File–Namens mit allen Komponenten.

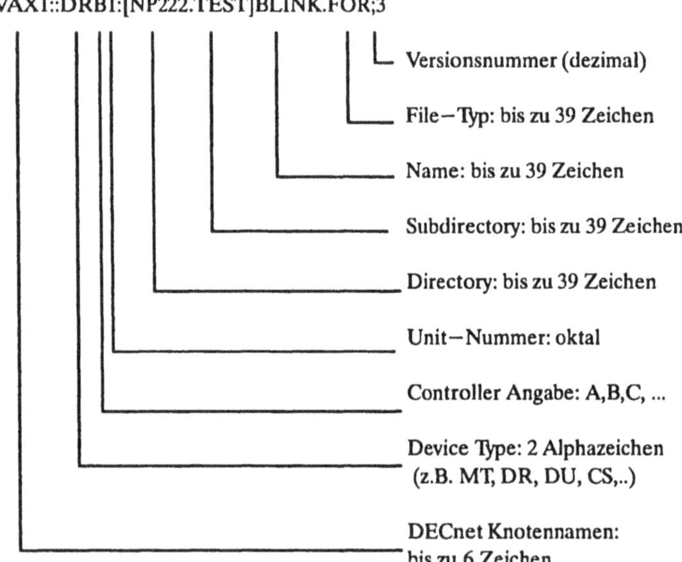

Abb. 2.6–1: Aufbau des File–Namens

Es gibt keinen Default–File–Namen, aber Default–File–Typen (Standard–Dateitypen). Der Standard–Dateityp ist Utility– (Dienstprogramm) abhängig und charakterisiert die Art der Datei. Der Typ wird durch einen Punkt vom Namen getrennt.

Beispiele für Standard–Dateitypen:

Macro:	Eingabe	–.MAR	Quellprogramm
	Ausgabe	–.OBJ	Objektdatei
Fortran:	Eingabe	–.FOR	Quellprogramm
Link:	Eingabe	–.OBJ	Objektdatei
	Ausgabe	–.EXE	Lauffähiges Programm
Kommandoprozedur:		–.COM	
Paint:		– .IMG	Datei für Malprogramm
Directory:		–.DIR	Directory oder Verzeichnisdatei
Logdatei:		–.LOG	Ausgabedatei bei Batch–Betrieb

Die Default–Version für ein existierendes File ist die höchste Versionsnummer. Für die Erzeugung eines neuen Files ist die Default–Version die höchste existierende Versionsnummer + 1. Je höher die Zahl, um so jünger ist der File.

Auf jeder Platte wird bei Initialisierung ein Master file directory (MFD) angelegt, in das alle weiteren Userdirectories vom System–Manager eingetragen werden. Jeder Benutzer kann maximal sieben Ebenen von Subdirectories unter seiner Hauptdirectory bilden.

Beispiel für das Anlegen einer Directory:

```
$ SET DEFAULT          DISK$USER1:[NP6HEL]
$ CREATE/DIRECTORY [NP6HEL.DOK]
```

■

Vollständige File–Spezifikation in OpenVMS:

```
<node>::<device>:[<directory>]<filename>.<filetyp>;<version>
```

Komponente	Trennzeichen	Maximale Länge
<node>	:: (Terminator)	61 (logical) oder 6 (aktuell)
<device>	: (Terminator)	63 (logical) oder 15 (physik.)
<directory>	[] (Begrenzer)	39 für jede Directorystufe
<filename>.	(Prefix)	39
<filetyp>	. (Terminator) oder ;	39
<version>		5 (von 1 bis 32767)

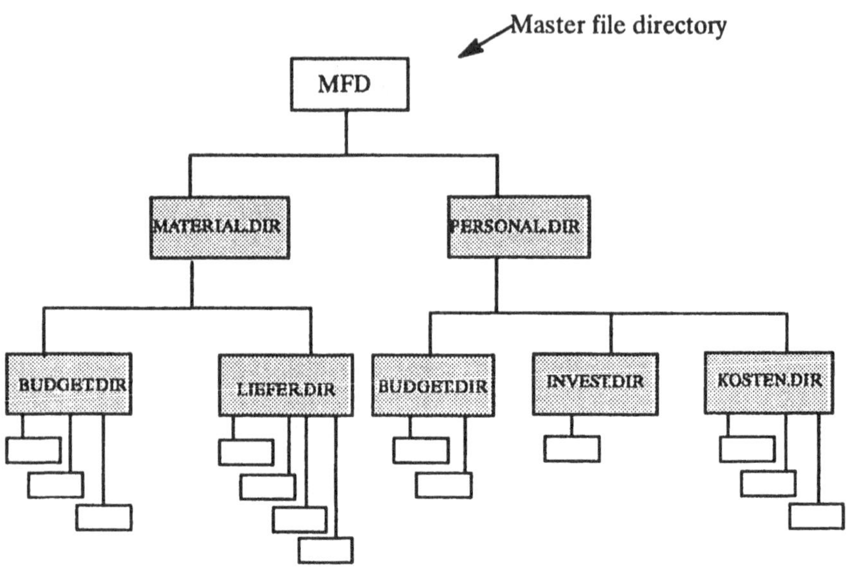

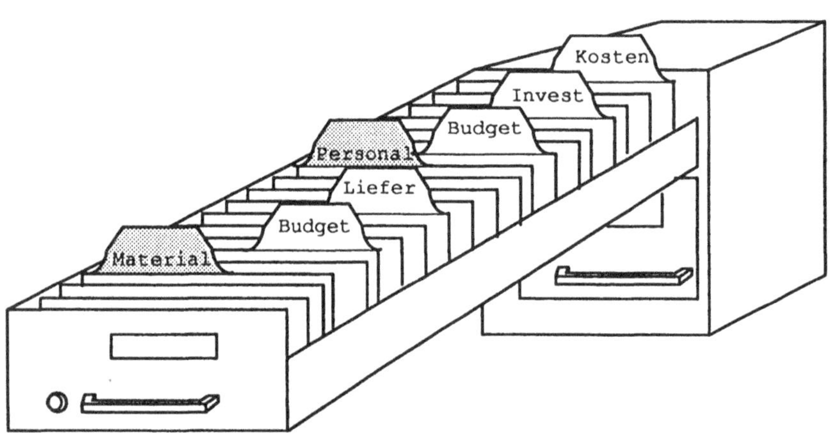

Abb. 2.6–2: Beispiel eines dreistufigen Dateisystems

2.6.2 Ersetzungszeichen (wildcards)

Bei der Angabe von Directory, File–Name, File–Typ und Version können bei vielen Kommandos einige spezielle Ersetzungszeichen (wildcard characters) verwendet werden, die besondere Bedeutungen haben.

Bei Directory, File–Name, File–Typ und Version kann das Zeichen * angegeben werden, wobei * für eine beliebige Folge von alphanumerischen Zeichen mit der Zeichenanzahl 0 – 39 (bzw. 0 – 39 für File–Typ) steht.
So bedeutet z.B. bei File–Name.File–Typ:

.	alle Files, wobei der File–Name und der File–Typ beliebig ist, mit der höchsten Versionsnummer
B*E.*XT	alle Files, deren File–Name mit "B" anfängt, mit "E" endet, und deren File–Typ mit "XT" endet.

Wird als Versionsnummer ein * angegeben, so werden alle Versionen, die von einem oder mehreren Files existieren, angesprochen.

Bei Directory, File–Name und File–Typ kann außerdem das Zeichen % verwendet werden. Dabei steht % für ein beliebiges, einzelnes alphanumerisches Zeichen. Die Zeichen % und * können kombiniert werden.

Beispielsweise bedeuten:

%%%.%	alle Files, deren File–Namen genau 3 Zeichen, und deren File–Typ genau 1 Zeichen lang ist.
%A%A%.%%*	alle Files, deren File–Namen genau 5 Zeichen lang sind, dessen 2. und 4. Zeichen ein "A" ist, und deren File–Typ mindestens 2 Zeichen lang ist.
B%%.%%%	alle Files, bei denen der File–Name mit B beginnt und File–Name und File–Typ genau drei Zeichen lang sind.

Bei der Directory–Spezifikation können neben "*" und "%" auch die Sonderzeichen "..." und "–" verwendet werden. Dabei wird mit "..." angegeben, daß die Directory–Hierachie nach unten durchsucht werden soll. "–" gibt an, daß von dem aktuellen Default–Directory eine Ebene zurückgegangen werden soll, "– –", daß um zwei Ebenen zurückgegangen werden soll usw.
Sei z.B. die aktuelle Default–Directory [U1.KU.HTK], dann bedeuten

[U1...FE]	alle Subdirectories mit Namen FE unter dem Directory U1, also z.B. [U1.FE], [U1.ANT.FE], [U1.KU.VTK.FE] usw.
[...ZTR]	alle Subdirectories mit Namen ZTR unterhalb dem aktuellen Default–Directory, z.B. [U1.KU.HTK.J7.ZTR]
[–]	entspricht [U1.KU]
[– –]	entspricht [U1]
[– –.FE]	entspricht [U1.FE]
[*]	alle Hauptdirectories
[*.*]	alle Subdirectories der 2. Ebene
[*...]	alle Hauptdirectories und Subdirectories

2.6.3 Dateischutz

Jedem File wird beim Anlegen durch den Benutzer ein Kennsatz vorangestellt (File–Header). Darin sind unter anderem festgehalten:

- File Owner UIC [x,y] x,y sind oktale Zahlen
x = Gruppennummer (0<=x<=37776)
y = Mitgliedsnummer (1<=y<=177776)
- File–Schutzwort

Die File Owner UIC wird von der UIC–Kennung, die der System–Manager dem Benutzer beim Einrichten des Benutzernamens zugewiesen hat, übernommen. Die UIC–Kennung kann auch in einem alphanumerischen Format vergeben werden und hat dann den folgenden Aufbau: [Mitglied] oder [Gruppe, Mitglied]. Gruppe– und Mitgliedsname können dabei aus maximal 31 alphanumerischen Zeichen bestehen. Als Sonderzeichen sind außerdem das Dollarzeichen ($) und der Unterstrich (_) zugelassen (siehe auch Abschnitt 7.2 Dateischutz).

Wenn ein Benutzer versucht, auf Files zuzugreifen, wird er vom System entsprechend seinem UIC in eine der folgenden 4 Klassen gruppiert:

System	[n,*]	1 < n < 8
Owner	[x,y]	
Group	[x,*]	
World	[*,*]	

Für den File–Zugriff gibt es vier verschiedene Möglichkeiten:
Lesen (R), Schreiben (W), Ausführen (E), Löschen (D). Dabei bedeuten R = read, W = write, E = execute, D = delete.
Für jede Klasse kann die erlaubte Zugriffsart angegeben werden. Dies erfolgt über das File–Schutzwort (file protection word).

Beispiel:

$ DIRECTORY/FULL KURSNEU.TXT

```
Directory DISK$USER1:[ND32SI.TEST]

KURSNEU.TXT;15                File ID:   (6099,129,0)
Size:          218/218        Owner:     [ND32SI]
Created:    1-DEC-1983 13:03  Revised:   11-FEB-1993 16:03 (3)
Expires:    <None specified>  Backup:     <no backup done>
Effective: <None specified>   Recording: <no backup done>
File organization:   Sequential
Shelved state:       Online
File attributes:   Allocation: 218, Extend: 0, Global buffer count: 0,
                     No version limit
Record format:       Variable length, maximum 79 bytes
Record attributes:   Carriage return carriage control
RMS attributes:      None
Journaling enabled:  None
File protection:     System:RWED, Owner:RWED, Group:RE, World:RE
Access Cntrl List:   None

KURSNEU.TXT;14                File ID:   (16248,131,0)
Size:            60/60        Owner:     [ND32SI]
```

```
Created:  29-JUN-1983 16:29   Revised:  20-SEP-1985 15:30 (4)
Expires:   <None specified>   Backup:    <no backup done>
Effective: <None specified>   Recording: <no backup done>
File organization:  Sequential
Shelved state:      Online
File attributes:   Allocation: 60, Extend: 0, Global buffer count: 0,
                    No version limit
Record format:      Variable length, maximum 84 bytes
Record attributes:  None
RMS attributes:     None
Journaling enabled: None
File protection:    System:RWED, Owner:RWED, Group:RE, World:RE
Access Cntrl List:  None
Total of 2 files, 278/278 blocks.
```

■

Durch das DCL–Kommando SET PROTECTION kann das File–Schutzwort für einen oder mehrere Files vom Ersteller des Files (Owner) abgeändert werden. Beispielsweise wird durch nachfolgendes DCL–Kommando die Protection für den File KURS.TXT;18 wie folgt gesetzt:

System: read, write, execute, delete
Owner: read, write, execute, delete
Group: execute
World: – kein Zugriff –

Beispiel:

$ SET PROTECTION=(S:RWED,O:RWED,G:E,W) KURSNEU.TXT;15
$ DIRECTORY/FULL KURSNEU.TXT;15

```
KURSNEU.TXT;15                File ID:  (6099,129,0)
Size:          218/218        Owner:    [ND32SI]
Created:   1-DEC-1983 13:03   Revised:  11-FEB-1993 16:03 (3)
Expires:   <None specified>   Backup:    <no backup done>
File organization:  Sequential
Shelved state:      Online
File attributes:  Allocation: 218, Extend: 0, Global buffer count: 0,
                    No version limit
Record format:      Variable length, maximum 79 bytes
Record attributes:  Carriage return carriage control
RMS attributes:     None
Journaling enabled: None
File protection:    System:RWED, Owner:RWED, Group:E, World:
Access Cntrl List:  None
```

■

3. DEC Command Language (DCL) – Grundbegriffe

Nachdem sich ein Benutzer am OpenVMS System angemeldet hat (*Login*), kommuniziert er mit dem Betriebssystem des Rechners über DCL–Kommandos. Diese Kommandos erlauben ihm beispielsweise Programme mit einem Editor (Text–Manipulationsprogramm) zu entwickeln, danach mit einem Compiler (Sprachübersetzer) zu übersetzen, mit dem Linker zu binden und dann als Prozeß zu starten.
In diesem Kapitel werden die für die Text–Manipulation notwendigen DCL–Kommandos aufgezeigt.

3.1 Regeln für die Eingabe von DCL–Kommandos

Bei DCL wird nicht zwischen Groß– und Kleinschreibung unterschieden (nicht case sensitive). Falls Kleinbuchstaben eingegeben werden, erfolgt intern eine Wandlung in Großbuchstaben. Dies gilt sowohl für Kommandos als auch für File–Namen. Die meisten DCL–Kommandos bestehen aus einem bzw. zwei Schlüsselwörtern, gefolgt von optionalen Qualifiern (Befehlsmodifizierer). Der Qualifier beeinflußt die Befehlsausführung. Danach können Parameter folgen, bei denen ebenfalls Qualifier angegeben werden können. Es ist nicht notwendig, daß diese Schlüsselwörter stets vollständig angegeben werden, solange das verkürzte Schlüsselwort eindeutig ist, also die ersten 4 Zeichen eindeutig sind.

Aufbau: $ <Kommando>/<Qualifier> <Parameter>/<Qualifier>

<Kommando>	= DCL–Befehl
<Qualifier>	= Befehlszusatz
<Parameter>	= Parameter

Es sind folgende Regeln zu beachten:

- Kommando–Name und Parameter müssen jeweils durch mindestens ein Leerzeichen (Blank) voneinander getrennt werden.
- Qualifier müssen mit dem Zeichen / eingeleitet werden.
- Ein Kommentar ist mit dem Zeichen ! einzuleiten.
- Reicht bei längeren Eingaben eine Zeile nicht aus, so ist die Eingabezeile mit dem Zeichen Bindestrich (–) abzuschließen und die Taste RETURN zu drükken. Der Rechner bringt als Antwort den Prompt _$, was bedeutet, daß die Kommandozeile fortgesetzt werden kann (Fortsetzungszeile).

Beispiel:

```
$ PRINT/QUEUE=LPA0:  TEST.MEM, -      !Ausgabe auf den Drucker
_$ DOKU1.TXT                          !von 2 Files
```

3.2 Spezielle Eingabezeichen

Eine Reihe von Eingabezeichen haben spezielle Bedeutungen. Die wichtigsten sind:

RETURN Beim Einloggen wird die Taste *Return* bzw. *Enter* gedrückt, um die Login-Sequenz zu starten. Ansonsten ist jede Eingabe mit *RETURN* abzuschließen; erst dann wird sie von DCL bzw. dem gerade aktiven Programm interpretiert. In einer Programmumgebung kann das Eingabeendezeichen auch anders definiert sein.

DELETE Löscht das zuletzt eingegebene Zeichen.

CTRL/U Löscht die gesamte aktuelle Eingabezeile links vom Cursor.

CTRL/S Signalisiert dem System, die Ausgabe auf das Terminal anzuhalten. Damit ist es möglich, bei längeren Ausgaben auf den Bildschirm die Bildschirmanzeige anzuhalten und so in Ruhe zu betrachten. Für den VT100-Bildschirm entspricht CTRL/S dem Drücken der Taste *NO SCROLL*. Bei Bildschirmen der Serien VT200 bzw. VT300 ist dies die Funktionstaste F1 (Hold Screen). Wird die Taste *NO SCROLL* erneut gedrückt, so wird die Ausgabe auf den Bildschirm fortgesetzt.

CTRL/Q Signalisiert dem System, die mit CTRL/S angehaltene Ausgabe auf das Terminal fortzusetzen.

CTRL/Y Während der Eingabe eines DCL-Kommandos wird dieses abgebrochen. Während der Ausführung eines Programms (Images) wird dieses durch CTRL/Y unterbrochen und DCL aktiviert, sofern CTRL/Y nicht vom Programm abgefangen wurde.

CTRL/C Hat die gleiche Wirkung wie CTRL/Y. Innerhalb von Programmen kann dieses Zeichen auch abgefangen werden.

CTRL/Z Signalisiert EOF (End of File) bei Eingabe von Daten über das Terminal.

CTRL/O Signalisiert, daß die Ausgabe auf das Ausgabe-Gerät (output device, logischer Namen *SYS$OUTPUT*) zu unterdrücken ist. Das Programm läuft weiter im Hintergrund und übergibt nach Beendigung die Kontrolle der Ausgabe wieder an den Bildschirm.

CTRL/F2 Umschalten zwischen Konsol/Windowsmodus bei Workstations.

3.3 Systemmeldungen

VMS teilt dem Benutzer mit, ob bei der Ausführung eines Befehls oder eines Programms ein Fehler aufgetreten ist. Diese Fehlermeldung besteht aus verschiedenen Teilen, welche die Routine angeben, die den Fehler meldet, eine Kurzfehlerbeschreibung und die Einordnung des Fehlers in eine Gruppe.
Folgende Fehlergruppen existieren:

W	warning	Teilweise Ausführung möglich
S	success	Erfolgreiche Ausführung
E	error	Wegen des Fehlers weitgehend nicht ausführbar
F	fatal error	Wegen Fehler keine Ausführung möglich
I	information	Zusatzinformation bei Ausführung

Beispiel: "%SYSTEM-F-EXQUOTA, exceedet quota"

3.4 OpenVMS–Help–Funktionen

Die OpenVMS–Help–Utility erlaubt es dem Benutzer, sich über die Syntax einzelner Kommandos zu informieren, ohne in Handbüchern nachschlagen zu müssen. Bei jeder Help–Anzeige erscheint unter anderem der Text:

Additional information available:

Danach werden weitere Schlüsselwörter (keywords) und Parameter bzw. Qualifier angezeigt, die zu dem mit Help abgefragten Kommando existieren.
Bei der Eingabeaufforderung *Topic?* bzw. *Subtopic?* kann nun für weitere Information das Schlüsselwort bzw. der Qualifier (mit dem Zeichen /) eingegeben werden. Dadurch erhält man immer tiefergehende Information über den abgefragten Befehl.
In der Help–Anzeige erscheinen unter den Schlüsselwörten auch Begriffe, die klein geschrieben sind. Bei diesen kleingeschriebenen Wörtern handelt es sich nicht um Befehle, sondern um Schlagworte, die weitere allgemeine Informationen geben. Typische Beispiele hierfür sind die Begriffe *hints*, *queues* und *symbol_assign*.

- Aufruf der Help–Utility
  Auf der DCL–Ebene ist das Kommando *HELP* einzugeben. Als Systemantwort wird eine Kurzanzeige der verfügbaren Hauptpunkte (Topics) angezeigt. Das Eingabeaufforderungszeichen ist *Topic?:*
  Die Help–Utility kann durch gleichzeitiges Drücken der Tastenkombination *CTRL/Z* oder durch mehrmaliges Drücken der Taste *RETURN* verlassen werden. Die Namen der Haupt– bzw. Unterpunkte können abgekürzt werden solange sie eindeutig sind.
- Angabe von Hauptpunkten
  Um Informationen zu einem bestimmten Punkt abzurufen, muß der Name des Hauptpunkts nach dem Promptzeichen *Topic* bzw. *Subtopic* eingegeben und danach die Taste *RETURN* gedrückt werden. Falls man den Kommandonamen nicht kennt, kann als Hauptpunkt *hints* eingegeben werden. Danach wird eine Liste der Kategorien angezeigt, in welche die DCL–Kommandos eingeteilt sind.
  Beispiel:

```
$ help hints
Type the name of one of the categories listed below to obtain a
list of related commands and topics.To obtain detailed information
on a topic, press the RETURN key until you reach the "Topic?"
prompt and then type the name of the topic. Topics that appear in
all upper case are DCL commands.

Additional information available:

Batch_and_print_jobs  Command_procedures     Contacting_people
Creating_processes    Developing_programs    Executing_programs
Files_and_directories Logical_names        Operators_in_expressions
Physical_devices      Security               System_management
Terminal_environment  User_environment
```

■

- Informationsanzeige:
  Um Informationen zu allen verfügbaren Punkten zu bekommen, ist das Zeichen * einzugeben. Um alle Information zu einem Punkt anzuzeigen, ist die Zeichenkombination ... (drei Punkte) an das eingegebene Schlüsselwort anzuhängen (Beispiel SHOW...).
  Die Zeichen % und * (wild card character) können in den Schlüsselworten mit benutzt werden.
- Unterpunkt Information
  Die zu einem Hauptpunkt angezeigte Information umfaßt eine Beschreibung des Punktes und ein Verweis zu eventuell vorhandenen Unterpunkten (*Subtopic*). Um Information zu einem Unterpunkt zu erhalten, ist die Bezeichnung dieses Punktes nach dem Prompt *Subtopic?* einzugeben. Wird die Taste RETURN ohne Eingabe eines Unterpunkts gedrückt, so wird wieder in die Hauptpunktebene verzweigt. Bei Eingabe eines Fragezeichens (?) wird die letzte Anzeige wiederholt.

Beispiele für die Benutzung von Help (Bildschirmanzeigen):

$ HELP

```
HELP

Additional information available:

:=          =           @           ACCOUNTING  ALLOCATE    ANALYZE     APPEND
ASSIGN      ATTACH      AUTHORIZE   AUTOGEN     BACKUP      Berkely_R_Comm
CALL        CANCEL      CLOSE       CONNECT     CONTINUE    CONVERT     COPY
CREATE      DEALLOCATE  DEASSIGN    DEBUG       DECK        DECthreads
DEC_TCP/IP              DEFINE      DELETE      DEPOSIT     DIAGNOSE
DIFFERENCES             DIRECTORY   DISABLE     DISCONNECT  DISMOUNT
Documentation           DPML        DSR         DUMP        EDIT        ENABLE
ENDSUBROUTINE           EOD         EOJ         Errors      EXAMINE     EXCHANGE
EXIT        FDL         FONT        FTP         FTP_overview            GENCAT
GOSUB       GOTO        HELP        Hints       ICONV       IF          INITIALIZE
INQUIRE     INSTALL     Instructions            Internet_Mail           JOB
LATCP       Lexicals    LIBRARY     LICENSE     Line_editing            LINK
LMCP        LOCALE      LOGIN       LOGOUT      LPQ         LPRM        MACRO
MAIL        MERGE       MESSAGE     Monitor     MOUNT       NCP         NCS
NFS         nslookup    ON          OPEN        PASSWORD    PATCH       PHONE
Portmapper              PRINT_(LPR/LPD)         PRINT_(network)         PRINT
PRODUCT     PSWRAP      PURGE       Queues      READ        RECALL      RECOVER
RENAME      REPLY       REQUEST     RETURN      REXEC       RLOGIN      RMS
RSH         RTL_Routines            RUN         RUNOFF      R_commands  SEARCH
SET         SHOW        SMTP        SORT        SPAWN       Specify     START
STOP        SUBMIT      SUBROUTINE  Symbol_Assign           SYNCHRONIZE
SYSGEN      SYSMAN      System_Files            System_Services         TELNET
TELNET_overview         TFF         TN3270      TYPE        UCX         UCX$TRACE
UIL         UNLOCK      V62_Features            VIEW        WAIT        WRITE

Topic?
```

$ HELP TYPE

```
TYPE
```

```
Displays the contents of a file or group of  files  on  the
current output device.
Format:              TYPE  file-spec[,...]
Parameter  Qualifiers
/BACKUP  /BEFORE  /BY_OWNER            /CONFIRM /CONTINUOUS
/CREATED /EXACT   /EXCLUDE /EXPIRED /HEADER  /HIGHLIGHT
/MODIFIED         /OUTPUT  /PAGE    /SEARCH  /SINCE   /TAIL
/WRAP   Examples
TYPE Subtopic? /output
TYPE
/OUTPUT
/OUTPUT[=file-spec]
/NOOUTPUT
Controls where the output of the command is sent. If you specify the
/OUTPUT=filespec qualifier, the output is sent to the specified file,
rather than to the current output device,SYS$OUTPUT. If you do not
enter the qualifier, or if you enter the /OUTPUT qualifier without a
file specification, the output is sent to SYS$OUTPUT.
If you enter the /OUTPUT qualifier with a partial file specification
(for example, /OUTPUT=[JONES]), TYPE is the default file name and
.LIS the default file type. The file specification cannot include the
asterisk (*)  and the percent sign (%) wildcard characters.
If you enter the /NOOUTPUT qualifier, output is suppressed.
The /OUTPUT qualifier is incompatible with the /PAGE qualifier.
```

■

3.5 Verbesserung von Eingabefehlern auf DCL–Ebene

Auf DCL–Ebene kann die aktuelle Eingabezeile editiert werden. Dieser Editvorgang wird durch DCL–Kommandos und Keypad–Kommandos gesteuert.

Über das DCL–Kommando: SET TERMINAL/LINE_EDITING kann ein Terminal diese Eigenschaft nutzen. Default ist dies für Terminals vom Typ VT100, VT200, VT300, VT400. Für VT52 ist Default /NOLINE__EDITING.

Zeilen können im sogenannten Insert– oder Overstrike–Modus editiert werden. Beim Insert–Modus werden die Zeichen rechts von der aktuellen Cursorposition beim Einfügen nach rechts verschoben (entspricht dem Editieren mit EDIT/EDT), beim Overstrike–Modus überschrieben.
Die Arbeitsweise des zeileneditier–Modus wird mit dem Kommando SET TERMINAL/INSERT bzw. SET TERMINAL/OVERSTRIKE festgelegt.

Durch gleichzeitiges Drücken der Tasten CTRL und A (*CTRL/A*) kann ebenfalls zwischen diesen beiden Editiermodi umgeschaltet werden.

Das Terminal–Treiberprogramm speichert maximal die letzten 20 Eingabe auf DCL–Ebene in einem command buffer ab.

Über das DCL–Kommando RECALL oder durch Eingabe der Tastenkombination <CTRL/B> ist es möglich, die letzten Kommandos in den Editbereich zu ho-

len. Die letzten eingegebenen 20 DCL–Kommandos können so editiert werden. Mit jedem RECALL wird ein Befehl zurückgeholt. Der Inhalt des command buffers kann mit dem Befehl RECALL/ALL angezeigt werden.
Über die Tasten *Pfeil–nach–oben* bzw. *Pfeil–nach–unten* kann man sich im Buffer der letzten 20 DCL–Kommandos bewegen und gezielt eine Kommandozeile wieder hervorholen. Pfeil–nach–oben entspricht dabei der einmaligen Eingabe von RECALL.
Folgende Kontrollzeichen und Keypad–Funktionen werden im Edit–Mode interpretiert:

CTRL/A F14*	Schaltet zwischen den Edit–Modes overstrike und insert um.
CTRL/B F9*	Rückruf der letzten DCL–Zeile.
CTRL/D	Bewegt den Cursor um eine Stelle nach links (Pfeil links).
CTRL/E	Bewegt den Cursor an das Ende der Zeile.
CTRL/F	Bewegt den Cursor um eine Stelle nach rechts (Pfeil rechts).
BACKSPACE CTRL/H F12*	Bewegt den Cursor an den Anfang der Zeile.
DEL	Löscht ein Zeichen links vom Cursor.
LINE FEED CTRL/J F13*	Löscht das nächste Wort links vom Cursor.
CTRL/U	Löscht die Zeichen links von der aktuellen Cursorposition bis zum Anfang der Eingabezeile.

* kennzeichnet Funktionstasten des VT200, VT300, VT400.

3.6 Anwendung des RECALL–Kommandos

Beispiel:

$ RECALL/ALL

```
1 SET PROMPT=">>>"
2 SET PROMPT
3 SHOW BROADCAST
4 SHOW KEY KP7
5 DEFINE/KEY KP7 "PHONE"
6 HELP DEFINE/KEY
7 DELETE *.OBJ;*
8 PURGE
9 DIR
```

```
 10 SHOW TIME
 11 SET DEFAUTL SYS$LOGIN
 12 TYPE LOGIN.COM
 13 DIR
```

$ RECALL 10
$ SHOW TIME

```
 18-APR-1991 09:45:44.69
```

$ RECALL DIR !Es wird der letzte Befehl
$!gesucht, welcher den
$!String DIR enthält
$ DIR

```
  %DIRECT-W-NOFILES  No files found
```

■

3.7 Beispiele für DCL–Kommandos

3.7.1 Anzeige der aktuellen Directory

$ SHOW DEFAULT

3.7.2 Verändern der aktuellen Directory

$ SET DEFAULT [NP6KI.TEST]
Es wird die eigene Default–Directory definiert.

3.7.3 Inhaltsverzeichnis der Files

$ DIRECTORY
Zeigt die Namen aller Files in der Default–Directory an.

3.7.4 Terminal–Information

Der physikalische Gerätename und die Terminal–Charakteristika können über den Befehl SHOW TERMINAL angezeigt werden.
Beispiel:
$ SHOW TERMINAL

```
Terminal: _FTA5:      Device_Type: VT300_Series     Owner: _FTA5:
                                                    Username: SIMON

Input:   9600    LFfill:  0      Width:  80         Parity: None
Output:  9600    CRfill:  0      Page:   24

Terminal Characteristics:
Interactive        echo               Type_ahead         No Escape
Hostsync           TTsync             Lowercase          Tab
Wrap               Scope              No Remote          Eightbit
Broadcast          No Readsync        No Form            Fulldup
No Modem           No local_echo      No Autobaud        No Hangup
No Brdcstmbx       No DMA             No Altypeahd       Set_speed
```

```
No Commsynch         Line Editing        Overstrike editing No Fallback
No Dialup            No Secure server    No Disconnect      No Pasthru
No Syspassword       SIXEL Graphics      No Soft Characters No PrinterPort
Numeric Keypad       ANSI_CRT            No Regis           No Block_mode
Advanced_video       Edit_mode           DEC_CRT            DEC_CRT2
NoDEC_CRT3           No DEC_CRT4         No DEC_CRT5        No Ansi_Color
VMS Style Input
```

■

3.7.5 Löschen von Files

Beispiel: $ DELETE TEST.DAT;3

Mit dem Kommando DELETE können ein oder mehrere Files gelöscht werden. In dem Beispiel wird die Version 3 des Files TEST.DAT gelöscht.

3.7.6 Anzeigen des Inhalts von Files

Beispiel: $ TYPE TEST.DAT

Mit dem TYPE–Kommando wird der Inhalt eines oder mehrerer Files am Terminal angezeigt.

3.7.7 Ausdrucken von Files

Beispiel: $ PRINT TEST.DAT

Mit dem Kommando PRINT werden ein oder mehrere Files auf einem vom System festgelegten Drucker ausgegeben.

Druckaufträge gelangen in eine sogenannte Warteschlange (Queue). Dort werden sie über eine eindeutige Printjob–Nummer verwaltet (Entry–Number). In dieser Warteschlange werden die Druckaufträge der verschiedenen Benutzer in der Reihenfolge ihres Eintreffens bzw. nach ihrer Größe auf den vom System–Manager dieser Warteschlange zugewiesenen Drucker ausgegeben.
Der Inhalt aller Drucker–Warteschlangen eines OpenVMS–Systems kann angezeigt werden.

Beispiel: $ SHOW QUEUE/DEVICE/ALL/FULL

Mit dem PRINT–Kommando abgesetzte Druckaufträge können wieder gelöscht werden, solange sie sich noch in der Warteschlange befinden.

Beispiel: $ DELETE/ENTRY=2231 SYS$PRINT

In diesem Beispiel wird der Eintrag mit der Nummer 2231 aus der Warteschlange SYS$PRINT wieder gelöscht.

3.7.8 OpenVMS–Uhrzeit

Oft ist es notwendig, Datum oder Zeiten in einer DCL–Kommandozeile anzugeben. Die Uhrzeit hat unter OpenVMS folgenden Aufbau:

Uhrzeit: 18:30:02.00 Datum: 11–SEP–1989

Bei Kommandos können Zeitangaben auf zwei Arten erfolgen:

- Im Absolutzeitformat [dd–mmm–yyyy[:]][hh:mm:ss.cc]
- Im Deltazeitformat [dddd–]hh:mm:ss.cc

Es bedeuten:

mmm	= Monat (englische Schreibweise)
yyyy	= Jahr
d	= Zahl, die dem Tag bzw. der Anzahl von Tagen entspricht
h	= Stunde
m	= Minute
s	= Sekunde
c	= Hundertstel Sekunde

Bei Angabe einer Deltazeit sollte immer ein führendes Vorzeichen (+ oder –) angegeben werden. Die Zeitangabe muß dann in Anführungszeichen (") eingeschlossen werden.

Beispiele:

$ DELETE/SINCE=08:15 *.*;*

Es werden alle Files gelöscht, die seit 08:15 Uhr angelegt wurden.

$ SUBMIT JOB.COM/AFTER=12–SEP–1995:08:20:00

Es wird, der in der Kommandodatei JOB.COM definierte File in die Batch–Queue gebracht. Dieser Batch–Job wird am 12. September 1995 um 08.20 Uhr gestartet.

$ PRINT NEUMAK.LIS/AFTER="+2–00:00:00"

Drucke die Datei NEUMAK.LIS in 2 Tagen auf dem Systemdrucker aus.

3.7.9 Umbenennen von Files

Beispiel: $ RENAME TEST.DAT TEST.FOR

Das Kommando RENAME verändert den Namen eines oder mehrerer Files. Im obigen Beispiel wird der File TEST.DAT in TEST.FOR umbenannt.

3.7.10 Kopieren von Files

Beispiel: $ COPY [NP332.PROG]DEMO.FOR TEST.FOR

Mit dem Kommando COPY können ein oder mehrere Files kopiert werden. Im obigen Beispiel wird der File mit dem Namen DEMO.FOR aus der Directory DISK$USER1:[NP332.PROG] unter dem neuen Namen TEST.FOR in die Default–Directory kopiert.

3.7.11 Verändern von Files

Text–Files kann man auch verändern. Ein File kann z.B. Quellprogramme, Dokumentation oder Brieftexte enthalten. Der Inhalt derartiger Files kann mit einem speziellem Programm (*Editor*) geändert werden, der aus der DCL–Ebene heraus aufgerufen wird.

Beispiel: $ EDIT TEST.FOR

Der File TEST.FOR soll mit dem Editor bearbeitet werden.
Eine ausführliche Beschreibung des Editors ist im Abschnitt 4. "File–Bearbeitung – Editor" auf der Seite 131 zu finden.

3.7.12 Anlegen eines Files

Textfiles lassen sich im wesentlichen auf zwei Arten anlegen:

- Mit dem Editorprogramm
  Beispiel:
  $ EDIT NEUERFILE.DAT
- Mit dem DCL–Befehl CREATE
  Beispiel:
  $ CREATE EINGABE.DAT

Mit dem Befehl CREATE wird ein neuer File angelegt, der danach vom Terminal aus (SYS$INPUT) mit Daten gefüllt werden kann. Die Dateneingabe muß durch gleichzeitiges Drücken der beiden Tastenkombination *CTRL/Z* abgeschlossen werden. Dies bewirkt für den File das Setzen einer sogenannte End–of–File–Kennung *(EOF)*.

3.7.13 Einrichten eines neuen Verzeichnisses (Directory)

$ CREATE/DIRECTORY [COURSE.USER4.QUELLEN]

Es wird auf der aktuellen Platte ein Unterverzeichnis (subdirectory) mit dem Namen [COURSE.USER4.QUELLEN] eingerichtet. Dabei erfolgt in der Directory [COURSE.USER4] ein Verwaltungseintrag mit dem Namen QUELLEN.DIR. Im Fileschutzwort eines Directory–Files fehlt immer bei allen Gruppen System, Owner, Group und World das Recht, zu löschen (delete). Dies ist zu beachten, wenn eine Directory wieder gelöscht werden soll.

Jeder Benutzer kann innerhalb seines Hauptverzeichnisses (main directory), das ihm vom System–Manager zugewiesen wurde, Unterverzeichnisse (Subdirectories) einrichten. Für das Einrichten eines Hauptverzeichnisses sind spezielle Privilegien (z.B. *SYSPRV*) erforderlich, die meist nur der System–Manager besitzt. Unterverzeichnisse können dazu dienen, eine systematische Ordnung in die Files zu bringen. So könnte man beispielsweise alle Quellprogramme, alle Daten, alle Dokumentationen usw. jeweils in getrennten Unterverzeichnissen unterbringen.

Beispiel:

$ COPY *.TXT [COURSE.USER4.DOKU]

Es werden alle Files mit dem File–Typ *.TXT* von der aktuellen Directory in die Subdirectory mit dem Namen [COURSE.USER4.DOKU] kopiert.

3.7.14 Löschen einer bestehenden Directory

Directories können auch wieder gelöscht werden. Hierzu ist der DCL–Befehl DELETE zu verwenden. Nachfolgendes Beispiel zeigt die Methode für das Löschen einer Directory. Dabei werden auch die Probleme, die dabei entstehen können, dargestellt.

Beispiel:

$ SET DEFAULT [PROJ1.ABL]
$! Es wird die Subdictionary [PROJ1.ABL.TEST] angelegt
$ CREATE/DIRECTORY [.TEST]
$ DIRECTORY TEST.DIR /PROTECTION/OWNER

```
Directory DATA18:[PROJ1.ABL]

TEST.DIR;1              [18_TD2,PROJ1]        (RWE,RWE,RE,RE)

Total of 1 file.
```

$ SET DEFAULT [.TEST]
$! Es werden Files in die Directory [PROJ1.ABL.TEST] übertragen
$ COPY [PROJ1.SOURCE]*.FOR *.*
$ DIRECTORY

```
Directory DATA18:[PROJ1.ABL.TEST]

CALLEDT.FOR;2         DET.FOR;25           KOPIM_SEND.FOR;1
TEST4.FOR;15

Total of 4 files.
```

$ SET DEFAULT [−]
$! Es wird versucht, die Directory zu löschen, was nicht funktioniert, da für alle
$! Directories im Fileschutzwort das D für DELETE fehlt.
$ DELETE TEST.DIR;1

```
%DELETE-W-FILNOTDEL,
error deleting DATA18:[PROJ1.ABL]TEST.DIR;1
 -RMS-E-PRV, insufficient privilege or file protection violation
```

$ SET PROTECTION=(O:D) TEST.DIR
$! Das Recht für DELETE wird gesetzt.
DELETE TEST.DIR;1

```
%DELETE-W-FILNOTDEL,
 error deleting DATA18:[PROJ1.ABL]TEST.DIR;1
 -RMS-E-MKD, ACP could not mark file for deletion
 -SYSTEM-F-DIRNOTEMPTY, directory file is not empty
```

$! Löschen funktioniert nicht, da das Löschen nicht leerer
$! Directories von VMS verboten ist.
$ SET DEFAULT [.TEST]
$! Alle Files in der Subdirectory [PROJ1.ABL.TEST] werden gelöscht.
$ DELETE *.*;*
$ SET DEFAULT [−]
$ DELETE TEST.DIR;1/LOG

```
%DELETE-I-FILDEL, DATA18:[PROJ1.ABL]TEST.DIR;1
 deleted (3 blocks)
```

$!DIRECTORY [PROJ1.ABL.TEST] ist gelöscht.

3.8 Tastendefinitionen

Auf DCL−Ebene können Tasten des zusätzlichen Tastenfeldes (auxiliary keypad) Zeichenketten zugewiesen werden. Damit ist es möglich, häufig benutzte Kommandos über Tastendruck abzurufen, ohne sie jedesmal über die Tastatur eingeben zu müssen. Derartige DEFINE/KEY–Kommandos wird man zweckmäßigerweise in die Datei LOGIN.COM einfügen.

Das DCL–Kommandoformat ist:

DEFINE/KEY <key–name> <equivalence–string>

<key–name>	ist die Bezeichnung einer Funktionstaste.
<Equivalence–string>	definiert einen String, der verarbeitet wird, wenn die zugehörige Taste gedrückt wird. Falls der String Leerzeichen (Spaces) enthält, muß er in den Zeichen "" eingeschlossen sein.

Tabelle der definierbaren Funktionstasten:

key-name	VT300/VT400	VT100
PF1	PF1	PF1
PF2	PF2	PF2
PF3	PF3	PF3
PF4	PF4	PF4
KP0,KP1, ...,KP9	0,1, ...,9	0,1 ...,9
PERIOD	.	.
COMMA	,	,
MINUS	-	-
ENTER	Enter	Enter
LEFT	--->	<---
RIGHT	--->	--->
E1	Find	- -
E2	Insert Here	- -
E3	Remove	- -
E4	Select	- -
E5	Prev. Screen	- -
E6	Next Screen	- -
HELP	Help	- -
DO	Do	- -
F6,F7, ...,F20	F7, ...,F20	- -

Einige definierbare Tasten (keys) gelten immer. Andere, wie KP0 bis KP9, PERIOD, COMMA und MINUS, müssen aktiviert werden. Dieses geschieht vor Benutzung der Tasten entweder über das DCL–Kommando SET TERMINAL/APPLICATION oder SET TERMINAL/NONUMERIC.

Kommando–Qualifier sind:

/[NO]ECHO

/[NO]ERASE

/[NO]IF_STATE=(<state–name>, ...)

Es wird eine Liste von einem oder mehreren Zuständen angegeben, die erfüllt sein müssen, damit die Tastendefinition gültig wird. Falls der Qualifier /IF_STATE weggelassen wird, wird vom augenblicklichen Zustand ausgegangen. Beim Kommando SET KEY können Zustände (States) über den /SET_STATE Qualifier angegeben werden. Wird nur ein <state–name> angegeben, können die Klammern weggelassen werden. Als Zustandsbezeichnungen sind beliebige alphanumerische Zeichenfolgen möglich.

/[NO]LOG

/[NO]SET_STATE=<state–name>

Dies bewirkt, daß der entsprechende Zustand gesetzt wird, wenn die zugehörige Taste gedrückt wird.

/[NO]LOCK_STATE

Wird dieser Qualifier gesetzt (Default ist NOLOCK_STATE), so besteht der mit dem Qualifier /SET_STATE gesetzte Zustand so lange, bis er explizit wieder geändert wird. Dieser Qualifier kann nur in Verbindung mit dem Qualifier SET_STATE verwendet werden.

/[NO]TERMINATE

Die definierte Zeichenfolge wird bei Tastendruck sofort ausgeführt.

In den nachfolgenden Beispielen wird als <state–name> die Zeichenkette GOLD benutzt.

$ DEFINE/KEY PF1 "SHOW "/SET_STATE=GOLD/NOTERM/ECHO

```
%DCL-I-DEFKEY, DEFAULT key PF1 has been defined
```

$ DEFINE/KEY PF3 "DEFAULT"/TERMIN/IF_STATE=GOLD/ECHO

```
%DCL-I-DEFKEY, GOLD key PF1 has been defined
```

$ DEFINE/KEY PF2 "TIME" /TERMINATE/IF_STATE=GOLD/ECHO

```
%DCL-I-DEFKEY, GOLD key PF2 has been defined
```

$ DEFINE/KEY PF2 "HELP"/TERMINATE/ECHO

```
%DCL-I-DEFKEY, GOLD key PF2 has been defined
```

■

Durch das Drücken der Tastenkombinationen <PF1><PF2> bzw. <PF1><PF3> werden die definierten Kommandos ausgeführt.

Beispiele:

```
<PF1><PF3>          $ SHOW DEFAULT
                          DISK$USER1:[ND32KU]

<PF1><PF2>          $ SHOW TIME
                            18-APR-1994 12:37:54:53

<PF2>               $ HELP
```

■

Die aktuell gültigen Tastendefinitionen können angezeigt werden:

$ SHOW KEY/ALL/FULL

Anzeige der Definition für eine bestimmte Taste:

$ SHOW KEY PF2

3.9 DCL–Eingabeaufforderungszeichen (Prompt)

Der DCL–Prompt ($) kann geändert werden.

Beispiel:

```
$ SET PROMPT="Kommandos bitte> "
Kommando bitte> DIRECTORY
   %DIRECT-W-NOFILES   no files found

Kommando bitte> SET PROMPT
$
```

■

Übungsaufgaben:

8. Verändern Sie Ihr Kennwort, und überprüfen Sie diese Änderung, indem Sie sich aus– und wieder einloggen. Beachten Sie, daß Sie ohne Kenntnis des Kennworts nicht mit dem Rechner arbeiten können.
9. Lassen Sie sich vom Rechner Informationen über den Befehl DIRECTORY geben; ebenso über die Qualifier /DATE, /OWNER, /SIZE und /PROTECTION.
10. Stellen Sie Ihre Default–Device–Directory fest.
11. Schalten Sie Ihr Terminal auf eine Bildschirmbreite von 132 Zeichen pro Zeile um.
12. Bestimmen Sie, welche Drucker–Warteschlangen auf Ihrem System existieren.
13. Drucken Sie einen File aus, der erst um 18:00 gedruckt werden soll.
14. Definieren Sie sich einprägsame und kurze Symbole/Synonyme (global) für:

- Anzeige der Default–Directory
- Anzeige der Directory mit Schutzcode
- Abfrage des Inhaltes aller Drucker–Warteschlangen

Was müssen Sie tun, damit diese Abkürzungen immer gelten ?

3.10 Alphabetische Liste der DCL–Kommandos

APPEND <input–file> [,...] <output–file>

Hängt den Inhalt des oder der <input–files> (Quellen) an den Inhalt des <output–files> (Senke) an. Dabei wird keine neue Version des <output–files> erzeugt. Bei mehreren <input–files>, die durch Kommas getrennt sind, erfolgt das Aneinanderhängen von links nach rechts, d.h. das zuerst genannte File wird auch zuerst angehängt.

Beispiel:
APPEND X1.COM, X2.COM LOGIN.COM /LOG

Die Files X1.COM und X2.COM werden an den bestehenden File LOGIN.COM angehängt. Der Vorgang wird mitprotokolliert (Qualifier /LOG).

ASSIGN <phys.–name> [,...] <logname> [:]

Setzt einen logischen Namen einem oder mehreren physikalischen Gerätenamen, einer gesamten File–Spezifikation oder einem anderen Gerätenamen gleich. Diese Zuweisung endet mit der Terminal–Sitzung, sofern sie nicht durch einen der Qualifier /GROUP bzw. /SYSTEM in die Group– oder System Logicalname–Table eingetragen wurde. Der Befehl DEASSIGN <logname> löscht den logischen Namen.

Qualifier:
/USER_MODE
Die Zuordnung ist nur für die Durchführung eines (des nächstfolgenden) Programms gültig. Dieser Qualifier wird sehr häufig innerhalb von Kommando–Prozeduren benutzt, um die Standardeingabe SYS$INPUT eines Programms auf das Terminal zuzuweisen.

/NOLOG Die Zuweisung wird nicht protokolliert, Default ist /LOG.

Beispiele:
$ ASSIGN/USER_MODE SYS$COMMAND SYS$INPUT
Überall wo SYS$INPUT benutzt wird, wird nach dieser Anweisung auf SYS$COMMAND zugegriffen.

$ ASSIGN X.OUT SYS$OUTPUT
Weist die Ausgabe von SYS$OUTPUT (im Normalfall das Terminal) auf den File X.OUT. Diese Umsetzung gilt bis zum LOGOUT bzw. bis zum DEASSIGN. (DEASSIGN SYS$OUTPUT).

$ ASSIGN/USER_MODE NL: SYS$OUTPUT
Steuert die Ausgabe von SYS$OUTPUT (im Normalfall das Terminal) auf das sogenannte Null–Device (NL:) um, d.h. es erfolgt keine Ausgabe! Die Zuweisung gilt nur für das nachfolgende Programm (Befehl).

CLOSE <logname> [:]

Schließt ein vorher mittels des DCL–Befehls OPEN geöffnete Datei mit dem logischen Namen <logname>.

Beispiel:
$ OPEN F2 XX3.DAT
$ CLOSE F2

COPY <input–file> [,...] <output–file>

Kopiert ein File oder mehrere Files in einen File. Der <output–file> wird dabei neu erstellt. Bei Gleichnamigkeit des <output–file> mit einem schon bestehenden File wird eine neue Version des alten Files angelegt.

Qualifier:

/LOG Protokolliert den Kopiervorgang.

/CONFIRM Vor jedem Kopieren erfolgt eine Abfrage, ob wirklich kopiert werden soll. Dabei sind folgende Antworten möglich:

Y (yes) oder 1 oder true	–Ausführung
N (no) oder 0 oder false	–keine Ausführung
A (all)	–Ausführung aller weiteren COPY–Operationen ohne neue Abfrage
Q (quit)	–Abbruch des COPY Auftrags.

Beispiele:
$ COPY XX.DAT YY.DAT /LOG

$ COPY ALLE.* DISK$UEB:[USER4.TEST] /CONFIRM
Vor jedem Kopieren erfolgt eine Abfrage, ob wirklich kopiert werden soll.

$ COPY DATA21:[PURG23.DAT]*.* [USER8.UEB1]
Es werden von der Platte DATA21: und der Directory [PURG23.DAT] alle Files mit der höchsten Versionsnummer auf die aktuelle Default–Platte in die Directory [USER8.UEB1] kopiert.

CREATE <file–spec.> [,...]

Richtet ein oder mehrere Files neu ein; die Daten werden von SYS$INPUT erwartet (im Normalfall das Terminal). Die Dateneingabe wird durch Drücken der Zeichenkombination *CTRL/Z* abgeschlossen. Üblicherweise benutzt man für die Neuanlage eines Files einen Editor (z.B. EDIT/TPU).

Beispiel:
$ CREATE A.DAT, B.DAT
Eingabezeile 1 für A.DAT...
Eingabezeile 2 für A.DAT...
...
...
CTRL/Z
Eingabezeile 1 für B.DAT...
Eingabezeile 2 für B.DAT...
...
...
CTRL/Z
$

Nach Eingabe des Kommandos CREATE vom Terminal liest das System Eingabezeilen in ein sequentielles File A.DAT, bis *CTRL/Z* die erste Eingabe abschließt. Die nächsten Eingabezeilen werden in den zweiten File B.DAT eingetragen, bis *CTRL/Z* auch diesen Eingabestrom beendet.

CREATE/DIRECTORY <direc–spec.> [,...]

Richtet ein neues Directory oder Subdirectory ein. Directories kann man als Plattenarbeitsbereiche auffassen, in denen die Ablage von Files erfolgt.

Qualifier:
/PROTECTION=(<code>)
Regelt die Zugriffe für die in diesem Verzeichnis abgelegten Files.

Beispiele:

$ CREATE/DIRECTORY DATA5:[DIREC.SUBDIREC]
Auf der Platte DATA5 wird in dem schon vorhandenen Verzeichnis [DIREC] das Unterverzeichnis [.SUBDIREC] angelegt.

$ CREATE/DIRECTORY [SCHMITT.DATEN] –
/PROTECTION=(S:R,O:RWED,G:RE,W)
Auf der aktuellen Platte wird in dem schon vorhandenen Verzeichnis [SCHMITT] das Unterverzeichnis [.DATEN] angelegt. Für dieses neue Unterverzeichnis sollen folgende Zugriffsrechte gelten:

System	darf lesen (R=READ)
Owner	darf alles (read, write, execute, delete)
Group	darf lesen
World	hat keinen Zugriff

CREATE/TERMINAL [<Kommando>]

Legt ein neues Terminalfenster an (nur für Systeme unter DECwindows Motif). Wird ein <Kommando> angegeben, so wird dieses <Kommando> im neuen Fenster ausgeführt und anschließend dieser Prozeß wieder gelöscht. Eine typische Anwendung dieses Befehls ist das Eröffnen eines Terminalfensters auf einem anderen Rechnerknoten.

Beispiel:
$ CREATE/TERMINAL/DETACH/DISPLAY=GSNV18::0 –
$_ WINDOWS_ATTRIBUTES=(COLUMNS=20,–
$_ ICON_NAME="Testfenster")
Es wird ein Terminalfenster auf dem Rechnerknoten GSNV18 aufgebaut. Das Fenster hat eines Spaltenbreite von 20, und der Name des Sinnbilds ist "Testfenster".

DEASSIGN [<logname>[:]]

Hebt eine für einen logischen Namen getroffene Zuweisung auf.

Beispiel:
$ SHOW LOGICAL TEST
```
"TEST" = "DATA3:[HARVEY]FILE1.DAT"
```

```
$ DEASSIGN TEST
$ SHOW LOGICAL TEST
%SHOW-S-NOTRAN, no translation for logical name TEST
```

DEFINE <logname>[:] <phys.-name>[,...]

Setzt einen logischen Namen einem oder mehreren physikalischen Gerätenamen, einer gesamten File–Spezifikation oder einem anderen Gerätenamen gleich. Diese Zuweisung endet mit der Terminal–Sitzung, sofern es nicht durch einen der Qualifier /GROUP bzw. /SYSTEM in die Group– oder System–Logicalname–Table eingetragen wurde. Der Befehl DEASSIGN <logname> löscht den logischen Namen. Der Befehl DEFINE wird nicht nur für logische Namen sondern auch für andere Zuweisungen verwendet (Steuerung durch Qualifier).

DEFINE/FORM <form–name> <form–number>
Weist eine Zahl <form–number> und Attribute einer Form <form–name> zu, die für Drucker–Warteschlangen verwendet werden kann (siehe Abschnitt 9.3.7 "Das System–Management von Device Queues" auf der Seite 270).

DEFINE/KEY <key–name> <equivalence–string>
Weist eine Zeichenfolge einer Taste des Terminals zu (siehe auch Abschnitt 3.8 "Tastendefinitionen" auf der Seite 95).

Qualifier im Zusammenhang mit logischen Namen:
/USER_MODE
Die Zuordnung ist nur für die Durchführung eines (des nächstfolgenden) Programms gültig. Dieser Qualifier wird sehr häufig innerhalb von Kommando–Prozeduren benutzt, um die Standardeingabe SYS$INPUT eines Programms auf das Terminal zuzuweisen.

/SUPERVISOR_MODE
Es wird der logische Name im Supervisor–Mode in der angegebenen logischen Tabelle angelegt. Dieser Modus ist für die Zuweisung logischer Namen Default und bedeutet, daß dieser logische Name in der gesamten DCL–Umgebung Gültigkeit hat. Für eine Erklärung der verschiedenen Zugriffsmodi siehe auch Abschnitt 1.5 "Schutzmechanismen unter VMS" ab der Seite 41.

/EXECUTIVE_MODE
Es wird der logische Name im Executive–Mode in der angegebenen logischen Tabelle angelegt. Dieser Modus wird primär bei der Definition von systemweit gültigen logischen Namen während des System–Startups benutzt.

/NOLOG Die Zuweisung wird nicht protokolliert, Default ist /LOG.

/TRANSLATION_ATTRIBUTES[=(<keyword>[,...])]
Es werden zusätzliche Eigenschaften mit dem logischen Namen verknüpft. Als <keyword> sind möglich:

CONCEALED der logische Name ist der Name eines sogenannten concealed device. In diesem Fall zeigt das System bei Anzeigen, die dieses Gerät betreffen, den logischen Namen und nicht den <phys. name> an.

TERMINAL die logische Namensumsetzung soll bei <logname> enden.

Beispiele:
$ DEFINE/USER_MODE SYS$INPUT SYS$COMMAND

Überall wo SYS$INPUT benutzt wird, wird nach dieser Anweisung auf SYS$COMMAND zugegriffen.

$ DEFINE/SYSTEM/EXECUTIVE_MODE DISK$PRODUCTS –
_$ 10DUA2:[PRODUCTS.] –
_$ /TRANSLATION=(CONCEALED,TERMINAL)
Es wird ein concealed device definiert mit dem Namen DISK$PRODUCTS:. Die Benutzer können den Teilbereich 10DUA2:[PRODUCTS] wie einen Plattenspeicher ansprechen.

DELETE <file–spec.> [,...]

Löscht den oder die angegebenen Files von dem Massenspeicher. Der Befehl benötigt die vollständige File–Spezifikation, d.h. inklusive der Versionsnummer. Wildcard–Zeichen (*,%) sind zulässig.

Qualifier:
/BEFORE[=<Datum>]
Spricht Files mit einem Anlegedatum vor dem genannten an.

/SINCE[=<Datum>]
Spricht Files mit einem Anlegedatum nach dem genannten an.

/LOG Der Löschvorgang wird protokolliert.

/CONFIRM Vor jedem Löschen erfolgt eine Abfrage, ob wirklich gelöscht werden soll. Dabei sind folgende Antworten möglich:

Y (yes) oder 1 oder true	–Ausführung
N (no) oder 0 oder false	–keine Ausführung
A (all)	–Ausführung aller weiteren Lösch–operationen ohne neue Abfrage
Q (quit)	–Abbruch des COPY–Auftrags.

/ERASE
Die Löschung des Files erfolgt so, daß die Daten mit einem Löschmuster überschrieben werden; d.h. sie werden physikalisch gelöscht. Default ist /NOERASE.

Beispiele:

$ DELETE *.OBJ;* /LOG
Alle Files mit dem File–Typ .OBJ werden gelöscht. Die Namen der gelöschten Files werden am Bildschirm angezeigt.

$ DELETE *.DAT;* /BEFORE=01–JAN–1992
Löschen aller Files mit dem File–Typ .DAT, die vor dem 01.01.1992 angelegt wurden.

$ DELETE TEST*.*;*/SINCE=02–FEB–1989/BEFORE=01–JUN–1993
Löschen aller Files, die mit der Zeichenfolge TEST beginnen und zwischen dem 02.02.1989 und dem 01.06.93 angelegt wurden.

Hinweis:
Unterverzeichnisse (Files mit dem File–Typ *.DIR*) sind nach Anlage automatisch gegen Löschen gesperrt. Für eine Löschung von Subdirectories ist folgende Reihenfolge einzuhalten:
1. Alle Files in der zu löschenden Subdirectory löschen.
2. Den Protectioncode des Subdirectory–Files so setzen, daß Löschen erlaubt ist.

Beispiel:
$ SET PROTECTION=(O:D) TESTE.DIR
$ DELETE TEST.DIR;*

DELETE/ENTRY=(<entry–nr>[,...]) <queuename>[:]

Löscht einen oder mehrere Aufträge aus einer Drucker– oder Batch–Job–Queue. Die Entry–Nummer wird beim Abschicken des Jobs vergeben, bzw. kann über den Befehl SHOW QUEUE [<queuename>[:]] angezeigt werden.

Beispiel:

$ PRINT/AFTER=18:00/NOTIFY TEST.DAT

```
JOB TEST (queue SYS$PRINT, entry 1123) holding until 5-JAN-1995 18:00
```

$ DELETE/ENTRY=(1123) SYS$PRINT

```
JOB TEST (queue SYS$PRINT, entry 1123) terminated with error status
%JBC-F-JOBDELETE, job deleted before execution
```

DIFFERENCES <file1> [<file2>]

Vergleicht die Inhalte zweier Files und gibt eine Auf stellung der zwischen den Files bestehenden Unterschiede auf SYS$OUTPUT aus. Wird <file2> weggelassen, so verwendet DIFFERENCES als <file2> die vorhergehende Version von <file1>, falls vorhanden.

Qualifier:

/OUTPUT[=<filename>]
Das Vergleichsergebnis wird in das angegebene File eingeschrieben. Wird kein File–Name angegeben, wird ein File mit dem Namen des zum Vergleich benutzten zuerst angegebenen Files gebildet (<filename>.DIF).

Beispiel:
DIFFERENCES HUGO.DAT DATA6:[TEST]HUGOOLD.DAT

DIRECTORY [<filespec>[,...]]

Liefert Information über die Namen und Zusatzinformation von einem oder mehreren Files (Inhaltsverzeichnis einer Directory oder Platte). Ohne weitere Angabe bezieht sich der Befehl auf das aktuelle Default–Directory. Die Ausgabe erfolgt auf SYS$OUTPUT.

Qualifier:
/OUTPUT=<filename>
Legt die Ausgabe (SYS$OUTPUT) auf den angegebenen File–Namen.

/DATE=ALL
Beinhaltet Angaben über die Einrichtung (creation date), das letzte Modifikationsdatum (modified date), das letzte Datensicherungsdatum (backup date, sofern bei der Durchführung der Datensicherung BACKUP/RECORD gesetzt wird) und das eventuell angegebene Verfallsdatum (expiration date).

/OWNER
Beinhaltet die Owner UIC für das File.

/BEFORE[=<Datum>]
Spricht Files mit einem Anlage–Datum vor dem genannten an.

/SINCE[=<Datum>]
Spricht Files mit einem Anlage–Datum nach dem genannten an.

/PROTECTION
Beinhaltet die File–Protection für die Files.

/BY_OWNER[=<uic>]
Spricht nur die Files an, die eine Owner–UIC–Kennung haben, die dem angegebenen UIC entspricht.

/SIZE[=ALL]
Zeigt die File–Größe in Anzahl von Blöcken an (1 Block = 512 Bytes). Durch den Zusatz ALL wird die Größe der tatsächlich belegten und der für den File reservierten Plattenblöcke angezeigt.

Beispiele:

$ DIRECTORY/SIZE=ALL/DATE/SINCE=01–MAR–1991 *.DAT
Zeigt alle Files in der aktuellen Directory (Verzeichnis) an, die seit dem 1. März 1991 angelegt wurden und den File–Typ *.DAT* aufweisen. Anlegedatum und die Größe werden mitangezeigt.

$ DIRECTORY DATA6:[*...]
Liefert ein Inhaltsverzeichnis der Platte DATA6: über alle Haupt– und Subdirectories.

```
$ DIRECTORY            *.FOR/BEFORE=11-JUN-1989 -
_$             /SINCE=01-JAN-1989/OUTPUT=DIR.OUT
```
Liefert von der aktuellen Directory die Namen aller Files mit dem File–Typ .FOR an, die vor dem 11.6.1989 und nach dem 1.1.1989 angelegt wurden. Die Ausgabe erfolgt in den File DIR.OUT.

$ DIRECTORY *.* /MODIFIED/SINCE=TODAY
Zeigt alle Namen der Files in der aktuellen Directory an, die heute (TODAY) verändert wurden. Der Qualifier /MODIFIED kann nur in Verbindung mit den Qualifiern /SINCE oder /BEFORE verwendet werden.

$ DIRECTORY DISK$PRO1:[*...] /OWNER/PROTECTION/DATE
Zeigt alle Namen der Files auf der Platte DISK$PRO1 an. Zusätzlich werden bei allen Files der Eigentümer (owner), das Fileschutzwort (file protection word) und das erstmalige Anlegedatum (creation date) angezeigt.

```
$ SET DEFAULT PROJ1:[0,0]
$ DIRECTORY PROJ1:[*...] /BY_OWNER=[SCHMITT_H] -
_$ /OUTPUT=SYS$MANAGER:SUCHE.OUT
```
Die gesamte Platte PROJ1: wird abgesucht nach Files, die dem User mit dem UIC–Code (hier IDENTIFIER [SCHMITT_H] gehören. Das Ergebnis wird im File SUCHE.OUT in der Directory des System–Manager (logischer Name SYS$MANAGER) abgelegt.

EDIT [<Objektname>]

Dieses Kommando ruft die verschiedenen unter OpenVMS verfügbaren Editoren auf. Die Auswahl des Editors erfolgt durch die Angabe von Qualifiern. Ohne die Angabe eines Qualifiers wird der Texteditor EVE (Default) aufgerufen.

Qualifier:
/ACL
Access Control List Editor für die Bearbeitung von Zugriffskontroll–Listen im Zusammenhang mit dem Dateischutz; dieser Editor ist im Abschnitt 7.2.2 "Dateischutz über Zugriffskontroll–Listen" auf der Seite 227 beschrieben.

/EDT
Texteditor EDT; dieser Editor ist im Abschnitt 4.2 "Der Texteditor EDT" auf der Seite 148 beschrieben.

/TPU
Texteditor EVE (mit DECwindows Motif Unterstützung); dieser Editor ist im Abschnitt 4.1 "EVE Extensible Versatile Editor" auf der Seite 132 beschrieben.

/FDL
Editor für das Anlegen und Ändern von Dateidefinitionen (file definition language); dieser Editor ist ausführlich im OpenVMS Record Management Utilities Reference Manual beschrieben.

EXIT [<status–code>]

Beendet die Ausführung eines Kommando–Files. Wurde der Kommando–File (command procedure) von einem anderen Kommando–File aufgerufen, so wird die Prozeßkontrolle an die nächsthöhere Befehlsebene zurückgegeben. Mit EXIT wird die Ausführung eines Kommando–Files ordnungsgemäß beendet. Über das Symbol <status–code> kann an die aufrufende Prozedur eine Meldung gegeben werden.

Wird EXIT auf DCL–Ebene eingegeben, so wird das sich eventuell noch im virtuellen Speicher befindende Programm gelöscht.

GOTO <Label>

Bei Verwendung in einem Kommando–File überträgt dieser Befehl die Steuerung auf den dem angegebenen <Label> folgenden Befehl.

HELP [<Begriff>]

Bringt auf SYS$OUTPUT Informationen von dem Nachschlagewerk des Rechners (Help–Library). Über den Qualifier /LIBRARY kann auf eine beliebige Help–Library zugegriffen werden.
Bei der Eingabe eines Suchbegriffs wird Information über diesen Begriff (*topic*) angezeigt, und es erscheint die Aufforderung, einen Unterbegriff (*subtopic*) einzugeben. Die Verwendung des Zeichens * (wildcard character) ist möglich. Es werden dann in alphabetischer Form die Informationen über alle Begriffe bzw. Unterbegriffe angezeigt. Help kann durch gleichzeitiges Drücken der beiden Tasten *CTRL* und Z beendet werden (siehe auch Abschnitt 3.4 OpenVMS Helpfunktionen auf der Seite 87).

Qualifier:

/OUTPUT=<filename>
Spezifiziert, daß die Ausgabe des Help–Befehls in den File <filename> erfolgt.

Beispiele:

$ HELP
Liefert einen Überblick über sämtliche unter VMS verfügbaren Standard–DCL–Kommandos.

$ HELP COPY...
Liefert alle verfügbaren Informationen über das Kommando COPY.

$ HELP/OUTPUT=HDEL.OUT DELETE *
Liefert Information über den Befehl DELETE und seine Parameter bzw. Qualifier und legt diese Information in der Datei HDEL.OUT ab.

IF <Ausdruck> THEN [$] <Kommando>

oder

```
IF <Ausdruck>
              THEN    [<Kommando>]
                       <Kommando>
                        ...
                        ...
              [ELSE   [<Kommando>]
                       <Kommando>
                        ...
                        ...    ]
              ENDIF
```

Das Sprachelement IF ... THEN ermöglicht die Steuerung der Ausführung von Kommando–Files in Abhängigkeit von Bedingungen. Innerhalb einer Bedingung können Ausdrücke miteinander verglichen werden, die Symbole und Konstanten enthalten können.

Beispiel:

```
$ IF  A .GT. 5 THEN GOTO W1
$!
$ IF F$MODE() .EQS. "INTERACTIVE"
$   THEN
$     SET PROCESS/NAME="TOM JONES"
$     GOTO DIALOG
$   ELSE
$     SET PROCESS/NAME="JONES BATCH"
$     GOTO BATCH
$   ENDIF
$     ...
$     ...
$DIALOG:
```

```
$!     ...
$      ...
$BATCH:
$      ...
$W1:   EXIT
```

INQUIRE <symbolname> [<prompt–string>]

Fordert interaktiv die Zuordnung eines Wertes für ein lokales Symbol, das nach Ablauf der Prozedur seine Gültigkeit verliert. Wird der Qualifier /GLOBAL angegeben, so behält das Symbol seinen Wert auch nach dem Ablauf einer Kommando–Prozedur.
<Symbolname> ist dabei eine Variable, <prompt–string> ist ein Text, der als Eingabeaufforderung auf SYS$OUTPUT ausgegeben wird. Der Befehl INQUIRE ist nur während der Ausführung eines Kommando–Files sinnvoll.

Qualifier:
/GLOBAL
Es wird der eingegebene Wert einem globalen Symbol zugewiesen.

Beispiel:
$ INQUIRE ZAHL "Bitte eine Zahl eingeben"
Anstelle des Kommandos INQUIRE sollte besser der Befehl READ SYS$COMMAND <symbolname>/PROMPT=<prompt–string> benutzt werden. Der Vorteil des Befehls READ liegt darin, daß eingegebene Zeichen nicht automatisch in Großbuchstaben umgesetzt werden. Außerdem kann die Verwendung des Befehls INQUIRE bei Verwendung innerhalb von Batch–Jobs zu Problemen führen.
Beispiel:
$ READ SYS$COMMAND ZAHL /PROMPT="Bitte eine Zahl eingeben: "

LOGOUT

Beendet eine Terminal–Sitzung (session). Der Benutzer–Prozeß wird gelöscht.

Qualifier: /FULL
Neben der Bestätigung der Abmeldung wird noch Zusatzinformation wie beispielsweise die verbrauchte Rechenzeit (CPU–time) angezeigt.

MOUNT<device–name>[:][,...] [<volume–label>[,...]] [<logical–name>[:]]

Das Kommando MOUNT erlaubt es einen Datenträger beim System anzumelden zur weiteren Verarbeitung. Mit <device–name> wird angegeben, auf welchem Gerät sich der Datenträger befindet. Dies sind in der Regel Plattenlaufwerke oder Magnetbandgeräte. Nach erfolgreicher Zuordnung können die Dateien, die sich auf dem Datenträger befinden, angesprochen werden, indem der Gerätename dem File–Name vorangestellt wird. In der Regel muß die Datenträgerkennung <volume–label> beim MOUNT–Kommando angegeben weden.
Ein Datenträger kann wieder durch das Kommando DISMOUNT <device–name>[:] freigegeben werden.

Qualifier:

/SYSTEM
Der Datenträger wird systemweit gemountet. Dadurch können ihn alle Benutzer über den Gerätenamen ansprechen. Bei Benutzung dieses Qualifiers muß immer die Datenträgerkennung mitangegeben werden.

/OVERRIDE=IDENTIFICATION
Dieser Qualifier erlaubt es, Zugriff auf den Datenträger zu erhalten, auch wenn die Datenträgerkennung nicht bekannt ist, sofern die Zuordnung nicht systemweit erfolgen soll.
Beispiel: $MOUNT/OVERRIDE=IDENTIFICATION MFA0:

/FOREIGN
Dieser Qualifier gibt an, daß der Datenträger nicht im Standardformat zugeordnet wird. Er ist bei Verwendung des Kommandos BACKUP erforderlich. Mittels BACKUP wird in der Regel die Datensicherung durchgeführt, welche im Abschnitt 9.5 ab der Seite 277 beschrieben ist.
/MEDIA_FORMAT=CD–ROM
Es wird angenommen, daß das Medium im Format ISO 9660 formatiert ist.

Beispiel:
$ MOUNT 1DKA400: /SYSTEM/MEDIA=CD–ROM DOKUKIT

ON <Bedingung> THEN [$] <Kommando>

Legt eine vorbestimmte Reaktion (<Kommando>) auf einen vom System erkannten Fehler oder Interrupt (Unterbrechung) fest. Die Verwendung dieser Anweisung ist nur in Kommando–Prozeduren sinnvoll.
Als <Bedingung> sind möglich:

WARNING	z.B. fehlerhafter Programmlauf
ERROR	z.B. falsche Befehlsnotation
SEVERE_ERROR	
CONTROL_Y	bei gleichzeitigem Drücken der Tasten *CTRL* und *Y*

Beispiele:
$ ON ERROR THEN GOTO W2
Bei Erkennen eines Fehlers wird auf die Sprungmarke (label) W2 verzweigt.

$ ON CONTROL_Y THEN GOTO FINISH
Werden die Tasten *CTRL* und *Y* gleichzeitig gedrückt, so wird auf die Sprungmarke FINISH verzweigt.

OPEN <logischer Name>[:] <file–spec>

Öffnet ein File zum Lesen bzw. Schreiben. Beim OPEN wird ein logischer Name definiert, der in die process logical name–Tabelle eingetragen wird.

Qualifier:

/APPEND
Die Datei wird zum Schreiben geöffnet. Der Datensatzzeiger wird an das Ende der

Datei positioniert. Neue Datensätze werden am Ende der Datei angefügt. Der /APPEND Qualifier kann nur bei existierenden Dateien verwendet werden.

/ERROR=<label>
Definiert den Namen eines Sprungziels (label), zu dem im Fehlerfall verzweigt wird.

/READ
Die Datei wird zum Lesen geöffnet (Default). Die Datei muß existieren.

/SHARE[=option]
Die Datei wird mit der Eigenschaft shareable geöffnet. Dies erlaubt den gleichzeitigen Lese– und Schreibzugriff von verschiedenen Benutzer–Prozessen aus auf diesen File. Dieser Qualifier ist nur sinnvoll im Zusammenhang mit der Bearbeitung indexsequentieller Dateien.

/WRITE
Die Datei wird zum Schreiben geöffnet. Sie wird dabei neu angelegt.

Beispiel:

```
$ OPEN INPUT_FILE ZULL.DAT
$ READ_LOOP:
$ READ/END_OF_FILE=ENDIT  INPUT_FILE  NUM
                ...
                ...
 $ GOTO READ_LOOP
$ ENDIT:
$ CLOSE INPUT_FILE
```

Diese Kommando–Prozedur öffnet die Datei ZULL.DAT und liest dabei jeden Datensatz der Datei (Ablage im Symbol NUM), bis das Ende der Datei erreicht ist.

PRINT <file–spec.> [,...]

PRINT ist der Befehl zum Ausdrucken von einem oder mehreren Files. Je nach System stehen ein oder mehrere Drucker zur Verfügung, die von VMS über eine *Queue* (Warteschlange) verwaltet werden.
Wird kein Qualifier /QUEUE=<queuename> angegeben, so erfolgt die Ausgabe immer auf den Drucker, welchem die Warteschlange SYS$PRINT zugewiesen ist.

Qualifier:
/COPIES=n
Es werden n Exemplare des gewünschten Files ausgedruckt.

/AFTER=<time>
Der Druckauftrag wird bis zu der angegebenen Zeit in einen *hold*–Zustand versetzt. Beim Erreichen der Zeit wird der File gedruckt.

/NOTIFY
Gibt eine Benachrichtigung auf das User–Terminal, wenn der Print–Job durchgeführt ist.

/QUEUE=<queuename>
Gibt den Print–Job in die mit <queuename> angegebene Warteschlange.

Beispiele:

$ PRINT DOKU1.MEM –
_$ /AFTER=18:00/QUEUE=DEMO_DRUCK

Der File DOKU1.MEM wird über die Warteschlange DEMO_DRUCK um 18:00 Uhr des aktuellen Tages ausgedruckt.

$ PRINT TEST.TXT /NOTIFY/DELETE

Der File TEST.TXT wird ausgedruckt (SYS$PRINT) und nach dem Ausdruck automatisch gelöscht. Der Benutzer erhält eine Meldung über den Abschluß des Druckauftrags.

PURGE [<file–spec.> [,...]]

Löscht alle Dateien mit der angegebenen <file–spec.> außer dem File mit der höchsten Versionsnummer (der jüngste File). Wird keine <file–spec.> angegeben, so wird der Purge–Vorgang in der aktuellen Directory über alle Files durchgeführt.

Qualifier:

/KEEP=n	Es werden n Versionen nicht gelöscht.
/LOG	Der Löschvorgang wird protokolliert.
/CONFIRM	Vor jedem Löschen erfolgt eine Abfrage, ob wirklich gelöscht werden soll. Dabei sind folgende Antworten möglich: Y (yes) oder 1 oder true –Ausführung N (no) oder 0 oder false –keine Ausführung A (all) –Ausführung aller weiteren Lösch–operationen ohne neue Abfrage Q (quit) –Abbruch des COPY Auftrags.
/ERASE	Die Löschung des Files erfolgt so, daß die Daten mit einem Löschmuster überschrieben werden; d.h. sie werden physikalisch gelöscht. Default ist /NOERASE.

Beispiel:
$ PURGE/LOG/KEEP=2

READ <logical–name> [:] <symbol–name>

Liest einen einzigen Datensatz aus dem angegebenen Eingabe–File, das mittels des OPEN–Befehls vorher geöffnet wurde. Der Inhalt des Datensatzes wird einem Symbol (symbol–name) zugewiesen.

Qualifier:
/DELETE
Spezifiziert, daß ein Datensatz in einer ISAM–Datei (indexsequentiellen Datei) nach dem Lesen zu löschen ist.

/END__OF__FILE=<label>

Die angegebene Marke (label) wird angesprungen, nachdem der letzte Datensatz gelesen wurde, und erneut ein Lesezugriff versucht wird.

/ERROR=<label>
Die angegebene Marke (label) wird angesprungen, wenn beim Lesen ein Fehler

auftrat. Das Sprungziel, das mit dem Qualifier /ERROR angegeben wurde, hat Vorrang vor einem eventuell mit dem ON ERROR ... –Kommando angegebenen Sprungziel.

/INDEX=n
Gibt den Index (n) des Suchschlüssels an, welcher beim Lesen einer indexsequentiellen Datei benutzt werden soll. Wird der Qualifier /INDEX weggelassen, so wird der Primärindex (primary index) mit der Nummer 0 angenommen.

/KEY=string
Definiert bei einer ISAM–Datei den Suchschlüssel, welcher für den Lesezugriff benutzt wird. Der Schlüsselvergleich erfolgt dabei durch einen Vergleich der Zeichenfolge, die mit /KEY angegeben wurde und dem entsprechenden Feld des Datensatzes.

/NOLOCK
Gibt an, daß der Datensatz beim Lesen nicht für andere Prozesse gesperrt wird. Default ist Sperren.

/MATCH=option
Legt für einen ISAM–Dateizugriff fest, nach welcher Methode das mit /KEY angegebene Schlüsselfeld mit dem entsprechenden Feld des Datensatzes verglichen wird. Folgende Optionen sind dabei möglich:

EQ = gleich
GE = größer gleich
GT = größer als

Beispiel:

```
$!------------------------------------------------------------
$! Diese Prozedur liest alle Datensätze einer indexsequentiell
$! organisierten Datei mit einem vorgegebenen Schlüssel ein und
$! zeigt diese am Bildschirm an.
$ WRITE SYS$OUTPUT ""
$ READ SYS$COMMAND FNAM /PROMPT="Name der ISAM - Datei: "
$ READ SYS$COMMAND SCHLUESSEL -
    /PROMPT="Nummer des ""Schlüssels"" der ISAM Datei: "
$ READ SYS$COMMAND FELD -
    /PROMPT="Inhalt des Schlüsselfeldes nach dem gesucht werden soll:
"
$ OPEN/READ/ERROR=ENDE  FILE 'FNAM'
$ ON CONTROL_Y THEN GOTO DATENDE
$!
$LESE:
$!
$ READ/END_OF_FILE=DATENDE/INDEX='SCHLUESSEL'/KEY='FELD' -
                          /ERROR=FEDAT      FILE SATZ
$! ANZEIGE
$ WRITE SYS$OUTPUT SATZ
$ GOTO DATENDE
$!
$FEDAT:
```

```
$!
$ CLOSE FILE
$ WRITE SYS$OUTPUT "** DATENSATZ NICHT GEFUNDEN "
$ GOTO ENDE
$!
$DATENDE:
$!
$ CLOSE FILE
$!
$ENDE:
$!
$ IF .NOT. $STATUS THEN  WRITE SYS$OUTPUT F$MESSAGE($STATUS)
$ EXIT
```

■

RENAME <input–file–spec.>[,...] <output–file–spec.>

Ändert die Directory–Angabe, den File–Namen, den File–Typ oder die File–Versionsnummer von existierenden Files.

Beispiele:

$ RENAME X1.DAT PRODUCT1.DAT
Es wird in der aktuellen Directory der File X1.DAT in den File PRODUCT1.DAT umbenannt.

$ RENAME [SCHMITT]AB.FOR [SCHMITT.FORTRAN]AB.FOR
Es wird der File AB.FOR in der Directory [SCHMITT] in den File [SCHMITT.FORTRAN]AB.FOR umbenannt. Dies erfolgt durch eine Eintragsänderung im Inhaltsverzeichnis der aktuellen Platte.

RUNOFF <filename>

Aktiviert das Programm RUNOFF und interpretiert die RUNOFF–Befehle in dem zu verarbeitenden File. Ohne Angabe des File–Typs wird der Default *.RNO* angenommen. Als Ausgabe wird ein File mit dem File–Typ *.MEM* angelegt. Im File mit dem File–Typ *.RNO* müssen die Regeln des RUNOFF–Programms beachtet sein.

Qualifier:
/LOG
Gibt eine Nachricht über den erfolgreichen Lauf der Utility und die erzeugte Seitenzahl auf SYS$OUTPUT.

/OUTPUT=<filename>
Legt das Ausgabe–File unter dem angegebenen File–Namen ab. Sonst wird der Name des Eingabe–Files mit dem File–Typ *.MEM* angenommen.

SEARCH <file–spec.> [,...] <Suchstring> [,...]

Sucht in einem oder mehreren Files nach Zeilen, in denen die mit <Suchstring> spezifizierten Zeichenfolgen (Strings) vorkommen. Als Ergebnis werden die Zeilen, welche den Suchstring enthalten, auf SYS$OUTPUT angezeigt.

Qualifier:
/OUTPUT=<file–spec.>
Legt das Ergebnis des Suchvorgangs in einem mit <file–spec.> angegebenen File ab.

/MATCH=<Funktion>
Es wird angegeben, in welchem Zusammenhang die angegebenen Suchstrings für die Suche benutzt werden sollen. Als <Funktion> sind möglich:

- OR
  Sucht Zeilen, in denen wenigstens einer der angegebenen Strings vorkommt (Voreinstellung).
- AND
  Sucht Zeilen, in denen die angegebenen Strings gemeinsam vorkommen.
- NOR
  Sucht Zeilen, in denen entweder der eine oder der andere String vorkommt.
- NAND
  Sucht Zeilen, in denen keiner der angegebenen Strings vorkommt.

/EXACT
Berücksichtigt Groß–/Kleinschreibung.

Beispiele:

$ SEARCH/OUTPUT=SUCH.OUT *.RNO "DCL"
Durchsucht alle Files mit dem File–Typ .RNO in der aktuellen Directory nach der Zeichenfolge DCL ab. Das Ergebnis des Suchvorgangs wird im File SUCH.OUT abgelegt.

$ SEARCH [HANS.PROG]*.FOR,[HANG.PROG]*.PAS –
_$ "SYS$QIO"
Durchsucht alle Files mit dem File–Typ *.FOR* und *.PAS* in der Directory [HANS.PROG] nach der Zeichenfolge SYS$QIO ab.

$ SEARCH/MATCH=OR *.TXT "DCL", "WINDOWS"
Durchsucht alle Files mit dem File–Typ .TXT in der aktuellen Directory nach der Zeichenfolge DCL und WINDOWS. Ein Suchergebnis liegt vor, wenn eine Zeile der zu durchsuchenden Dateien mindestens eine der vorgegebenen Zeichenfolgen enthält.

SET [NO]CONTROL [=(T,Y)]

Aktiviviert oder deaktiviert die *CTRL/Y*– bzw. *CTRL/T*–Funktion. Gleichzeitiges Drücken der beiden Tasten *CTRL* und *Y* unterbricht ein Kommando oder ein laufendes Programm (sofern nicht innerhalb des Programms *CTRL/Y* ausgeschaltet wurde) und gibt die Kontrolle an DCL zurück. Nach dem Login ist die Funktion *CTRL/Y* aktiviert (Default). Wird *CTRL/Y* deaktiviert, besteht keine Möglichkeit mehr, ein laufendes Programm zu unterbrechen (Vorsicht!).
Drücken der beiden Tasten *CTRL* und *T* unterbricht kurz das Kommando oder das Programm, um eine Statuszeile am Bildschirm anzuzeigen. *CTRL/T* wirkt nur, wenn die Terminal–Eigenschaft *BROADCAST* gesetzt ist.
Wird nur ein Buchstabe angegeben, so können die Klammern weggelassen werden.

Beispiel:
Nach dem Aufruf des COBOL–Übersetzers wird dreimal CTRL/T gedrückt. Dadurch wird geprüft, ob der COBOL–Übersetzer arbeitet. Angezeigt werden die CPU–Zeit, die Anzahl der Seitenfehler (PF), die Anzahl durchgeführter Plattenzugriffe (IO) und der aktuelle Hauptspeicherbedarf (Größe des Working Sets).

```
$ SET CONTROL=T
$ COBOL RVS
GSNV02::SIMON_RTA2 07:31:10 COBOL   CPU=00:00:01.00 PF=1401 IO=479 MEM=1316
GSNV02::SIMON_RTA2 07:31:13 COBOL   CPU=00:00:01.24 PF=1717 IO=552 MEM=2141
GSNV02::SIMON_RTA2 07:31:19 COBOL   CPU=00:00:02.92 PF=2273 IO=766 MEM=2895
$ SET NOCONTROL=T
```

SET DEFAULT <directory–spec.>

Nach dem Login befindet sich der Benutzer automatisch in seiner sogenannten Default–Directory (aktueller Arbeitsbereich). Werden Files bzw. Programme nur durch Eingabe des File–Namens abgerufen, so werden diese im aktuellen Arbeitsbereich gesucht. SET DEFAULT ändert den aktuellen Arbeitsbereich (Directory oder Platte).

Beispiel:

```
$ SHOW DEFAULT
  DATA3:[KG12]
$ SET  DEFAULT  [DIRE.SUB11]
$ SHOW DEFAULT
  DATA3:[DIRE.SUB11]
```

SET ENTRY=<Nummer> [<queuename>]

Ändert den Status des Jobs mit der angegebenen <Nummer> in der mit <queuename> angegebenen Warteschlange. Die Qualifier spezifizieren die Funktion.

Qualifier:

/HOLD
Versetzt den Job in den Hold–Status.

/RELEASE
Gibt den Job aus dem Hold–Status zur Ausführung frei.

/AFTER=<time>
Gibt den Job nach der Zeitangabe <time> (siehe auch PRINT/AFTER auf der Seite 110) zur Ausführung frei.

/REQUEUE=<queue2>
Reiht den Job in die <queue2> ein.

SET MESSAGE

Legt fest, in welchem Umfang Fehlermeldungen vom System angezeigt werden. Default ist, daß der vollständige Text der Fehlermeldung angezeigt wird. Eine Systemmeldung besteht aus mehreren Teilen, deren Anzeige einzeln ausgeschaltet werden kann. Durch /NO... wird gekürzt. Als Fehlerschwere (severity) sind folgende Kennungen möglich:

W	0	Warnung, teilweise Ausführung ist möglich
S	1	Erfolgreiche Durchführung (success)
E	2	Wegen des Fehlers weitgehend nicht ausführbar
I	3	Zusatzinformation bei der Ausführung
F	4	Keine Ausführung möglich

Die Zahl gibt den sogenannten severity level an, welcher auch in Kommando–Prozeduren abgefragt werden kann, da dieser Code in der Variable $STATUS abgelegt wird.

Beispiel:
$! DIRECTORY auf eine Directory, die keine Files enthält:
$ DIRECTORY [KEIN_FILE]
Ausführliche Meldung:

```
%DIRECT-W-NOFILES, no files found
```

/[NO]FACILITY

```
DIRECT                  Funktion DIRECTORY
```

/[NO]SEVERITY

```
W                       Warnmeldung
```

/[NO]IDENTIFICATION

```
NOFILES                 Identification
```

/[NO]TEXT

```
no files found.          Klartext
```

Der Befehl wird vorzugsweise bei Kommando–Prozeduren verwendet und bleibt, wenn nicht explizit zurückgesetzt, auch über den Ablauf einer Kommando–Prozedur erhalten.

SET PASSWORD

Gibt dem Benutzer die Möglichkeit, sein eigenes Kennwort (password) interaktiv zu ändern. Das Kennwort ist, ähnlich einem Ausweis, die Bestätigung dafür, daß es sich um genau den Benutzer handelt, der vom System–Manager über den Usernamen zugelassen wurde.

Beispiel:
$ SET PASSWORD

```
Old password:
New password:
Verification:
```

Das System verlangt zuerst die Eingabe des alten Kennworts. Damit wird überprüft, ob man berechtigt ist, das Kennwort zu ändern. Danach wird die Eingabe des neuen Kennworts verlangt. Zur Sicherheit muß das neue Kennwort nochmals als *verification* wiederholt werden. Die eingegebenen Kennworte werden nicht auf dem Bildschirm angezeigt.

SET PROMPT [= <Zeichenfolge>]

Unter der Kommandosprache DCL erscheint als Eingabeaufforderung das Dollarzeichen ($). Diese Eingabeaufforderungskennung kann über den Befehl SET PROMPT verändert werden. Die <Zeichenfolge> legt das Aussehen der neuen Eingabeaufforderung fest.

Beispiel:
$ SET PROMPT="Eingabe> "
`Eingabe>` DIRECTORY
...
...
`Eingabe>` SET PROMPT

SET PROTECTION[=(<code>) <file–spec.>[,...]

Über diesen Befehl können die Zugriffsrechte auf Files verändert werden. Die Festlegung der Zugriffsrechte liegt unter VMS in derVerantwortung jedes einzelnen Benutzers. Unter OpenVMS unterscheidet man sogenannte Benutzergruppen. Diese sind: *System, Owner, Group* und *World*.

- Owner:
  Der Eigentümer des Files (Ersteller), hat in der Regel alle Zugriffsmöglichkeiten.
- System:
  System–Manager bzw. andere privilegierte Benutzer.
- Group:
  Alle Benutzer, die mit dem Eigentümer des Files in der gleichen Gruppe sind. Die Gruppenzugehörigkeit wird beim Einrichten des Usernamens festgelegt.
- World :
  Benutzer, die nicht System bzw. Group sind.

Folgende Zugriffsrechte können vergeben werden:

- Read = Lesezugriff
- Write = Schreibzugriff
- Execute = Ausführungszugriff (Programm–Aufruf)
- Delete = Löschzugriff

Beispiele:
$ SET PROTECTION = (S:RWE,O:RWED,G:RE,W) –
_$ PROG3.EXE
System kann lesen, schreiben, ausführen, der Owner darf alles, die Group darf lesen und ausführen und World hat keinerlei Zugriff.

SET PROTECTION[=(<code>)/DEFAULT
Verändert die sogenannte Default Protection; das ist die Protection, die ein neuangelegter File annimmt, wenn keine weiteren Angaben bezüglich des Schutzes gemacht werden.

SET SECURITY <Objektname>

Verändert die Schutzeigenschaften (security profile) eines Objekts. Dieses Kommando kann für verschiedene Klassen von Objekten verwendet werden. Die Default Objektklasse ist *File*.

Qualifier:

/CLASS=<Klassenname>
Bestimmt den Objekttyp auf den das Kommando angewandt werden soll, Default ist *FILE*. Die wichtigsten Klassen und ihre Zugriffsmöglichkeiten sind:

FILE (inclusive Directories)	read, write, execute, delete, control
DEVICE	read, write, physical, logical, control
LOGICAL_NAME_TABLE	read, write, create, delete, control
VOLUME	read, write, create, delete, control
QUEUE	read, submit, manage, delete, control
RESOURCE_DOMAIN	read, write, lock, control
SECURITY_CLASS	read, write, control
SYSTEM_GLOBAL–SECTION	read, write, execute, control

/PROTECTION=(<Eigentümer>[:<Zugriffsart>][,...])
Die Anwendung dieses Qualifiers entspricht der Anwendung des DCL–Kommandos SET PROTECTION.

Beispiele:

```
$ SET SECURITY/PROTECTION=(S:RWE,O:RWED,G:RE,W:RE) –
_$              TELELIST.DAT
```

System kann lesen, schreiben, ausführen, der Owner darf alles, Group und World dürfen lesen und ausführen.

```
$ SET SECURITY/PROTECTION=(W:RS)/CLASS=QUEUE   SYS$BATCH
```

Der Schutzcode für die Batch–Warteschlange SYS$BATCH wird für World auf lesen und submit (Batch–Job an Warteschlange zur Abarbeitung übergeben) gesetzt.

/ACL[=(ace[,...])]
Spricht die verschiedenen Access–Control–List–Entries (Zugriffskontroll–Listen) an, um diese zu verändern, zu löschen, zu ersetzen oder an ein Objekt anzufügen. Ausführlich ist dieses Kommando im Abschnitt 7.2.2 Dateischutz über Zugriffskontroll–Listen auf der Seite 223 beschrieben.

SET TERMINAL

Stellt Terminal–Funktionen ein. Nachfolgend sind nur die wichtigsten Angaben aufgeführt.

Qualifier:

/WIDTH=m
Legt die Anzahl Zeichen (m) pro Zeile bei der Bildschirmanzeige fest. Für Terminals des Typs VT ist m maximal 132.

/PAGE=n
Legt die Anzahl Zeilen (n) je Bildschirmseite fest (maximal n= 255).

/INSERT
Einschiebe–Modus für die Zeicheneingabe auf DCL–Ebene.

/OVERSTRIKE
Überschreibe–Modus für die Zeicheneingabe auf DCL–Ebene.

/NOBROADCAST
Unterdrückt Meldungen (replies) auf das Terminal.

/NOLOWER
Terminal schaltet Kleinschreibung ab.

/NOAPPLICATION
Terminal benutzt das zusätzliche Tastenfeld (keypad) als numerisches Tastenfeld. Dadurch ist keine Funktionsbelegung mit dem Kommando DEFINE/KEY im DCL mehr möglich.

Beispiel:
$ SET TERMINAL/WIDTH=132
$! Setzt die Bildschirmbreite auf 132 Zeichen.

SET VERIFY

Bei der Ausführung von Kommando–Files werden die einzelnen Zeilen, die abgearbeitet werden, normalerweise nicht auf dem Bildschirm angezeigt. Für den Test von Kommando–Files kann es jedoch sinnvoll sein, den Ablauf der Prozedur verfolgen zu können. SET VERIFY schaltet diese Kontrollmöglichkeit (tracing) ein. SET NOVERIFY schaltet die Kontrollanzeige wieder aus.

SHOW CLUSTER

Es wird die Cluster–Konfiguration angezeigt, in der sich der Rechner befindet. Ein Cluster ist ein Verbund von Rechnern, die gemeinsamen lesenden und schreibenden Zugriff auf einen Datenpool haben. Bestandteile eines Clusters können auch Workstations sein.

Beispiel:

$ SHOW CLUSTER

```
View of Cluster from system ID 14337  node: GSNV02 20-JUN-1995 18:01:01
+--------------------+---------+
|      SYSTEMS       | MEMBERS |
+--------+-----------+---------+
|  NODE  | SOFTWARE  |  STATUS |
+--------+-----------+---------+
| GSNV02 | VMS V5.5  | MEMBER  |
| HSC011 | HSC V835  |         |
| HSC012 | HSC V835  |         |
| GSNV01 | VMS V5.5  | MEMBER  |
+--------+-----------+---------+
```

SHOW DEFAULT

Zeigt das aktuelle Default–Directory und die aktuelle Platteneinheit an.

Beispiel:

$ SHOW DEFAULT

```
DISK$USER5:[KURSE]
```

SHOW DEVICES [<Geräte–Bezeichnung>[:]]

Zeigt den Zustand aller oder eines mit <Geräte–Bezeichnung> angegebenen Geräts an.

Beispiel:

$ SHOW DEVICES MKF400: /FULL

```
Magtape $3$MKF400: (GSNA13), device type TZ86, is online,
file-oriented device, error logging is enabled.

Error count           0         Operations completed        631691
Owner process         ""        Owner UIC                   [SYSTEM]
Owner process ID      00000000  Dev Prot           S:RWPL,O:RWPL,G:R,W
Reference count       0         Default buffer size         2048
Density               unknown   Format                      Normal-11
Allocation class      3

Volume status:  no-unload on dismount, beginning-of-tape, odd parity.
```

SHOW PROCESS [<process–name>]

Informiert über den Status eines mit <process–name> angegebenen VMS–Prozesses.

Qualifier:

/ALL zeigt die vollständige Information über einen Prozeß an (incl. Privilegien, Quotas, Accounting–Daten)

SHOW QUEUE [<queue–name>]

Zeigt Informationen über Jobs an, die sich im Moment in der angegebenen Warteschlange (Queue) befinden. Angezeigt werden beispielsweise Namen, Job–Nummer und Zustand von laufenden und anstehenden Jobs.

QUALIFIER:

/ALL	Information über alle Warteschlangen
/FULL	Vollständige Information über die Warteschlangen
/DEVICE	Information nur über die Geräte–Warteschlangen (meist Drucker)
/BATCH	Information nur über die Batch–Warteschlangen

Beispiele:

$ SHOW QUEUE/FULL SYS$PRINT

```
Generic printer queue SYS$PRINT
/GENERIC=(VX1_LCA0) /OWNER=[SYSTEM] /PROTECTION=(S:E,O:D,G:R,W:W)

Jobname  Username Entry    Blocks   Status
-------  -------- -----    ------   ------
```

```
MER     SIMON    1553     1        Pending
  Submitted  9-MAY-1990 13:19 /NOTIFY /PRIORITY=100
    _$10$DUA18:[SIMON]MER.DAT;1
LOGIN  SIMON    1552     12       Holding until  9-MAY-1990 18:00
  Submitted  9-MAY-1990 13:18 /NOTIFY /PRIORITY=100
    _$10$DUA18:[SIMON]LOGIN.COM;177
```

Es können folgende Job–Zustände angenommen werden:

- *current* wird bearbeitet
- *pending* wartet auf Bearbeitung
- *holding* wartet auf ein bestimmtes Ereignis (meist auf eine bestimmte Uhrzeit)

$ SHOW QUEUE/DEVICE/ALL/FULL
Es werden alle Geräte–Queues (d.h. Druckerqueues) angezeigt.

SHOW QUOTA

Zeigt die Plattenbelegung in Blöcken eines Benutzers an, falls für die Platte Disk-quotas eingerichtet wurden.

Qualifier:
/USER = <username>
Die Anzeige erfolgt für den angegebenen Usernamen.
/DISK = <devicename>
Die Anzeige erfolgt für den angegebenen Plattenspeicher.

Beispiel:
$ SHOW QUOTA

```
User [BD,SIMON] has 74813 blocks used, 45187 available,
of 120000 authorized and permitted overdraft of 2000 blocks on DATA1
```

SHOW SECURITY <Objektname>

Zeigt die Schutzinformation über das angebene Objekt an.

Qualifier:

/CLASS=<Klassenname>
Bestimmt den Objekttyp auf den das Kommando angewandt werden soll.

$ SHOW SECURITY SYS$BATCH/CLASS=QUEUE

```
SYS$BATCH object of class QUEUE
         Owner: [SYSTEM]
         Protection: (System: M, Owner: D, Group: R, World: S)
         Access Control List: <empty>
```

SHOW SYMBOL [<symbolname>]

Zeigt den Wert des angegebenen lokalen oder globalen Symbols an. Symbole werden definiert durch Zuweisungen (= oder := Befehle), durch Parameter oder durch die INQUIRE bzw. READ–Befehle. Wird kein <symbolname> angegeben, so werden alle Symbole angezeigt. Die Auswahl erfolgt dabei über die Qualifier.

Qualifier:
/ALL alle definierten Symbole werden angezeigt.
/GLOBAL nur die global definierten Symbole werden angezeigt.
Beispiel:
$ SHOW SYMBOL/GLOBAL/ALL
Zeigt den Wert aller global definierten Symbole an.

SHOW SYSTEM

Gibt eine Liste der im System laufenden Prozesse.

SHOW TERMINAL

Zeigt die jeweiligen charakteristischen Merkmale des Terminals an.

SHOW TIME

Zeigt das aktuelle Datum und die aktuelle Uhrzeit auf dem jeweiligen Ausgabegerät an.
Beispiel:
$ SHOW TIME
```
18-NOV-1994 14:28
```

Der Befehl SHOW TIME ist dem Befehl SHOW DAYTIME äquivalent.

SHOW USERS

Zeigt die Usernamen mit den PID (process–identification number) sowie ihren Prozeß–Identifikationscodes (UIC) an.

Beispiel:

$ SHOW USERS/FULL
```
      OpenVMS User Processes at  5-JAN-1995 11:58:41.46
    Total number of users = 4,  number of processes = 14

Username  Node     Process Name   PID       Terminal
C11ADM    GSNA11   BATCH_371      20800102  (batch)
C11ADM    GSNA11   BATCH_451      2080022D  (batch)
C11ADM    GSNA13   BATCH_519      202017E0  (batch)
C11ADM    GSNA13   C11ADM         20200E24  FTA44:
OPER      GSNA11   OPER           208001A2  FTA7:
OPER      GSNA12   OPER           20A000EC  FTA6:
OPER      GSNA13   OPER           202011B4  FTA41:
SIMON     GSNA13   SIMON          20201997  RTA2:      (GSNV01::SIMON)
SYSTEM    GSNA11   SYSTEM         20800170  FTA6:
SYSTEM    GSNA11   _FTA5:         208000D7  FTA5:
SYSTEM    GSNA11   _FTA8:         208001B9  FTA8:
SYSTEM    GSNA13   SYSTEM         20201353  FTA40:
SYSTEM    GSNA13   _FTA5:         20200564  FTA5:
SYSTEM    GSNA13   _RTA1:         20201727  RTA1:      (GSNWG3::OPER)
```

Es werden die Usernamen aller Benutzer angezeigt, die zur Zeit in dem OpenVMS–Cluster (gekoppelte Rechner, die auf gemeinsame Daten zugreifen können) angemeldet sind. Sollen nur die Benutzer auf dem lokalen Rechner angezeigt werden, so ist SHOW USERS/NOCLUSTER zu verwenden.

SORT <input–file–spec.> [,...] <output–file–spec.>

Startet das OpenVMS SORT–Dienstprogramm für eine Sortierung der Datensätze des oder der Eingabe–Files (<input–file–spec.>) in den Ausgabe–File (<output–file–spec.>). Die Sortierung erfolgt alphabetisch aufsteigend (gemäß ASCII–Code). Dabei wird im Normalfall zwischen Groß– und Kleinschreibung unterschieden.

Qualifier:

/KEY=(<field>[,...])

Es wird der Schlüssel spezifiziert, welcher als Sortierkriterium benutzt wird. Die Spezifikation erfolgt meist durch Angabe der Startposition im Datensatz (POSITION) und durch Angabe der Länge (SIZE). Mehrere Qualifier /KEY sind angebbar. Als <field> sind außerdem möglich:

- ASCENDING (Default) aufsteigend bzw.
- DESCENDING für absteigende Sortierung.

/COLLATING_SEQUENCE[=<sequence>]

Erlaubt die Angabe des für die Sortierung benutzten Codes. Mögliche Angaben sind: ASCII (Default), EBCDIC und MULTINATIONAL. Bei Angabe von MULTINATIONAL erfolgt bei der Sortierung keine Unterscheidung zwischen Groß– und Kleinschreibung.

Beispiele:

$ SORT IN1.DAT OUT2.DAT

Die Datei IN1.DAT wird sortiert im File OUT2.DAT abgelegt. Die Sortierung erfolgt dabei alphabetisch gemäß dem ASCII–Code.

```
$ SORT/KEY=(POSITION=1,SIZE=20) -
_$ /KEY=(POSITION=112,SIZE=4,DESCENDING) -
_$ /COLLATING_SEQUENCE=MULTINATIONAL -
_$ PADRES.DAT SADRES.DAT
```

Im obigen Beispiel wird die Datei PADRES.DAT in die Datei SADRES.DAT umsortiert. Als erstes Sortierkriterium dienen dabei die Stellen 1 bis 20 im File, nach denen aufsteigend sortiert wird. Als zweites Sortierkriterium dienen die Stellen 112 bis 115 im File, nach denen absteigend sortiert wird. Die Sortierung erfolgt gemäß Multinational–Code, d.h. Groß– und Kleinschreibung werden nicht unterschieden.

STOP [<name>]

Bricht einen laufenden bzw. den mit <name> spezifizierten Prozeß ab.

Qualifier:

/IDENTIFICATION=<pid>

Jeder Prozeß erhält beim Start eine eindeutige Nummer zugewiesen (process identification). Durch Angabe dieser <pid> kann ein Prozeß gestoppt werden.
/QUEUE
Wird dieser Qualifier benutzt, kann die bei <name> angegebene Warteschlange angehalten werden. Ausführlich ist der Umgang mit Queues im Abschnitt 9.3 Warteschlangenverwaltung auf der Seite 267 beschrieben.

SUBMIT <file–spec.> [,...]

Nimmt eine oder mehrere Kommando–Files als Job in eine Batch–Queue (Default=SYS$BATCH) auf. Dabei wird, falls nicht über Qualifier anders angegeben, ein Log–File erzeugt, welches am Ende des Batch–Jobs automatisch auf SYS$PRINT ausgedruckt und anschließend gelöscht wird.
Neben dem interaktiven Arbeiten erlaubt das Kommando SUBMIT ein nichtinteraktives Arbeiten mit sogenannten Batch–Jobs (Hintergrundverarbeitung). Sinnvoll ist diese Betriebsart immer dann, wenn alle Anweisungen in einem Kommando–File untergebracht werden können.

Qualifier:
/DELETE
Der Log–File wird nach dem Ausdruck gelöscht (Default).

/AFTER=<time>
(siehe auch bei PRINT/AFTER auf der Seite 110)

/KEEP
Der Log–File bleibt auch nach dem Ausdruck bestehen.

/NOPRINT
Normalerweise wird ein Log–File angelegt, das auf SYS$PRINT ausgedruckt und anschließend gelöscht wird. Durch /NOPRINT wird dieser Ausdruck unterdrückt und der File bleibt bestehen.

/NOLOG_FILE
Unterdrückt das Anlegen eines Log–File.

/NOTIFY
siehe PRINT/NOTIFY

/QUEUE=<queuename>
Führt den Batch–Job in der mit <queuename> angegebenen Warteschlange aus.

/PARAMETERS=(parameter[,...])
Es können 1 bis 8 optionale Parameter angegeben werden, die an die Kommando–Prozedur übergeben werden. Die Parameterwerte werden in der Kommando–Prozedur den Symbolen P1, P2, ... bis P8 gleichgesetzt. Diese Symbole sind lokal zu der angegebenen Kommando–Prozedur. Kommas trennen die einzelnen Parameter. Falls nur ein Parameter angegeben ist, können die Klammern entfallen. Jeder Parameter kann maximal 255 Zeichen lang sein. Die Gesamtlänge aller 8 Parameter darf jedoch nicht 480 Zeichen überschreiten.

Beispiele:

```
$ SUBMIT RECH.COM –
_$ /AFTER=02–FEB–1995:18:00/NOPRINT/NOTIFY
```

$ SUBMIT COPYSORT.COM /KEEP/NOTIFY/PARAMETERS= –
_$ (SYS$LOGIN:DATAIN:EIN.DAT, SYS$LOGIN:SORT.DAT)

TYPE <file–spec.> [,...]

Der Inhalt eines Files oder einer Gruppe von Files wird auf SYS$OUTPUT ausgegeben. Der Befehl greift ohne Angabe des File–Typs bei der <file–spec.> auf Files der Extention *.LIS* zu.

Qualifier:
/OUTPUT=<filename>
Leitet die Ausgabe (SYS$OUTPUT) in die Datei mit dem angegebenen <filenamen> um.

WRITE <logname> <expression> [,...]

Die mit <expression> angegebenen Daten werden auf den über <logname> angegebenen File ausgegeben.

Beispiel:
$ WRITE SYS$OUTPUT "Dies ist ein Satz"

Schreibt den Text *Dies ist ein Satz* auf das Terminal (SYS$OUTPUT).
Soll der WRITE–Befehl für eine Datei erfolgen, so muß <logname> zuvor über den OPEN Befehl definiert werden.

Beispiel:

```
$ OPEN FILE1  SYS$LOGIN:TEST.DAT
$ WRITE FILE1 "Anfang"
$ WRITE FILE1 "Ende des Files"
$ CLOSE FILE1
```

Beispiel:
Es werden aus der Datei EIN.DAT alle Datensätze gelesen und nur die ersten 20 Stellen in die Datei OUT.DAT übertragen.

```
$ OPEN/READ   FILEEIN   EIN.DAT
$ OPEN/WRITE  FILEAUS   AUS.DAT
$!
$LESE:
$!
$ READ/END_OF_FILE=ENDE  FILEEIN   DSATZ
$ OUTSATZ = F$EXTRACT(0,20,DSATZ)
$ WRITE FILEAUS  OUTSATZ
$ GOTO LESE
$!
$ENDE:
$!
$ CLOSE FILEEIN
$ CLOSE FILEAUS
$ EXIT
```

■

Übungsaufgaben:

15. Legen Sie den vollständigen Help–Text für das Kommando DELETE in einem File ab.
16. Stellen Sie folgendes fest:
    - Welche Prozesse laufen momentan
    - Welche Benutzer sind eingeloggt
    - Ihre Prozeßeigenschaften
    - Ihre UIC und Default–Directory
17. Suchen Sie alle Files mit dem File–Typ .TXT in Ihrer Directory nach der Zeichenfolge "ist" ab. Legen Sie das Such–Ergebnis in einem File ab.
18. Kreieren Sie ein Subdirectory mit dem Namen [.UEBDCL], auf das nur Sie zugreifen können. Setzen Sie Ihre Default–Directory–Spezifikation auf diese Directory/Subdirectory und kreieren Sie ein File darunter.
    Lassen Sie das Directory/Subdirectory auflisten. Setzen Sie Ihre Default–Directory–Spezifikation wieder zurück.
19. Erzeugen Sie ein Inhaltsverzeichnis Ihrer gesamten Directory mit allen Subdirectories, das Sie auf Drucker ausgeben können. Das Inhaltsverzeichnis soll folgendes enthalten: File–Name, Anlegedatum, Größe, Protection Code und UIC.
20. Kopieren Sie alle Files von Ihrem Default–Directory/Subdirectory zu einem neuen Directory/Subdirectory, das Sie vorher erzeugen. Besorgen Sie sich gleichzeitig ein Listing von allen übertragenen Files. Löschen Sie anschließend diese Files und die gesamte alte Subdirectory aus Ihrem alten Directory/Subdirectory.
21. Löschen Sie alle Ihre Files außer den letzten 2 Versionen. Kontrollieren Sie diesen Vorgang auf dem Bildschirm.
22. Ändern Sie Ihre Default Protection, so daß Sie RWED–Zugriff haben, und das System nur Lesezugriff hat. Kreieren Sie mehrere Files. Überprüfen Sie, ob diese neuen Files diese Protection haben.
23. Geben Sie ein Beispiel für eine Sortierung an, das zwei Sortierkriterien enthält. Das Ergebnis des Sortierlaufs soll in Ihrer Default–Directory abgelegt werden.

3.11 Kommandos in der Motif–Umgebung

Einige DCL–Kommandos sind nur im Zusammenhang mit DECwindows Motif sinnvoll nutzbar. DECwindows–Workstations erlauben die Adressierung einzelner Bildschirmpunkte und bieten somit wesentlich mehr Möglichkeiten der Darstellung von Text und Grafik. Speziell im Bereich der Textverarbeitung bieten diese Arbeitsplätze sehr komfortable Möglichkeiten der Gestaltung.

Wichtig ist hierbei der Begriff des Verbunddokuments (compound document). Dokumente verschiedenster Struktur wie Text, Grafiken, gescannte Bilder, Tabellen (spreadsheet) können zu einem einheitlichen Dokument (compound document) zusammengefaßt werden. Digitals Standard für den Aufbau von Verbunddokumenten heißt CDA (Compound Document Architecture).

Das Programm, welches primär für den Aufbau von Verbunddokumenten verwendet werden kann, heißt DECwrite. Das Format, in dem die Verbunddokumente abgelegt werden, ist die CDA–Spezifikation DDIF (Digital Document Interchange Format). Im DTIF (Digital Table Interchange Format) werden Tabellen und Formulare (spreadsheets) gespeichert. Tabellen in DTIF–Form lassen sich in DDIF–Files integrieren. Der Default Dateityp für mit DECwrite erstellte Dokumente ist DOC. Die Ablage in einem einheitlichen Format erlaubt auch einen einfachen Austausch derartiger komplexer Dokumente.

Die wichtigsten DCL–Befehle in diesem Zusammenhang sind VIEW, CONVERT/DOCUMENT und SET DISPLAY.

VIEW [<file–spec.>]

Es wird das Programm CDA Viewer aufgerufen, welches eine Schnittstelle für zeichenorientierte Terminals und DECwindows Motif Workstations hat, um Verbunddokumente und Grafiken anzuzeigen. Die unterstützten Eingabeformate sind DDIF, DTIF, Text und PostScript (nur beim DECwindows Motif CDA Viewer). Weitere Eingabeformate werden unterstützt, wenn Digital's CDA Converter Library installiert ist.

Qualifier:

/FORMAT
Es kann das Format der Eingabedatei angegeben werden. Dabei sind zulässig:

DDIF	Standardformat für Verbunddokumente
PS	Angabe für Dateien im PostScript–Format
TXT	Angabe für Dateien im Standard ASCII–Textformat

Wird der FORMAT–Qualifier weggelassen, ist Default das DDIF–Format.

/INTERFACE=<Terminaltyp>
Als <Terminaltyp> sind zugelassen DECWINDOWS und CHARACTERCELL (Default).

Mit Hilfe dieses Befehls ist es möglich, den Inhalt der Verbunddokumente am Bildschirm anzusehen. Auch auf VT–Terminals kann so der Textanteil eines DDIF–Dokuments angezeigt werden.

Weiter lassen sich mit dem Befehl VIEW Dokumente am Bildschirm ansehen, welche in dem Druckformat PostScript vorliegen.

Nicht alle Eingabeformate lassen sich auf einem zeichenorientierten Terminal anzeigen. So ist die Anzeige von PostScript–Dateien auf einem VT–Terminal nicht möglich. Die eigentliche Stärke des VIEW Befehls entfaltet sich erst bei Benutzung der DECwindows Motif Oberfläche auf einer Workstation, auf einem PC unter PATHWORKS oder einem X–Window–Terminal.

Beipiele:

Anzeige einer PostScript–Datei auf einer Workstation:

$ VIEW OEBERON.PS /FORMAT=PS/INTERFACE=DECwindows

Es wird die PostScript–Datei OBERON.PS in einem Fenster der Workstation oder des X–Terminals angezeigt. Es besteht dann die Möglichkeit in dem Dokument vorwärts und rückwärts zu blättern.

$ VIEW DOCDEM.DOC /FORMAT=DDIF
Es wird der Textanteil des DDIF–Files DOCDEM.DOC über ein VT–Fenster angezeigt.

Der CDA–Viewer läßt sich unter DECwindows auch im Application–Menü des FileView–Fensters aufrufen und bietet dann dem Benutzer die gewohnte DECwindows–Bedienoberfläche. Eine weitere Standard–DECwindows–Anwendung ist der Bookreader, welcher es ermöglicht, Online–Dokumentationen zu lesen (siehe auch Abschnitt 2.5.3 "Die DECwindows–Standardanwendung Bookreader" auf der Seite 74).

CONVERT/DOCUMENT

Wenn DECwindows auf dem System installiert ist, erlaubt dieses Kommando die Konvertierung von einem überarbeitbaren (revisable) File–Format in ein anderes File–Format.

Format

CONVERT/DOCUMENT <input–filespec> <output–filespec>

Qualifier:

/FORMAT=<Formatname>

Hierdurch kann jeweils beim Ein– und Ausgabe–File das Format angegeben werden. Default ist für beide File–Angaben DDIF.
Zugelassene Eingabeformate (Standard–VMS): DDIF, DTIF und TEXT
Zugelassene Ausgabeformate (Standard–VMS): DDIF, DTIF, TEXT, PS und ANALYSIS

Digitals CDA Converter Library ist ein optionales Produkt, welches Unterstützung für die Konvertierung zusätzlicher Ein– und Ausgabeformate wie DX (Data Exchange), SGML (Standard Generalized Markup Language) und DCA (Document Content Architecture) bietet.

Beispiel:

```
$! Es wird der DDIF-File EINF_PAINT.DOC in ein Text-File umgewandelt.
$ CONVERT/DOCUMENT  EINF_PAINT.DOC /FORMAT=DDIF -
                         PAINT.TXT/FORMAT=TEXT
```

```
$! Es wird der DDIF-File EINF_PAINT.DOC in das PostScript-Druckformat
$! konvertiert. Beispielsweise kann ein Dokument im DDIF-Format mittels
$! OpenVMS-Mail versendet werden, da DDIF-Dateien wesentlich kleiner sind
$! als PostScriptdateien. Auf dem Zielsystem ist vor dem Ausdruck nur
$! ein Aufruf von CONVERT/DOCUMENT erforderlich.
$ CONVERT/DOCUMENT  EINF_PAINT.DOC /FORMAT=DDIF
                              PAINT_DRU.PS/FORMAT=PS
```

SET DISPLAY [<display–device>]

Dieser Befehl erlaubt die Ausgabe von DECwindows–Anwendungen von dem eigenen Bildschirm auf eine andere DECwindows–Workstation im gleichen Netzwerk umzusteuern.

Qualifier:
/NODE=<Knotenname>
Hier kann der Name der DECwindows–Workstation angegeben werden, auf der die Anzeige erfolgen soll.

/CREATE
Die neue Fensterfestlegung wird definiert.

/DELETE
Die bestehende Fensterfestlegung wird gelöscht.

Beispiel:

Umsteuerung der Anzeige eines DECwrite–Dokuments auf eine windowfähige Workstation oder auf einen PC.

```
$ SHOW DISPLAY
%SYSTEM-W-NOSUCHDEV, no such device available
-SHOW-W-OPENIN, error opening DECW$DISPLAY as input
$ SET DISPLAY/CREATE/NODE=GSNW76::
$ SHOW DISPLAY
      Device:     WSA215:  [super]
      Node:       GSNW76
      Transport:  DECNET
      Server:     0
      Screen:     0
$! Aufruf des Programms VIEW (CDA-Viewer) zur Anzeige eines
$! DDIF-Dokumnents auf GSNW76.
$ SPAWN/NOWAIT VIEW EINF_PAINT.DOC -
_$  /FORMAT=DDIF/INTERFACE=DECWINDOWS
%DCL-S-SPAWNED, process SIMON_2 spawned
$! Der erzeugte Subprozeß zeigt den File EINF_PAINT.DOC in einem Fenster
$! der Workstation GSNW76 an.
$!
$! Löschen des Display
$ SET DISPLAY/DELETE
```

■

3.12 Arbeitsebenen aus Benutzersicht

Nach dem Einloggen von einem VT–Terminal aus befindet sich der Benutzer in der DCL–Ebene. Das Kennzeichen dieser Ebene (Echo, Prompt) ist das Dollarzeichen ($), falls nicht durch den Befehl SET PROMPT umdefiniert. In dieser Ebene können alle DCL–Kommandos ausgeführt werden. In der Help–Anzeige werden alle möglichen DCL–Kommandos angezeigt. Entsprechend können Benutzer unter DECwindows Motif Programme über die Fenstermenüoberfläche oder aus einem VT–Terminalfenster heraus starten.
Die DCL–Ebene wird durch den DCL–Befehl LOGOUT (Ausloggen) oder durch den Aufruf eines Programms verlassen. DECwindows Motif wird über den Menüpunkt des Session Managers *End Session* beendet.

Nach Aufruf eines Programms (image) vom Terminal aus befindet sich der Benutzer in der Programmebene; d.h. seine Eingaben liegen in der Kontrolle des aktiven Programms. Beispiele für Programmebenen sind der Editor, der Bookreader oder auch der CDA Viewer. Ein Programm wird aus der DCL–Ebene durch das Kommando RUN oder durch Eingabe eines Symbols, hinter dem ein Kommando RUN verborgen ist, gestartet. Beispielsweise entspricht dem DCL–Kommando DIRECTORY der Programmaufruf RUN SYS$SYSTEM:DIR.EXE. Unter der DECwindows Motif Oberfläche wird ein Programm durch Anklicken des Schlüsselworts gestartet.

Das Programm selbst kann weitere Ebenen aufweisen. So unterscheidet man beispielsweise im Editor (EDIT/EDT) noch die Line–Mode– und die Keypad–Ebene. Durch gleichzeitiges Drücken der beiden Tasten *CTRL* und *Y* kann jedes Programm unterbrochen werden, falls die Funktion von *CTRL/Y* nicht über einen Befehl ausgeschaltet wurde. Nach der Unterbrechung wird am Bildschirm der DCL–Prompt angezeigt. Das unterbrochene Programm bleibt noch im Hauptspeicher, bis die prozeßeigenen Seitentabellen durch den Start eines neuen Programms überschrieben werden.
Nach einem Programmabbruch über *CTRL/Y* könnte mit dem Programm auch wieder weitergearbeitet werden, wenn danach der Befehl CONTINUE eingegeben wird. Zwischen dem Abbruch und der Eingabe von CONTINUE darf kein anderes Programm gestartet werden.

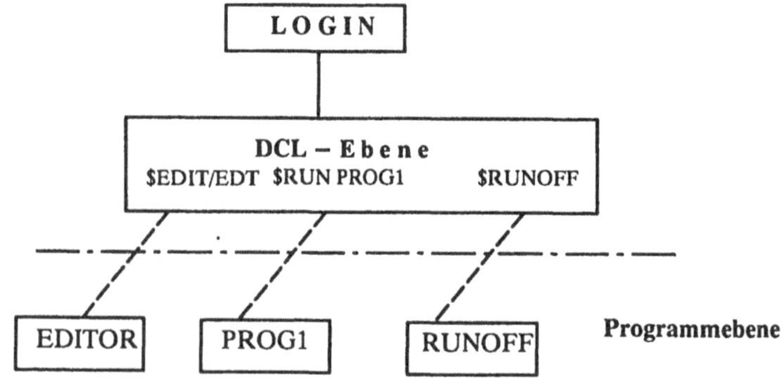

Abb. 3.12–1: Übersicht Programmebene – DCL–Ebene

4. File–Bearbeitung – Editor

Ein File (Datei) ist eine Sammlung von einzelnen Datensätzen. Ein Datensatz besteht aus einem oder mehreren Zeichen. Unter der Datensatzlänge versteht man die maximale Anzahl der Zeichen, die ein Datensatz haben kann. Für den Editiervorgang ist dabei ohne Bedeutung wie die Datensätze einer Datei zu interpretieren sind (z.B. Brieftext oder Programm).

Zur Darstellung eines beliebigen Zeichens, etwa eines Buchstabens, ist im Speicher einer Rechenanlage immer eine Gruppe von Bits (binär 1 oder 0). Mit 7 Datenbits sind damit $2^8 = 256$ Zeichen darstellbar. Die Größe der Bitgruppen ist herstellerabhängig. Bei DEC wird der ASCII–Code verwendet. ASCII ist die Abkürzung für *American National Standard Code of Information Exchange*. Dieser Code kann sowohl für 7–Bit als auch für 8–Bit benutzt werden. Bei der 8–Bit–Betriebsart kann mit dem *multinational characterset* (MCS) gearbeitet werden, wobei auch die Verwendung deutscher Umlaute möglich ist. Dieser Code entspricht dem ANSI–Code (*American National Standard Institute*, vergleichbar mit dem DIN–Ausschuß), welcher unter der Microsoft Windows Umgebung in der PC–Welt verwendet wird.

Files können von einem Text–Editor bearbeitet werden. Sie können aber auch auf der DCL–Ebene oder von einem Programm angelegt und bearbeitet werden. Beispielsweise existieren unter DCL die Befehle OPEN, READ, WRITE, CLOSE für File–Erstellung bzw. File–Bearbeitung. Mit dem Editor können Zeichenfolgen in einen File interaktiv eingegeben werden.

Unter *Editieren* versteht man einen Text redigieren, druckreif aufbereiten, aber auch, auf den neuesten Stand bringen oder an veränderte Umstände anpassen. Der Begriff *Text* ist hier von allgemeiner Natur. Texte sind:

- Berichte (Briefe, Protokolle, Aktennotizen, Tabellen usw.)
- Computer–Programme (PASCAL, FORTRAN, COBOL, PL/I usw.)
- OpenVMS–Kommando–Prozeduren (DCL)
- Daten (zu Programmen)

Editieren heißt aber auch, mit den Tasten des Terminals, dem Bedienelement Maus und den Kommandos des Betriebssystems Texte zu erzeugen, modifizieren, montieren, vervielfachen usw.

Nachfolgend wird die Dateibearbeitung mit dem Editor EVE (Extensible Versatile Editor) besprochen. Die Funktionen des älteren Editors EDT sind danach im Abschnitt 4.2 beschrieben. Der EVE ist der modernere Editor und eignet sich hervorragend für den Einsatz unter DECwindows Motif, da er eine gute Unterstützung der Windowtechnik bietet und beispielsweise Edit–Funktionen über Pulldown–Menüs ausgewählt werden können. Viele Standardfunktionen der Editoren finden sich auch bei den speziellen sprachabhängigen Editoren (LSE = Language Sensitive Editor) wieder, welche von DEC als Zusatzprodukte angeboten werden. Diese Editoren unterstützen die Erstellung von Programmen mit höheren Programmiersprachen wie beispielsweise FORTRAN, PASCAL, COBOL oder ADA.

Editoren werden unter OpenVMS durch das DCL–Kommando EDIT aufgerufen. Über Qualifier wird angegeben, welcher Editor benutzt werden soll. Wurde kein Qualifier angegeben, so wird der Editor EVE aufgerufen.

4.1 EVE – Extensible Versatile Editor

Der EVE wurde unter dem Stichwort erweiterbarer Editor für OpenVMS entwikkelt. Man kann den EVE benutzen, um Text–Files zu erstellen und zu editieren. Der EVE ist ein Anwendungsprogramm der DEC Text Processing Utility (DECTPU). Hierbei handelt es sich um eine prozedurale Programmiersprache für die Erstellung für Anwendungen der Textverarbeitung. Jeder Funktionstaste des EVE entspricht ein Befehl, welcher über DECTPU realisiert ist. Die EVE–Funktionen können auch im sogenannten Commandline–Mode direkt eingegeben werden.
Benutzer können die Arbeitsweise des EVE ihren speziellen Bedürfnissen anpassen. Man kann den Standard–EVE um neue Eigenschaften ergänzen, indem man selbst mit Sprachelementen von DECTPU Prozeduren erstellt. DECTPU ist im Guide to DEC Text Processing Utility (Teil der OpenVMS Programming Documents) beschrieben.

EVE bietet gegenüber dem OpenVMS EDT–Editor folgende Erweiterungen:

- Zwei Arbeitsweisen beim Editieren: Insert–Mode und Overstrike–Mode; während der Edit–Session kann man über Tastendruck zwischen beiden Arbeitsweisen wechseln.
- Volle Unterstützung der DECwindows–Umgebung auf Workstations.
- Statuszeile und Kommandozeile.
- Automatische Einstellung des Eingabebereichs durch Einstellung von LEFT MARGIN und RIGHT MARGIN. Der Editor macht automatisch einen Zeilenumbruch, wenn der rechte Rand erreicht ist.
- Einfaches gleichzeitiges Arbeiten mit mehreren Buffern und Files.
- Mehrere Windows erlauben gleichzeitiges Editieren von zwei oder mehreren Files.
- Schnittstelle zu DCL, volle Unterstützung von SPAWN und ATTACH.
- Volle Unterstützung der RECALL – Eigenschaft auch für EDIT–Kommandos.
- Einfaches Arbeiten mit Tabulatoren.
- Formatieren von Abschnitten in spezielle Spaltenbereiche.
- Einfache KEY–Definitionen erlauben das Maßschneidern des Editors (DEFINE KEY, bzw. LEARN).
- Section–Files dienen dazu, Charakteristiken der eigenen EVE–Definitionen permanent abzuspeichern.

4.1.1 Aufruf des EVE–Editors

Der EVE wird mit folgendem DCL–Kommando aufgerufen:

$ EDIT/TPU [/<qualifier>...] [<filespec.>]

Wurde kein File–Name angegeben, so schaltet der EVE in den Bildschirmmodus um und zeigt in der EVE–Statuszeile den Text–Buffer *main* an. Wurde ein File–Name beim Aufruf mitangegeben, so erscheint die Meldung, wie viele Zeilen in den Editor–Buffer gebracht wurden, und der Buffer–Name wird dem File–Na-

men gleichgesetzt. Der EVE ist der Default Editor, so daß beim Aufruf der Qualifier /TPU weggelassen werden kann.
In einer DECwindows Motif–Umgebung erfolgt der Aufruf durch:
$ EDIT/TPU/INTERFACE=MOTIF [<filespec.>]

Der EVE zeigt in der Statuszeile immer an, in welchem Arbeitsmodus er sich befindet: Write/Read_Only, Insert/Overstrike und Forward/Reverse. Eine Umschaltung des Arbeitsmodus erfolgt über die Funktionstaste F14 oder in einer DECwindows Motif–Umgebung durch Anklicken mit dem Bedienelement Maus.

Mit dem EVE kann sowohl über die Funktionstasten als auch über direkte Eingabe von EVE–Kommandos (DO–Taste) gearbeitet werden. Außerdem kann der Cursor mit den Cursor–Positionierungstasten ← ↓ → ↑ bewegt werden, bzw. es kann mit den Tasten <Next Screen> und <Prev Screen> vorwärts– bzw. rückwärts geblättert werden.

Beispiel:

$ EDIT/TPU TEST.DAT

Bei einem bereits existierenden File wird die höchste vorhandene Versionsnummer des Files in den Buffer des EVE übertragen. Dieser Buffer bekommt den gleichen Namen wie der File und wird unten in der EVE–Statuszeile angezeigt.

Zur Vermeidung von Datenverlust im Falle eines Rechnerausfalls oder falscher Benutzerkommandos, werden sämtliche Benutzereingaben, die den Edit–Vorgang steuern, zusätzlich in ein oder mehrere sogenannte Journal–Files geschrieben (wie beim Editor EDT). Der EVE kennt zwei Methoden der Journalaufzeichnung, die auf der Seite 137 beschrieben sind.

4.1.2 EVE in der DECwindows Motif–Umgebung

Der EVE kann auf einer Workstation aus einem Terminalfenster (DECterm) heraus durch EDIT/TPU/INTERFACE=MOTIF oder über den Menüpunkt *Edit* im Untermenü *Commands* des Session Managers aufgerufen werden. In beiden Fällen wird das Programm in einem neuen Fenster mit einer eigenen Menüoberfläche gestartet.

Hinter jedem der in der Kopfleiste des EVE–Fensters angezeigten Menüpunkte File, Edit, Format, Search, View und Options befindet sich ein Pulldown–Menü mit den verfügbaren Funktionen. Ist das Bedienelement Maus im Textanzeigefenster positioniert, so bewirkt ein Drücken der rechten Maustaste, daß ein Fenster eingeblendet wird, welches alle in dieser Umgebung möglichen Textbearbeitungsfunktionen (Teilmenge der Funktionen aus der Menüleiste) anzeigt. Diese können dann durch Anklicken ausgewählt werden.

Die Funktionen der verschiedenen EVE–Pulldown–Menüs finden sich in den Commandline–Funktionen wieder, welche bei VT–Terminals verwendet werden können und im Abschnitt 4.1.8 auf der Seite 141 beschrieben sind.

```
EVE
File Edit Format Search View Options                                   Help
$!
$!  This command procedure is a framework for building an individual
$!  login command procedure. It is executed every time that you log
$!  into your account.
$!
$   IF F$MODE() .NES. "INTERACTIVE" THEN GOTO ENDINTER
$!
$!  Put commands that you want executed only on an interactive login
$!  between this comment and the "ENDINTER:" symbol.
$!
$!   E*DIT :== EDIT/EDT/COMMAND=SYS$LOGIN:EDTINI.EDT
$ SHUTDOWN == "@SYS$SYSTEM:SHUTDOWN 0 SHUTDOWN YES NO LATER NO NONE"
$ REBOOT == "@SYS$SYSTEM:SHUTDOWN 0 SHUTDOWN YES NO LATER YES NONE"
$ SHUTDOWN1 == "@SYS$SYSTEM:SHUTDOWN"
$
$ENDINTER:
$  IF F$MODE() .NES. "BATCH" THEN GOTO ENDBATCH
$!
$! Put commands you want executed only in batch mode between this comment
$! and the "ENDBATCH:" symbol.
Buffer: LOGIN.COM                                  | Write | Insert | Forward
Nothing to insert.  Use Select to select a range of text.
```

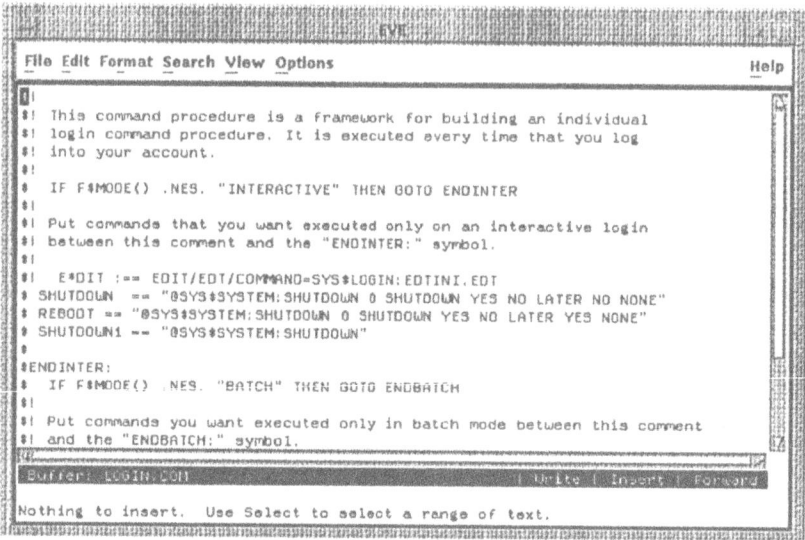

Abb. 4.1–1: EVE in einer DECwindows–Umgebung

File	**Edit**	**Format**	**Search**	**View**	**Options**
New	Restore	Fill Paragraph	Find Next	Two Windows	Learn
Open Selected Open	Cut Copy Paste	Fill Range	Find	One Window	Extend Extend Menu...
Include	Re- place...	Center Line	Wildcard Find...	Split Window	Global Attributes
Save File Save File As...	Select all	Change Case	Find Selected	Delete Window	Buffer Attributes
Exit		Paginate	Replace...	Show Buffers	Search Attributes
Quit		Set Margins	Show Wildcards	Set Width...	Set Width...
Exit		Set Paragraph Indent...	Set Whitespace, Set Wildcard		Save Attributes... Save System Attributes...

Abb. 4.1–2: Menüfunktionen des EVE in einer DECwindows–Umgebung

4.1.3 Standardbedeutung der EVE–Funktionstasten

Über die Taste DO erfolgt bei den Terminals der Serien VT200/VT300/VT400 die Standard–Kommando–Eingabe. Beim VT100 entspricht der Taste DO die Taste PF1. Daneben sind unter anderem noch folgende Tasten mit Funktionen beim Editieren im Keypad–Mode belegt:

DELETE — Löscht das voranstehende Zeichen.
LINEFEED — Löscht das voranstehende Wort.
BACK SPACE — Geht an den Anfang bzw. an das Ende der Zeile

	(abhängig von Forward, bzw. Reverse).
CTRL/B	Recall der letzten EDIT–Anweisung.
CTRL/E	Cursor springt an das Ende der Zeile.
CTRL/R	Abschluß der Eingaben für das EVE LEARN–Kommando (REMEMBER).
CTRL/U	Löscht bis zum Anfang einer Zeile.
CTRL/V	Ermöglicht special insert (Eingabe von Steuerzeichen)
CTRL/W	Baut den Bildschirminhalt neu auf (REFRESH)
CTRL/Z	Rückkehr zu DCL und Abspeichern des Files

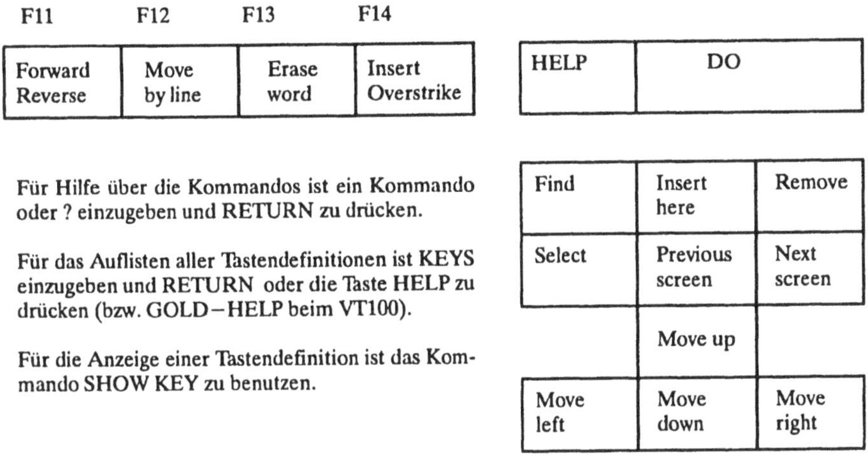

F11	F12	F13	F14
Forward Reverse	Move by line	Erase word	Insert Overstrike

HELP	DO

Find	Insert here	Remove
Select	Previous screen	Next screen
	Move up	
Move left	Move down	Move right

Für Hilfe über die Kommandos ist ein Kommando oder ? einzugeben und RETURN zu drücken.

Für das Auflisten aller Tastendefinitionen ist KEYS einzugeben und RETURN oder die Taste HELP zu drücken (bzw. GOLD–HELP beim VT100).

Für die Anzeige einer Tastendefinition ist das Kommando SHOW KEY zu benutzen.

Abb. 4.1–3: Keypad–Tastatur VT200/VT300/VT400

Im Gegensatz zum EDT haben beim EVE die Keypad–Tasten nur eine Bedeutung (kein Umschalten der Funktion mit der PF1–Taste (*GOLD*–Taste), auf denen sich zwei Aufschriften befinden, arbeiten nach dem toggle–Prinzip; d.h. jedesmal wenn die Taste gedrückt wird, wird die Funktion umgeschaltet. Beispiele für derartig belegte Tasten sind:

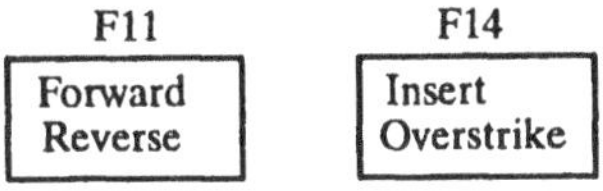

F11	F14
Forward Reverse	Insert Overstrike

<table>
<tr><td>Find
(PF1)</td><td>HELP
(PF2)</td><td>Change
direction
(PF3)</td><td>Do
(PF4)</td></tr>
<tr><td>Select</td><td>Remove</td><td>Insert
here</td><td>Move</td></tr>
<tr><td></td><td>Move up</td><td></td><td>Erase
word</td></tr>
<tr><td>Move
left</td><td>Move
down</td><td>Move
right</td><td rowspan="2">Change
mode</td></tr>
<tr><td colspan="2">Next screen</td><td>Previous
screen</td></tr>
</table>

Abb. 4.1–4: Keypad–Tastatur VT100/VT200/VT300

4.1.4 Bedeutung der EVE–Funktionstasten

Do

Nach Betätigen dieser Taste erscheint in der Kommandozeile der Prompt *Command:*
Danach kann jedes EVE–Kommando eingegeben werden.

Help

Es wird die Bedeutung der Keypad–Tasten am Bildschirm angezeigt.

Find

Nach Betätigen der Taste *Find* erscheint auf dem Bildschirm die Aufschrift *Search for:*. Jetzt soll die gesuchte Zeichenkette angegeben werden. Nach Betätigen der Taste RETURN wird diese Zeichenkette gesucht und zusätzlich wird sie in den Search–Buffer geschrieben. Wird die Zeichenkette gefunden, so positioniert der Cursor auf den Anfang dieser Zeichenkette. Soll weitergesucht werden, so muß der Bediener erneut zweimal die Find–Taste drücken.

Forward/Reverse

Die Richtung für EVE–Funktionen wie Find wird umgeschaltet von vorwärts auf rückwärts bzw. umgekehrt.

Move by line

Der Cursor springt von Zeile zu Zeile. Ist Forward eingeschaltet, so springt er vom Ende der Zeile zum Ende der nächsten Zeile. Ist Reverse eingeschaltet, so springt er vom Anfang der Zeile zum Anfang der vorherigen Zeile.

Erase word

Es wird das Wort links bzw. rechts vom Cursor in Abhängigkeit von der eingestellten Richtung (Forward/Reverse) gelöscht.

Insert/Overstrike

Es wird der Arbeitsmodus des EVE verändert. Insert heißt, bei Schreiben eines Zeichens wird der Rest der Zeile rechts vom Cursor nach rechts verschoben. Overstrike heißt, bei Schreiben eines Zeichens wird das Zeichen, auf dem sich der Cursor befindet, überschrieben.

Next Screen

Blättert die Anzeige im Window eine Bildschirmseite weiter.

Prev Screen

Blättert die Anzeige im Window eine Bildschirmseite zurück.

Select

Vor der Edit–Funktion Remove muß der entsprechende Text markiert werden. Dazu wird der Cursor auf den Anfang des Textes gesetzt und die Taste SELECT betätigt. Anschließend bewegt man den Cursor zum Ende des Textes. Der markierte Text erscheint vor anderem Hintergrund (z.B. weiß unterlegt, terminalabhängig).

Remove

Beim Betätigen dieser Taste wird Text, der durch Select markiert wurde, gelöscht und in den Buffer mit dem Namen INSERT_HERE geschrieben.

Insert here

Der Inhalt des Buffers INSERT_HERE wird vor dem Cursor eingefügt.

4.1.5 Qualifier beim Aufruf von EDIT/TPU

/OUTPUT=filename.filetype

Dieser Qualifier wird verwendet, wenn die Ausgabedatei und die Eingabedatei verschiedene Namen haben sollen.

Beispiel:

```
$ EDIT/TPU TEXTA.RNO/OUTPUT=TEXTB.OUT
```

/JOURNAL

Zur Vermeidung von Datenverlust im Falle des Rechnerausfalls oder falscher Benutzerkommandos werden sämtliche Benutzereingaben, die den Edit–Vorgang steuern, zusätzlich in ein oder mehrere sogenannte Journal–Files geschrieben (wie beim Editor EDT). Der EVE kennt zwei Methoden der Journalaufzeichnung:

- Buffer–change journaling (Default)
  Der EVE erzeugt für jeden Text–Buffer ein Journal–File (buffer change journaling). Das Journal–File hat den File–Typ *.TPU$JOURNAL*.
  Der File–Namen des Journal–Files setzt sich zusammen aus dem Namensbestandteil des Buffer–Namens konkateniert mit dem Zeichen _ und dem File–Typbestandteil des Buffer–Namens (z.B. TEST_DAT.TPU$JOURNAL). Die Journal–Files werden in der Directory abgelegt, die dem logischen Namen TPU$JOURNAL zugeordnet ist. Default hierfür ist SYS$SCRATCH. Nach einem Absturz besteht die Möglichkeit, jeden Buffer getrennt wiederherzustellen (RECOVER BUFFER <Name des Journalfiles>). Für die Wiederherstellung des Files ist es erforderlich, daß nach einem Absturz erst der Editor mit dem Namen des zuletzt bearbeiteten Files aufgerufen wird. Danach kann erst das Kommando RECOVER BUFFER <Name des Journalfiles> eingegeben werden. Buffer–change journaling wird automatisch aktiviert, auch wenn kein /JOURNAL Qualifier angegeben wurde.
- Keystroke journaling
  Es wird ein einziges Journal–File angelegt, unabhängig von der Anzahl der Buffer, die man verwendet. Sämtliche Benutzereingaben beim Editieren (keystrokes) werden in ein Journal–File geschrieben. Dieses hat den File–Typ *.TJL.*
  Der Name des Journal–Files muß, falls diese Methode des journalings gewünscht ist, bei dem Qualifier /JOURNAL=<name> angegeben werden.
  Beispiel:
  $ EVE MEIN.DAT /JOURNAL=MEIN
  Beim Editieren wird als Journal–File die Datei mit dem Namen MEIN.TJL benutzt.

Die Angabe /NOJOURNAL schaltet jede Aufzeichnung aus.

/RECOVER

Nach einem Systemfehler oder manchen Anwenderfehlern (z .B. nach einer Eingabe mit *CTRL/Y*) wird der Editiervorgang abgebrochen und ein oder mehrere Journal–Files abgespeichert.

Beim nächsten Editiervorgang können Editier–Befehle, die im Journal–File enthalten sind, ausgeführt werden. Dazu dient der Qualifier /RECOVER.

Beispiel:

$ EDIT/TPU FEHLER.TXT

...

– Der Text–File wird bearbeitet.

...

– *CTRL/Y* wird gedrückt.

Der Editiervorgang wird abgebrochen und FEHLER_TXT.TPU$JOURNAL wird gerettet.

$ EDIT/TPU/RECOVER FEHLER.TXT

Es erscheint die Meldung `converting FEHLER.TXT to a journal file name` und die Abfrage, ob dieser Buffer wiederhergestellt werden soll. Wird Y angegeben für ja, so wird der Inhalt des Journal–File–Buffers aufgeschaltet, ansonsten die letzte Version der Datei FEHLER.TXT.
Wurde keystroke journaling (Angabe /JOURNAL=FEHLER) verwendet, so muß folgende Form der Recover–Anweisung benutzt werden:

$ EDIT/TPU/JOURNAL=FEHLER.TJL /RECOVER

■

/COMMAND = filename.filetype

Dieser Qualifier gibt an, daß vor dem Editieren der angegebene File gelesen und die in ihm enthaltenen commandline–Editor–Befehle ausgeführt werden sollen. Im allgemeinen sind es Editor–Befehle, mit denen Default–Werte geändert werden. Insbesonders ist ein TPU–Kommando–File dazu geeignet, die Keypad–Tasten entgegen dem EVE–Standard umzudefinieren.

Beispiel:

$ EDIT/TPU TEXT.DAT/COMMAND = FORM.TPU

TPU kopiert den Inhalt von TEXT.DAT in den Buffer TEXT.DAT und liest den Inhalt des Command–Files FORM.TPU. Die Befehle aus FORM.TPU werden ausgeführt. Erst dann wartet der Editor auf eine Eingabe.
Wird der /COMMAND–Qualifier nicht verwendet, so sucht der Editor defaultmäßig nach dem File mit dem Namen TPUINI.TPU und führt die darin enthaltenen Befehle aus.

/SECTION = filename.filetype

Dieser Qualifier gibt an, daß vor dem Editieren der angegebene binäre File gelesen wird. Dieser File dient dazu, eine Voreinstellung des EVE vorzunehmen. Wurde kein Section–File angegeben, so liest EVE standardmäßig den File SYS$SHARE:EVE$SECTION.TPU$SECTION ein, welcher systemweit dem logischen Namen TPU$SECTION zugewiesen ist. Soll dies verhindert werden, so ist der Qualifier /NOSECTION anzugeben.
Der Benutzer kann selbst aus einer EVE–Session heraus einen solchen Section–File erstellen über das EVE–Kommando SAVE EXTENDED TPU. Ebenso kann ein Section–File erstellt werden, indem TPU–Befehle in ein File abgelegt werden. Dieser File ist dann mit DECTPU zu übersetzen. Im allgemeinen sind es Editor–Befehle, mit denen Default–Werte geändert werden. Insbesonders ist ein Section–File dazu geeignet, die Keypad–Tasten entgegen dem EVE–Standard umzudefinieren bzw. die Eigenschaften des EVE zu erweitern.

Beispiel:

$ EDIT/TPU TEXT.DAT/SECTION=DISK$COURSE:[COURSE]USER.GBL

Es wird ein Section–File mit dem Namen DISK$COURSE:[COURSE]USER.GBL benutzt.

■

/INTERFACE=<modus>

Als <modus> sind zulässig CHARACTER_CELL (Default) und DECWINDOWS. Um den EVE in einer DECwindows–Umgebung zum Editieren des Files LOGIN.COM zu starten, kann folgendes Kommando angegeben werden:
$ EDIT/TPU/INTERFACE=DECWINDOWS LOGIN.COM
Für die EVE–Session wird ein eigenes Window aufgebaut. Dort sind Pull–down Menüs und Rollbalken (scroll bars) verfügbar. Die Abbildung zeigt ein EVE DECwindows Motif Fenster.

/READ

Dieser Qualifier gibt an, daß der mit EVE zu bearbeitende File nur zum Lesen geöffnet wird.

4.1.6 Windows (split screen)

Ein Window (Fenster) ist ein Bereich des Bildschirms. In einem Window kann der Inhalt eines Buffers angezeigt werden. EVE erlaubt es, daß über den Bildschirm eines zeichenorientierten Terminals (character cell) zwei odere mehrere Windows gelegt werden können. Mit Hilfe des Kommandos GET kann über ein Window ein bestimmter File angezeigt und editiert werden. Unter einer DECwindows–Oberfläche entfalten sich erst die Vorteile des EVE.

Kommandos im Zusammenhang mit Windows und der Bildschirmteilung:

TWO WINDOWS	Schaltet auf den Bildschirm zwei Windows auf. Dabei enthalten beide Windows den aktuellen Text–Buffer.
ONE WINDOW	Schaltet den Bildschirm auf ein Window um.
OTHER WINDOW	Wechselt das aktive Window, wenn zwei Windows auf dem Bildschirm aufgeschaltet sind.
SPLIT WINDOW	Teilt das aktuelle EVE–Window in zwei oder mehrere (maximal 11) gleichmäßig aufgeteilte Windows auf.

Durch das Kommando BUFFER wird über das aktuelle Window der angegebene Buffer–Bereich angezeigt.

4.1.7 EVE–Arbeitsbereiche (Buffer)

Bereiche des Hauptspeichers werden Buffer genannt. EVE–Buffer existieren nur für die Dauer der EVE–Session. Wird EVE auf eine schon bestehende Datei angewandt, so wird eine Kopie dieses Files in einen Buffer gebracht, der den gleichen Namen wie der File hat.
Wird kein File–Name angegeben, so stellt EVE einen leeren Buffer mit dem Namen *main* zur Verfügung.
Der Benutzer kann beliebige Buffer–Namen vergeben. Über das Kommando BUFFER können beliebige Buffer angesprochen werden.
Für Funktionen wie SELECT, REMOVE und INSERT_HERE stellt EVE einen Buffer zur Verfügung mit dem Namen INSERT_HERE. Weitere Standard–Buffer des EVE sind: COMMANDS, MESSAGES, SHOW, DCL, CHOICES und PROMPTS.

Kommandos im Zusammenhang mit Buffern:

SHOW	Liefert Informationen über im Hauptspeicher angelegte Buffer.
BUFFER <buffname>	Erlaubt es, den Buffer mit dem Namen <buffname> auf den Bildschirm aufzuschalten.
INCLUDE <filename>	Fügt den angegebenen File vor der Cursor–Position im aktuellen Buffer ein.
WRITE <filename>	Schreibt den Inhalt des aktuellen Buffers in einen File mit dem Namen <filename>.
GET <filename>	Holt den File mit dem Namen <filename> in einen Buffer. Der Name des Buffers entspricht dem <filename>.
DCL DIRE/FULL	Das DCL–Kommando DIRECTORY/FULL wird ausgeführt und das Ergebnis im Buffer DCL abgelegt.
DCL SHOW TERM	Das DCL–Kommando SHOW TERM wird ausgeführt und das Ergebnis im Buffer DCL abgelegt.

4.1.8 EVE–Commandline–Editing

EVE beinhaltet eine ganze Reihe von EDIT–Befehlen. Über ein Kommando können Editierfunktionen ausgeführt werden. Um ein Kommando einzugeben, ist die Taste DO zu drücken.
Es erscheint nun in der Kommando–Zeile der Text: *Command:*
Die Eingabe eines Kommandos muß durch die Taste RETURN abgeschlossen werden. Nach Drücken der Taste RETURN verschwindet die Kommandozeile, und die angewählte Funktion wird ausgeführt.
Wichtige Kommandos sind z.B. HELP, EXIT, QUIT. Mit EXIT und QUIT kann der Editor verlassen werden. Über das Kommando HELP kann Information über alle Commandline–EVE–Befehle abgerufen werden.
Einen Überblick der EVE–Kommandos bietet die nachfolgende, alphabetisch geordnete Liste.

BOTTOM
CAPITALIZE WORD
CENTER LINE
CHANGE DIRECTION
CHANGE MODE
DELETE
DO
END OF LINE
ERASE LINE
ERASE PREVIOUS WORD
ERASE START OF LINE
ERASE WORD
EXIT
FILL PARAGRAPH
FIND

FORWARD
GO TO
HELP
INSERT HERE
INSERT MODE
LINE
MARK
MOVE DOWN
MOVE LEFT
MOVE RIGHT
MOVE UP
NEXT SCREEN
OVERSTRIKE MODE
PREVIOUS SCREEN
QUIT
QUOTE
RECALL
REMOVE
REPEAT
REPLACE
RESTORE
RETURN
REVERSE
SELECT
SET KEYPAD
SET LEFT MARGIN
SET RIGHT MARGIN
SPACE
START OF LINE
TAB
TOP
UPPERCASE

Zusätzliche EVE–Kommandos:

ATTACH
REFRESH
RECOVER
SET TABS AT
SET TABS EVERY
SET WIDTH
SHIFT LEFT
SHIFT RIGHT
SHOW
SPAWN

Kommandos für die Aufteilung des Bildschirms:

BUFFER
DCL
GET FILE
INCLUDE FILE
ONE WINDOW
OTHER WINDOW

SPLIT WINDOW
TWO WINDOWS
WRITE FILE

Kommandos für KEY–Definitionen:
DEFINE KEY
LEARN
REMEMBER
SET SHIFT KEY
SAVE EXTENDED TPU

Kommandos für die Erweiterung des EVE:
EXTEND TPU
SAVE EXTENDED TPU
TPU

Der EVE–Editor arbeitet immer bildschirmorientiert; d.h. man kommt nicht automatisch in einen Zeilenmodus (line mode), wenn man den EVE aufruft. Um Line–Mode–Kommandos abzugeben, ist die Keypad–Taste zu drücken, welche dem Kommando DO zugeordnet ist. Dies ist beim VT100 immer die Taste PF4. Bei Terminals des Typs VT200/VT300 ist dies die Taste DO oder die Taste PF4. Diese Keypad–Tasten lassen sich auch nicht umdefinieren. Nach dem Betätigen der DO–Funktion erscheint in der EVE–Kommandozeile der Promptstring *Command:* Danach kann das gewünschte Line–Mode–Kommando eingegeben werden. Die wichtigsten EVE–Kommandos werden im folgenden aufgeführt.

DCL <Kommando>

Es wird die mit <Kommando> angegebene DCL–Befehlsfolge als Subprozeß ausgeführt. Die Anzeige von SYS$OUTPUT erfolgt über den automatisch angelegten EVE–Buffer mit dem Namen DCL.

GET <file–name>

Es wird der angegebene File in das aktuelle EVE–Window übertragen. Falls notwendig, wird ein neuer Buffer angelegt.
Beispiel:

```
Command: GET        TEXT2.DAT
```

EVE kopiert den Inhalt der Datei TEXT2.DAT in das aktuelle Window.

INCLUDE <file–name> (Abkürzung: INC)

Mit diesem Kommando wird ein File in den Text–Buffer vor die aktuelle Zeile kopiert.

Beispiel:

```
Command: INCLUDE TEXT2.DAT
```

EVE kopiert den File TEXT2.DAT in den aktuellen Text–Buffer vor die aktuelle Zeile.

SET TABS AT <Zahl> <Zahl> <Zahl> ...

Beispiel:

Command: SET TABS AT 4 30 50 70

EVE setzt neue Tabulatoren auf die Spalten 4, 30, 50 und 70. Wird nun die TAB–Taste gedrückt, so erfolgt der Sprung auf den nächstgelegenen Tabulator.

SET TABS EVERY <Zahl>

Beispiel:

Command: SET TABS EVERY 8

EVE setzt neue Tabulatoren alle 8 Spalten. Wird nun die TAB–Taste gedrückt, so erfolgt der Sprung auf den nächstgelegenen Tabulator.

SET WIDTH <Zahl>

Beispiel:

Command: SET WIDTH 132

Die Bildschirmbreite wird verändert (entpricht dem EDT–Kommando SET SCREEN 132).

SHIFT LEFT <Zahl>

Beispiel:

Command: SHIFT LEFT 12

Der gesamte Bildschirmausschnitt wird um 12 Zeichen nach links verschoben (Window wird verändert).

SHIFT RIGHT <Zahl>

Beispiel:

Command: SHIFT RIGHT 20

Der gesamte Bildschirmausschnitt wird um 20 Zeichen nach rechts verschoben (Window wird verändert).

SPAWN

Dieses Kommando suspendiert den EVE und hängt das Terminal an einen neuen Subprozeß. SPAWN schaltet direkt auf die DCL–Ebene um. Um wieder in die EVE–Session zurückzukehren, ist im DCL der Subprozeß mit dem Kommando LOGOUT zu beenden (automatische Rückkehr) oder man kann über das Kommando SHOW PROCESS die Prozeß–Identifikation herausfinden und dann mit dem Kommando ATTACH diesen Prozeß direkt ansprechen.

REPLACE <string–1> <string–2> (Abkürzung: REP)

TPU ersetzt <string–1> durch <string–2>. Vor jedem Ersetzen wird gefragt, ob <string–1> durch <string–2> ersetzt werden soll.
Mögliche Antworten sind:

Y – (yes) diese Zeichenfolge wird ersetzt
N – (no) diese Zeichenfolge wird nicht ersetzt
A – (all) alle, dem <string–1> entsprechenden Zeichenfolgen, werden ersetzt
Q – (quit) der Ersetzungsvorgang wird beendet

Beispiel:

Command: REPLACE "DUR" "MOLL"

Im aktuellen Buffer wird das Wort DUR gesucht und durch MOLL ersetzt.

WRITE <file–name> (Abkürzung: WR)

TPU kopiert den gesamten aktuellen Buffer in den spezifizierten File.

Beispiel:

Command: WRITE TEST.PAS

TPU kopiert den aktuellen Buffer in den File TEST.PAS. Der Inhalt der Buffers wird nicht verändert.

QUOTE (CTRL/V)

Für die Eingabe eines Sonderzeichens oder Steuerzeichens in den Text–Buffer benutzt man beim TPU–Editor das Line–Mode–Kommando QUOTE bzw. man drückt gleichzeitig die beiden Tasten *CTRL/V.*

Es erscheint nun die Frage, welches Steuerzeichen (special character) eingefügt werden soll. Der Benutzer muß nur die gewünschte Taste bzw. Tastenkombination drücken.

Beispiele für Tastenkombinationen:

CTRL/G für das Steuerzeichen Bell (ASCII Code 7)
CTRL/J für das Steuerzeichen Line feed (ASCII Code 10)
CTRL/L für das Steuerzeichen Form feed (ASCII Code 12)

REPEAT <Zahl> (Abkürzung: REP)

Mittels des Kommandos REPEAT kann ein Wiederholungsfaktor definiert werden. Nach Eingabe von REPEAT wird eine Zahl (n) abgefragt. Danach wird abgefragt, welche Tastenfunktion n–mal wiederholt werden soll.

DCL <command>

Der Editor erzeugt einen Subprozeß, der das angegebene DCL–Kommando sofort ausführt. Das Ergebnis des Kommandos wird in einem zweiten Window auf dem Bildschirm angezeigt. Der zugehörige Buffer erhält den Namen DCL–Buffer.

SET LEFT MARGIN <Wert>

Mit dem Kommando SET LEFT MARGIN kann der linke Rand für die Eingabe festgelegt werden. Als Wert muß dabei eine Zahl angegeben werden. Wird beispielsweise als Wert die Zahl 10 eingegeben, so springt der Cursor automatisch bei jedem Drücken der RETURN–Taste (Eingabe) auf die Spalte 10.

Beispiel:

Command: SET LEFT MARGIN 10

SET RIGHT MARGIN <Wert>

Mit dem Kommando SET RIGHT MARGIN kann der rechte Rand für die Eingabe festgelegt werden. Als Wert muß dabei eine Zahl angegeben werden. Wird beispielsweise als Wert die Zahl 60 eingegeben, so springt der Cursor automatisch jedesmal, wenn bei der Eingabe die Spalte 60 erreicht wird, auf die nächste Zeile.

Beispiel:

Command: SET RIGHT MARGIN 60

SET KEYPAD <Modus>

Dieser Befehl erlaubt es, die Tastenbelegung des zusätzlichen Tastenfeldes entsprechend einem anderen Editorstandard umzudefinieren. Als <Modus> sind möglich:

EDT	Belegung des Editors EDT
VT100	Belegung entsprechend den Eigenschaften eines VT100
WPS	Belegung entsprechend dem im *ALL–IN–ONE* benutzten Text–Editors WPS
Numeric	Keine Belegung mit Funktionen

Am gebräuchlichsten ist die Anweisung SET KEYPAD EDT.

FILL PARAGRAPH

Dieser Befehl richtet die Textzeilen in einem Abschnitt nach den aktuellen Werten der Settings für LEFT MARGIN und RIGHT MARGIN aus. Ein Abschnitt wird definiert durch Leerzeilen. EVE kann aber auch die Standard–RUNOFF–Steuerzeichen für die Abschnittsinterpretation heranziehen.

MARK

Beispiel:

Command: MARK

Nach der Eingabe des Kommandos MARK kann der Textzeile, auf welcher sich der Cursor befindet, eine Kennung zugeordnet werden. Der EVE fragt danach nach einem Namen. Über diesen Namen kann die so markierte Zeile jederzeit über den Befehl GOTO wieder direkt angesprungen werden.

GO TO Markierung

Beispiel:

Command: GOTO TEXT1

Der Cursor wird direkt auf die Textzeile positioniert, welcher durch den EVE–Befehl MARK die Bezeichnung TEXT1 zugewiesen wurde.

LINE <Zahl>

Beispiel:

Command: LINE 20

Nach Eingabe des Kommandos LINE 20 wird der Cursor auf die zwanzigste Zeile des aktuellen Text–Buffers positioniert.

4.1.9 Umdefinition von Keypad–Tasten

Jeder Keypad–Taste kann eine neue Bedeutung zugewiesen werden. Dies erfolgt mit dem Kommando DEFINE KEY. Für die Doppelbelegung einer Taste, ähnlich wie beim älteren EDT–Ediotor, ist eine Umschalttaste zu definieren. Eine Umschalttaste kann über das Kommando SET SHIFT KEY definiert werden. Nach Eingabe des Kommandos SET SHIFT KEY wird die Taste abgefragt, welche als Umschalttaste gelten soll.
Diese Taste kann dann bei der Definition von neuen Funktionen auch über das EVE–Kommando DEFINE KEY benutzt werden. Mit DEFINE KEY kann aber nur ein EVE–Kommando einer Taste zugewiesen werden.

Mit dem EVE–Kommando LEARN können beliebige Zeichen und Funktionen einer Keypad–Taste zugewiesen werden. Nach Eingabe des Kommandos LEARN drückt der Benutzer nacheinander all die Tasten, welche für die neue Funktion benutzt werden sollen. Abgeschlossen wird dieser Learn–Vorgang durch Drücken von *CTRL/R*.

Soll eine Funktionstaste bei jedem Editiervorgang umdefiniert werden, ist es sinnvoll, diese neue Funktion im File TPUINI.TPU festzulegen. Im File TPUINI.TPU müssen die Kommandos in der Sprache TPU definiert werden. Eine ausführliche Beschreibung der EVE–Möglichkeiten befindet sich im Extensible Versatile Editor Reference Manual der OpenVMS V6–Dokumentation.

Eine andere Möglichkeit ist, alle am EVE–Editor gemachten Veränderungen fest in einem privaten Section–File abzuspeichern. Dies geschieht mit dem Kommando SAVE EXTENDED TPU. Nach Eingabe dieses Kommandos wird ein File–Name abgefragt.
Wichtig: Bei diesem File–Namen müssen immer Device und Directory mit angegeben werden. Default ist SYS$LIBRARY.
Beim nächsten Aufruf des EVE kann dann dieser private Section–File benutzt werden. Dies geschieht durch Angabe des Qualifiers /SECTION.

Beispiel:

```
$ EDIT/TPU/SECTION=DISK$COURSE:[COURSE.USER4]USER4.GBL EIN.DAT
```

4.1.10 Nutzung des EDT über den EVE

Der EVE ist ein neuerer Editor. Meist wurde unter VAX/VMS der EDT–Editor benutzt. Damit die User auch unter OpenVMS die gewohnte EDT–Umgebung benutzen können, kann über einen Initialisierungs–File die EDT–Umgebung mitangegeben werden. Dieser Initialisierungs–File muß in diesem Fall das EVE–Kommando SET KEYPAD EDT enthalten. Dies hat den Vorteil, daß der Benutzer die gewohnte Umgebung des Editors EDT benutzen kann, ohne auf die Vorteile des EVE Editors wie Insert/Overstrike–Mode, einfaches Tabulatorsetting, usw. verzichten zu müssen.

Beispiel:

$ EDIT/TPU/INITIALIZATION=TPUEDT.DAT DEMO.TXT

■

4.2 Der Texteditor EDT

EDT war der erste bildschirmorientierte Editor, der unter VMS verfügbar war und immer noch von vielen OpenVMS–Benutzern bevorzugt für die Bearbeitung von Textdateien verwendet wird. Innerhalb des Editor–Programms EDT unterscheidet man verschiedene Modi (Ebenen):

- Editor–Ebene (Line–Mode):
  Mit dem Kommando EDIT/EDT wird das Editor–Programm aufgerufen. Das Kennzeichen dieser Ebene ist der Stern. In dieser Ebene können die sogenannten zeilenorientierten Editier–Kommandos ausgeführt werden. Die Editor–Ebene kann mit dem Kommando EXIT oder QUIT bzw. der Tastenkombination *CTRL/Y* verlassen werden. Danach befinden Sie sich wieder in der DCL–Ebene.
- Keypad–Ebene (Change–Mode):
  Hierbei handelt es sich um eine bildschirmorientierte Arbeitsweise. Durch das Line–Mode–Kommando CHANGE (c) wird die Betriebsart auf den Keypad–Mode umgeschaltet. Nur in diesem Mode sind die Keypad–Tasten wirksam. Dieser Mode wird auch Character–Mode genannt, oder irreführend Change–Mode. Die meisten Editier–Handlungen werden im Keypad–Mode abgewickelt.
  Der Keypad–Mode kann verlassen werden:
  - mit *CTRL/Z*, danach befindet man sich in der nächst höheren Ebene, in der Editier–Ebene, im Line–Mode. Es erscheint wieder der Stern.
  - mit den KP–Tasten (Keypad–Tasten) PF1 (GOLD) und KP–Taste 7.
- Nokeypad–Mode
  Diese bildschirmorientierte Betriebsart hat kaum noch praktische Bedeutung. Nokeypad–Kommandos sind die Basis für die Definition von Keypad–Mode Tastendefinitionen (siehe auch Seite 161).

4.2.1 Aufruf des Editors

Der EDT–Editor wird mit dem DCL–Kommando EDIT/EDT aufgerufen.

Nach dem Aufruf meldet sich der Editor und wartet auf die Eingabe der zu bearbeitenden Datei (Files). Dem Namen des Files können optionale Angaben wie File–Typ und Qualifier folgen. Der Name des Files kann auch bereits im Aufruf angegeben werden.

Hinweis: Das Zeichen *<CR>* bedeutet, daß die Eingabetaste zu drücken ist.
Beispiel:

$ EDIT/EDT *<CR>*
_File: TEST.DAT

oder

$ EDIT/EDT TEST.DAT

Ist der zu editierende Datensatz noch nicht vorhanden, wird nach dem Aufruf des Editors die Meldung "input file does not exist" ausgegeben.
Bei einem bereits existierenden File wird die höchste vorhandene Versionsnummer des Files in den sogenannten Text–Buffer *MAIN* des Editors eingelesen (wenn man nicht explizit eine Versions–Nummer angegeben hat). Beim Abschluß des Editierens (EXIT = Rückkehr auf DCL–Ebene) wird der Main–Buffer in den Ausgabe–File geschrieben. Der Name des Ausgabe–Files entspricht dem beim Aufruf angegebenen File–Namen, falls nicht anders über Qualifier spezifiziert. Seine Versionsnummer berechnet sich aus der höchsten vorhandenen Versionsnummer des gleichnamigen Files + 1.

Beispiel für die Erstellung eines neuen Files im Line–Mode:

$ EDIT/EDT DEMO.TXT *<CR>*

```
Input file does not exist
[EOB]
* INSERT <CR>
Dies ist Textzeile 1 <CR>
Dies ist Textzeile 2 <CR>
```

CTRL/Z wird gedrückt

```
[EOB]
* EXIT
DATA1:[SIMON]DEMO.TXT;1
$
```

Der File DEMO.TXT erhält die Versionsnummer 1 (DEMO.TXT;1).

Eine andere Möglichkeit des Aufrufs eines Editors besteht in der Benutzung des OpenVMS–EVE–Editors.
TPU ist ein Textbearbeitungs–Programm, welches es erlaubt, die Editor–Arbeitsweise zu verändern und zu erweitern. Bei dieser Arbeitsweise stehen allerdings nicht alle Line–Mode–Kommandos des EDT–Editors zur Verfügung.
Über einen Initialisierungs–File kann die EDT–Umgebung mitangegeben werden. Dieser Initialisierungs–File muß in diesem Fall das TPU–Kommando SET KEYPAD EDT enthalten. Dies hat den Vorteil, daß der Benutzer die gewohnte Umgebung des schon älteren EDT–Editors benutzen kann, ohne auf die Vorteile

des OpenVMS EVE–Editors wie Einfüge–/Überschreibemodus (insert/overstrike), einfaches Tabulatorsetting, usw. verzichten zu müssen.

Beispiel:
$ EDIT/TPU/INITIALIZATION=TPUEDT.DAT DEMO.TXT

Beispielsweise bestehen beim Standard–EDT–Editor die Einschränkungen, daß das Terminal nicht vom Insert– in den Overstrike–Modus umgeschaltet werden kann und daß nur der am weitesten links stehende Tabulator gesetzt werden kann.

Qualifier beim Aufruf des Editors:

/OUTPUT=filename.filetype

Dieser Qualifier wird verwendet, wenn die Ausgabedatei und die Eingabedatei verschiedene Namen haben sollen.

Beispiel:
$ EDIT/OUTPUT=NVEER.BAS VEER.BAS

/RECOVER

Zur Vermeidung von Datenverlust im Falle des Rechnerausfalls oder falscher Benutzerkommandos werden sämtliche Benutzereingaben, die den Editiervorgang steuern, zusätzlich in ein sogenanntes Journal–File geschrieben. Das Journal–File hat den File–Typ *.JOU* und den File–Namen des Files, welcher mit dem EDT bearbeitet wird. Der Journal–File bleibt auch bestehen, wenn der Editiervorgang durch die Tastenkombination *CTRL/Y* abgebrochen wird. In diesem Journal–File befinden sich alle Editor–Befehle, die der Anwender eingegeben hat. Das Journal–File erhält den Namen des editierten Files und den File–Typ *.JOU.*

Beim nächsten Editiervorgang können Editier–Befehle, die im Journal–File enthalten sind, ausgeführt werden. Dazu dient der Qualifier /RECOVER.

Beispiel:
$ EDIT FEHLER.TXT
* INSERT

Textzeile1
Textzeile2
CTRL/Y

Der Editiervorgang wird abgebrochen und FEHLER.JOU wird gerettet. Der File FEHLER.TXT wird in den Main–Buffer übertragen und die Befehle aus FEHLER.JOU werden ausgeführt.

/COMMAND = filename.filetype

Dieser Qualifier gibt an, daß vor dem Editieren der angebene File gelesen und die in ihm enthaltenen Editor–Befehle ausgeführt werden sollen. Im Allgemeinen sind es Editor–Befehle, mit denen Default–Werte geändert werden.

Beispiel:
$ EDIT TEXT.DAT /COMMAND=FORM.EDT

EDT kopiert den Inhalt von TEXT.DAT in den Main–Buffer und liest den Inhalt des Command–Files FORM.EDT. Die Befehle aus FORM.EDT werden ausgeführt. Erst dann wartet der Editor auf eine Eingabe.

Wird der Qualifier /COMMAND nicht verwendet, so sucht der Editor defaultmäßig nach dem Kommando–File EDTINI.EDT und führt die darin enthaltenen Befehle aus. In EDTINI.EDT können zum Beispiel folgende EDT–Kommandos im Line–Mode geschrieben sein:

SET MODE CHANGE
SET SEARCH END

Wird kein anderes Command–File angegeben, dann werden die oben gezeigten Befehle ausgeführt; d.h. der EDT arbeitet von Anfang an im Keypad–Mode und der Cursor soll immer am Ende einer gefundenen Zeichenkette stehen.

/READ

Dieser Qualifier gibt an, daß der zum Editieren benutzte File nur gelesen werden soll. Beim Verlassen des Editors erfolgt kein Zurückschreiben auf die Platte.

Beispiel:
$ EDIT/EDT/READ VPROJ1.TXT

4.2.2 Editor–Arbeitsbereiche

Einen File kann man sich als Folge von Datensätzen vorstellen, die von 1 bis n durchnumeriert sind.
Wichtig sind beim Editieren die Begriffe des *buffer* (Arbeitsbereich) und des *range* (Bereichsangabe).

Der Editor EDIT/EDT arbeitet mit zwei Typen von Arbeitsbereichen:

- Text–Arbeitsbereiche:
  MAIN, *PASTE* und vom Benutzer angelegte Arbeitsbereiche mit frei wählbaren Namen. *MAIN* und *PASTE* werden nach dem Aufruf von EDIT/EDT angelegt.
  MAIN:
  In diesen Arbeitsbereich wird der Eingabe–File eingelesen.
  PASTE:
  Bei den Keypad–Befehlen CUT und APPEND wird der Text in den Paste–Arbeitsbereich geschrieben.
  Benutzer–Arbeitsbereiche:
  Vom Benutzer angelegte Arbeitsbereiche werden mit einem frei wählbaren Namen versehen. Er kann bis zu 30 Zeichen lang sein. Der Arbeitsbereich wird mit =<name> angesprochen. Zum Beispiel wird durch die EDT–Anweisung *INCLUDE Y.DAT =Anwenderpuffer* der Inhalt des Files Y.DAT in den Arbeitsbereich Anwenderpuffer gelesen und kann dort z.B. angesehen werden, ohne den Arbeitsbereich *MAIN* zu beeinflussen. Zurück in den Arbeitsbereich *MAIN* gelangt man durch die EDT–Anweisung *F=MAIN*.
- Andere Arbeitsbereiche:
  Zeile (line), Wort (word) und Zeichen (character).

Bereichsangabe (range specification):

Die Bereichsangabe definiert die Zeilen im Text, an denen der Editor bestimmte Operationen ausführen soll. Die Bedeutung der einzelnen Bereiche (ranges) wird im folgenden aufgeführt:

Punkt (.)	Die aktuelle Zeile, d.h. die Zeile, in der sich der Cursor befindet.
BEGIN	Erste Zeile im aktuellen Text–Buffer.
END	Leere Zeile, folgt der letzten Zeile im Text–Buffer.
number	Zeile mit der angegebenen Nummer.
'string'	Die angegebene Zeichenkette wird gesucht (vorwärts).
–'string'	Die angegebene Zeichenkette wird gesucht (rückwärts).
BEFORE	Alle Zeilen im Text–Buffer vor der aktuellen Zeile.
REST	Alle Zeilen im Text–Buffer nach der aktuellen Zeile einschließlich der aktuellen Zeile.
WHOLE	Der aktuelle Text–Buffer.
range–1 : range–2 range–1 THRU range–2	} Die Zeilen von *range–1* bis *range–2*.
range–1 # range–2 range–1 FOR number	} Ab *range–1*, die mit number angegebene Anzahl der Zeilen.
range, range, ...	Alle spezifizierten Zeilen.
range ALL 'string'	Alle Zeilen im spezifizierten Bereich, die die angegebene Zeichenkette enthalten.
SELECT	Alle Zeilen im mittels SELECT (Change–Mode) definierten Bereich.
=buffer range	Im angegebenen Arbeitsbereich (buffer) alle mit *range* spezifizierten Zeilen. Buffer ist dabei eine beliebige alphanumerische Bezeichnung, die frei vergeben werden kann.

Die wichtigsten Line–Mode–Kommandos werden im folgenden aufgeführt.

4.2.3 Kommandos im Editor–Line–Mode

Das Promptzeichen * kennzeichnet den Line–Mode (Zeilenmodus) des Editors. Kommandos im Line–Mode werden nach dem Zeichen * geschrieben. An druckenden Terminals (LA34, LA120 oder ähnliche) ist ein Editieren nur im Line–Mode möglich.
Bei der Beschreibung der einzelnen Line–Mode–Kommandos bedeutet das geschweifte Klammernpaar ({,}), daß die darin enthaltenen Angaben bei der Eingabe des Kommmandos optional sind, d.h. auch weggelassen werden können.

TYPE <range> {/BRIEF:n} {/STAY} (Abkürzung: T)

Beispiel: * TYPE 10 THRU 220

Es werden die Zeilen 10 bis 220 am Bildschirm angezeigt. Bei Verwendung von / BRIEF:n werden nur die ersten n Zeichen einer Zeile angezeigt. /STAY bewirkt, daß die aktuelle Cursorposition nicht verändert wird.

COPY <range–1> TO {<range–2>} {/QUERY} {/DUP:n} (Abkürzung: CO)

Beispiel: * COPY 10 THRU 55

EDT kopiert die Zeilen 10 bis 20 vor die Zeile 55. Bei Verwendung von /DUP:n werden die in <range–1> angegebenen Zeilen n–mal zum <range–2> kopiert. Bei Verwendung von /QUERY wird nach jeder Zeile gefragt, ob sie kopiert werden soll. Mögliche Antworten sind:

Y – (yes) diese Zeile wird kopiert
N – (no) diese Zeile wird nicht kopiert
A – (all) alle Zeilen werden kopiert
Q – (quit) Kopieren wird beendet

INCLUDE <filename> {<range>} (Abkürzung: INC)

Mit diesem Kommando wird ein File in den Text–Buffer kopiert.

Beispiele:
* INCLUDE TEXT2.DAT
* INCLUDE TEXT3.DAT =BSP 50

EDT kopiert den File TEXT2.DAT in den aktuellen Text–Buffer vor die aktuelle Zeile. EDT kopiert den File TEXT3.DAT in den Text–Buffer mit dem Namen BSP vor die Zeile 50.

MOVE {<range–1>} TO {<range–2>} {/QUERY} (Abkürzung: M)

Beispiel:
* MOVE TO 20

EDT kopiert die aktuelle Zeile vor Zeile 20 und löscht die aktuelle Zeile.

* MOVE 5 TO 25 TO =BA2 20

EDT kopiert Zeile 5 bis 25 vom aktuellen Text–Buffer in den Text–Buffer mit der Bezeichnung BA2 vor die Zeile 20 und löscht die Zeilen 5 bis 25 im aktuellen Text–Buffer.

SUBSTITUTE !<string–1>!<string–2>! {<range>} {/BRIEF:n} {/QUERY} (Abkürzung: S)

EDT ersetzt die Zeichenfolge *string–1* durch die Zeichenfolge *string–2* im mit <range> angegebenen Bereich. Entfällt die <range> –Angabe, wird nur das erste Auftreten von *string–1* durch *string–2* ersetzt.
Bei Verwendung von /BRIEF:n werden n Zeichen der Zeile, die *string–1* enthält, auf dem Bildschirm geschrieben.
Bei Verwendung von /QUERY wird vor jedem Ersetzen gefragt, ob *string–1* durch *string–2* ersetzt werden soll. Mögliche Antworten sind:

Y – (yes) ersetzen
N – (no) nicht ersetzen
A – (all) alle übrigen
Q – (quit) Operation wird abgebrochen

Beispiel:
* SUBSTITUTE /DUR/MOLL/ WHOLE

Im aktuellen Buffer wird das Wort DUR gesucht und durch MOLL ersetzt. Die Bereichsangabe (<range>) WHOLE bedeutet, daß die Substitutionen im kompletten aktuellen Buffer durchgeführt werden.

WRITE filename {<range>} (Abkürzung: WR)

EDT kopiert den in <range> definierten Teil des Text–Buffers in den spezifizierten File. Entfällt die <range> –Angabe, so wird der komplette aktuelle Text–Buffer in den File kopiert.

Beispiel:

* WRITE TEST.PAS 20 THRU 70

EDT kopiert die Zeilen 20 bis 70 des aktuellen Buffers in den File TEST.PAS. Der Inhalt der Buffer wird nicht verändert.

DELETE {<range>} {/QUERY} (Abkürzung: D)

Das Delete–Kommando löscht die mit <range> spezifizierten Zeilen. Falls kein <range> angegeben ist, wird die aktuelle Zeile gelöscht. /QUERY bewirkt, daß die Nummern der gelöschten Zeilen am Bildschirm angezeigt werden.
Beispiel;
* DELETE 234:END
Löscht die Zeilen 234 bis zum Ende

INSERT (Abkürzung: INS)

Der Editor geht in den Line–Mode–Einfügemodus über. Der Cursor springt auf die zweite Tabulator–Position der nächsten Zeile, und es können Zeichen eingegeben werden.
Der Line–Mode–Einfügemodus kann durch gleichzeitiges Drücken der Tastenkombination *CTRL/Z* beendet werden.

SET <Typ> <Wert>

Mit dem SET–Kommando können bestimmte Eigenschaften des Editors beeinflußt werden. Dies sind z.B.:

```
AUTOREPEAT  CASE      COMMAND   Cursor    ENTITY      FNF
HELP
KEYPAD      LINES     MODE      NUMBERS   PARAGRAPH   PROMPT
QUIET
REPEAT      SCREEN    SEARCH    SUMMARY   TAB         TERMINAL
TEXT
TRUNCATE    VERIFY    WORD      WRAP
```

Beispiele:
* set screen 132
* set lines 14
* set search exact
* set wrap 70

Der Bildschirm wird auf eine Breite von 132 Zeichen erweitert. In diesem Fall ist der Parameter <Typ> = SCREEN und <Wert>=132. Beim Standard–VT100 sollte dafür auch der LINES–Parameter auf 14 gesetzt werden.
SET SEARCH EXACT bewirkt, daß bei allen Funktionen, die eine Suchfunktion auslösen, Groß– bzw. Kleinschreibung beim Vergleich relevant ist. SET WRAP 70 bewirkt, daß ab Spalte 70 ein automatischer Zeilenumbruch erfolgt. Default ist NOWRAP.

EXIT {<filename>}

Mit dem Kommando EXIT wird das Editieren beendet. EDT schreibt den Inhalt des Main–Buffers in den angegebenen File <filename>.Wird beim Kommando EXIT kein File–Name angegeben, entspricht der Name des Ausgabe–Files dem Namen des editierten Files, wobei die Versionsnummer um 1 erhöht wird.

QUIT

Dieses Kommando beendet ebenfalls das Editieren. Der Inhalt des Main–Buffers wird jedoch nicht in den Ausgabe–File geschrieben.

CHANGE

Dieses Kommando dient dazu, den Keypad–Mode (oder Change–Mode) zu benutzen.

HELP

Dieses Kommando dient als Hilfe für den Benutzer. Informationen über einen gewünschten Befehl erscheinen am Bildschirm.
Beispiel:
* HELP SUBS
EDT gibt auf dem Bildschirm die Information über den SUBSTITUTE–Befehl aus.
* HELP *
Auf dem Bildschirm wird in alphabetischer Reihenfolge Information über die EDT–Befehle angezeigt.

4.2.4 Editierfunktionen im Keypad–Mode

Nach Aufruf des Editors meldet er sich mit dem Promptzeichen *. Das Zeichen * bedeutet, daß man sich im Line–Mode des Editors befindet. Will man aus dem Line–Mode in die bildschirmorientierte Arbeitsweise des Editors (Change–Mode oder Keypad–Mode) gelangen, so muß das Line–Mode–Kommando CHANGE (Abkürzung: C) eingegeben werden.
Nach der Eingabe von CHANGE wird der Bildschirm gelöscht und danach die erste Textseite des zu bearbeitenden Files angezeigt. Falls es sich um einen neu zu erstel-

lenden File handelt, wird der Cursor links oben positioniert, und es erscheint das End–of–Block–Symbol *[EOB]*.

Danach kann über die Positionierungstasten ←↓→↑ der Cursor bewegt bzw. mit den Tasten <Next screen> und <Prev Screen> vorwärts– und rückwärts geblättert werden.
Mit Keypad–Funktionen kann nur auf Terminals mit direkter Cursorpositionierung, wie z.B. den Terminals der Serie VT, gearbeitet werden.

Forward Reverse	Move by line	Erase word	Insert Overstrike

HELP	DO

Für Hilfe über die Kommandos ist ein Kommando oder ? einzugeben.

Für das Auflisten aller Tastendefinitionen ist KEYS einzugeben und RETURN oder die Taste HELP zu drücken (bzw. GOLD–HELP beim VT100).

Für die Anzeige einer Tastendefinition ist das Kommando SHOW KEY zu benutzen.

Find	Insert here	Remove
Select	Prev Screen	Next Screen
	↑	
←	↓	→

Benutze die Taste DO für weitere Kommandos

Abb. 4.2–1: Keypad–Tastatur VT200/VT300/VT400

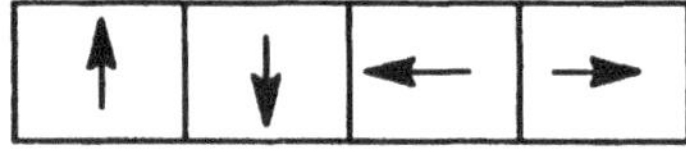

Zusätzliche Funktionstasten:

DELETE	Löscht das voranstehende Zeichen
LINEFEED	Löscht das voranstehende Wort
BACK SPACE	Geht auf den Anfang der Zeile
CTRL/K	Definiert eine Funktionstaste um
CTRL/U	Löscht bis zum Anfang einer Zeile
CTRL/W	Baut den Bildschirminhalt neu auf (Refresh)
CTRL/Z	Rückkehr zum Line Mode

GOLD (PF1)	HELP (PF2)	Fndnxt Find (PF3)	Del L Und L (PF4)
Page Command	Sect Fill	Append Replace	Del W Und W
Advance Bottom	Backup Top	Cut Paste	Del C Und C
Word Chngcase	Eol Del Eol	Char Specins	ENTER
Line Open Line		Select Reset	Subs

Abb. 4.2–2: Die Keypad–Tastatur des VT100

Die meisten Tasten der Keypad–Tastatur haben 2 Funktionen:

- die obere Funktion ist die Standardfunktion
- die untere Funktion wird ausgeführt, wenn die GOLD–Taste und danach die gewünschte Funktionstaste gedrückt wird.

Beispiel:

Taste	Wirkung
DEL L / UND L	Wird nur diese Taste gedrückt, so wird die Funktion Zeile löschen (delete line) ausgeführt.
GOLD + DEL L / UND L	In diesem Fall wird die Funktion undelete (Löschung wird zurückgenommen) ausgeführt.

Zum Aufheben der Wirkung der GOLD–Taste (wenn sie z.B. unbeabsichtigt betätigt worden ist) muß die Reset–Taste gedrückt werden.

4.2.5 Bedeutung der Keypad–Tasten

Keypad–Taste	Funktion
GOLD	Nach Betätigen dieser Taste kann • eine Funktionstaste gedrückt werden; dann wird die untere Funktion dieser Taste ausgeführt. • eine Zahl (auf der normalen Tastatur) angegeben werden, die als Wiederholungsfaktor für die nächste Funktion gilt.
ADVANCE, BACKUP	Bestimmen die Richtung (Richtungstasten), in der sich der Cursor bewegt. Bei ADVANCE (Default) bewegt er sich vorwärts, bei BACKUP rückwärts. Von der Richtungseinstellung sind folgende Funktionen beeinflußt: CHAR, WORD, LINE, EOL, FIND, FNDNXT, PAGE, SECTION und SUBSTITUTE.
LINE	Der Cursor wird auf den Anfang der nächsten Zeile (bei Advance–Mode) oder auf den Anfang der aktuellen Zeile (bei Backup–Mode) gesetzt.
OPEN LINE	Hinter dem Cursor wird das Zeichen Carriage Return (*CR*) eingefügt. Steht der Cursor am Anfang oder am Ende einer Zeile, so wird eine Leerzeile eingetragen.
WORD	Der Cursor bewegt sich ein Wort vorwärts bei Advance–Mode oder rückwärts bei Backup–Mode.
CHNCASE	Kleine Buchstaben werden durch große und große durch kleine ersetzt. Es kann der Buchstabe, auf dem der Cursor steht oder der Text, der sich in *select range* befindet, oder *search string* geändert werden.
EOL	*End of line* setzt den Cursor auf das Ende der aktuellen Zeile bei Advance–Mode oder auf das Ende der vorhergehenden Zeile bei Backup–Mode.
DEL EOL	*Delete to End of Line* löscht Text von der Cursor–Position bis zum Ende der aktuellen Zeile.
CHAR	Beim Betätigen dieser Taste bewegt sich der Cursor ein Zeichen vorwärts bei Advance–Mode oder rückwärts bei Backup–Mode.

SPECINS — Sollen nicht druckbare ASCII–Zeichen in den Text eingefügt werden, so müssen die folgenden Operationen ausgeführt werden:
- GOLD–Taste betätigen
- dezimale Verschlüsselung des ASCII–Zeichens angeben (z.B. ASCII Code 10 für Line Feed oder 7 für Bell)
- GOLD+SPECINS betätigen.

BOTTOM, TOP — Bei TOP wird der Cursor auf den Anfang, bei BOTTOM auf das Ende des Text–Buffers gesetzt. Defaultmäßig sind auf dem Bildschirm 22 Zeilen sichtbar.

SELECT — Von den Operationen CUT, APPEND und REPLACE muß der entsprechende Text markiert werden. Dazu wird der Cursor auf den Anfang des Textes gesetzt und die Taste SELECT getätigt. Anschließend bewegt man den Cursor zum Ende des Textes. Der markierte Text erscheint vor anderem Hintergrund (z.B. weiß unterlegt, terminalabhängig).

CUT — Beim Betätigen dieser Taste wird der Text, der durch SELECT markiert oder mit FIND gefunden wurde, gelöscht und in den Paste–Buffer geschrieben.

PASTE — Der Inhalt des Paste–Buffers wird vor dem Cursor eingefügt.

PAGE — Der Cursor wird auf den Anfang der nächsten (bei Advance–Mode) oder auf den Anfang der vorhergehenden Seite (bei Backup–Mode) gesetzt. Default–Zeichen für eine neue Seite ist FF (Form Feed, ASCII–Code 12).

COMMAND — Nach Betätigen der Tasten GOLD+COMMAND erscheint unten auf dem Bildschirm der Text *Command:*. Jetzt können Editor–Kontroll–Kommandos z.B. EXIT oder QUIT und alle Kommandos des Line–Modes (z.B. SUBSTITUTE /aa/ bb/ whole) angegeben werden.

SECTION — Der Cursor wird um 16 Zeilen vorwärts (bei Advance–Mode) oder rückwärts (bei Backup–Mode) verschoben.

FILL — Durch SELECT markierte Zeilen sollen eine bestimmte Breite haben.
Beispiel:
- Nach Betätigen der Tasten GOLD und COMMAND wird das Line–Mode–Kommando *SET WRAP 20* eingegeben und mit der ENTER–Taste beendet.
- Mit den Tasten SELECT und den Cursorpositionierungstasten wird der Textbereich markiert, der die Zeilenlänge 20 Zeichen haben soll.
- Die Tasten GOLD+FILL betätigen.

APPEND — Der durch SELECT markierte Text wird gelöscht und ans Ende des Textes, der im Paste–Buffer steht, angehängt.

REPLACE	Der Text, der durch SELECT markiert ist, wird durch den Inhalt des Paste–Buffers ersetzt.
HELP	Nach Betätigen der Taste HELP erscheint die Abbildung der Keypad–Tastatur auf dem Bildschirm. Um weitere Information über eine bestimmte Keypad–Taste zu erhalten, ist die unbekannten Funktionstaste zu drücken. Danach kann eine andere Taste betätigt werden. Über die Leerzeichentaste (blank) kann HELP wieder verlassen werden.
FIND	Nach Betätigen der Tasten GOLD+FIND erscheint auf dem Bildschirm die Aufforderung *Search for*. Jetzt soll die gesuchte Zeichenkette angegeben werden. Nach Betätigen der Taste ENTER wird diese Zeichenkette gesucht, und zusätzlich wird sie in den Search–Buffer geschrieben.
FNDNXT	Es wird die Zeichenkette gesucht, die sich im Search–Buffer befindet (find next).
RESET	Mit RESET können SELECT und Wiederholungsoperationen von der Ausführung annulliert werden.
DEL L	Beim Betätigen dieser Taste wird der Text von der Cursor–Position bis zum Ende der Zeile (mit dem Zeilenende) gelöscht. Der gelöschte Text wird in dem Line–Buffer abgespeichert.
UND L	Der im Line–Buffer abgespeicherte Text wird vor dem Cursor eingesetzt.
DEL W	Beim Betätigen dieser Taste werden Zeichen zwischen dem Cursor und dem nächsten Wort gelöscht. Die gelöschten Zeichen werden in dem Word–Buffer abgespeichert.
UND W	Die im Word–Buffer abgespeicherten Zeichen werden vor dem Cursor eingesetzt.
DEL C	Beim Betätigen dieser Taste wird das Zeichen, auf dem der Cursor steht, gelöscht. Das gelöschte Zeichen wird in dem Character–Buffer abgespeichert.
UND C	Das im Character–Buffer abgespeicherte Zeichen wird vor dem Cursor eingesetzt.
ENTER	Das Betätigen dieser Taste bewirkt das Beenden von FIND– und COMMAND–Funktionen.
SUBS	Die durch FIND gefundene Zeichenkette wird durch den Inhalt des Paste–Buffers ersetzt.

Pfeiltasten:

UP	Der Cursor wird eine Zeile nach oben verschoben.
DOWN	Der Cursor wird eine Zeile nach unten verschoben.
RIGHT	Der Cursor wird ein Zeichen nach rechts verschoben.
LEFT	Der Cursor wird ein Zeichen nach links verschoben.

4.2.6 Das Bearbeiten von Textabschnitten

Häufig müssen Abschnitte an andere Stellen des Files verschoben bzw. kopiert werden. Im Line–Mode kann dies mit den Befehlen MOVE bzw. COPY erfolgen, wobei Zeilennummern für die Definition der Abschnitte benutzt werden.
Im Change–Mode des Editors lassen sich Abschnitte (sections) beliebiger Form definieren. Ein Abschnitt kann aus einem oder mehreren Zeilen oder auch nur aus einzelnen Zeichen bestehen.
Abschnitte lassen sich verschieben, kopieren und löschen.

Für das Arbeiten mit Abschnitten kann immer die gleiche Methode verwendet werden:

- Anfang des Abschnitts markieren.
  Dies geschieht durch:
  - Positionieren des Cursors auf den Anfang des Abschnitts
  - Drücken der Taste SELECT (= Punkt) auf dem zusätzlichen Tastenfeld (Keypad).
- Länge des Abschnitts markieren.
  Dies kann durch alle Edit–Funktionen erfolgen, welche den Cursor bewegen. Beispielsweise sind dies die Pfeiltasten, die Sectiontaste oder auch die FIND–Funktion. Der so markierte Abschnitt wird automatisch invers am Bildschirm hinterlegt.
- Abschnitt zwischenspeichern.
  Dies geschieht durch Drücken der Taste *CUT* (=6 auf dem Keypad). Am Bildschirm verschwindet der so selektierte Abschnitt (wird im Paste–Buffer abgelegt), und der Text wird zusammengeschoben. Der selektierte Text befindet sich nun im sogenannten Paste–Buffer.
- Positionieren auf die Zielposition des Abschnitts.
  Dies geschieht durch Funktionen, die den Cursor positionieren. Dies können beispielsweise die Pfeiltasten, die Abschnittstaste (Taste 8 auf dem Keypad) oder jede andere Funktionstaste sein, welche den Cursor bewegt.
- Abschnitt aus dem Zwischenspeicher hervorholen.
  Dies geschieht durch Drücken der Taste *PASTE* (=GOLD und danach der Taste 6 auf dem Keypad). Der selektierte Abschnitt wird aus dem Paste–Buffer im aktuellen Arbeitsbereich an der mit dem Cursor festgelegten Position eingefügt.

Befindet sich ein Abschnitt im Paste–Buffer, so bleibt er dort erhalten, bis eine neue Cut–Funktion erfolgt.

4.2.7 Nutzung des Edit–Kommando–Files EDTINI.EDT

Voreinstellungen für die Benutzung des Editors können in einem File definiert werden, der beim Aufruf des Editors über den Qualifier /COMMAND=<filename> angegeben werden kann. Wird beim Aufruf des Editors kein Qualifier /COMMAND angegeben, so wird, falls der logische Name EDTSYS definiert ist, dieser Initialisierungs–File durchlaufen.
Ist EDTSYS nicht definiert, so wird nach dem File SYS$LIBRARY:EDTSYS.EDT gesucht. Danach wird in der Default–Directory des Benutzers (logischer Name

SYS$LOGIN) nach einem File mit dem Namen EDTINI.EDT gesucht. Beispielsweise könnte man sofort nach Aufruf des Editors den Change-Mode aktivieren (*set mode change*) oder gleich den Bildschirm auf 132 Zeichen stellen (*set screen 132*).
Nachfolgend ist ein sinnvoller Eintrag für den File EDTINI.EDT aufgezeigt, der es ermöglicht, die gesamte Bildschirmanzeige nach links bzw. rechts zu verschieben.

Erforderliche Einträge im File EDTINI.EDT:

DEFINE KEY GOLD 15 AS "SHL."
DEFINE KEY GOLD 14 AS "SHR."

Die Funktionen, die Bildschirmanzeige nach links bzw. nach rechts zu verschieben, werden im Change-Mode durch Drücken der Tastenfolgen:
<PF1> <Pfeil nach links> bzw.
<PF1> <Pfeil nach rechts>
ausgelöst.

4.2.8 Umdefinition von Keypad-Tasten

Alle Keypad-Tasten (außer GOLD) und die meisten Kontrolltasten (außer CTRL/C, CTRL/Q, CTRL/S oder CTRL/Y) können umdefiniert werden. Durch das Umdefinieren von Keypad-Tasten lassen sich oft zu wiederholende Editierabläufe beschleunigen. Soll eine Taste umdefiniert werden, benutzt man im Change-Mode die Funktion *CTRL/K*.

Danach muß die Taste (oder GOLD und die Taste) betätigt werden, die umdefiniert werden soll. Die neue Funktion der Taste wird nun angegeben.

Die Definition sollte in runden Klammern stehen und muß mit einem Punkt beendet werden. Durch die runden Klammern kann erreicht werden, daß bei der Ausführung ein Wiederholungsfaktor angegeben werden kann (GOLD + Zahl + definierte Taste).
Für die Definition dürfen nur die Keypad-Tasten und sogenannte Nokeypad-Befehle benutzt werden. Da die Nokeypad-Befehle beim praktischen Arbeiten mit dem OpenVMS-Editor EDT fast nie benötigt werden, wird im nachfolgenden Beispiel nur die Insert-Funktion verwendet. Ausführlich sind die Nokeypad-Befehle im OpenVAX EDT Reference Manual beschrieben.
Eines der wichtigstes Nokeypad-Kommandos ist das Kommando INSERT (I). Die mit diesem Kommando automatisch einzufügende Zeichenfolge muß durch die Endekennung *CTRL/Z* abgeschlossen werden.

Beispiel:
Die Taste CHAR (= 3 auf dem Keypad) soll so umdefiniert werden. Nach Betätigen dieser Taste werden automatisch fünf Leerzeichen am Anfang der Zeile des aktuellen Arbeitsbereichs eingefügt.

Für das Umdefinieren der Taste CHAR werden die Tasten in folgender Reihenfolge betätigt:

- *CTRL/K*
- CHAR
- (

- LINE
- Eingabe von I gefolgt von 5 Leerzeichen
- Abschluß durch *CTRL/Z*
-)
- Punkt auf der alphanumerischen Tastatur drücken
- ENTER

Auf dem Bildschirm wird angezeigt: (D+C+C UND C).

Die neue Funktion der CHAR–Taste gilt nur für den aktuellen Editiervorgang, in dem sie umdefiniert war.

Soll eine Funktionstaste bei jedem Editiervorgang umdefiniert werden, ist es sinnvoll, diese neue Funktion im File EDTINI.EDT festzulegen. Die dort mit dem Line–Mode–Kommando DEFINE KEY definierten Zeichen sind sogenannte Nokeypad–Editing–Commands.
Diese Kommandos werden bei der normalen Textbearbeitung nicht benötigt. Deshalb werden sie auch hier nicht weiter aufgeführt. Ausführlich beschrieben sind diese Befehlsfolgen in der OpenVMS–Dokumentation im EDT Editor Manual Chapter 8 ("Nokeypad Editing").

Beispiel:
Die folgenden Zeilen befinden sich im File EDTINI.EDT:

```
DEFINE KEY               2  AS '(D2W).'
DEFINE KEY               3  AS '(6I ^Z).'
DEFINE KEY      GOLD     9  AS 'I@@@@.'
```

Beim Betätigen der Tasten:

- (EOL) 2 werden 2 Wörter gelöscht.
- (CHAR) 3 werden 6 Blanks im Text eingefügt.
- GOLD und 9 (APPEND) wird die Kennung @@@@ vor dem Cursor eingesetzt.

5. Benutzerkommunikation

Der Informationsaustausch erfolgt am häufigsten durch die Postdienste *Brief* und *Telefon*. Beides ist unter OpenVMS nachgebildet. OpenVMS–Benutzer können netzwerkweit Nachrichten (Mails) austauschen oder direkt mit anderen Benutzern im Dialog kommunizieren (Phone).

5.1 Mail–Utility

Die Mail–Utility erlaubt das Verschicken von Nachrichten an andere User des Systems oder einen anderen über DECnet verbundenen Rechner.
Die übermittelten Nachrichten werden in sogenannten Message–Files abgespeichert (SYS$LOGIN:MAIL.MAI).

In einer DECwindows/Motif Umgebung kann Mail durch Anwahl des Menüpunktes *Mail* des Anwendungsmenüs aufgerufen werden. Es wird danach ein Fenster mit einer Menüoberfläche aufgeschaltet, die selbsterklärend ist.

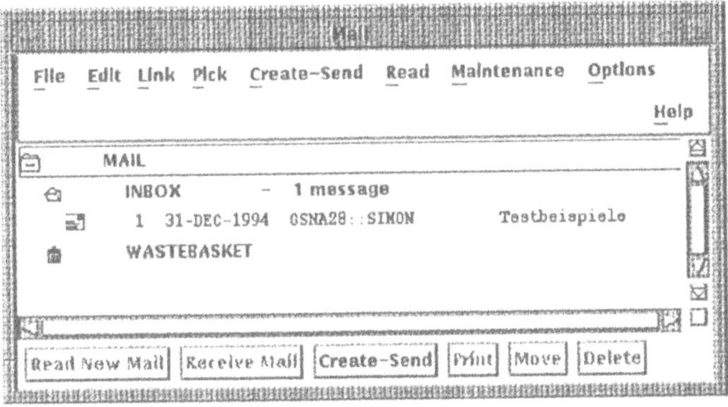

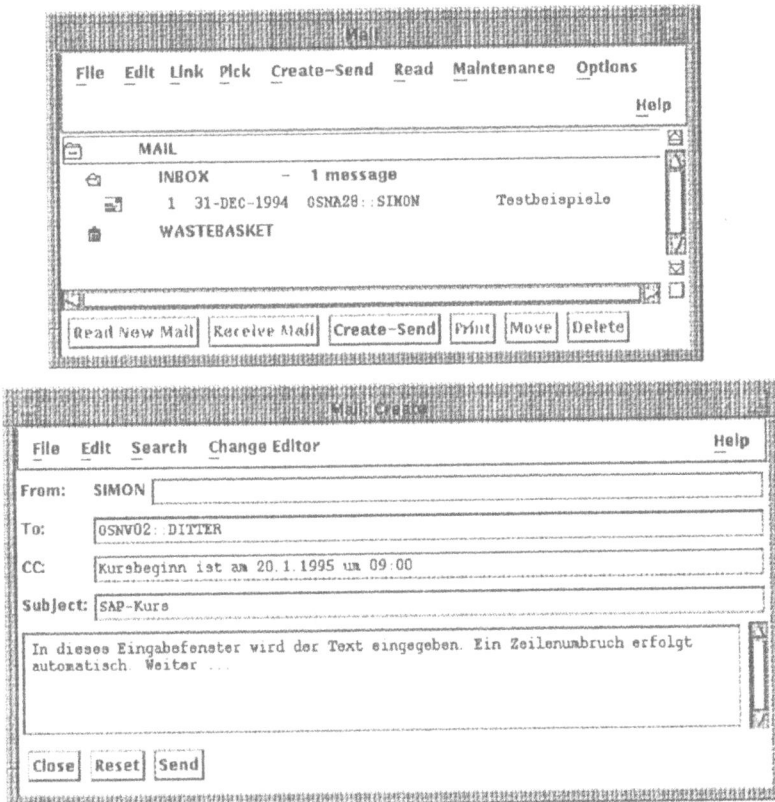

Abb. 5.1–1: DECwindows–Informationsfelder

Aus der DCL–Kommandoebene erfolgt der Aufruf der Mail–Utility durch Eingabe des Kommandos MAIL.

Nachfolgend wird die Kommandoschnittstelle von Mail beschrieben.

MAIL [<filespec>] [<Empfängername>]

Es wird die OpenVMS Mail–Utility aufgerufen. Durch Angabe von <filespec> kann eine Datei an den Empfänger übermittelt werden. Als <Empfängername> kann ein OpenVMS Benutzername oder der Benutzername im Netzwerk in der Form <DECnet–Knotenname>::<Benutzername> angegeben werden.
Beispiel: GINA11::HELBRECHT

Qualifier:
/EDIT
Legt fest, daß der Default–Editor für die Bearbeitung der Mail–Kommandos SEND bzw. REPLY verwendet werden soll. Der Default–Editor kann innerhalb der Mail–Utility durch das Kommando SET EDITOR <Editorname> eingestellt werden. Default ist der EVE–Editor.

/PERSONAL_NAME=<text>
Hier kann eine zusätzliche Information mit angegeben werden, welche direkt nach der Absenderangabe beim Empfänger der Nachricht angezeigt wird. Enthält <text> Leerzeichen oder Sonderzeichen, so ist die Zeichenfolge in Anführungszeichen zu setzen.

/SELF
Sendet eine Kopie der zu übermittelten Nachricht auf an den eigenen Benutzername.

/SUBJECT=<text>
Es wird der Text angegeben, welcher als Überschrift der Nachricht (subject) benutzt werden soll. Enthält <text> Leerzeichen oder Sonderzeichen, so ist die Zeichenfolge in Anführungszeichen zu setzen.

Beispiel:
Beispiel: /SUBJECT="Rechnerservice am 18.02.1995"

```
$ mail /subject="Umsatzvorschau 95"  data6:[faktura]umsatz95.dat  -
_$  /personal_name="Ihre Anfrage vom 10.12.1994" -
_$  GSIVA2::KR_KMAIER
```
Es wird die Datei umsatz95.dat an den Benutzer KR_KMAIER versendet, der sich auf dem Rechner GSIVA2 befindet.

■

Ebenso ist es möglich, gezielt Mails an Benutzergruppen zu schicken. Die Benutzergruppe (z.B. ein Verteiler) muß in einem File definiert sein. Hierzu sind die Usernamen aller Benutzer, die Empfänger der Nachricht sein sollen, in ein File einzutragen. Der Default–File–Typ für derartige Mail–Verteiler–Files ist *.DIS*.

Beispiel: Die Datei VERTEILER.DIS habe den Inhalt:

```
USER1
USER2
USER3
USER4
```

```
USER5
FIELD
```

$ mail /subject="Lastmessungen" MESS.DAT "@VERTEILER.DIS"

Der Inhalt des Files MESS.DAT wird an die Benutzer USER1, USER2, USER3, USER4, USER5 und FIELD verschickt.

■

Ohne Angabe von Parametern meldet sich die Mail–Utility mit der Eingabeaufforderungskennung: MAIL>

Danach können Kommandos eingegeben werden.
Mail kennt auch ein Help–Kommando, über das weitere Information zu jedem Mail–Kommando abgerufen werden kann.

Beispiel:

$ MAIL

MAIL>HELP

```
HELP

Liefert Information über die Mail-Utility.
Um Information über alle Mail-Kommandos zu erhalten, ist das nachfol-
gende Kommando einzugegeben:

MAIL> HELP *

Um Infomation über spezielle Kommandos oder Hauptpunkte zuerhalten,
ist HELP gefolgt von dem Kommando bzw. dem Hauptpunkt einzugeben.

Format:

HELP [topic]

Additional information available:

ANSWER    ATTACH    BACK      COMPRESS  COPY      CURRENT   DEFINE
DELETE    DIRECTORYEDIT       ERASE     EXIT      EXTRACT   FILE
Files     FIRST     Folders   FORWARD   Getting_Started     HELP
Keypad    LAST      MAIL      MAIL_Commands       MARK      MOVE
NEXT      Overview  PRINT     PURGE     QUIT      READ      REMOVE
REPLY     SEARCH    SELECT    SEND      SET-SHOW  SPAWN
Usage_Summary
```

5.1.1 Mail–Terminologie

Nachrichten (mails) können verschickt (*SEND*), gelesen (*READ*) und gelöscht (*DELETE*) werden. Außerdem ist es möglich, Nachrichten zu drucken und in OpenVMS–Files, bzw. in *Folders* (Ordner, Postfächer) abzulegen. Ordner werden mit der Mail–Utility über einen Namen verwaltet, der bei der Erzeugung eines Ordners frei vergeben werden kann (*FILE*–Kommando).

Drei Ordner sind vordefiniert:

- NEWMAIL — enthält die noch nicht gelesenen Mails
- MAIL — enthält die gelesenen und nicht explizit gelöschten Mails

- WASTEBASKET Fach für gelöschte Mails

Die Mail–Hierarchie ist wie folgt:

- Die Mail–Utility verwaltet Mail–Files.
- Mail–Files enthalten Ordner.
- Ein Ordner enthält Mail–Nachrichten.

Der Papierkorb (WASTEBASKET–Folder) wird durch die Kommandos EXIT und PURGE automatisch gelöscht.

Beliebige Ordner können über die Kommandos COPY, FILE oder MOVE angelegt werden.

Lange Nachrichten (größer als 3 Blöcke) werden nicht im File SYS$LOGIN:MAIL.MAI, sondern in der Directory SYS$LOGIN in einem neu angelegten sequentiellen File mit dem File–Typ *.MAI* abgelegt. Für derartige Mail–Files gilt folgende Namenskonvention: MAIL$nnnnnnnnnnnnnn.MAI.

Nach dem Lesen und Löschen solch einer langen Mail wird der zugehörige File automatisch gelöscht. Leere Ordner werden ebenfalls automatisch gelöscht.
Die Directory für Mail–Files ist SYS$LOGIN (Default–Directory). Sie kann auch umdefiniert werden mit Mail–Kommando:

SET MAIL_DIRECTORY [<.subdirectory>]

Beispiel:
MAIL>SET MAIL_DIRECTORY [.MAIL]

Nachfolgend sind weitere Mail–Kommandos beschrieben.

5.1.2 Mail–Kommandos

DIRECTORY

gibt eine Liste der im aktuellen Ordner gespeicherten Nachrichten aus.
Beispiel:
`MAIL>DIRECTORY` Besprechung
gibt eine Liste, der im Ordner *Besprechung* gespeicherten Nachrichten aus.

READ

die zugesandten Nachrichten werden gelesen. Dieses Kommando wird auch ausgeführt, wenn nur die Taste RETURN ohne weitere Eingabe gedrückt wird.

EXTRACT

legt den Inhalt der Nachricht unter dem angegebenen Namen in einem File ab. Bei Angabe des Qualifiers /NOHEADER erfolgt die Ablage ohne den Nachrichten–Kopf, der allgemeine Angaben wie Versender der Nachricht, Datum und Uhrzeit usw. enthält.

DELETE

löscht gelesene Nachrichten. Bei Angabe des Qualifiers /ALL werden alle Nachrichten des aktuellen Ordners gelöscht.

FORWARD

sendet eine gelesende Nachricht dialoggeführt direkt weiter zu einem anderen Benutzer.

REPLY

sendet nach dem Lesen einer Nachricht ein eventuelle Antwort direkt zurück an den Absender der Nachricht.

SEND

sendet eine Nachricht dialoggeführt zu anderen Teilnehmern.

SEND <filename>

sendet ein File dialoggeführt zu anderen Benutzern.

MOVE, FILE

legt eine gelesene Nachricht in einem anderen Ordner ab.

SET EDITOR <edit_name>

legt den Default–Editor bei Verwendung des Qualifiers /EDIT für die Befehle SEND, FORWARD und REPLY fest.

SET <foldername>

setzt den Default auf den angegebenen Ordner.

SHOW EDITOR

zeigt den Namen des Default–Editors an.

SHOW <foldername>

zeigt Default–Wert des Ordners an.

EXIT

Das Programm MAIL wird beendet.

PRINT

Die aktuelle Nachricht (Mail) wird auf SYS$PRINT ausgedruckt.

5.1.3 Lesen von Mails

Innerhalb der Mail–Utility erhält man ein Inhaltsverzeichnis über die im aktuellen Ordner vorhandenen Mails mit dem Kommando DIRECTORY.
Beispiel:

$ MAIL

```
MAIL>DIRECTORY
You have 2 new messages

From                 Date          Subject
1 ND32SI             23-JAN-1985   Druckerabschaltung
2 BE40               23-JAN-1985   Test B40
```

Mails können mit dem Kommando READ gelesen werden. Nach dem Lesen einer Mail kann die Nachricht durch das Kommando DELETE sofort gelöscht werden.

Beispiel:

$ MAIL

```
You have 2 new messages
```

```
MAIL>READ
From:FIELD                                          07-NOV-1991
To:  USER4
Subj.: VAX - Service
-----------------------------------------------------------------
Am Mittwoch den 14.11.91 ist VAX-Service in der Zeit von 5.00 bis
8.00 Uhr. Anschließend ist Datensicherung.
VAX-Betrieb voraussichtlich wieder ab 12.00 Uhr.
                                Field Service
-----------------------------------------------------------------

MAIL>DELETE
MAIL>READ
From:SYSTEM                                          08-NOV-1991
To:  USER4
Subj.: Druckerabschaltung
-----------------------------------------------------------------
Heute ist der Drucker TTF7 abgeschaltet.
Grund:   SERVICE
-----------------------------------------------------------------

MAIL>DELETE
```

Für die Verwaltung der Mail–Utility existiert die vom System–Manager gepflegte Systemdatei SYS$SYSTEM:VMSMAIL_PROFILE.DATA, in der für jeden Benutzer ein Eintrag vorhanden ist. Diese Datei enthält unter anderem den Usernamen, den Default–Editor und einen Zähler neuer Nachrichten (new mail count). Stimmt die Anzahl neuer Mails nicht mit der tatsächlichen Anzahl überein, so hat der Benutzer die Möglichkeit diesen wieder auf 0 zu setzen durch das Kommando READ/NEW. Nach jedem READ/NEW wird dieser Zähler um eins erniedrigt.

5.1.4 Verschicken einer Mail

Das Verschicken von Mails an Benutzer wird durch die Mail–Kommandos SEND, FORWARD und REPLY veranlaßt. In den nachfolgenden Beispielen sind die Standard OpenVMS Mail–Anzeigen wiedergegeben.
Beispiel:

```
MAIL>SEND
To: USER4
Subj.: VAX-Service
Enter your message below. Press CTRL/Z when you complete, CTRL/C to
quit:
-----------------------------------------------------------------
Am Mittwoch den 14.11.94 ist VAX-Service in der Zeit von 5.00 bis
8.00 Uhr. Anschließend ist Datensicherung.

MAIL>CTRL/Z
```

Die oben angegebene Nachricht wird an den Benutzer USER4 verschickt.

Für lange Mails ist es sinnvoll, diese vor dem Abschicken erst in einen File zu schreiben. Der Name dieses Files kann dann beim Kommando SEND angegeben werden.

Beispiel:

```
MAIL>SEND MELDUNG.DAT
To: USER4
Subj.: VAX – Service
MAIL>
```

Ebenso ist es möglich, gezielt Mails an Benutzergruppen zu schicken. Die Benutzergruppe (z.B. ein Verteiler) muß in einer Datei definiert sein. Der Name dieser Datei ist bei der Abfrage des Empfängers (to:) anzugeben (siehe auch Seite 164).

Beispiel: Der File VERTEILER.DIS habe den Inhalt:

```
MAIL>SEND  SM171.DAT
To:  @VERTEILER.DIS
Subj.: VAX - Service
MAIL>
```

Der Inhalt des Files SM171.DAT wird an die Benutzer geschickt, welche in der Datei VERTEILER.DIS angegeben sind.

SEND/EDIT:
Ein nützlicher Qualifier beim Kommando SEND ist /EDIT. Wird beim Kommando SEND direkt dieser Qualifier angegeben, so kann für die Eingabe der zu versendenden Nachricht ein beliebiger Text–Editor benutzt werden, der auf dem System installiert ist. Als Default–Editor ist der EVE eingestellt. Nach Aufruf von Mail kann mit dem Kommando SET EDITOR <Name des Editiors> der Default–Editor geändert werden. Das System merkt sich diese Voreinstellung für Mail, so daß der angewählte Editor auch nach einem erneuten Login automatisch bei Verwendung des Qualifiers /EDIT benutzt wird.

Im nachfolgenden Beispiel wird automatisch der EVE–Editor aktiviert.

```
MAIL>SEND/EDIT
To: USER4
Subj.: Alpha – Service
[End of file]

Buffer: MAIN                    Write | Insert | Forward
```

FORWARD:
Nach dem Lesen einer Mail kann diese sofort an einen anderen Benutzer unverändert weitergeschickt werden, indem das Kommando FORWARD eingegeben wird. Soll die Nachricht vor dem Verschicken noch verändert werden, so ist beim Kommando FORWARD der Qualifier /EDIT mitanzugeben.

REPLY:
Soll sofort eine Antwort auf eine gerade gelesene Mail an den Absender abgeschickt werden, so ist das Kommando REPLY zu verwenden. Nach Eingabe dieses Kommandos werden die Zielangabe (to:) und die Überschrift (Subj:) automatisch von der gerade gelesenen Nachricht übernommen und es kann die Antwort interaktiv

eingegeben werden. Beim Kommando REPLY kann auch der Qualifier /EDIT verwendet werden.

Im nachfolgenden Beispiel wird die zweite Meldung des aktuellen Folders gelesen, und es soll sofort darauf geantwortet werden.

```
MAIL>READ 2
  .
  .
MAIL>REPLY/EDIT
To:  SPIDER5
Subj.: Treffen für den 20.10.91
[EOB]
*
```

5.1.5 Weitere Beispiele zum Umgang mit Mail

```
$ MAIL
You have 1 new message.

MAIL> READ
 1      31-MAY-1985 13:47:28                NEWMAIL
From:       VAX1::ND32SI
To:         ND32SI
Subj:
--------------------------------------------------------
 *  Betrifft: Filetransfer über DATEX-P mit XPL          *
--------------------------------------------------------

Unter VMS/V5 ist die XPL-Filetransfer-Software anders aufzurufen:

Aufruf:   $XPL                  (Unter VMS V5  $RUN XPL

Als Terminal-Ausgang für VAX1 und VAX2 ist einzugeben: TTA0

XPL>TERM TTA0

Bei Problemen rufen Sie bitte:     2849     Schmitt  (System-Management)
                                   2828   Müller  (Anwenderberatung)

MAIL> DIRECTORY/FOLDER
Listing of folders in DISK$USER1:[ND32SI]MAIL.MAI;2
      Press CTRL/C to cancel listing
MAIL

MAIL> DELETE
MAIL> DIRECTORY/FOLDER
Listing of folders in DISK$USER1:[ND32SI]MAIL.MAI;2
      Press CTRL/C to cancel listing
 MAIL                                        WASTEBASKET

MAIL> SET FOLDER WASTEBASKET
%MAIL-I-SELECTED, 1 message selected

MAIL> DIRECTORY     WASTEBASKET
```

```
       From                   Date          Subject
     1 VAX1::ND32SI           31-MAY-1985
MAIL> PURGE
%MAIL-I-DELMSGS, 1 message deleted
MAIL> SHOW FOLDER
Your current mail folder is MAIL.
MAIL>DIRECTORY/FOLDER
Listing of folders in DISK$USER1:[ND32SI]MAIL.MAI;2
      Press CTRL/C to cancel listing
MAIL> SET FOLDER MAIL
MAIL> DELETE/ALL                      (Löschen aller Mails im Folder MAIL)
MAIL> EXIT
$
```

5.1.6 Mail–Benutzung im Netzwerk (DECnet)

Mails können auch auf andere DEC–Rechner verteilt werden, wenn die Rechner über DECnet miteinander verbunden sind. Um eine Mail an einen User auf einem anderen System zu schicken, ist nur vor dem Usernamen der DECnet–Knotenname anzugeben.

Beispiel:
An den USER4 auf der VAX4 wird die Datei mit dem Namen MELDUNG.DAT übermittelt.

```
$ MAIL
MAIL>SEND MELDUNG.DAT
To: VAX4::USER4
Subj.: VAX – Service
          ....
          ....
```

Diese Datei kann auf dem Zielsystem ausgepackt werden und ist damit in ihrer ursprünglichen Struktur auf dem Zielsystem verfügbar.

```
$ MAIL
You have 1 new message
MAIL>extract/noheader sys$login:meldung.dat
%MAIL-I-CREATED, DATA42:[SIMON]MELDUNG.DAT created
MAIL>
```

Der Qualifier /noheader gibt an, daß in die Datei keine Angaben zum Absender der Mail in der Datei mit abgelegt werden.

■

5.2 Phone–Utility

Die Phone–Utility erlaubt es den OpenVMS–Benutzern, miteinander einen direkten Dialog am Bildschirm zu führen. Phone läßt sich nur von VT–Terminalfenstern aus benutzen.

Aufruf: PHONE

Nach dem Aufruf von Phone wird der Bildschirm zweigeteilt. Auf der oberen Hälfte werden die eigenen Eingaben angezeigt, auf der unteren Hälfte die Angaben des Phone–Partners.
Phone bietet ebenfalls ein Help–Kommando, über das weitere Informationen über die verschiedenen Phone–Kommandos abrufbar sind.

5.2.1 Phone–Help

Beispiel:

$ PHONE

```
                              OpenVMS Phone Facility     25-JUN-1994
%HELP
--------------------------------------------------------------------
                              GSNA28::SIMON


Press any key to cancel the help information and continue.
--------------------------------------------------------------------
HELP
The information you request is displayed on your screen until all
information on the selected topic has been displayed or until you
press any key on the keyboard. (Pressing any key causes an exit
from the Phone utility Help)

Format
       HELP [topic]

Additional information available:

ANSWER    Characters   Conference_Call  DIAL    DIRECTORY   EXIT
FACSIMILE HANGUP       HELP       HOLD  MAIL    Overview    PHONE
REJECT    Switch_hook  UNHOLD     Usage_Summary
```

■

Allgemeine Form des Kommandos: PHONE <phone–command>

Die wichtigsten Phone–Kommandos sind DIAL, ANSWER und DIRECTORY.

5.2.2 Anruf

Soll ein OpenVMS–Benutzer angerufen werden (Phone–Call), so muß folgendes Kommando eingegeben werden:

$ PHONE <username>
oder

$ PHONE
% DIAL <username>

5.2.3 Antwort

Soll ein Anruf beantwortet werden (Phone–Answer), so muß nach dem %–Zeichen das Phone–Kommando ANSWER eingegeben werden.
Beispiel:

$ PHONE

%ANSWER

Danach kann der zu übermittelnde Text auf der unteren Hälfte des Schirms eingegeben werden. Beendet wird die Phone–Session durch Drücken der Tastenkombination *<CTRL/Z>*.

5.2.4 Benutzerliste

OpenVMS–Benutzer haben die Möglichkeit, eine Liste der Usernamen aller aktiven Benutzer zu erhalten. Hierzu kann das Phone–Kommando *DIRECTORY* benutzt werden. Dieses Kommando läßt sich sowohl für den lokalen Rechner anwenden als auch für andere Rechner im mit DECnet verbundenen Rechnernetzwerk. Über DECnet kann auch mit Benutzern anderer DEC–Rechner mit Hilfe der Phone–Utility "telefoniert" werden. Im nachfolgenden Beispiel werden alle Benutzer, die auf VAX3 eingeloggt sind, angezeigt.

```
OpenVMS Phone Facility              17-OCT-1990
%DIRECTORY VAX3::
---------------------------------------------------------------------

Establishing DECnet link...
Press any key to cancel the directory listing and continue.
Process Name     User Name        Terminal         Phone Status
FITTKAU_TTA1     FITTKAU          TTA1:            /nobroadcast
KLEINE_VEHN      KLEINE_VEHN      LTA126:          available
EICH_L145        EICH             LTA145:          available
DOERR_V265       DOERR            VTA265:          available
MANNWEILER       MANNWEILER       VTA213:          available
SOUDRY_L147      SOUDRY           LTA147:          available
LINDSTROEM       LINDSTROEM       VTA219:          available
PFOEHLER_V220    PFOEHLER         VTA220:          available
DOERR_L159       DOERR            LTA159:          available
HERR_V226        HERR             VTA226:          available
JOHNE_V230       JOHNE            VTA230:          available
EICHHORN_L149    EICHHORN         LTA149:          available
BENDER_L152      BENDER           LTA152:          available
ALBERTI_L169     ALBERTI          LTA169:          available
GROSS_V181       GROSS            VTA181:          available
TANNLUND_V255    TANNLUND         VTA255:          available
PETRY_V285       PETRY            VTA285:          available
17 persons listed.
```

Übungsaufgaben

24. Lesen Sie Ihre Mails.
    Schicken Sie eine Nachricht beliebigen Inhalts z.B. an den User mit dem Usernamen MAIER.
    Senden Sie Ihre Login–Datei (SYS$LOGIN:LOGIN.COM) an einen Benutzer.

25. Legen Sie die von einem anderen Benutzer empfangene Nachricht in eine externe Datei mit dem Namen MELDUNG.DAT in Ihrer Default Directory ab.

26. Erzeugen Sie sich innerhalb Ihrer Mails einen neuen Ordner (Folder) und testen Sie die Mail–Befehle wie:
    DIRECTORY/FOLDER, SET FOLDER usw.

27. Löschen Sie alle Ihre Mails.

28. Führen Sie mit einem anderen Benutzer ein kurzes Gespräch (PHONE). Verabreden Sie vorher mündlich, wer anruft und wer den Anruf beantwortet.

6. DEC Command Language (DCL) für Fortgeschrittene

6.1 DCL–Symbole (symbols)

Nachdem sich ein User beim Rechner angemeldet hat (Login), kommuniziert er mit dem Betriebssystem über DCL–Kommandos. Diese Kommandos erlauben ihm beispielsweise Programme mit einem Editor zu entwickeln, danach mit einem Compiler zu übersetzen, mit dem Linker zu binden und dann als Prozeß zu starten. In einer DECwindows/Motif Umgebung verbergen sich hinter den Menüpunkten Programmaufrufe oder DCL–Kommandos.

Zu DCL gehören nicht nur Kommandos, sondern auch Sprachelemente, die bei höheren Programmiersprachen verwendet werden. Beispielsweise sind dies die Befehle GOTO, IF ... THEN ... ELSE, ON <Bedingung> THEN ... usw.
DCL ist somit auch eine Programmiersprache, die insbesondere auch ein Sprachelement enthalten muß, das Variablen einer höheren Programmiersprache entspricht. Das sind die sogenannten Symbole (*symbols*).

Symbolen können Werte über einen Zuweisungsoperator zugeordnet werden. Die Verwendung von Variablen, denen Ausdrücke (*expressions*) zugewiesen werden können, ist Grundlage jeder Rechneranwendung.

DCL–Symbole entstehen durch eine Zuweisung (wie in einer höheren Programmiersprache) oder durch die indirekte Zuweisung beispielsweise über einen DCL–READ–Befehl.
Symbolnamen können aus einer Kette von 1 bis max. 255 alphanumerischen Zeichen und dem Zeichen "_" bestehen.
Beispiele für Symbolzuweisungen:

```
$ FILENAME  = "ADAM.RNO"
$ ZAHL1     = 5
$ ZAHL2     = 6
$ ERG       = ZAHL1 + ZAHL2
```

6.1.1 Symbol–Zuweisungen

Bei Symbolen wird zwischen *lokalen* und *globalen* Symbolen unterschieden. Die Zuordnung in die lokale bzw. die globale Symboltabelle erfolgt durch die Art des Zuweisungsoperators, der verwendet wird. Ein Gleichheitszeichen (=) kennzeichnet ein lokales Symbol, zwei Gleichheitszeichen (==) ein globales Symbol.
Die Unterscheidung zwischen lokalen und globalen Symbolen wird erst klar, wenn man diese in sogenannten Kommando–Prozeduren einsetzt. Ein lokales Symbol hat nur innerhalb einer Kommando–Prozedur Gültigkeit (entsprechend dem lokalen Variablenbegriff bei höheren Programmiersprachen). Soll das Symbol auch Wirkung nach *außen* haben, so sind in der Prozedur die Zuweisungsoperatoren :== bzw. == zu verwenden.

Symbole können String–, logischen oder arithmetischen Charakter haben. Die entsprechende Zuordung richtet sich nach dem verwendeten Zuweisungsoperator.

Der Zuweisungsoperator := (bzw. :==) kann für Stringzuweisungen verwendet werden. Der Zuweisungsoperator = (bzw. ==) sollte für arithmetische Ausdrücke benutzt werden. Um Mißverständnisse zu vermeiden, sollten bei der Zuweisung einer Stringkonstanten immer der String durch das Zeichen Gänsefüßchen (") eingeklammert und nur die Operatoren = bzw. == verwendet werden.

- Symbolzuordnungen mit Zeichenketten (strings)

Zeichenkonstanten (Strings) müssen bei DCL in Gänsefüßchen ("<string>") eingeschlossen werden. Soll das Zeichen " im Text erscheinen, so ist es zu verdoppeln.

Gültige Zeichenketten sind z.B.:

"2"
"Guten Tag"
"Schön"
"directory/since/modified"

- Wertezuordnungen (arithmetische Ausdrücke):

```
$ a =     lokal
$ a ==    global
$ b=5
$ a= b * 5 + 4
```

Als Werte sind nur ganze Zahlen (integer) zulässig. Der Wertebereich ist +,– 2147483647 (2.147.483.647).

Beispiel:

```
$ZAHL1     = 5
$TEXT      = "Dies ist ein Test"
$DEMO      = ZAHL1 + 8    !Symbol DEMO enthält die Zahl 13
$ERG       = ZAHL1        !Symbol ERG  enthält die Zahl 5
$TEST      = "ZAHL1"      !Symbol TEST enhält den String ZAHL1
```

■

Ein typisches Beispiel für die Verwendung von globalen Symbolen ist der File LOGIN.COM. Dieser File, welcher in der Regel DCL–Kommandos und Symbolzuweisungen enthält, wird bei jedem Login durchlaufen. Damit hat der Benutzer die Möglichkeit, sich durch Einträge im LOGIN.COM selbst Abkürzungen für häufig gebrauchte Kommandos zu definieren.

Beispiel:

```
$!LOGIN.COM
$SD        == "SET DEFAULT"
$SQA       == "SHOW QUEUE/DEVICE/ALL/FULL"
$HO        == "SET DEFAULT SYS$LOGIN"
$EXIT
```

Im obigen Beispiel werden die Symbole SD, SQA und HO definiert. Nach Eingabe dieser Symbole wird das entsprechende Äquivalent ausgeführt.

■

Auf der DCL–Ebene (Prompt = $) erscheinen dem Benutzer die lokalen und globalen Symbole gleich.

```
$ INQUIRE X                   !lokale Zuweisung
$ INQUIRE/GLOBAL   X          !globale Zuweisung
```

$!
$ x = 5 !lokale Zuweisung
$ x == 5 !globale Zuweisung

Wird bei einer Zuweisung ein bereits belegtes Symbol verwendet, so bestimmt die neue Zuordnung die Wertung dieses Symbols (alter Inhalt geht verloren).
Beispiele:

```
$ FILE = "ADAM.RNO"
$ WERT =  4 + 6
$ das_ist_text = "Heute ist ein schöner Tag!"
```

Mit dem Befehl:

```
$ WRITE SYS$OUTPUT das_ist_text
```

erscheint als Ausgabe

```
Heute ist ein schöner Tag!
```

■

Symbole können interaktiv über die DCL–Befehle READ und INQUIRE zugewiesen werden (siehe auch Seite 108 und Seite 111).

Befehlsaufbau:
INQUIRE <symbolname> [<prompt–string>]

Befehlsaufbau:
READ SYS$COMMAND <symbolname>/PROMPT=<prompt–string>

Beispiel:

```
$ INQUIRE FILEN   "Filename eingeben"
$ WRITE SYS$OUTPUT FILEN
```

Die Ausführung dieses Befehls bewirkt folgendes:

```
Bitte Filenamen eingeben: hugo.dat  <CR>
HUGO.DAT
```

Symbole können auch über den DCL–Befehl READ definiert werden. Dabei wird dem Symbol der gelesene Datensatz des Files zugeordnet.

Befehlsaufbau: READ <logical–name>[:] <symbolname>

Beispiel:

```
$ OPEN/READ   FILEEIN   EIN.DAT
$ OPEN/WRITE  FILEAUS   AUS.DAT
$!
$LESE:
$!
$ READ/END_OF_FILE=ENDE  FILEEIN   DSATZ
$ OUTSATZ = F$EXTRACT(0,20,DSATZ)
$ WRITE FILEAUS  OUTSATZ
$ GOTO LESE
$!
$ENDE:
$!
$ CLOSE FILEEIN
$ CLOSE FILEAUS
$ EXIT
```

■

Mit Symbolen können auch Funktionen ausgeführt werden (siehe Abschnitt 6.2 "Lexical Functions").

6.1.2 Abfrage von definierten Symbolen

Der Inhalt eines Symbols kann mit dem DCL–Befehl SHOW SYMBOL <symbolname> auf dem Bildschirm zur Anzeige gebracht werden.

Je nach Entstehung des Symbols, durch eine globale (==,:==) oder eine lokale (=,:=) Zuweisung, unterscheidet man auch bei der Abfrage nach globalen und lokalen Symbolen. Wenn bei dem DCL–Befehl der Qualifier /GLOBAL verwendet wird, sind die globalen Symbole gemeint (Default ist /LOCAL).

Über den Befehl: SHOW SYMBOL/GLOBAL/ALL
können alle global definierten Symbole abgefragt werden. Dabei werden die selbst definierten und die vom System–Manager in der Datei SYS$MANAGER:SYLOGIN.COM definierten Symbole angezeigt.

6.1.3 Inhaltsoperator für Symbole (Hochkomma)

Soll anstelle eines Namens der Inhalt eines Symbols angesprochen werden, so muß der Inhaltsoperator, das Zeichen Hochkomma (') verwendet werden.

```
$ file="DISK$PRODUCTS:[KURS]TELE.DAT"
$ text="Dies ist der Anfang eines Textes"
```

Aus dem Befehl $ DIRECTORY 'file' wird von OpenVMS der Befehl DIRECTORY DISK$PRODUCTS:[KURSE]TELE.DAT;0 generiert und ausgeführt. Dies bewirken die beiden Hochkommas, in welchen das Symbol *file* eingeklammert ist. Soll innerhalb eines definierten Strings der Inhalt eines DCL–Symbols verwendet werden und nicht der Symbolname selbst, so ist ein zusätzliches Zeichen Hochkomma (') dem Symbol voranzustellen.

```
$ text="Dies ist der Anfang eines Textes"
$ WRITE SYS$OUTPUT "Hier lesen Sie: ",text,"!"
```

```
Ausgabe:
Hier lesen Sie: Dies ist der Anfang eines Textes!
```

Für den Umgang mit DCL–Symbolen sind im Abschnitt 6.7 "Kommando–Prozeduren" weitere ausführliche Beispiele zu finden.

6.1.4 Arithmetische und logische Operationen

In Ausdrücken (expressions) können Symbole und Werte über verschiedene Operatoren miteinander verknüpft werden.

Arithmetische Operatoren:

Addition	+
Subtraktion	–
Multiplikation	*
Division	/

Logische Operatoren:

ODER	.OR.
UND	.AND.
NEGATION	.NOT.

Arithmetische und logische Vergleichsoperatoren:

gleich	.EQ.
größer oder gleich	.GE.
größer	.GT.
kleiner oder gleich	.LE.
kleiner	.LT.
ungleich	.NE.

String–Vergleichsoperatoren:

gleich	.EQS.
größer oder gleich	.GES.
größer	.GTS.
kleiner oder gleich	.LES.
kleiner	.LTS.
ungleich	.NES.

Beispiele:

```
$ PAR1 := 'P1'
$ A1 = 34 * 5  + 3
$ S1 = A1 + 3
$ T1 = "TEST"
$ IF PAR1 .NES. T1 THEN GOTO W1
$ X1 = %X12FF   !Hexadezimale Zahlangabe
$ X2 = %O377          !Oktale Zahlangabe
```

Der String–Vergleich erfolgt auf Gleichheit der Zeichen, Länge des Strings bzw. alphabetische Folge.

6.2 Lexical Functions

Lexikalische Funktionen in DCL ermöglichen String–Manipulationen sowie die Abfrage von verschiedenen Systeminformationen wie Uhrzeit, Default–Device, Default–Directory, Attribute von Prozessen und Geräten usw.

Lexical functions können überall dort in DCL verwendet werden, wo auch Variable oder Ausdrücke zulässig sind. In Kommando–Prozeduren können *lexical functions* unter anderem für die Umsetzung logischer Namen, Zeichenkettenoperationen und die Abfrage von Statusinformation benutzt werden.

Das Ergebnis der *lexical function* kann einem Symbol zugewiesen werden.

Schreibweise:
<symbol> = F$<function_name>([<parameter>[,,,]])
oder
<symbol> := 'F$<function_name>([<parameter>[,,,]])'

Lexical functions haben in der Regel auch Parameter, die wiederum Symbole sein können.

symbol1 = F$lexical1()
symbol2 = F$lexical2(symbol1)

Weitere Informationen über die Anwendung der *lexical functions* sind in der OpenVMS–Dokumentation in der Dokumentationsgruppe User Documents im *User's Manual* beschrieben. Die *lexical functions* selbst sind ausführlich im *DCL–Dictionary* der Gruppe User Documents dokumentiert. Nachfolgend werden die wichtigsten *lexical functions* ausführlich beschrieben.

F$CVSI(bit–position,count,integer)

Liefert das INTEGER Äquivalent des angegebenen Bitfeldes konvertiert zu einem Zahlenwert mit Vorzeichen.
Beispiel:

```
$ A[0,32] = %X2B
$ SHOW SYMBOL A
  A = "+..."
$ X = CVSI(0,4,A)
$ SHOW SYMBOL X
  X = -5  Hex = FFFFFFFB  Octal = 37777777773
```

F$CVUI(bit–position,count,integer)

Liefert das INTEGER Äquivalent des angegebenen Bitfeldes konvertiert zu einem Zahlenwert ohne Vorzeichen.
Beispiel:

```
$ A[0,32] = %X2B
$ SHOW SYMBOL A
  A = "+..."
$ X = CVUI(0,4,A)
$ SHOW SYMBOL X
  X = 11  Hex = 0000000B  Octal = 00000000013
```

F$CVTIME(<Eingabezeit>[,<Ausgabezeit–Format>][,<Ausgabefeld>])

Wandelt einen im Feld <Eingabezeit> angegebenen Zeitpunkt in verschiedene Zeitformate entsprechend der Form, die im Feld <Ausgabezeit–Format> angegeben wurde. Als <Eingabezeit> können auch die Schlüsselwörter TODAY, TOMORROW oder YESTERDAY verwendet werden.
Beispiel:

```
$ TIME = F$TIME()
$ SHOW SYMBOL TIME
  TIME = "15-JUN-1989 10:50:00.10"
$ TIME = F$CVTIME(TIME)
$ SHOW SYMBOL TIME
  TIME = "1989-06-15 10:50:00.10"
$ NEXT = F$CVTIME("TOMORROW",,"WEEKDAY")
$ SHOW SYMBOL NEXT
  NEXT = "Tuesday"
```

F$DIRECTORY()

Liefert die aktuelle Default–Directory einschließlich der eckigen Klammern.

Beispiel:

```
$ A = F$DIRECTORY()
$ SHOW SYMBOL A
  A = [USER4.KURS.TEST]
```

F$EDIT(<string>,<edit-list>)

Editiert den angegebenen <string> nach den Funktionen, die in der <edit-list> angegeben sind (siehe auch Beispiel auf der Seite 188).

F$ELEMENT(<element-number>,<delimiter>,<string>)

Extrahiert ein Element aus einem <string>, in welchem die Elemente durch ein spezielles Trennzeichen (delimiter) getrennt sind (siehe auch Beispiel auf der Seite 189).

F$ENVIRONMENT(<item>)

Liefert Information über die DCL-Kommando-Umgebung. Beispielsweise kann dadurch festgestellt werden, ob eine Kommando-Prozedur *interaktiv* oder im *batch* abgearbeitet wird (siehe auch Beispiel auf Seite 189).
Beispiel:

```
$ MODUS = F$ENVIRONMENT("INTERACTIVE")
$ IF MODUS .EQS. "TRUE"  -
_$ READ SYS$COMMAND FILE /PROMPT="Filename: "
```

F$EXTRACT(<offset>,<length>,<string>)

Liefert aus einem <string> einen Substring zurück, der an der Zeichenposition <offset> beginnt und die Länge <length> hat.
Beispiel:

```
$ SYMB1 = "Heute ist Dienstag"
$ SUB1  = F$EXTRACT(1,3,SYMB1)
$ SHOW SYMBOL SUB1
  SUB1 = "eut"
```

F$FAO(<control-string>[,<arg1>,<arg2>,...<arg15>])

Der angegebene <control-string> wird in einen ASCII-Ausgabestring konvertiert. Die Konvertierung erfolgt auf Grund der Argumentenliste. Ein Beispiel ist bei der lexical function F$IDENTIFIER auf der Seite 183 angegeben.

F$FILE_ATTRIBUTES(<file-spec.>,<item>)

Liefert entsprechend dem angegebenen <item> ein File-Attribut des im String <file-spec.> übergebenen File-Namens.
Beispiel:

```
$ MDAT = F$FILE_ATTRIBUTES("NEU.DAT","RDT")
$ SHOW SYMBOL MDAT
  MDAT = "09-MAY-1989 10:13:12.04"
```

Es wird das *revision date* des Files NEU.DAT im Symbol MDAT abgelegt. Die Bedeutung des Felds <item> ist ausführlich in der OpenVMS-Dokumentation im

Guide to OpenVMS File Applications der Gruppe OpenVMS Programming Documents beschrieben.

F$GETDVI(<device–name>,<item>)

Liefert die mit <item> ausgewählte Geräteinformation über das mit <device–name> angegebene Gerät.
Beispiel:

```
$ FREI = F$GETDVI("DATA11:","FREEBLOCKS")
$ WRITE SYS$OUTPUT FREI
  230432
```

Auf der Platte DATA11: sind noch 230432 Blöcke frei.

F$GETJPI(<pid>,<item>)

Liefert entsprechend dem angegebenen <item> Information über die Prozeßumgebung eines Benutzers. Wird als <pid> der Nullstring angegeben, erfolgt die Information aus dem eigenen Prozeß.
Beispiel:

```
$ NAME = F$GETJPI("3D0018","USERNAME")
$ SHOW SYMBOL NAME
  NAME = "BAUER     "
$ ZIO  = F$GETJPI("","BUFIO")
$ SHOW SYMBOL ZIO
  A = 341   Hex = 00000155  Octal = 00000000525
```

F$GETQUI(function,[<item>],[<object–id>],[<flags>])

Liefert Information über Warteschlangen (queues) sowie Batch– und Print–Jobs, die sich in diesen Queues befinden.
Beispiel:

```
$!Prüfung, ob eine bestimmte Queue gestoppt ist
$ B = F$GETQUI("DISPLAY_QUEUE","QUEUE_STOPPED","SYS$LASER")
$! Der Inhalt von B ist TRUE, wenn die Queue gestoppt ist,
$! FALSE, wenn nicht. B enthält den "Leerstring", wenn
$! die Queue nicht existiert.
```

F$GETSYI(<item>[<node–name>][,cluster–id])

Liefert entsprechend dem vorgegebenen <item> Information über das benutzte System. Cluster–Information kann von einem mit <node–name> angegebenen System abgefragt werden, wenn sich dieses im mit <cluster–id> angegeben Cluster befindet.
Beispiel:

```
$ NU     = F$GETSYI("SID")
$ CPU    = F$GETSYI("CPU")
$ HWNAME = F$GETSYI("HW_NAME",GSNA12)
$ SHOW SYMBOL NU
  NU  = -2147483648   Hex = 80000000  Octal = 20000000000
$ SHOW SYMBOL CPU
  CPU  = 128   Hex = 00000080  Octal = 00000000200
$ SHOW SYMBOL HWNAME
  HWNAME = DEC 3000 - M800
```

Es wird das system identification register (SID) ausgelesen und anschließend der CPU–Typ bestimmt. Beispielsweise entspricht 4 einer 8650, 1 einer VAX–11/780, 128 einer ALPHA AXP DEC 3000. Der Hardwarename des Maschinentyps wird anschließend bestimmt.

F$IDENTIFIER(<identifier>,<conversion–type>)

Konvertiert einen alphanumerischen Identifier in das Integer–Äquivalent und umgekehrt (abhängig vom <conversion–type>).

Beispiel:

```
$!IDENTTEST-----------------------------------------
$! **** DEMO für F$IDENTIFIER für die Bestimmung des
$!                numerischen UIC-Codes
$ ANF:
$! DEMO F$IDENTIFIER
$ INQUIRE ID "IDENTIFIER"
$ UIC =  F$IDENTIF(ID,"NAME_TO_NUMBER")
$ WRITE SYS$OUTPUT " "
$ WRITE SYS$OUTPUT "UIC-FORMAT: ",F$FAO("!%U",UIC)
$!--------------------------------------------------
```

Ein Aufruf der obigen Prozedur IDENTTEST liefert:

```
$ @IDENTTEST
  IDENTIFIER: MAIER
  1048579
  UIC-FORMAT:   [20,3]
```

F$INTEGER(<expression>)

Liefert das Integer–Äquivalent des angegebenen Stringausdrucks.
Beispiel:

```
$ A = "27"
$ B = F$INTEGER("-9"+A)
$ C = B + 4
$ SHOW SYMBOL C
  C = -919  Hex=FFFFFC65  Octal=176145
```

F$LENGTH(<string>)

Liefert die Länge des angegebenen Stringausdrucks.
Beispiel:

```
$ A = "HEUTE IST TEST"
$ P = F$LENGTH(A)
$ WRITE SYS$OUTPUT P
  14
```

F$LOCATE(<substring>,<string>)

Bestimmt die Position einer Teilzeichenkette (<substrings>) in der mit <string> angegebenen Zeichenkette.
Beispiel:

```
$ A  = "HEUTE ist Testtag"
$ PO = F$LOCATE("ist",A)
```

```
$  SHOW SYMBOL PO
   PO = 6  Hex = 00000006  octal = 00000000006
```

F$MESSAGE(<code> [,<message component>])

Liefert den Text sowie weitere Angaben wie *facility, severity* und *identification* für den mit <code> übergebenen System–Statuscode. Wird als <message component> eines der Schlüsselworte FACILITY, SEVERITY, IDENT oder TEXT angegeben, wird nur der entsprechende Teil der Fehlermeldung angezeigt.
Beispiel:

```
$ FEHLER = F$MESSAGE("%X1C")
$ SHOW SYMBOL FEHLER
  FEHLER = %SYSTEM-F-EXQUOTA, exceeded quota"
```

F$MODE()

Liefert einen string, welcher den Modus der Prozeßumgebung repräsentiert. Mögliche Strings sind dabei *BATCH, NETWORK, INTERACTIVE* oder *OTHER*. Damit ist es möglich, bestimmte Anweisungen in Kommando–Prozeduren in Abhängigkeit vom Prozeß–Modus auszuführen.
Beispiel:

```
$ IF F$MODE() .NES. "INTERACTIVE" THEN -
     GOTO NON_INTER
$ SET TERMINAL/WIDTH=132
$!
$NON_INTER:
$!
```

F$PARSE(<file–spec> [,<default–spec>] [,<related–spec>] [,<field>] [,<parse–type>])

Benutzt den $PARSE RMS–Service, um eine Filespezifikation aufzugliedern und den mittels <field> ausgewählten Teil zu übergeben.
Beispiel:

```
$ INQUIRE TEXT "Bitte Filenamen eingeben"
$ KNOTEN  = F$PARSE(TEXT,,,"NODE")
$ DEVICE  = F$PARSE(TEXT,,,"DEVICE")
$ DIREC   = F$PARSE(TEXT,,,"DIRECTORY")
$ NAME    = F$PARSE(TEXT,,,"NAME")
$ TYP     = F$PARSE(TEXT,,,"TYPE")
$ VERSION = F$PARSE(TEXT,,,"VERSION")
```

F$PID(<context–symbol>)

Liefert die *process identification number* (pid). Das <context–symbol> wird dazu benutzt, einen Zeiger festzuhalten, so daß nach mehreren Aufrufen von F$PID immer die nächste Prozeßnummer übergeben wird. Dies funktioniert für das gesamte System, wenn der Benutzer von F$PID das Privileg *world* hat.

Beispiel:

```
$ CONTEXT = ""
$ START:
$ PID = F$PID(CONTEXT)
```

```
$ IF PID .EQS. "" THEN EXIT
$ SHOW SYMBOL PID
$ GOTO START
```

F$PRIVILEGE(<privstates>)

Liefert entweder *TRUE* oder *FALSE*, je nachdem ob der aktuelle Prozeß die Privilegien hat, die mit <privstates> übergeben wurden.
Beispiel:

```
$ PRO = F$PRIVILEGE("OPER,GROUP,NETMBX")
$ SHOW SYMBOL PRO
  PRO = "FALSE"
```

F$PROCESS()

Liefert den Prozeßnamen des aktuellen Prozesses als Zeichenkette (String).

Beispiel:

```
$ NAME = F$PROCESS()
$ SHOW SYMBOL NAME
  NAME = "MARTIN"
```

F$SEARCH(<file-spec> [,<stream-id>])

Benutzt den Search RMS-Service, um in einer Directory einen File zu suchen und die volle Filespezifikation zu übergeben. Wird kein File gefunden, so wird der Nullstring ("") übergeben. Wird F$SEARCH mit einer File-Spezifikation benutzt, die *wildcards*-Zeichen enthält, so wird nach jedem Aufruf von F$SEARCH in der Directory der nächste File übergeben, der die *wildcard*-Spezifikation erfüllt.
Beispiel:

```
$ FILE = "HUGO.DAT"
$ FILESPEC = F$SEARCH(FILE)
$ SHOW SYMBOL FILESPEC
$ FILESPEC = "DATA18:[SCHMITT.KU]HUGO.DAT;13"
$!
$STARTE:
$!
$ FILE = F$SEARCH("SYS$SYSTEM:*.EXE")
$ IF FILE .EQS. "" THEN EXIT
$ SHOW SYMBOL FILE
$ GOTO STARTE
```

F$SETPRV(<privstates>)

Benutzt den $SETPRV-Systemservice, um bestimmte Privilegien ein- bzw. auszuschalten. Dieser Systemservice ist im "OpenVMS System System Services Reference Manual" der OpenVMS-Dokumentation beschrieben.
Beispiel:

```
$ OLDPRIV = F$SETPRV("OPER","NOPRMMBX")
$ SHOW SYMBOL OLDPRIV
  OLDPRIV = "NOOPER,PRMMBX"
```

Im obigen Beispiel ist der Benutzer berechtigt, die Privilegien *OPER* und *NETMBX* zu benutzen. Das obige Beispiel schaltet das *OPER*-Privileg ein und das Privileg *PRMMBX* aus.

F$STRING(<expression>)

Liefert einen String von dem angegeben Ausdruck.
Beispiel:

```
$ A = 5
$ B = 4+8
$ C = F$STRING(B)
$ SHOW SYMBOL A
  A = 5   Hex = 00000005   octal = 0000000005
$ SHOW SYMBOL B
  B = "12"
```

F$TIME()

Liefert das aktuelle Datum und die Uhrzeit im Format dd–mmm–yyyy hh:mm:ss.cc.

Beispiel:

```
$ A = F$TIME()
$ SHOW SYMBOL A
  A = "23-JUN-1989 14:23:12.22"
```

F$TRNLNM(<logical–name>[,<table>][,<index>][,<mode>][,<case>] [,<item>])

Übersetzt einen logischen Namen und übergibt das Ergebnis als String. Wird kein logischer Name gefunden, so wird der Nullstring ("") übergeben. Die Übersetzung ist nicht iterativ. Das heißt, falls ein logischer Name noch einen weiteren logischen Namen beinhaltet, wird dieser nicht umgesetzt. Die weiteren Parameter wie <table>, <index>, <mode>, <case> und <item> sind für spezielle Umsetzungen geeignet, die im zugehörigen Help–Text beschrieben sind.
Beispiel:

```
$ SAVEDIR = F$TRNLNM("SYS$DISK") + F$DIRECTORY()
      ...
      ...

$ SET DEFAULT  'SAVEDIR'
```

Im obigen Beispiel wird der Name der aktuellen Directory im Symbol SAVEDIR abgelegt. Am Ende der Kommando–Prozedur wird der urspüngliche Zustand wiederhergestellt.

F$TYPE(<symbolname>)

Liefert den Datentyp eines Symbols, *STRING* oder *INTEGER*.
Beispiel:

```
$ NUM = 52
$ B  = "B2"
$ TYP = F$TYPE(NUM)
$ TYP2 = F$TYPE(NUM2)
$ SHOW SYMBOL NUM
  NUM = "INTEGER"
$ SHOW SYMBOL NUM2
  NUM = "STRING"
```

F$USER()

Liefert den aktuellen *user identification code* (UIC) in der Namensform als String.

Beispiel:

```
$ UIC = F$USER()
$ SHOW SYMBOL UIC
  UIC = [GRUPPE3,HUGO]
```

F$VERIFY([<procedure-value>][,<image-value>])

Liefert die Zahl 0, falls der Kontroll-Modus *(verify)* für Prozeduren ausgeschaltet ist (SET NOVERIFY), und die Zahl 1, falls der Kontroll-Modus für Prozeduren eingeschaltet ist (SET VERIFY). Ist der Wert von <procedure-value> = 1, so wird der Kontroll-Modus für Kommando-Prozeduren eingeschaltet, bei 0 ausgeschaltet.
Ist der Wert von <image-value> = 1, so werden Datenzeilen in Kommando-Prozeduren ebenfalls auf SYS$OUTPUT ausgegeben (image verification).
Die lexical function F$VERIFY erlaubt es, in Prozeduren festzustellen, ob der Verify-Mode ein- oder ausgeschaltet ist. Dadurch kann erreicht werden, daß bestimmte Stellen in Prozeduren immer ohne *Verify* durchlaufen werden, auch wenn der Benutzer *Verify* eingeschaltet hat. Am Ende der Prozedur kann *Verify* wieder eingeschaltet werden.
Beispiel:

```
$ VERI = F$VERIFY(0)
    ..
    ..
$ IF VERI .EQ. 1 THEN SET VERIFY
```

■

Weitere Beispiele für die Anwendung von lexical functions:

Feststellung der Länge einer Zeichenkette (F$LENGTH) :

```
$ STEXT  = "Guten Tag"
$ lang   = F$LENGTH(STEXT)
```

Der Wert von des Symbols *lang* ist in diesem Beispiel 9.

■

Herausschneiden eines Teilstrings aus einem character string (F$EXTRACT) :

```
$ teil := 'F$EXTRACT(a,b,symbol)'
$! a Positionsangabe, ab wo extrahiert werden soll
$! b Anzahl der betreffenden  Teilzeichenkette (Länge)
$!   symbol, aus dem extrahiert werden soll
```

Wird für a=0, b=5 und als Symbol STEXT benutzt, so enthält das Symbol *teil* die Zeichenfolge *Guten*.

■

Suchen eines bestimmten Substrings in einer Zeichenkette (F$LOCATE):

```
$ POSITION = F$LOCATE(symbsub,STEXT)
$ !Das Symbol symbsub enthält  die zu suchenden Zeichenfolge (sub-
string)
```

Ist beispielsweise der Inhalt des Symbols symbsub das Leerzeichen (blank), so wird dem Symbol *POSITION* der Wert 5 zugewiesen.

■

```
$!------------------------------------------------------------
$! DEMO VON F$EDIT (zur Stringmanipulation)
$!
$ ZEILE = "     HALLO,          hier    bin   ich !Kommentar"
$ WO = "WRITE SYS$OUTPUT"
$!
$ WO " "
$!
$ wo "ORIGINAL:              ",ZEILE
$ WO "ITEM: TRIM             ",F$EDIT(ZEILE,"TRIM")
$ WO "ITEM: COMPRESS         ",F$EDIT(ZEILE,"COMPRESS")
$ WO "ITEM: COLLAPSE         ",F$EDIT(ZEILE,"COLLAPSE")
$ WO "ITEM: UPCASE           ",F$EDIT(ZEILE,"UPCASE")
$ WO "ITEM: LOWERCASE        ",F$EDIT(ZEILE,"LOWERCASE")
$ WO "ITEM: UNCOMMENT        ",F$EDIT(ZEILE,"UNCOMMENT")
$ WO "ITEM: TRIM,COMPRESS,UNCOMMENT,LOWERCASE"
$ WO " ",F$EDIT(ZEILE,"TRIM,COMPRESS,UNCOMMENT,LOWERCASE")
$!---------------------------------------------------------
$!Der Aufruf von der obigen Prozedur liefert:
$ @f$edit
ORIGINAL:
    HALLO,      hier    bin  ich    !Kommentar
ITEM: TRIM
    HALLO,      hier    bin  ich    !Kommentar
ITEM: COMPRESS
    HALLO, hier bin ich !Kommentar
ITEM: COLLAPSE
    HALLO,hierbinich!Kommentar
ITEM: UPCASE
    HALLO,      HIER    BIN  ICH    !KOMMENTAR
ITEM: LOWERCASE
    hallo,      hier    bin  ich    !kommentar
ITEM: UNCOMMENT
    HALLO,      hier    bin  ich
ITEM: TRIM,COMPRESS,UNCOMMENT,LOWERCASE
    hallo, hier bin ich
```

■

```
$!------------------------------------------------------------
$! DEMO  F$TYPE für die Typebestimmung von Eingabezeichen
$ANF:
$ INQUIRE X "EINGABE"
$ IF F$TYPE(X) .EQS. "INTEGER" THEN WRITE SYS$OUTPUT "INTEGER"
$ IF F$TYPE(X) .NES. "INTEGER" THEN WRITE SYS$OUTPUT "KEINE INTEGER"
$ GOTO ANF
$!------------------------------------------------------------
$!Der Aufruf von der obigen Prozedur liefert:
$ @f$type
EINGABE: ab
KEINE INTEGER
EINGABE: 3
INTEGER
```

■

```
$!--------------------------------------------------------------
$! DEMO F$ENVIRONMENT für die Bestimmung der DCL-Umgebung
$ WO = "WRITE SYS$OUTPUT"
$ WO "ITEM: CONTROL             ",F$ENVIRONMENT("CONTROL")
$ WO "ITEM: DEFAULT             ",F$ENVIRONMENT("DEFAULT")
$ WO "ITEM: INTERACTIVE         ",F$ENVIRONMNET("INTERACTIVE")
$ WO "ITEM: MESSAGE             ",F$ENVIRONMENT("MESSAGE")
$ WO "ITEM: PROMPT              ",F$ENVIRONMENT("PROMPT")
$ WO "ITEM: PROMPT_CONTROL      ",F$ENVIRONMNET("PROMPT_CONTROL")
$ WO "ITEM: PROTECTION          ",F$ENVIRONMENT("PROTECTION")
$!--------------------------------------------------------------

$!Der Aufruf von der obigen Prozedur liefert:
$ @envir
ITEM: CONTROL           T,Y
ITEM: DEFAULT           DATA18:[SIMON.V4]
ITEM: INTERACTIVE       TRUE
ITEM: MESSAGE           /FACILITY/SEVERITY/IDENTIFICATION/TEXT
ITEM: PROMPT            $
ITEM: PROMPT_CONTROL    TRUE
ITEM: PROTECTION        SYSTEM=RWED, OWNER=RWED, GROUP=RE, WORLD
```

■

```
$!--------------------------------------------------------------
$! DEMO VON F$ELEMENT, F$CVTIME
$!
$ WEEKDAY="Monday/Tuesday/Wednesday/Thursday/Fryday/Saturday/Sunday"
$  WOCHENTAG=Montag/Dienstag/Mittwoch/Donnerstag/Freitag/Samstag/Sonn-
tag"
$ !
$ IF P1 .eqs. ""
$       THEN
$       READ SYS$COMMAND DATUM /PROMPT="Datum: "
$       ELSE
$       DATUM = 'P1'
$       ENDIF
$ IF DATUM .eqs. "" THEN EXIT
$!
$ ON WARNING THEN GOTO FEHLTAG
$ TAG = F$CVTIME(DATUM,"ABSOLUTE","WEEKDAY")
$!
$ N=0
$ LOOP:
$ RES = F$ELEMENT(N,"/",WEEKDAY)
$ IF RES .EQS. TAG THEN GOTO FOUND
$ N=N+1
$ IF N .LE. 6 THEN GOTO LOOP
$ FOUND:
$ TAG = F$ELEMENT(N,"/",WOCHENTAG)
$ WRITE SYS$OUTPUT "Der ",DATUM," ist ein ",TAG,"."
$ EXIT
$!
$ FEHLTAG:
$ WRITE SYS$OUTPUT "Es wurde ein ungültiges Datum angegeben! "
$ EXIT
$!--------------------------------------------------------------
```

```
$!Der Aufruf  der obigen Prozedur liefert:
$ @ wochentag
DATUM: 05-jun-1989
05-JUN-1989 ist ein Montag.
```

■

6.3 DCL–File–Operationen

Es bestehen bei DCL auch die Möglichkeiten des Schreibens und Lesens von Files. Hierfür stehen die Befehle OPEN, READ, WRITE und CLOSE zur Verfügung. Diese Befehle gewinnen erst bei Verwendung innerhalb von Kommando–Prozeduren an Bedeutung.

6.3.1 Datei öffnen

Befehlsaufbau: OPEN <logical–name> <file–spec.>

Öffnet die Datei <file–spec>. Die Ansprache innerhalb DCL kann über den logischen Namen <logical–name> erfolgen. Dieser logische Namen wird beim Öffnen des Files in die *process logical name table* eingetragen.
Qualifier:
/WRITE /READ /ERROR=<label>
/APPEND /SHARE=<option>

6.3.2 Datei schließen

CLOSE <logical–name>
Schließt die Datei, die dem Symbol <logical–name> zugeordnet ist.
Qualifier:
/LOG /ERROR=<label>

6.3.3 Aus einer Datei lesen

READ <logical–name> <symbol>
Liest einen Satz von dem vorher geöffneten File und weist den Inhalt des Datensatzes dem angegebenen Symbol zu.
Qualifier:
/END_OF_FILE=<label> /ERROR=<label>
/DELETE /INDEX /KEY /MATCH/ /NOLOCK
/PROMPT /TIME_OUT /DELETE /INDEX

6.3.4 In eine Datei schreiben

WRITE <logical–name> <symbol>
Schreibt einen String auf den vorher geöffneten File.
Qualifier:
/ERROR=<label> /SYMBOL /UPDATE

Ist der logische Namen prozeßpermanent definiert, so ist vor einem READ oder WRITE kein explizites OPEN–Kommando erforderlich.
Beispiel:

```
WRITE SYS$OUTPUT "Hallo wie geht es ? "
```

■

```
$!------------------------------------------------------------------
$! Demo von Timeout bei READ vom Terminal
$!
$ OPEN  TERMINAL  TT
$ READ/prompt="hallo eingeben: "/TIME_OUT=5/ERROR=ERR  TERMINAL X
$ WRITE SYS$OUTPUT  X
$ EXIT
$!
$ ERR:
$ write sys$output " "
$ WRITE SYS$OUTPUT " Du Schlafmütze !!"
$ WRITE SYS$OUTPUT " Du Schlafmütze !!"
$ WRITE SYS$OUTPUT ""
$!------------------------------------------------------------------
```

■

6.4 DCL–Unterprogrammtechnik

Mit Hilfe der Unterprogrammtechnik wird die Darstellung umfangreicher DCL–Kommando–Prozeduren übersichtlicher und die Abarbeitung schneller. Eine Schachtelung von Kommando–Prozeduren ist nicht mehr erforderlich.

6.4.1 Das GOSUB und RETURN–Kommando

Der GOSUB–Befehl bewirkt, daß der Ablauf in einem Unterprogramm fortgesetzt wird, welches mit dem Label <Sprungmarke> beginnt. Das Kommando RETURN beendet das Unterprogramm und gibt den Ablauf zurück an die DCL–Anweisung, welche unmittelbar hinter dem GOSUB–Befehl steht.
Diese Abarbeitung entspricht der Unterprogrammtechnik bei der Programmiersprache BASIC.

Format des GOSUB–Befehls:

```
$ GOSUB <Sprungmarke>
$ ..
$ ..
$<Sprungmarke>:
  ..
  ..
  ..
$ RETURN <Statuscode>
```

Beispiel:

```
$ ..
$ GOSUB  SYMBUP
$ ..
$ ..
  ..
$ SYMBUP:
```

```
$ ..
$ RETURN 1  !Mit RETURN kann ein Wert an die Variable $STATUS
$!          !übergeben werden.
```

■

Das GOSUB–Kommando baut keine neue Prozedurstufe auf; d.h. alle Marken (Labels) und lokalen Symbole haben auch in dem Unterprogramm Gültigkeit. Das GOSUB–Kommando kann bis zu 16mal geschachtelt sein.

6.4.2 Das CALL und SUBROUTINE–Kommando

Format:

```
$ CALL <Sprungmarke> [p1[p2[...p8]]]
$
$
.
.
$<Sprungmarke>: SUBROUTINE
  ..
  ..
  ..
$ENDSUBROUTINE
```

Das Kommando CALL verhält sich innerhalb einer DCL–Prozedur wie das @–Kommando. Der Vorteil des CALL–Befehls liegt darin, daß kein File geöffnet werden muß, um eine andere Prozedur zu aktivieren. Mit dem Kommando CALL wird der Ablauf einer DCL–Prozedur an ein DCL–Unterprogramm übergeben und eine neue Prozedurstufe eröffnet; d.h. Labels und lokale Symbole der übergeordneten Prozedur haben in dem Unterprogramm keine Gültigkeit mehr.
An das Unterprogramm können maximal 8 Parameter übergeben werden. Eine Schachtelung von Unterprogrammen ist bis zur Ebene 32 möglich.

Das Kommando SUBROUTINE definiert den Anfang einer DCL–Subroutine. Das Kommando ENDSUBROUTINE definiert das Ende eines DCL–Unterprogramms. Ein Unterprogramm wird beendet, wenn das Kommando ENDSUBROUTINE oder der DCL–Befehl EXIT durchlaufen wird.

Für den CALL–Befehl gibt es den Qualifier /OUTPUT=<Filename>. Wird dieser Qualifier angegeben, so heißt dies, daß alle Ausgaben der SUBROUTINE, die normalerweise auf SYS$OUTPUT erfolgen, auf den File mit dem Namen <Filename> abgelegt werden.

Übungsaufgaben:

29. Schreiben Sie eine Prozedur LOESCH.COM, die nach Angabe eines Dateinamens diese Datei löscht, auch wenn sie gegen Löschen gesichert ist.
Zusatz 1: LOESCH.COM soll den Dateinamen nur erfragen, wenn er nicht als Parameter angegeben wurde.
Zusatz 2: LOESCH.COM soll vor dem Löschen alle passenden Dateien (*wildcards*) auflisten und eine Löschbestätigung verlangen. Wenn nicht 'J' eingegeben wird, soll die Prozedur mit einem entsprechenden Vermerk abbrechen.

30. Schreiben Sie eine Kommando–Prozedur, die folgende Informationen am Bildschirm ausgibt:
   - Default–Device/Directory
   - Datum und Uhrzeit
   - User identification code (UIC)

31. Schreiben Sie eine Kommando–Prozedur für die Druckausgabe. Dabei sollen abgefragt werden: File–Name, Drucker, Zeitpunkt des Drucks, Anzahl der Kopien und ein eventuell anzugebender Zusatztext.

32. Schreiben Sie eine Prozedurdatei TRENN.COM, die folgende Aktionen auslöst:
   - Aufforderung zur Eingabe einer vollständigen Dateispezifikation z.B.: VAX2::USER$DISK:[COURSE.USER0]BEISPIEL1.TXT;5.
   - Korrekte Aufgliederung der Spezifikation in die globalen Symbole:
     KNOTEN (hier: VAX2),
     GERAET (hier: USER$DISK),
     VERZEICHNIS (hier: [COURSE.USER0]),
     DATEINAME (hier: BEISPIEL1),
     ERWEITERUNG (hier: TXT),
     VERSION (hier: 5)
   - Ausgabe der Symbole auf den Bildschirm.

   Hinweis: TRENN.COM soll auch bei unvollständigen Angaben funktionieren. Die ausgelassenen Teile sind auf "" zu setzen. Bei falschen Angaben soll TRENN.COM mit einer entsprechenden Meldung abgebrochen werden.

33. Schreiben Sie eine Kommando–Prozedur, welche in allen Files mit dem File–Typ *.TXT* eine beliebige Zeichenfolge durch eine andere automatisch ersetzt. Abgefragt werden sollen: File–Spezifikation, alter String, neuer String. Starten Sie diese Kommando–Prozedur auch über einen Batch–Job.

6.5 Logische Namen – Grundbegriffe

Sämtliche Dateien auf einem Datenträger werden über den File–Namen angesprochen. Der Filename besteht unter anderem aus Angaben darüber, wo sich der File befindet, d.h. aus einem Gerätenamen (devicename) und der Directory–Angabe. Innerhalb von Verarbeitungsprogrammen werden Dateien gelesen, beschrieben, neuangelegt oder gelöscht. Dabei ist jeweils der vollständige File–Name anzugeben.

Ändert sich bei einer Anwendung die Platte oder das Directory, so muß diese Änderung auch in den zugehörigen Programmen berücksichtigt werden. Wurden die physikalischen Namen (z.B. DRA1:[KAL3]) verwendet, so sind die Programme geräteabhängig, und die Programme müßten mit den neuen File–Angaben neu übersetzt und gebunden (LINK) werden. Dies sollte auf jeden Fall verhindert werden.

Unter OpenVMS gibt es den Begriff des *logischen Namens* (logical name). Darunter versteht man eine Bezeichnung, hinter der sich eine physikalische Angabe verbergen kann. Diese logischen Namen können in DCL–Befehlen und Programmiersprachen verwendet werden. Im Gegensatz dazu sind Symbole primär für die Verwendung auf DCL–Ebene gedacht.
OpenVMS übernimmt zur Ausführungszeit des Befehls die Umsetzung der logischen Namen in die physikalischen Namen. Damit ist eine geräteunabhängige Programmierung sehr leicht möglich. Nach einer Plattenumstellung ist es beispielsweise nur notwendig, dem von der Anwendung verwendeten logischen Namen eine andere physikalische Platte zuzuweisen.

Logische Namen können mit den DCL–Kommandos ASSIGN oder DEFINE definiert werden.

OpenVMS verwaltet standardmäßig 4 logische Namenstabellen:

- Process logical name table
- Group logical name table
- Job logical name table
- System logical name table

In jeder Tabelle können logische Namen hinterlegt werden. Zur Laufzeit eines Programms werden diese Tabellen bei Auftreten eines unbekannten Namens nach einer Umsetzung abgesucht.
Logische Namen können somit prozeß–, job–, gruppen– oder systemweit vereinbart werden.

6.5.1 Zuweisung logischer Namen

Befehle für die Definition logischer Namen:

```
ASSIGN    <phys.-name>[,...]    <logical-name>
DEFINE    <logical-name>        <phys.-name>[,...]
```

Über die nachfolgenden Qualifier wird bestimmt, in welche Tabelle der logische Name eingetragen wird.

Qualifier:
/PROCESS (Default) /SYSTEM /GROUP

/TABLE=<table-name> /JOB

Beispiel:

$ DEFINE/GROUP RAMS DKA400:[RAMSES.PROG]

Der logische Name RAMS wird gruppenweit definiert; d.h. alle Mitglieder der Gruppen (gleiche UIC–Gruppennummer) können sofort nach dieser Anweisung den logischen Namen RAMS benutzen.

6.5.2 Systemweite logische Namen

Einige logische Namen sind im OpenVMS fest vergeben. So bezeichnet das Symbol SYS$SYSDEVICE immer die Systemplatte und SYS$DISK die aktuelle Platte, auf der die Files des Benutzers liegen.
Um eine einheitenunabhängige Programmierung zu erreichen, sollten in den Programmen nicht physikalische Devicenamen wie DRB1: oder DRA0:, sondern logische Namen benutzt werden!

Wichtige systemweit definierte logische Namen sind beispielsweise:

SYS$MANAGER	Directory für Kommando–Files des System–Managers.
SYS$SYSTEM	Directory in der sämtliche OpenVMS System–Programme abliegen.
SYS$SYSROOT	Wurzel (root), von der aus das System gestartet (boot) wurde.
SYS$SYSDEVICE	Systemplatte.
SYS$STARTUP	Bereich, in dem sich die für den Startvorgang von OpenVMS notwendigen DCL–Prozeduren befinden.
SYS$LIBRARY	Bereich, in dem sich die Systembibliotheken befinden.
SYS$MAINTENANCE	Default–Device/Directory des Users FIELD; dort befinden sich im allgemeinen die OpenVMS–Diagnose– und Testprogramme.
SYS$LOGIN	Default–Device/Directory, die der System–Manager dem Benutzer zugewiesen hat.
SYS$DISK	Aktuelle Platte, auf welche die aktuellen Defaults zeigen.
SYS$NODE	Name des lokalen Rechners im Rechnernetzwerk DECnet.

6.5.3 Anzeige logischer Namen

Sämtliche logischen Namen können mit dem Kommando SHOW LOGICAL abgefragt werden.

Befehlsaufbau: SHOW LOGICAL [<logical-name>[:][,...]]

Qualifier:

/ALL zeige alle logischen Namen an

/GROUP zeige nur die *group logical name table* an

6.5.4 Default-Ein/Ausgabe (SYS$INPUT, SYS$OUTPUT)

Unter OpenVMS sind die Eingabe (input) SYS$INPUT, Ausgabe (output) SYS$OUTPUT, Kommando-Eingabe (command) SYS$COMMAND und die Fehlerausgabe (error) SYS$ERROR zugewiesen.
Während einer Terminal-Sitzung oder eines Jobablaufs können sich diese Zuweisungen ändern, wenn beispielsweise Kommando-Prozeduren aufgerufen werden. Auch bei der Abarbeitung von Batch-Jobs werden die logischen Namen für Ein- und Ausgabe umgesetzt.

Beispiel einer Terminal-Sitzung:

```
USERNAME: HUBER
PASSWORD:

input      =  _GSNA28$FTA5:
output     =  _GSNA28$FTA5:
error      =  _GSNA28$FTA5:
command    =  _GSNA28$FTA5:
```

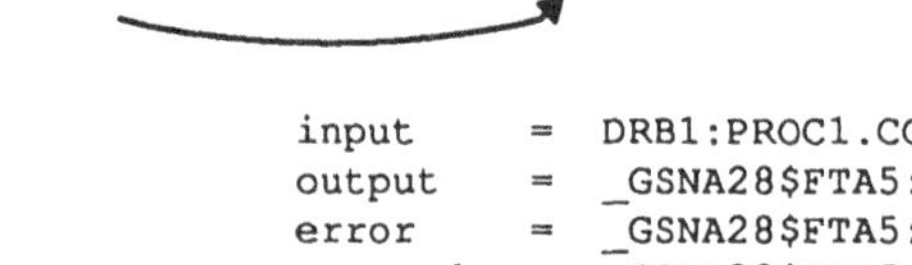

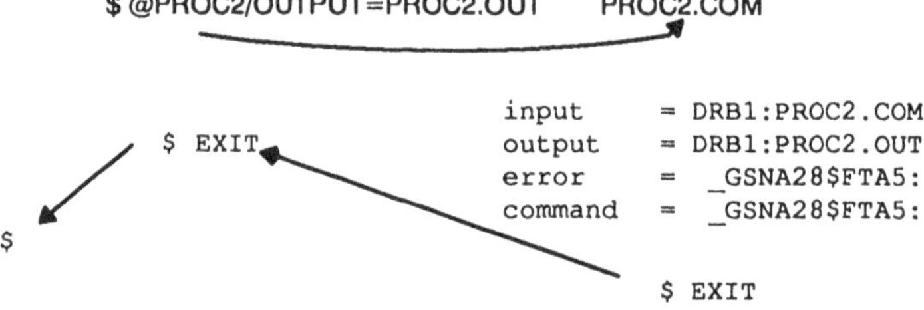

Abb. 6.5-1: SYS$INPUT/SYS$OUTPUT bei Kommando-Prozeduren

$ SUBMIT BATCH1
$ (nächstes Kommando)

BATCH1.COM

input = DRB1:BATCH1.COM
output = DRB1:BATCH1.LOG
error = DRB1:BATCH1.LOG
command = DRB1:BATCH1.COM

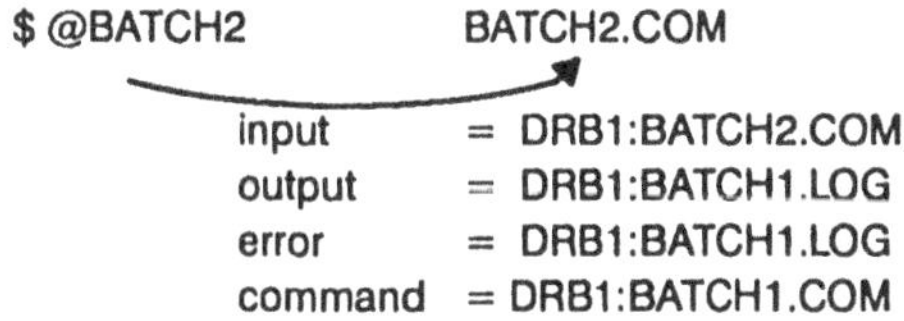

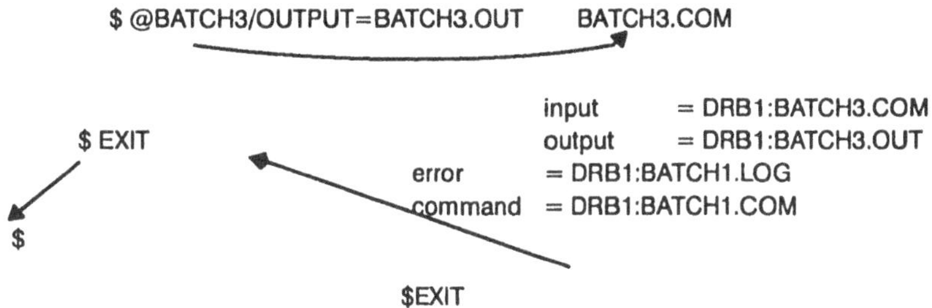

Abb. 6.5–2: SYS$INPUT/SYS$OUTPUT bei Batch–Verarbeitung

6.5.5 Programmaufrufe in Kommando–Prozeduren

Innerhalb von Kommando–Prozeduren ist über das Kommando RUN <filename> auch der Aufruf von Images (Programmen) möglich. Erwartet ein in einer Kommando–Prozedur aufgerufenes Programm eine Eingabe von SYS$INPUT (interaktiv), so ist eine spezielle Anweisung erforderlich, um innerhalb der Kommando–Prozedur Eingaben für den ablaufenden Prozeß zu machen.
Innerhalb einer Kommando–Prozedur ist vor dem Aufruf des interaktiven Programms ein DEFINE bzw. ASSIGN für SYS$INPUT notwendig:
Beispiel:

$ ASSIGN/USER_MODE SYS$COMMAND SYS$INPUT.

Dies bewirkt eine temporäre Zuweisung von SYS$COMMAND an den logischen Namen SYS$INPUT. Der Qualifier /USER_MODE bewirkt, daß die Zuweisung für SYS$INPUT automatisch gelöscht wird, wenn das interaktive Image endet.

6.6 Logische Namen – Erweiterungen

Die wichtigsten Erweiterungen im Umgang mit logischen Namen sind:

- Benannte logische Namenstabellen
- Flexiblere Suchreihenfolge
- Verbesserte Zugriffskontrollmöglichkeiten
- Längere logische Namen
- System–Services für logische Namen

Bei älteren OpenVMS–Versionen waren die logischen Namen in 3 Gruppen aufgeteilt: Process, system und group. Diese Einteilung war oft sehr streng und führte zu großen Tabellen mit minimalem Zugriffsschutz.
Ab VMS V4 können beliebige logische Namenstabellen definiert werden. Sie werden über einen ASCII–Namen identifiziert.

- Benutzer können logische Namenstabellen nach Belieben erzeugen und wieder löschen.
- Die logischen Namenstabellen werden über einen dem File–System ähnlichen Mechanismus geschützt.
- Dem Benutzer stehen damit mehr Möglichkeiten für die Steuerung der Suchreihenfolge sowie für die Kontrolle der Benutzung von logischen Namenstabellen zur Verfügung.

6.6.1 Suchlisten

Ein logischer Name unter OpenVMS kann in einen oder mehrere äquivalente Strings umgesetzt werden.
Beispiel:

```
$ DEFINE ELEMENTS     WASSER, FEUER, ERDE , WIND
$ SHOW LOGICAL ELEMENTS
 "ELEMENTS" [super]   = "WASSER" (LNM$PROCESS_TABLE)
                      = "FEUER"
                      = "ERDE"
                      = "WIND"
```

Diese Eigenschaft kann benutzt werden für:

- RMS–Suchlisten
- Common System Directories
- Vereinfachung der Suchordung von Tabellen
- Installationsprozeduren
- Sharing von Files bei *rooted directories*

Gegenüber Ersetzungszeichen *(wildcards)* haben *Suchlisten* den Vorteil, daß sie über mehrere Rechnerknoten und Geräte gehen können und daß die Suchrichtung

vorgegeben werden kann.
Beispiel:

$ DEFINE SUCHLISTE DISK$USER1:[ND30],VXSIWO::DISK$SIX:[SIKO],
– _$ DISK$USER5:[SINV4]

$! Das nachfolgende Kommando bringt beispielsweise folgende Ausgaben:
$ DIRECTORY SUCHLISTE:FU*.*

```
$ Directory   DISK$USER1:[ND30]
FU.BAS;17       FUR.FOR;2

       Total of 2 files.

$ Directory   VXSIWO::DISK$SIX:[SIKO]
FURTHER.FOR;14

       Total of 1 file.

$ Directory   DISK$USER5:[SINV4]
FU.BAS;17       FUR.FOR;2     FUUR.DAT;2

       Total of 3 files.

Grand total of 4 directories, 6 Files.
```

6.6.2 Default–Tabellen

Es gibt vier Default–Tabellen für logische Namen. Um mit älteren VMS– Versionen kompatibel zu sein, entsprechen 3 Standardtabellen den OpenVMS V3 logischen Namenstabellen.

Default logische Namenstabellen:

Tabelle	Name	Zeitpunkt der Anlage	Logischer Name
SYSTEM	LNM$SYSTEM_TABLE	Zum Systemstart	LNM$SYSTEM
GROUP	LNM$GROU_group-uic	Beim Start des ersten Prozesses einer Gruppe	LNM$GROUP
JOB	LNM$JOB_JIB-address	Beim Start des ersten Prozesses in einem JOB	LNM$JOB
PROCESS	LNM$PROCESS_TABLE	Beim Prozeß-Start	LNM$PROCESS

Logische Namen in der Job–Table sind shareable bei einem Prozeß und all seinen eventuell vorhandenen Subprozessen. In der Job–Table befinden sich unter anderem folgende logische Namen:

- SYS$LOGIN
- SYS$LOGIN_DEVICE
- SYS$SCRATCH
- Logische Namen für temporäre Mailboxen
- Logische Namen für privat belegte (mounted) Geräte

6.6.3 Tabellen–Directories

Der Benutzer kann eigene logische Namenstabellen erstellen. Logische Namenstabellen haben wiederum logische Namen, die auf sie verweisen.

Problem: In welcher Tabelle soll ein Name gesucht werden ?
Lösung: Die logischen Namenstabellen werden über Directories verwaltet.

Directories (Verzeichnisse) für logische Namenstabellen haben zwei spezielle Funktionen:

- Katalogisieren der Namen und Speicheradressen von anderen logischen Namenstabellen.
- Abspeicherung von jedem logischen Namen für die Tabellen in der Directory.

Directory–Tabellen zur Verwaltung logischer Namenstabellen können nur von privilegierten Benutzern (Privileg SYSPRV) angelegt werden. Für den Systembereich gibt es eine Verwaltungsdirectory, und pro Prozeß existiert eine Verwaltungsdirectory für logische Namen.
Die Namen aller gemeinsam benutzten (shared) Tabellen sind in der System–Directory eingetragen (logischer Name: *LNM$SYSTEM_DIRECTORY*). Jeder Prozeß hat seine eigene Directory für seine privaten logischen Namenstabellen (logischer Name: *LNM$PROCESS_DIRECTORY*). Ein logischer Name ist nur bekannt, wenn der Name der zugehörigen Tabelle in einem dieser Verzeichnisse eingetragen ist.

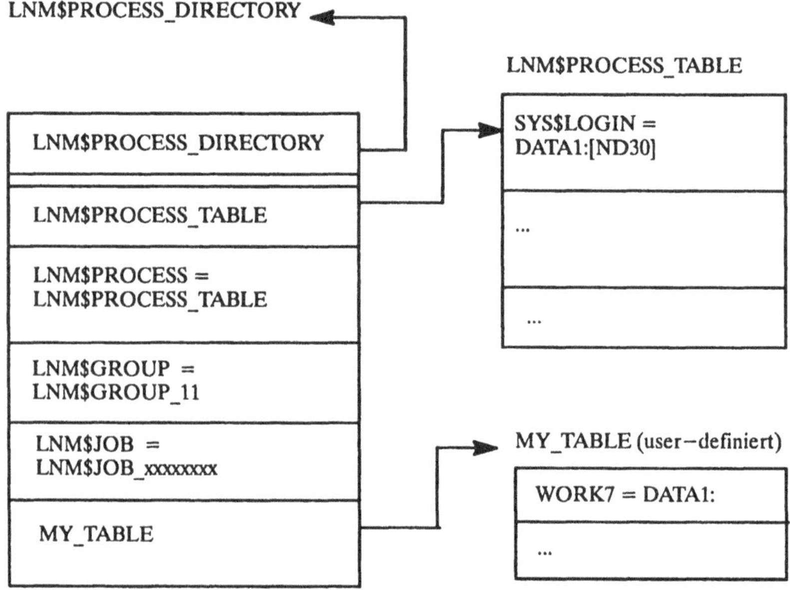

Abb. 6.6–1: Beispiel einer LNM$PROCESS_DIRECTORY

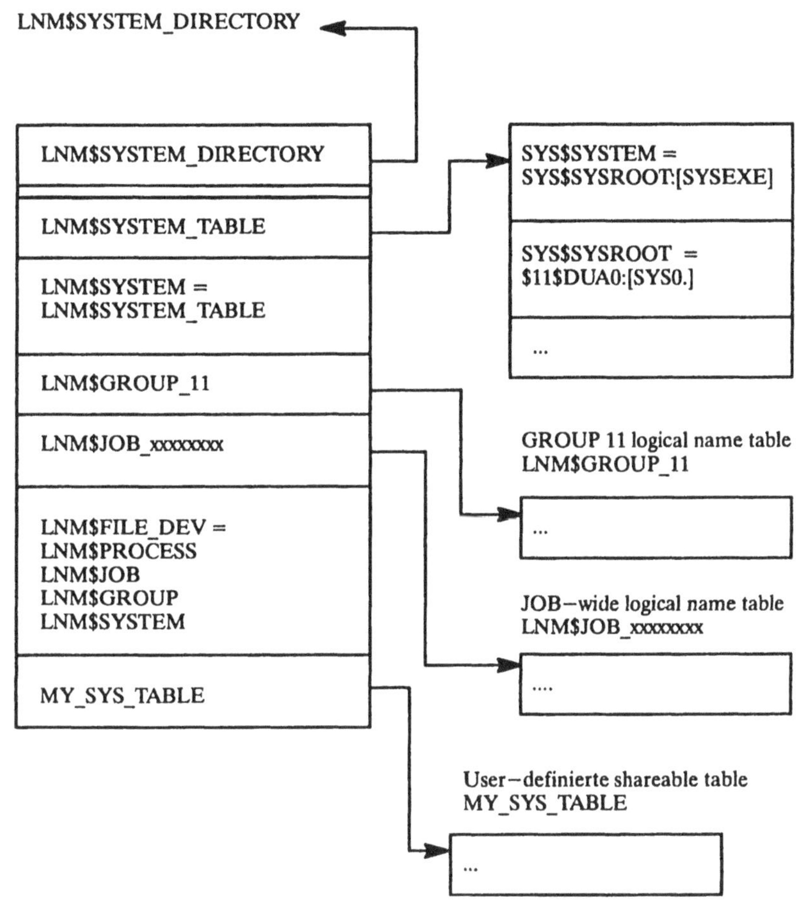

Abb. 6.6–2: Beispiel einer LNM$SYSTEM_DIRECTORY

Beispiel: Es werden die Bestandteile der logischen Namendirectories angezeigt.

$ SHOW LOGICAL/TABLE=LNM$PROCESS_DIRECTORY
$ SHOW LOGICAL/TABLE=LNM$SYSTEM_DIRECTORY

Den Inhalt beider Directories erhält man mit:

$ SHOW LOGICAL/TABLE=LNM$DIRECTORIES

6.6.4 Selbstdefinierte logische Namenstabellen

Eigene logische Namenstabellen werden durch den DCL–Befehl CREATE/NAME_TABLE erzeugt.

Der Tabellenname muß dabei als Parameter angegeben werden.

Befehlsaufbau: CREATE/NAME_TABLE <table–name>

Qualifiers:

/ATTRIBUTES	/EXECUTIVE_MODE	/LOG
/PARENT_TABLE	/PROTECTION	/QUOTA
/SUPERVISOR_MODE	/USER_MODE	Examples

Beispiele:

$ CREATE/NAME_TABLE MEINE_TABELLE
$ ASSIGN/TABLE=MEINE_TABELLE DISK$USER1:[BE40.DOKU] QU

Es wird die private Tabelle MEINE_TABELLE neu angelegt. Da kein weiterer Qualifier angegeben ist, erfolgt der Eintrag in die LNM$PROCESS_DIRECTORY. Danach wird der logische Name QU in dieser Tabelle definiert.
Für einen Eintrag in die LNM$SYSTEM_DIRECTORY wäre die Angabe /PARENT_TABLE=LNM$SYSTEM_DIRECTORY notwendig.

Eigenschaften logischer Namenstabellen:

Logische Namenstabellen können in einer Hierarchie eingerichtet werden. Dies führt zu Vorteilen beim Schutz vor unberechtigtem Zugriff und bei Größenfestlegung (Bereich von paged pool) über *Quotas*.

Jede logische Namenstabelle hat einen *Vater* (Ausnahme: DIRECTORIES).
Default–*Vater* ist die Prozeß – oder Systemdirectory–Tabelle. Dies ist abhängig davon, ob die Table privat oder shareable ist.
Wird eine *Vater*–Tabelle gelöscht, so werden auch alle davon abhängigen Tabellen gelöscht.

Die Struktur der logischen Namenstabellen kann man erhalten über:

$ SHOW LOGICAL/STRUCTURE

```
(LNM$PROCESS_DIRECTORY)
     (LNM$PROCESS_TABLE)
(LNM$SYSTEM_DIRECTORY)
     (LNM$GROUP_000011)
     (LNM$JOB_80206F80)
     (LNM$SYSTEM_TABLE)
```

■

Beispiele für logische Namenstabellen:

$SHOW LOGICAL/TABLE=LNM$PROCESS_DIRECTORY

```
(LNM$PROCESS_DIRECTORY)

  "LNM$GROUP" = "LNM$GROUP_000020"
  "LNM$JOB" = "LNM$JOB_80252E40"
  "LNM$PROCESS" = "LNM$PROCESS_TABLE"
  "LNM$PROCESS_DIRECTORY" [table] = ""
  "LNM$PROCESS_TABLE" [table] = ""
  "MYTABLE" [table] = ""
```

■

$ SHOW LOGICAL/TABLE=LNM$SYSTEM_DIRECTORY

```
(LNM$SYSTEM_DIRECTORY)

  "LNM$DCL_LOGICAL"   = "LNM$FILE_DEV"
  "LNM$DIRECTORIES"   = "LNM$PROCESS_DIRECTORY"
```

```
        = "LNM$SYSTEM_DIRECTORY"
"LNM$FILE_DEV" [super]  = "LNM$PROCESS"
        = "LNM$JOB"
        = "LNM$GROUP"
        = "LNM$SYSTEM"
        = "DECW$LOGICAL_NAMES"
"LNM$FILE_DEV" [exec] = "LNM$SYSTEM"
"LNM$GROUP_000001" [table] = ""
"LNM$GROUP_000010" [table] = ""
"LNM$GROUP_000020" [table] = ""
"LNM$GROUP_000101" [table] = ""
"LNM$GROUP_000102" [table] = ""
"LNM$GROUP_000104" [table] = ""
"LNM$GROUP_000172" [table] = ""
"LNM$GROUP_000200" [table] = ""
"LNM$GROUP_000201" [table] = ""
"LNM$GROUP_000203" [table] = ""
"LNM$GROUP_000204" [table] = ""
"LNM$JOB_8023DAA0" [table] = ""
"LNM$JOB_8023EE20" [table] = ""
"LNM$JOB_80242A40" [table] = ""
"LNM$JOB_80247C50" [table] = ""
"LNM$JOB_8024AF80" [table] = ""
"LNM$JOB_8024B050" [table] = ""
"LNM$JOB_8024BA10" [table] = ""
"LNM$JOB_8024E110" [table] = ""
"LNM$PERMANENT_MAILBOX" = "LNM$SYSTEM"
"LNM$SYSTEM" = "LNM$SYSTEM_TABLE"
"LNM$SYSTEM_DIRECTORY" [table] = ""
"LNM$SYSTEM_TABLE" [table] = ""
"LNM$TEMPORARY_MAILBOX" = "LNM$JOB"
"LOG$GROUP" = "LNM$GROUP"
"LOG$PROCESS" = "LNM$PROCESS"
        = "LNM$JOB"
"LOG$SYSTEM" = "LNM$SYSTEM"
"RMS$SEMANTIC_OBJECTS" [table] = ""
"RMS$SEMANTIC_TAGS  [table] = ""
"TRNLOG$_GROUP_SYSTEM" = "LOG$GROUP"
        = "LOG$SYSTEM"
"TRNLOG$_PROCESS_GROUP" = "LOG$PROCESS"
        = "LOG$GROUP"
"TRNLOG$_PROCESS_GROUP_SYSTEM" = "LOG$PROCESS"
        = "LOG$GROUP"
        = "LOG$SYSTEM"
"TRNLOG$_PROCESS_SYSTEM" = "LOG$PROCESS"
        = "LOG$SYSTEM"
```

■

6.6.5 Suchfolge für logische Namenstabellen

Bis Version 4.0 von OpenVMS war die Suchfolge bei der Umsetzung von logischen Namen fest (Reihenfolge: Process – group – system logical name table).
Die Suchreihenfolge in den logischen Namenstabellen kann system– wie auch prozeßweit festgelegt werden:

- Für die Umsetzung von Gerätenamen bei einem File–Zugriff über RMS:
  LNM$FILE_DEV = LNM$PROCESS,

LNM$JOB,
LNM$GROUP,
LNM$SYSTEM

- Für das DCL-Kommando SHOW LOGICAL:
  LNM$DCL_LOGICAL = LNM$FILE_DEV

Diese Default-Definition kann systemweit oder prozeßweit verändert werden. Für eine systemweite Änderung ist das Privileg *SYSPRV* erforderlich.

Beispiel für systemweite Änderung:

```
$DEFINE/TABLE=LNM$SYSTEM_DIRECTORY LNM$FILE_DEV -
_$            LNM$PROCESS,-
_$            LNM$JOB,-
_$            LNM$GROUP,-
_$            LNM$SYSTEM,-
_$            MYTABLE
```

Die Default-Suchreihenfolge für logische Namen ist nun:

1. LNM$PROCESS_TABLE
2. LNM$JOB_<JIB ADDRESS>
3. LNM$GROUP_<GROUP UIC NUMBER>
4. LNM$SYSTEM_TABLE
5. MYTABLE

Beispiele:

```
$! Prozeßweite Änderung
$ DEFINE/TABLE=LNM$PROCESS_DIRECTORY LNM$FILE_DEV -
_$                        LNM$PROCESS,-
_$                        LNM$JOB,-
_$                        LNM$GROUP,-
_$                        LNM$SYSTEM,-
_$            MYTABLE
```

■

```
$! Aufbau einer logischen Namenstabelle mit dem Namen MEINE_TABELLE
$ CREATE/NAME_TABLE MEINE_TABELLE -
_$            /PARENT=LNM$PROCESS_DIRECTORY

$ SHOW LOG/TABLE=LNM$PROCESS_DIRECTORY
(LNM$PROCESS_DIRECTORY)

  "LNM$GROUP" = "LNM$GROUP_000020"
  "LNM$JOB" = "LNM$JOB_80238A30"
  "LNM$PROCESS" = "LNM$PROCESS_TABLE"
  "LNM$PROCESS_DIRECTORY" [table] = ""
  "LNM$PROCESS_TABLE" [table] = ""
  "MEINE_TABELLE" [table] = ""

$! Eintrag des Symbol QU in die neu definierte logische Namenstabelle
$ ASSIGN/TABLE=MEINE_TABELLE  DISK$USER1:[ND32SI.DOKU]   QU
$ SHOW LOGICAL QU
```

```
%SHOW-S-NOTRAN, no translation for logical name QU
$! Der logische Name QU ist noch nicht ansprechbar.
$ DIRECTORY                QU
%DIRECT-W-NOFILES, no files found
$! In der Tabelle ist QU jedoch eingetragen.
$ SHOW LOGICAL/TABLE=MEINE_TABELLE
(MEINE_TABELLE)
  "QU" = "DISK$USER1:[ND32SI.DOKU]"
$ SHOW LOGICAL/TABLE=LNM$SYSTEM_DIRECTORY LNM$FILE_DEV
   "LNM$FILE_DEV" = "LNM$PROCESS" (LNM$SYSTEM_DIRECTORY)
          = "LNM$JOB"
          = "LNM$GROUP"
          = "LNM$SYSTEM"
 1  "LNM$SYSTEM" = "LNM$SYSTEM_TABLE" (LNM$SYSTEM_DIRECTORY)
$! Damit die logische Namenstabelle MEINE_TABELLE auch benutzt wird, muß
$! sie noch in die Suchreihenfolge mitaufgenommen werden. Dies geschieht
$! durch Setzen des logischen Namens LNM$FILE_DEV.
$ DEFINE/TABLE=LNM$PROCESS_DIRECTORY
_Log name: LNM$FILE_DEV
_Equ name:  MEINE_TABELLE,LNM$PROCESS, LNM$JOB,-
_$                         LNM$GROUP, LNM$SYSTEM
$ SHOW LOGICAL QU
  "QU" = "DISK$USER1:[ND32SI.DOKU]" (MEINE_TABELLE)
$ DIRECTORY QU:M*.*
Directory DISK$USER1:[ND32SI.DOKU]
 MER.DAT;3        MER.DAT;2     MER.RNO;1       MIKRO.TXT;8
 MINBER.MEM;1     MINBER.RNO;2  MINBER2.MEM;4  MINBER2.RNO;8
 MINI.TXT;8       MININET.MEM;1  MININET.TXT;29MININST.MEM;1
 MININST.TXT;34  MINPROB.TXT;1  MINTEST.TXT;1  MINVERW.TXT;9
 MULTI.RNO;1          MULTI.TXT;2    MUX.RNO;6
Total of 19 files.
```

■

6.6.6 Nützliche DCL-Kommandos für logische Namenstabellen

$ SHOW LOGICAL/STRUCTURE

$ SHOW LOGICAL/FULL

Die lexical function F$TRNLNM kann ebenfalls für die Umsetzung logischer Namen benutzt werden.
Beispiel:

```
$ A = F$TRNLNM("SYS$LOGIN")
$ SHOW SYMBOL A
  A = DATA1:[FRITZ]
$ B = F$TRNLNM("SYS$DISK")
$ SHOW SYMBOL B
  B = DATA1:
```

6.6.7 Schutz systemweiter logischer Namenstabellen

Gemeinsam genutzte (shareable) logische Namenstabellen können über einen dem File–System ähnlichen Mechanismus vor unberechtigtem Zugriff geschützt werden. Dabei sind angebbar:

- Access mode
- Owner UIC
- Protection Mask

Für prozeß–private logische Namenstabellen gibt es keinen Schutz.

Bedeutung der Protection Mask für logische Namen:

R = Logische Namen können mit dieser Tabelle übersetzt werden.

W = Logische Namen innerhalb dieser Tabelle können *assigned* und *deassigned* werden.

E = *Grand quota enable* Zugriff, d.h. zu dieser Tabelle kann eine Untertabelle angelegt werden.

D = Die logische Tabelle kann gelöscht werden.

Die Default–Protection Mask für von Benutzern angelegte Tabellen ist:

SYSTEM:RWED OWNER:RWED GROUP: WORLD:

Der Zugriffsschutz kann beim Anlegen der Tabelle mit dem Befehl CREATE/NAME_TABLE mit dem Qualifier /PROTECTION angegeben werden.

6.6.8 Quotas für logische Namenstabellen

Die maximale Anzahl von Bytes, die für eine Tabelle und ihre Untertabellen verfügbar sind, wird über ein Quota beschränkt (es wird *paged pool* benötigt). Dieses Quota wirkt sich nur auf shareable Tabellen aus, da private Tabellen im P1 Bereich des virtuellen Adreßraums liegen.
Beispiel für die Anlage einer "shareable table" mit Quota:

```
$! Es werden 2 shareable Tabellen mit je 500 Bytes Quota angelegt.
$ SET PROCESS/PRIVILEGE=SYSPRV
$ CREATE/NAME/PARENT=LNM$SYSTEM_DIRECTORY -
_$                /QUOTA=500 VATER
_$                /PROTECTION=(S:RWED, O:RWED,G:RE,W:RE)
$ CREATE/NAME/PARENT=LNM$SYSTEM_DIRECTORY -
_$                /QUOTA=500  MUTTER
$!
$! Es wird eine Tabelle SOHN angelegt, die sich die Quotas
$! mit der Tabelle VATER teilt.
$!
$ CREATE/NAME/PARENT=VATER  SOHN
$!
$! Es wird eine Tabelle TOCHTER angelegt, deren Quotas von der
$! Tabelle MUTTER abgezogen werden.
$!
$ CREATE/NAME/PARENT=MUTTER  TOCHTER
```

$!
$ SHOW LOGICAL/FULL/STRUCTURE

```
(LNM$PROCESS_DIRECTORY       [kernel] [directory]
    (LNM$PROCESS_TABLE)      [kernel]
(LNM$SYSTEM_DIRECTORY)      [kernel]  [shareable,directory]
    (VATER)  [super]      [shareable]     [QUOTA=(500,500)]
       (SOHN) [super]      [shareable]
    (MUTTER) [super]      [shareable]     [QUOTA=(250,500)]
       (TOCHTER) [super]      [shareable]  [QUOTA=(250,250)]
```

$!
$!Die logische Namen SOHN, TOCHTER werden in die Tabellen eingetragen.
$!
$ DEFINE/TABLE=SOHN FROG KERMIT
$ DEFINE/TABLE=TOCHTER FROG KERMIT
$!
$ SHOW LOGICAL/STRUCTURE/FULL

```
(LNM$PROCESS_DIRECTORY       [kernel] [directory]
    (LNM$PROCESS_TABLE)      [kernel]
(LNM$SYSTEM_DIRECTORY)      [kernel]  [shareable,directory]
    (VATER)  [super]      [shareable]     [QUOTA=(452,500)]
       (SOHN) [super]      [shareable]
    (MUTTER) [super]      [shareable]     [QUOTA=(250,500)]
       (TOCHTER) [super]      [shareable]  [QUOTA=(202,250)]
```

6.7 Kommando–Prozeduren

Kommando–Prozeduren (command procedures) sind eine Folge von DCL–Kommandos, die in einem File definiert sind. Ein solcher File wird auch als Kommando–File bezeichnet. Für Kommando–Files sollte immer die File–Typangabe .COM verwendet werden.

Im Kommando–File werden die Befehle in der Form

$ <command>
$ <command>
$! Das ist ein Kommentar, dessen Anfang durch ein (!)
$!   nach dem ($) gekennzeichnet wird. Alle weiteren (!)
$!   haben keine Wirkung.
$ <command> ! und ein Kommentar dazu

notiert. Als Kommentarzeichen dient das Zeichen "!".

Eine Kommando–Prozedur wird interaktiv unter DCL durch Voransetzen des Zeichens @ vor den File–Namen aktiviert.
Beispiel:
$ @NEUSTART.COM

Eine Kommando–Prozedur kann auch als sogenannter Batch–Job ablaufen. Dann erfolgt der Start mit:
$ SUBMIT <filename>

Der Batch–Job (Hintergrund Job) wird dabei unabhängig von der aktuellen Terminal–Session bearbeitet.

Eine Kommando–Prozedur kann auch einem Symbol zugewiesen werden:

$ SYNCOM :== @<filename>

Soll während der Abarbeitung einer Prozedur die Eingabe (input) der Tastatur zugeordnet werden, so lautet der Befehl:

```
ASSIGN   SYS$COMMAND SYS$INPUT
bzw.     ASSIGN/USER_MODE  SYS$COMMAND   SYS$INPUT
bzw.     ASSIGN/USER_MODE  TT            SYS$INPUT
bzw.     DEFINE/USER_MODE  SYS$INPUT   SYS$COMMAND
```

ASSIGN/USER_MODE bewirkt, daß die logische Namensumsetzung nur für das als nächstes aufgerufene Programm (image) Gültigkeit hat. Wird der Qualifier / USER_MODE weggelassen, so ist für die Zurücksetzung des logischen Namens der Befehl DEASSIGN zu verwenden.

Beispiel:

```
$! TEST des EDITORS in einer Kommando-Prozedur
$  INQUIRE  FILE "Bitte Filenamen eingeben"
$  ASSIGN/USER_MODE  SYS$COMMAND SYS$INPUT
$  EDIT/EDT    'FILE'
$  WRITE SYS$OUTPUT "File ",FILE, " wurde editiert!"
$  EXIT
```

■

6.7.1 Fileoperationen innerhalb von Kommando–Prozeduren

```
$!------------------------------------------------------------------
$!Beispiel: Eine Anzahl von interaktiv eingegeben Textzeilen wird in
$!          einen über Parameter angebbaren File geschrieben. Am Ende
$!          sollen noch zusätzlich die Default-Platte und Directory
$!          in den File geschrieben werden.
$!------------------------------------------------------------------
$  SET NOON
$  ON ERROR THEN GOTO ENDE
$! Parameter Angabe prüfen
$  IF P1 .NES. "" THEN GOTO W1
$  READ SYS$COMMAND FILENAME  -
     /PROMPT="File-Name in den geschrieben werden soll: "
$  GOTO W2
$!
$W1:
$!
$  FILENAME := 'P1
$!
$W2:
$!
$! File auf Platte eröffnen
$  OPEN/WRITE  FILE  UE4.DAT
$!
$! 10 Zeilen vom Terminal einlesen, bzw. Abbruch wenn ENDE eingegeben
$! wird.
$!
```

```
$  I=1
$!
$SCHLEIFE:
$!
$  READ SYS$COMMAND SATZ /PROMPT="Zeile ? "
$  WRITE FILE SATZ
$  I = I + 1
$  IF (SATZ .EQS. "ENDE") .OR. (I .GT. 10)  THEN GOTO ENDE
$  GOTO SCHLEIFE
$!
$ENDE:
$  DEV := 'F$LOGICAL("SYS$DISK")
$  DIREC := 'F$DIRECTORY()
$  WRITE FILE DEV,DIREC
$  CLOSE FILE
$  EXIT
```

■

6.7.2 Test von Kommando–Prozeduren

Eine wesentliche Hilfe bei der Erprobung einer Prozedur ist der *verify*–Mode. Beim Testen von Kommando–Prozeduren besteht die Möglichkeit, die Ausführung jeder Kommando–Zeile am Bildschirm mitzuverfolgen.

Dieser Mode (trace – Möglichkeit) wird durch den DCL–Befehl SET VERIFY eingeschaltet und durch SET NOVERIFY wieder beendet.

6.7.3 Parameter–Übergabe an Kommando–Prozeduren

Für Kommando–Prozeduren ist es oft erforderlich, daß man die Möglichkeit hat, Daten an die Kommando–Prozedur zu übergeben (z.B. den Dateinamen eines Files, der übersetzt und zu einem ausführbaren Programm (executable program) zusammengebunden (link) werden soll. Im wesentlichen gibt es folgende Möglichkeiten, um eine Kommando–Prozedur mit Daten zu versorgen:

- Interaktiv über einen INQUIRE Befehl
- Durch einen READ Befehl von SYS$COMMAND oder von einem INPUT–File
- Über Prozedur–Parameter

Nachfolgend wird die Übergabe mit Parametern beschrieben.

Bis zu acht Parameter können an eine Kommando–Prozedur übergeben werden, indem die Werte dieser Parameter nach dem File–Namen, der die Kommando–Prozedur definiert, hingeschrieben werden. Für Batch–Jobs werden die Parameter über den Qualifier /PARAMETERS angegeben.

Beispiele:

$ @COPYSORT INSORT.DAT OUTSORT.DAT ! oder
$ SUBMIT COPYSORT /PARAMETERS=(INSORT.DAT,OUTSORT.DAT)

Wird die Kommando–Prozedur COPYSORT ausgeführt, so werden zwei Parameter übergeben: INSORT.DAT und OUTSORT.DAT. Der erste Parameter P1 bekommt den Wert INSORT.DAT, der zweite Parameter P2 den Wert OUTSORT.DAT. Mit Hilfe der Parametertechnik kann man bei jedem Aufruf der

Prozedur COPYSORT.COM andere Files benutzen, ohne dafür eine neue Prozedur schreiben zu müssen.

In der Kommando–Prozedur COPYSORT.COM können die Symbole P1 und P2 für die File–Verarbeitung benutzt werden.

Beispiel:

```
$ ! COPYSORT, kopiert und sortiert einen File
$   COPY  'P1'  DISK$COURSE:[COURSE]*.*
$   SORT  'P1'  'P2'
$   EXIT
```

Diese Kommando–Prozedur kopiert den File INSORT.DAT in die Directory DISK$COURSE:[COURSE]. Danach wird dieser File sortiert in dem File OUTSORT.DAT abgelegt.

Werden Parameter in einer Kommando–Zeile angegeben, so sind sie durch ein oder mehrere Leerzeichen und/oder Tabulatorzeichen zu trennen. Um einen leeren Parameter zu übergeben, ist die Angabe eines Nullstrings erforderlich.

Beispiel:

```
$ COPYFILE  ""  DISK$COURSE:[COURSE]*.*
```

P1 wird in diesem Fall ein Nullstring zugewiesen.

Werden Zahlen über Parameter an eine Prozedur übergeben, so werden diese vor der Zuweisung an die Parameter–Variablen P1, P1 , .. P8 zu einem String konvertiert.
Werden Strings über Parameter an eine Prozedur übergeben, so ist zu beachten, daß DCL Buchstaben automatisch in Großbuchstaben umwandelt. Soll der Parameter jedoch aus Kleinbuchstaben bestehen und eventuell Leerzeichenfolgen enthalten, die nicht verdichtet werden sollen, so ist der Parameter immer mit den Zeichen Gänsefüßchen (") einzuklammern.

Die Prozedur PARAMS.COM enthalte folgendes DCL–Kommando:

$! PARAMS, Anzeige der Parameter
$ SHOW SYMBOL/LOCAL/ALL
$ EXIT

$! Aufruf der Prozedur PARAMS:
$ @PARAMS "PAUL" "Cramer"

```
P8 = ""
P7 = ""
P6 = ""
P5 = ""
P4 = ""
P3 = ""
P2 = "Cramer"
P1 = "PAUL"
```

6.7.4 Batch–Jobs

Batch– und interaktive Prozesse können unter OpenVMS gleichzeitig ablaufen. Batch–Jobs laufen automatisch im Hintergrund ab, ohne daß dabei ein Terminal,

von dem der Batch–Job aus gestartet wurde, belegt ist. DCL ist auch die Jobcontrol–Sprache für Batch–Jobs.
Batch–Jobs können in Kommando–Prozeduren (*command files*) festgelegt und über das Kommando SUBMIT an die Batch–Queue übergeben werden.
Der Ablauf eines Batch–Jobs wird automatisch in einem Log–File protokolliert. Dieser Log–File wird nach Beendigung des Batch–Jobs auf dem Systemdrucker (SYS$PRINT) ausgedruckt und anschließend gelöscht.

Soll kein Log–File angelegt werden, ist der Qualifier /NOLOG zu benutzen. Soll der Log–File aufbewahrt und nicht gedruckt werden, so sind die Qualifier /KEEP/NOPRINT zu benutzen.

Das Kommando SUBMIT:

$ HELP Submit

```
SUBMIT

Queues one or more files containing command procedures to a batch
queue.
Requires submit (S) access to the queue.

Format:  SUBMIT <file-spec>[,...]

Additional information available:

Parameters Command_Qualifiers
/AFTER      /BACKUP     /BEFORE     /BY_OWNER   /CHARACTERISTICS
/CLI        /CONFIRM    /CPUTIME    /CREATED    /DELETE     /EXCLUDE
/EXPIRED    /HOLD       /IDENTIFY   /KEEP       /LOG_FILE   /MODIFIED
/NAME       /NOTE       /NOTIFY     /PARAMETERS             /PRINTER
/PRIORITY   /QUEUE      /REMOTE     /RESTART    /RETAIN     /SINCE
/USER       /WSDEFAULT  /WSEXTENT   /WSQUOTA    Examples
```

Parameterübergabe an Batch–Jobs:

So wie für Kommando–Prozeduren Parameter angegeben werden können, können auch für Batch–Jobs Parameter übergeben werden. Dies geschieht über den Qualifier /PARAMETERS=(<parameter>,...). Die Anzahl der Parameter ist auch für Batch–Jobs auf acht beschränkt.

Beispiel:

$ SUBMIT/NOPRINT/KEEP/NOTIFY TCOPY –
_$ /PARAMETERS=(TEST.DAT,DISK$COURSE:[KURSE]TEST.OUT

```
Job TCOPY (queue SYS$BATCH, entry 586) startet on SYS$BATCH
```

Der Job TCOPY wird gestartet, wobei als Parameter P1 der Filename TEST.DAT und als Parameter P2 der File–Name DISK$COURSE:[KURSE]TEST.OUT übergeben wird. Ein Ausdruck des Log–Files TCOPY.LOG erfolgt nicht. Der Log–File wird auf SYS$LOGIN abgelegt. Das Ende des Batch–Jobs wird dem Benutzer durch eine Meldung an das Terminal mitgeteilt. Da kein Qualifier /QUEUE angegeben war, erfolgt der Eintrag in die Default–Warteschlange SYS$BATCH.

Restartable Batch–Jobs:

Es können Kommando–Prozeduren aufgebaut werden, welche restartfähig sind. Hierfür gibt es in DCL die reservierten Symbole RESTART, BATCH$RESTART und RESTART_VALUE. Das Symbol RESTART wird auf *true* gesetzt, wenn ein

Batch–Prozeß beispielsweise nach einem Systemabsturz wieder automatisch aufgesetzt wurde. Wie weit der Job war, kann der Programmierer mit Hilfe des Symbols RESTART_VALUE überprüfen.
Um einen Job restartfähig ablaufen zu lassen, ist der Qualifier /RESTART beim SUBMIT–Kommando erforderlich.
Beispiel:

$ SUBMIT/RESTART/NOTIFY/KEEP JOBCOB1

Eine restartfähige Kommando–Prozedur könnte beispielsweise folgendermaßen aufgebaut sein:

```
$START:
$ IF $RESTART THEN GOTO 'BATCH$RESTART'
     ...
     ...
$STEP_1:
$ SET RESTART_VALUE="STEP_1"
     ...
     ...
$STEP_2:
$ SET RESTART_VALUE="STEP_2"
     ...
     ...
$ EXIT
```

■

6.7.5 Beispiele für Kommando–Prozeduren

Beispiel: Prozedur für Druckauftrag

Die nachfolgende Prozedur fragt interaktiv die Bezeichnung eines Files mit dem Filetyp *.RNO* ab. Das Programm RUNOFF verarbeitet diesen File und bildet ein File mit dem Filetyp *.MEM.* In diesem MEM–File wird das englische Wort *page* durch das deutsche Wort *Seite* ersetzt. Nach dem Ausdrucken des MEM–Files wird dieses aufgrund des Qualifiers /DELETE vom System wieder aufgelöst.

```
$ ! DRUCKEN.COM    Kommando-File FUER DIE DRUCK-AUSGABE
$ ! bearbeitet nur .RNO-Files
$ WRITE SYS$OUTPUT "Default-Bezeichnung"
$ SHOW  DEFAULT
$ INQUIRE file "Bitte File ohne .EXT angeben!"
$ RUNOFF/RIGHT=5 'file'.RNO
$ ASSIGN/USER NL: SYS$OUTPUT
$ EDIT/EDT 'file'.MEM
    SUBSTITUTE / page/Seite/WHOLE
    EXIT
$ PURGE 'file'.MEM
$ datei := 'file'.MEM/DELETE
$ @AUSGABE   datei
$ EXIT
```

Die eigentliche Ausgabe (PRINT) wird von der Prozedur AUSGABE erledigt.

Die Prozedur AUSGABE legt über eine interaktive Abfrage fest, auf welche Ausgabeeinheit der Job ausgegeben werden soll und liefert dem Benutzer die hierzu relevante Systeminformation.

Im Befehl PRINT greift sie auf das in der übergeordneten und noch lebenden Prozedur definierte Symbol *datei* zu.

```
$!     AUSGABE.COM
$!
$!     Das Programm steuert die Druckausgabe.
$!     Parameter ist ein Dateiname
$ datei := 'P1'
$ Abfrage:
$      INQUIRE antwort "Ausgabe auf FACIT oder PRINTER? - F/P"
$      IF      antwort  .EQS. "P"  THEN  GOTO   Printer
$      IF      antwort  .NES. "F"  THEN  GOTO   Abfrage
$!
$ Facit:
$      WRITE SYS$OUTPUT "Zustand der Drucker-Warteschlangen"
$      SHOW  TIME
$      SHOW  QUEUE/ALL   SYS$FACIT
$      SHOW  QUEUE/ALL   TTF6
$      SHOW  QUEUE/ALL   TTF7
$      WRITE SYS$OUTPUT " "
$      WRITE SYS$OUTPUT " "
$!
$ Sys$facit:
$      queue := SYS$FACIT
$      INQUIRE ziff -
   "Falls besonderer Drucker gewünscht, bitte angeben. 6/7"
$      IF      ziff .EQS. "6" THEN queue := TTF6
$      IF      ziff .EQS. "7" THEN queue := TTF7
$!
$ Drucker:
$      INQUIRE     zeit "Ausgabe nach Zeitpunkt (sofort=0)"
$      INQUIRE     zahl "Anzahl der gewünschten Exemplare"
$      PRINT/NOTIFY/AFTER= 'zeit'/COPIES='zahl'/QUEUE='queue' 'datei'
$      WRITE SYS$OUTPUT " "
$      WRITE SYS$OUTPUT " "
$      WRITE SYS$OUTPUT "Zustand der ausgewählten Drucker-Schlange:"
$      SHOW   QUEUE/ALL 'queue'
$!
$ EXIT
```

■

Beispiel: Prozedur zum Löschen beliebiger Unterverzeichnisse

Ein Subdirectory darf erst gelöscht werden, wenn es keine Files mehr enthält. Außerdem ist es beim Anlegen bereits durch das System gegen Löschen geschützt. Vor Ausführung des DELETE–Befehls muß dieser File–Schutz aufgehoben werden.

```
$! Diese Kommando Prozedur löscht rekursiv alle Dateien in
$! einem Verzeichnis oder Unterverzeichnis, beginnend mit dem sich in
$! in der tiefsten Schachtelungstiefe abgelegten Unterverzeichnis
$!
$ LEVEL=='LEVEL'+1
$! Schreibe den Inhalt des Verzeichnises von 'p1' to 'P1'DUMMY.DAT
$ DIRECTORY/NOHEAD/NOTRAIL/OUTPUT='P1'DUMMY.DAT 'P1'
$ OPEN/READ FILE'LEVEL' 'P1'DUMMY.DAT
$ READ_ELEM:
$   READ/END_OF_FILE=DEL_ELEMS_DIR FILE'LEVEL' ELEM
$   !
```

```
$  LENGTH_ELEM='F$LENGTH(ELEM)
$  OFFSET_ELEM='F$LOCATE(".DIR;",ELEM)
$  ! Test, ob das Element ein Verzeichnis ist;
$  ! falls nicht gehe nach READ_ELEM
$  IF LENGTH_ELEM .EQ. OFFSET_ELEM THEN -
   GOTO READ_ELEM
$  !
$  ! Das Element ist ein Verzeichnis - rekursiver Aufruf von DELDIR
$  ! Aufbau der Verzeichnis-Spezifikation
$  PART_ELEM:='F$EXTRACT(0,OFFSET_ELEM,ELEM)
$  RIGTH_PAR='F$LOCATE("]",PART_ELEM)
$  PART_ELEM_1:='F$EXTRACT(0,RIGTH_PAR,PART_ELEM)
$  LENGTH_PART_ELEM_2=LENGTH_ELEM-(4+RIGTH_PAR+1)
$  RIGTH_PAR_1=RIGTH_PAR+1
$  PART_ELEM_2:='F$EXTRACT(RIGTH_PAR_1,LENGTH_PART_ELEM_2,PART_ELEM)'
$  DIR_SPEC:='PART_ELEM_1'.'PART_ELEM_2']
$  !
$  ! Rekursiver Aufruf
$  @UT:DELDIR 'DIR_SPEC'
$  !
$  LEVEL==LEVEL-1
$  GOTO READ_ELEM
$DEL_ELEMS_DIR:
$ CLOSE FILE'LEVEL'
$! Lösche alle Elemente des Verzeichnisses und auch 'P1'DUMMY.DAT!
$     SET     PROTECTION=(SYSTEM:RWED,OWNER:RWED,GROUP:RWED,WORLD:RWED)
'P1'*.*;*
$ DELETE 'P1'*.*;*
$ IF LEVEL .EQ. 1 THEN DELETE/SYMBOL/GLOBAL LEVEL
```

■

6.8 Prozeß–Typen unter OpenVMS

6.8.1 Detached Prozesse und Subprozesse

Unter dem Betriebssystem OpenVMS gibt es zwei Hauptgruppen von Prozessen, die *detached processes* (Hauptprozesse) und die *subprocesses*. Jeder Prozeß darf weitere Haupt– oder Subprozesse erzeugen. Die Anzahl der erzeugbaren Hauptprozesse wird durch das Quota *MAXDETACH* begrenzt. Die Anzahl der Subprozesse, die ein Prozeß erzeugen kann, wird durch das Quota *PRCLM* eingeschränkt, das mit dem Usernamen verknüpft ist (siehe auch Abschnitt 1.5.2 "Quotas unter OpenVMS" auf der Seite der 45).
Ein Prozeß mit dem Privileg *detach* darf neue Hauptprozesse mit einer anderen UIC–Kennung erzeugen. Die Ausführung eines detached Prozesses läuft unabhängig von der Ausführung des erzeugenden Prozesses ab, d.h. er kann weiterlaufen auch wenn der "Vaterprozeß" beendet ist.

Wenn ein Prozeß A einen detached Prozeß B erzeugt, erhält der Prozeß B eine Kopie der Privilegien und Quotas des "Vaterprozesses".

Jeder Prozeß darf Subprozesse erzeugen, eine getrennt zu startende Einheit, die jedoch fest mit dem "Vaterprozeß" verbunden ist. Ein Subprozeß wird spätestens beendet, wenn der "Vaterprozeß" beendet ist. Erzeugt ein Prozeß einen Subprozeß, so muß er einige seiner Quotas an den Subprozeß abgeben (*deductable quotas*). Die Privilegien des Subprozesses entsprechen den Privilegien des "Vaterprozesses".
Ein Prozeß darf viele Subprozesse haben und ein Subprozeß kann wiederum seine eigenen Subprozesse erzeugen.

Subprozesse können auf der DCL–Ebene entweder mit dem Befehl SPAWN oder RUN erzeugt werden. Bei Verwendung des Kommandos RUN wird ein Programm als Prozeß gestartet, wenn mindestens ein Qualifier beim Kommando RUN angegeben wurde. Wurden die Qualifier /DETACHED bzw. /UIC=[g,m] verwendet, so wird versucht, einen Hauptprozeß (*detached process*) zu starten.

6.8.2 Interaktive und Batch–Prozesse

Interaktive Prozesse werden durch Kommandos gesteuert, die während der Prozeßausführung von einem Terminal eingegeben werden. Die Login–Prozedur initiiert einen interaktiven Prozeß, der ein *detached process* ist und für die Zeit der Terminal–Sitzung im System bleibt. Der interaktive Benutzer arbeitet mit dieser Prozeßumgebung z.B. durch Eingabe von Kommandos, die der *DEC command language* (DCL) entsprechen.

Batch–Prozesse werden durch einen File gesteuert, der Kommandos enthält, die ein Benutzer für die Ausführung eines Prozesses zusammengestellt hat. Dieser Betrieb ist in großen kommerziellen Rechenzentren vereinzelt auch heute noch üblich, wo sogenannte *Jobs* mit Lochkarten zusammengestellt werden, die dann den Ablauf von Prozessen steuern.
Unter OpenVMS ist dieser Betrieb auch möglich. Über das Kommando SUBMIT wird ein Job (Kommando–File) an eine Warteschlange des Betriebssystems übergeben. Das System holt aus dieser sogenannten *Batch–Queue* diese Jobs und führt sie parallel zu den interaktiven Prozessen als Batch–Prozesse aus.

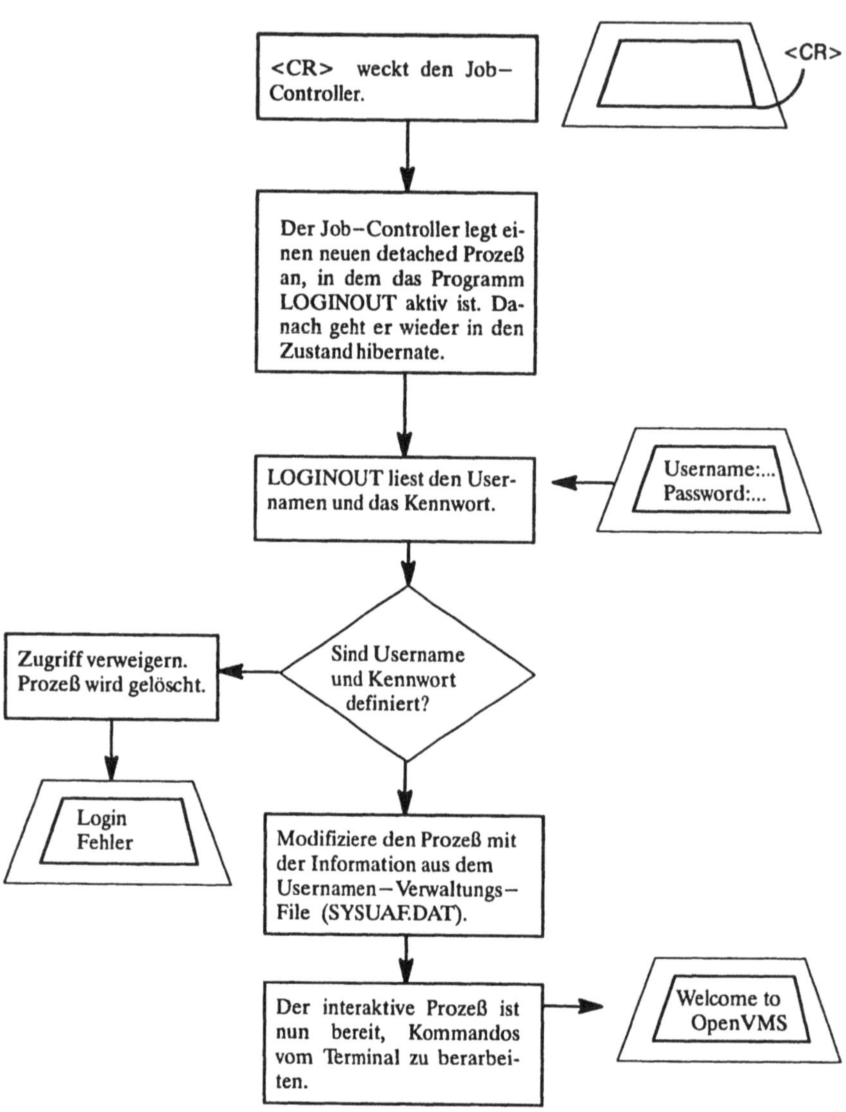

Abb. 6.8–1: Erzeugen eines Prozesses durch den Login

6.8.3 Wichtige Systemprozesse

Das Betriebssystem kann grob unterteilt werden in die *Executive*, die sich ständig im S0–Bereich des virtuellen Adreßraums befindet, und verschiedene Systemprozesse, die startbar sind und sich um die CPU bewerben wie jeder normale Benutzerprozeß. Beispiele für Systemprozesse sind:

- Swapper
  Der Swapper ist für das Herausschreiben von Prozessen auf Platte zuständig, falls diese von Prozessen mit höherer Priorität verdrängt werden (*swapping*). Seine Aufgabe ist es, so viele Prozesse wie möglich mit hoher Priorität im Hauptspeicher zu halten. Die Gesamtzahl von Prozessen, die gleichzeitig im Hauptspeicher sein dürfen, ist durch den Systemparameter *balance set* festgelegt.
- Job–Controller
  Der Job–Controller überwacht die Systemaktivitäten. Er kann Batch–Prozesse in die Warteschlange einreihen, interaktive Prozesse starten oder andere Prozesse aufwecken.
- Symbiont
  Ein Symbiont ist ein Prozeß, der vom Job–Controller aufgeweckt wird, um Operationen wie Spool–Ausgabe zu einem Drucker auszuführen. Hierzu zählen der Operatorkommunikationsprozeß (OPCOM) und die Symbionten für die Abarbeitung von Druckjobs.
- Ancillary Control Processors (ACP)
  Ein ACP (Hilfssteuerprozeß) ist ein Prozeß, welcher den Gerätetreiber (device driver) bei der Verarbeitung von E/A–Anforderungen unterstützt. ACPs wikkeln geräteunabhängige Funktionen wie das Öffnen von Files oder den Aufbau einer Netzwerkverbindung ab. OpenVMS kennt folgende ACPs:

  F11ACP Files–11 structure level 1 ACP für die Behandlung von Datenträgern, die noch unter einem RSX11–Betriebssystem beschrieben wurden.

  MTAAACP für die Elementarfunktionen zum Lesen und Beschreiben eines Magnetbandes.

  NETACP für die Abwicklung der Basiskommunikation (Senden und Empfangen von Nachrichten) unter DECnet.

  REMACP für die Abwicklung der Basiskommunikation bei einem Zugriff von einem an das Netzwerk angeschlossenen Terminal über DECnet.

  LATCP für die Abwicklung der Basiskommunikation bei einem Zugriff von Terminals, die über Ethernet (Terminalserver) angeschlossen sind und das local area transport (LAT) Protokoll verwenden.

  AUDIT_SERVER
  für die Zugriffsüberwachung auf VMS (security); es können unter anderem Login–Fehler und unberechtigte Zugriffe auf Dateien gemeldet werden. Weitere Erläuterungen zu diesem Prozeß sind im Abschnitt 9.6 "Security–Aufzeichnung" auf der Seite 286 zu finden.

6.8.4 Subprozesse in DCL (SPAWN)

Der DCL–Befehl SPAWN erlaubt es, auf einfache Weise einen Subprozeß zu kreieren. Diesem kann gleich ein DCL–Kommando zur Bearbeitung mitgegeben werden, welches dann parallel abgearbeitet werden kann. Das Ende des Subprozesses kann dem Hauptprozeß mitgeteilt werden.

$ HELP SPAWN

```
SPAWN
Erzeugt einen Subprozeß vom aktuellen Prozeß. Teile der aktuellen
Prozeßumgebung werden für den Subprozeß übernommen.

Format:  SPAWN [<command-string>]

Zusatzinformation:

Parameters Command_Qualifiers
/CARRIAGE_CONTROL       /CLI        /INPUT      /KEYPAD     /LOG
/LOGICAL_NAMES          /NOTIFY     /OUTPUT     /PROCESS
/PROMPT    /SYMBOLS     /TABLE      /WAIT       Examples
```

Mit dem DCL–Befehl ATTACH kann man sich gezielt mit einem Subprozeß oder dem Hauptprozeß wieder verbinden, ohne daß der Prozeß, in dem man sich gerade befindet, gelöscht wird.

$ HELP ATTACH

```
ATTACH
Erlaubt es, die Kontrolle vom aktuellen Prozeß an einen anderen Pro-
zeß in der eigenen Jobumgebung zu übergeben.

Format:  ATTACH [process-name]

Zusatzinformation:

Parameters Command_Qualifier
/IDENTIFICATION         Examples
```

Mit dem DCL–Befehl SHOW SYSTEM/SUBPROCESS kann man gezielt die Namen von Subprozessen herausfinden.

Übergabe vom Prozeß–Kontext beim Kommando SPAWN:

Mittels des Kommandos SPAWN erzeugte Subprozesse erhalten ihre DCL–Symboltabellen und die *process logical name table* automatisch vom Vaterprozeß. DCL übergibt diese Information über mehrere Mailboxen. Prozesse mit vielen Symbolen und logischen Namen können dadurch an Performance verlieren. Deshalb gibt es die Möglichkeit, die Weitergabe von logischen Namen an Subprozesse zu unterdrücken.

Beispiele:

SPAWN/[NO]LOGICAL_NAMES
Steuert die Übergabe der process logical name table.

SPAWN/[NO]SYMBOLS
Steuert die Übergabe der globalen und lokalen DCL–Symbole.

SPAWN/[NO]KEYPAD
Steuert die Übergabe der mit DEFINE/KEY bzw. SET KEY definierten Funktionstasten.

Default–Ein/Ausgabe für spawned Prozesse:

Default–Eingabe für einen spawned Prozeß ist SYS$INPUT des Vaterprozesses, wenn SYS$INPUT nicht eine Kommando–Prozedur ist, welche vom Vaterprozeß gerade ausgeführt wird.
Falls der Vaterprozeß eine Kommando–Prozedur ausführt, ist die Default–Eingabe des Subprozesses

- das Null–Device, falls der Vaterprozeß nicht interaktiv ist.
- SYS$COMMAND, wenn der Vaterprozeß interaktiv ist.

Default–Ausgabe für einen spawned Prozeß ist SYS$OUTPUT des Vaterprozesses. Falls der Vaterprozeß SYS$OUTPUT auf ein File gelegt hat, übermittelt der Subprozeß die Ausgaben über eine Mailbox. Diese Meldungen werden vom Vaterprozeß in einen Log–File geschrieben.

SPAWN/NOWAIT erlaubt den Usern die Ausführung eines mittels SPAWN übergebenen Kommandos parallel zum Hauptprozeß am Terminal. Die Ausgabe des spawned Prozesses kann mit dem Switch /OUTPUT vom Terminal auf ein File umgesteuert werden.

Für einen spawned Prozeß kann ein Prompt–String angegeben werden.

Beispiel:

$ SPAWN/PROMPT="Sub1"

Der Hauptprozeß kann über das Ende des Subprozesses informiert werden (SPAWN/NOTIFY).

Ein ATTACH auf einen spawned Prozeß kann auch von einem Batch–Prozeß aus erfolgen.

Ein Subprozeß, der unter der Kontrolle eines anderen Command Language Interpreters (CLI) arbeitet, kann erzeugt werden mit:

SPAWN/CLI=<CLI–name> [/TABLE=<table–name>]
SPAWN/CLI=MCR (RSX11 compatibility mode)

Dabei muß der CLI–name ein installierter File mit der Extension .EXE sein. Default–Directory für die eventuell angegebene command table ist SYS$SHARE. Default CLI und TABLE sind die des Vaterprozesses. Folgende CLIs werden unterstützt:

- DCL
- MCR (RSX)
- SHELL (UNIX)

Beispiel für SPAWN:

$ SPAWN/NOWAIT/OUTPUT=XX.OUT/NOTIFY DIRECTORY/FULL

Es wird ein Subprozeß erzeugt, der die Ausgaben des Kommandos DIRECTORY/FULL im File XX.OUT ablegt.

■

7. OpenVMS – Schutzmechanismen

Vom amerikanischen Verteidigungsministerium wurden Richtlinien für den Nachweis der Sicherheit von Betriebssystemen veröffentlicht, der Standard C2. Die C2–Sicherheitsaspekte beschreiben unter anderem Sicherheitsfragen wie Datensicherheit und Zugriffskontrolle. OpenVMS erfüllt diesen Standard. Neben dem internen Schutz des Betriebssystems verfügt OpenVMS über gute Möglichkeiten des Objektschutzes. Objekte sind dabei Dateien, Geräte, Warteschlangen und logische Namenstabellen. Im Abschnitt 7.2 sind die Möglichkeiten des Dateischutzes und hier insbesondere der Schutz über Zugriffskontroll–Listen beschrieben. Der Schutz vor unberechtigtem Zugriff auf das System wird im Abschnitt 9.6 "Security" ab der Seite 286 beschrieben.

7.1 Schutz der Betriebssystemstrukturen

In einem multiuser–multitasking Betriebssystem müssen die Betriebssystemstrukturen selbst und zum anderen die Benutzerprozesse bzw. die Benutzerdaten gegen beabsichtigte bzw. unbeabsichtigte Zerstörung schützbar sein. Man muß hierbei zwischen dem internen Schutzmechanismen für den möglichst von Ereignissen anderer Prozesse unabhängigen Ablauf des Betriebssystems bzw. der Userprozesse und dem eigentlichen Dateischutz unterscheiden.

Die Möglichkeiten, welche OpenVMS beinhaltet, um die Konsistenz der Betriebssystemstrukturen zu gewährleisten, wurden bereits im Abschnitt 1.5 "Schutzmechanismen unter OpenVMS" aufgezeigt.
Es zählen hierzu unter anderem die Zugriffsmodi, das virtuelle System sowie die prozeßweit zuordenbaren Quotas und Privilegien.

Nachfolgend werden Möglichkeiten des File– und Geräteschutzes beschrieben.

7.2 Dateischutz

7.2.1 File–Schutz über File–Schutzwort (file protection word)

Bestandteil eines jeden Files ist neben dem eigentlichen Dateninhalt eine Verwaltungseinheit, der *File–Header.* Dort sind unter anderem der Eigentümer des Files (file owner), sowie ein File–Schutzwort eingetragen. Für die Eigentümerkennung wird der *user identification code* (UIC) des Benutzers benutzt.

File Owner UIC [x,y]   x,y sind oktale Zahlen 1 <= x,y <= 377

Versucht ein Benutzer, auf ein File zuzugreifen, wird er vom System entsprechend seines UIC–Codes in eine der folgenden Klassen eingruppiert:

SYSTEM	[n,*]	n <= 10
OWNER	[x,y]	
GROUP	[x,*]	
WORLD	[*,*]	

Pro Benutzerklasse sind vier Angaben zu den Zugriffsrechten der Klasse möglich: R = read, W = write, E = execute, D = delete.
Beispiel:

$ DIRECTORY/FULL KU333V4.RNO;9

```
Directory DISK$USER2:[ND32SI.TEXT]

KU333V4.RNO;9                   File ID:   (9205,142,0)
Size: 352/352                   Owner:     [ND32SI]
Created:   9-SEP-1985 14:42     Revised:   9-SEP-1985 14:42 (2)
Expires:   <None specified>     Backup:    <No backup done>
Effective: <None specified>     Recording: <None specified>
File organization:  Sequential
File attributes:    Allocation: 352, Extend: 0, Global buffer count:0,
                    No version limit
Record format:      Variable length, maximum 128 bytes
Record attributes:  Carriage return carriage control
File protection:    System:RWED, Owner:RWED, Group:RE, World:RE
Access Cntrl List:  None

KU333V4.RNO;8                   File ID:   (13021,142,0)
Size: 350/350                   Owner:     [ND32SI]
Created:   9-SEP-1985 14:11     Revised:   9-SEP-1985 14:11 (2)
Expires:   <None specified>     Backup:    <No backup done>
Effective: <None specified>     Recording: <None specified>
File organization:  Sequential
File attributes:    Allocation: 350, Extend: 0, Global buffer count:0,
                    No version limit
Record format:      Variable length, maximum 128 bytes
Record attributes:  Carriage return carriage control
File protection:    System:RWED, Owner:RWED, Group:RE, World:RE
Access Cntrl List:  None

Total of 2 files, 702/702 blocks.
```

■

$ SET SECURITY/PROTECTION =(S:RWED,O:RWED,G:RE,W) –
_$ KU333V4.RNO
$ DIRECTORY/FULL KU333V4.RNO;9

```
Directory DISK$USER2:[ND32SI.TEXT]

KU333V4.RNO;9                   File ID:   (9205,142,0)
Size: 352/352                   Owner:     [ND32SI]
Created:   9-SEP-1985 14:42     Revised:   9-SEP-1985 14:42 (2)
Size: 352/352                   Owner:     [ND32SI]
Expires:   <None specified>     Backup:    <No backup done>
Expires:   <None specified>     Backup:    <No backup done>
Effective: <None specified>     Recording: <None specified>
File organization:  Sequential
File attributes:    Allocation: 352, Extend: 0, Global buffer count:0,
                    No version limit
Record format:      Variable length, maximum 128 bytes
```

```
Record attributes:  Carriage return carriage control
File protection:    System:RWED, Owner:RWED, Group:RE, World:
Access Cntrl List:  None

Total of 1 file, 352/352 blocks.
```

■

Im obigen Beispiel gelten beispielsweise folgende Zugriffsrechte:

Die Gruppe *system*, alle Benutzer deren Gruppennummer kleiner 10 oktal ist (Systemparameter), darf lesen, schreiben, ausführen (execute) und auch löschen. Die gleichen Funktionen stehen dem Eigentümer des Files zu. Ein Benutzer, der in der gleichen Gruppe *(group)* wie der Benutzer ND32SI ist, darf lesen und ausführen. Die restlichen Benutzer (*world*) haben keinen Zugriff auf diesen File.

Falls einem Benutzer, der nicht in der gleichen Gruppe wie der Eigentümer des Files ist, Zugriff gestattet werden soll, ist *world* Zugriff zu erlauben. Dadurch besteht für eine bestimmte Zeit keinerlei Schutz gegen unberechtigtes Lesen.
Beim Dateischutz über sogenannte Zugriffskontroll–Listen besteht dieses Problem nicht, da hierbei Usernamen–bezogene Zugriffsrechte vergeben werden können. Die Pflege der Schutzeigenschaften von Objekten erfolgt mit dem Kommando SET SECURITY, welches auf der Seite 118 beschrieben ist.

7.2.2 Dateischutz über Zugriffskontroll–Listen

Bis VMS V4 bestand der Schutzmechanismus nur aus der Überprüfung der UIC mit dem File–Schutzwort.

Definitionen:

- *Object*
  Jedes Betriebsmittel eines Systems, das einen Zugriffs–Schutzmechanismus benötigt.
- *Agent*
  Jede Umgebung, die auf Objects (Objekte) zugreifen will.
- *Identifier*
  Eine Einheit, die einem Object oder Agent zugeordnet ist, und die relevante Informationen über Object oder Agent beinhaltet.

Implementierung unter OpenVMS:

- Object = File eines Files–11 (ODS–2) Plattenspeicher, oder ein Pseudogerät (z.B. eine mailbox) oder eine Warteschlange (queue)
- Agent = Prozeß (User)
- Identifier
  beim Agent --> Prozeß–Zugriffsrechte
  beim Object --> File–Schutz

Es bestehen folgende Anforderungen:

- Das Object ist zu schützen.
- Der Agent will mit dem Schlüssel Identifier auf das Object zugreifen.
- Der Identifier ist der Schlüssel.

Identifier bestehen aus einer 32–Bit–Zahl und einem alphanumerischen Namen. Die 32–Bit–Zahl wird intern von VMS benutzt; der alphanumerische Name kann von den Benutzern oder dem System–Manager benutzt werden.

Für Identifier gibt es 2 Formate:

- UIC–Format
  Benutzt eine 14 Bit–Gruppennummer, eine 16 Bit–Membernummer und 2 Bits, die den Formattyp spezifizieren (wird bei zukünftigen VMS–Versionen immer mehr in den Hintergrund treten).
- ID–Format
  Dies ist eine einfache 28 Bit–Zahl, wobei die ersten 4 Bits zur Record–Typerkennung benutzt werden.

Identifier im ID–Format können sein:

- benutzerdefiniert
  Diese werden vom System–Manager erzeugt und zugewiesen.
- systemdefiniert
  Diese werden von VMS erzeugt und zugewiesen.
  Dazu gehören:
  INTERACTIVE
  BATCH
  NETWORK
  LOCAL
  DIALUP
  REMOTE

Objects werden sogenannte *access control lists* (ACL) zugewiesen, die Access–Control–List–Entries (ACE) enthalten. ACLs beinhalten, wie ein Object geschützt ist.

Die ACEs für Files sind in den File–Headern abgelegt. Die ACEs für Geräte sind im Hauptspeicher abgelegt.
ACEs erlauben oder verbieten den Zugriff auf Objekte. Die Zugriffsüberwachung basiert auf dem Identifier–Vergleich. ACEs enthalten den ACE–Typ, die Zugriffsart und ein Optionsfeld.

ACE–Typen:

- Identifier
- Default–Protection
- Security–Alarm
- Informational

ACE–Zugriffsart:
Im ACE können die Zugriffsarten *read, write, control, execute, none* (kein Zugriff) enthalten sein.

Control bedeutet alle Zugriffsmöglichkeiten, als ob der Agent selbst der Eigentümer (owner) wäre. Insbesondere bedeutet *control*, daß das File–Schutzwort geändert werden kann.
Achtung: Für eine Änderung der ACL sind mindestens die Zugriffsrechte *read* und *control* erforderlich!

ACE–Optionenfeld:

- DEFAULT
  Zeigt an, daß dieser ACE für alle Files gilt, die innerhalb der Directory erzeugt werden. Diese Option ist nur gültig für Directory–Files (Filetyp *.DIR*).
- PROTECTED
  Zeigt an, daß dieser ACE beibehalten wird, selbst wenn versucht wird, die gesamte ACL zu löschen. Ein *protected* ACE muß explizit durch Benutzung des ACL–Editors oder durch Benutzung des Kommandos SET ACL/DELETE gelöscht werden.
- NOPROPAGATE
  Zeigt an, daß beim Kopieren einer ACL von einer File–Version zu einer späteren File–Version des gleichen Files der ACE nicht übernommen wird.
- HIDDEN
  Ein ACL–Eintrag mit der Option HIDDEN ist für den unprivilegierten Benutzer nicht sichtbar.
- NONE
  Zeigt an, daß keine Optionen für den ACE eingetragen sind. Wenn ein ACL–Eintrag mit OPTIONS=NONE erfolgt, wird dieser Eintrag beispielsweise beim Kommando DIRECTORY/ACL nicht angezeigt.

Mehrere Optionen für einen ACE können mit dem Zeichen + (Plus) zusammengesetzt werden.

Bei einem File–Zugriff wird zuerst die Zugriffsberechtigungs–Prüfung mittels der Identifier des Agents und des Objects vorgenommen. Ist hierbei der gewünschte Zugriff erlaubt, so erfolgt nun der Vergleich Fileowner–UIC mit der UIC des Users.

Jeder Benutzer erhält mit Einrichtung seines Usernamens automatisch einen Default–Identifier, der oft seinem Usernamen entspricht. Will ein User einem anderen User den Zugriff auf bestimmte Files gestatten, muß er nicht mehr den Zugriff der Gruppe bzw. World erlauben. Er kann gezielt mit Hilfe des ACL–Editors bzw. des DCL–Befehls SET ACL/ACL den Usernamen dieses Benutzers als gültigen Identifier–Eintrag an die betreffenden Files anhängen.
Die ACL–Definition für einen File kann mit Hilfe des DCL–Befehls SET SECURITY/ACL bzw. des ACL–Editors erzeugt oder verändert werden. Das Kommando SET SECURITY ist auf der Seite 118 beschrieben.

Format des DCL–Befehls:

SET SECURITY <object–name>

Zusatzinformation:

Qualifier:
/ACL /AFTER /BACKUP /BEFORE /BY_OWNER
/CONFIRM /CREATED /COPY_ATTRIBUTE /DEFAULT /DELETE
/EDIT /EXCLUDE /EXPIRED /JOURNAL /LIKE /LOG
/MODE /MODIFIED /OBJECT_TYPE /PROFILE
/PROTECTION /RECOVER /REPLACE /SINCE

Für die Angabe eines ACL ist der Qualifier /ACL zu verwenden.
Format: SET SECURITY/ACL[=(<access control entry>[,...])]

Der <access control entry> ist dabei ein gültiger ACL-Eintrag bestehend aus Identifier, Optionen (options) und Zugriffsinformation (access).
Nachfolgend sind einige Beispiele für den Umgang mit dem Befehl SET SECURITY/ACL aufgezeigt.

Anlegen eines ACL-Eintrags:
Der Benutzer NPHAAG soll Lese- und Schreibzugriff, der Benutzer MAAG nur Lesezugriff für den File 123.DAT erhalten.
Werden keine Optionen angegeben, so werden die Default-Optionen gesetzt, das sind PROTECTED und NOPROPAGATE.
Beispiel:

```
$ SET SECURITY/ACL=(IDENTIFIER=[NPHAAG], -
_$ OPTIONS=PROTECTED,ACCESS=READ+WRITE)    123.DAT
$ SET SECURITY/ACL=(IDENTIFIER=[MAAG], -
_$    ACCESS=READ)  123.DAT
$ DIRECTORY/ACL  123.DAT
```

```
Directory DATA9:[SIMON]

123.DAT;1                  1/4        27-JUN-1990 09:11:11.52  [SIMON]
(IDENTIFIER=[NPHAAG],OPTIONS=PROTECTED,ACCESS=READ+WRITE)
(IDENTIFIER=[MAAG],OPTIONS=PROTECTED+NOPROPAGATE,ACCESS=READ+WRITE)

Total of 1 file, 1/4 blocks.
```

Kopieren eines ACL-Eintrags:
Ein bestehender ACL-Eintrag kann leicht mit dem Befehl SET SECURITY/LIKE für andere Files übernommen werden.
Beispiel:

```
$ SET SECURITY/LIKE=(NAME=123.DAT,CLASS=FILE)  -
  [SIMON.TEST]*.*
```

In diesem Beispiel wird der ACL-Eintrag des Files 123.DAT für alle Files in der Directory [SIMON.TEST] übernommen.

Löschen eines ACL-Eintrags:
Ein ACL-Eintrag kann durch den Befehl SET SECURITY/ACL/DELETE[=ALL] gelöscht werden. Im nachfolgenden Beispiel wird gezielt der ACL-Eintrag für den Identifier MAAG aus dem File-Header des Files 123.DAT gelöscht.
Beispiel:

```
$ SET SECURITY/ACL/DELETE=ALL    123.DAT
```

■

Die Anlage und die Änderungen von ACLs können auch mit Hilfe eines Editors erfolgen.
Format des Aufrufs des ACL-Editors: EDIT/ACL [<file-spec.>]
Qualifier:
/[NO]JOURNAL[=file-spec]
/KEEP=(option[,...])
/MODE=option (Default: /MODE=PROMPT)

/OBJECT=type (Default: /OBJECT=FILE)
/NO]RECOVER=[file-spec] (Default: /NORECOVER)

Beispiel:

$ EDIT/ACL MYDATA.DAT

Nach Aufruf des ACL-Editors erscheint ein Editierfenster, das demjenigen des EVE-Editors enspricht. Die einzelnen Funktionen zum Eintragen von ACEs oder Ändern bestehender ACEs werden über das zusätzliche Tastenfeld gesteuert.

HELP	DO	
Find (E1)	Insert (E2)	Remove Copy (E3)
Select (E4)	Previous screen (E5)	Next screen(E6)
	↑	
←	↓	→

Gold Help fmt (PF2)	Help Find (PF3)	Fndnxt Und ACE (PF4)	Del ACE (PF1)
Field Adv Field (7)	Move Screen (8)	(9)	Del W Und W (–)
Advance Bottom (4)	Backup Top (5)	(6)	Del C Und C (,)
Word (1)	Eol Del Eol (2)	(3)	Enter
Over ACE Insert (0)		Item (.)	

Weitere Funktionstasten:

CTRL/A	Einfüge/Überschreibe-Modus
CTRL/U	Löschen bis zum Beginn der Zeile
CTRL/W	Neuaufbau der Anzeige (refresh)
CTRL/Z	Ende des ACL-Editors

Zeichenerklärung:

EOL	Ende der Zeile
Del	Löschen
Und	Zurückholen des gelöschten Elements
Advance	Vorwärts
Backup	Rückwärts
Top	Anfang
Bottom	Ende
Field	Nächstes Feld
Gold	Umschalttaste für die zweite Tastenbelegung
Find	Suche
Fndnxt	Weitersuchen
Move screen	Gehe ans Ende des Schirms
Insert	Einfügen
Remove	Entfernen
Select	Auswählen

Abb. 7.2–1: Tastenbelegung des ACL-Editors

HELP–Facility des ACL–Editors:

Bei Benutzung des ACL–Editors kann eine Hilfsübersicht durch Drücken der Taste *PF2* (Help) am Bildschirm angezeigt werden.

Einstellung eines Security–Alarm ACE:

Ein Security–Alarm ACE bietet die Möglichkeit einer Kontrolle über sämtliche File–Zugriffe, die erlaubt oder unerlaubt erfolgten. Um einen Security–Alarm ACE einzugeben ist die Taste *Item* zu drücken. Genauer wird diese Möglichkeit im Abschnitt 9.6 "Security" auf Seite 286 behandelt.

Parameter des Security–Alarm ACE:

(ALARM_JOURNAL=SECURITY[,options][,access])

Der Securitylog–File hat den Namen SYS$MANAGER:SECURITY.AUDIT$JOURNAL Schlüsselwörter für Zugriffe (access) sind:
read, write, execute, delete, control, success, failure.

Beispiel:

Es wird für den File mit dem Namen CONF.DAT ein ACL–Eintrag gesetzt. Außerdem wird für diesen File jeglicher Zugriff über den UIC–Code gesperrt.

```
    *** This is VAX1 under VMS V5.4 ***

Username: ND32SI
Password:
        Welcome to OpenVMS version V5.4-2 on node VAX1
    Last interactive login on Monday,  9-SEP-1991 16:22
    Last non-interactive login on Monday,  9-SEP-1991 10:45
```

$ directory/size/date/owner conf*.dat

```
Directory DISK$USER1:[ND32SI]

CONF.DAT;1        2        6-SEP-1984 16:40 [ND32SI]
CONF2.DAT;1       10       6-SEP-1984 16:52 [ND32SI]

Total of 2 files, 12 blocks.
```

$ type conf.dat

```
Device: LP11    Name: LPB  CSR: 777514   Vector: 200    Support: yes
Device: UDA     Name: PUA  CSR: 772150   Vector: 154    Support: yes
Device: DUP11   Name: XWA  CSR: 760050*  Vector: 300*   Support: no
Device: DMC11   Name: XMC  CSR: 760100*  Vector: 310*   Support: yes
Device: DMC11   Name: XMD  CSR: 760110*  Vector: 320*   Support: yes
Device: DZ11    Name: TTA  CSR: 760130*  Vector: 330*   Support: yes
Device: DZ11    Name: TTB  CSR: 760140*  Vector: 340*   Support: yes
Device: DZ11    Name: TTC  CSR: 760150*  Vector: 350*   Support: yes
Device: DMP11   Name: XDB  CSR: 760340*  Vector: 360*   Support: yes
Device: DMF32   Name: COMB CSR: 760440*  Vector: 370*   Support: yes
Device: VS100   Name: VBB  CSR: 760540*  Vector: 430*   Support: no
```

$ directory conf.dat/full

```
Directory DISK$USER1:[ND32SI]
```

```
CONF.DAT;1                      File ID:  (245,16,0)
Size:            2/2            Owner:    [ND32SI]
Created:   6-SEP-1984 16:40
Revised:  11-FEB-1985 16:01 (2)
Expires:  <non specified>
Backup:   <no backup recorded>
File organization:  Sequential
File attributes:  Allocation: 2, Extend: 0, Global buffer count: 0
                  No version limit contigious best try
Record format:    Variable length, maximum 70 bytes
Record attributes:         Carriage return carriage control
File protection:  System:RWED, Owner:RWED, Group:RE, World:RE
RMS attributes:    no
Journaling enabled: no
Access Cntrl List:  None

Total of 1 file, 2/2 blocks.
```

$ set security/acl=(identifier=[nd30],options=protected+nopropagate, –
$_   access=read+write+execute+delete+control) conf.dat

$ directory conf.dat/full

```
Directory DISK$USER1:[ND32SI]

CONF.DAT;1                      File ID:  (245,16,0)
Size:            2/2            Owner:    [ND32SI]
Created:   6-SEP-1984 16:40     Revised:  11-FEB-1985 16:01 (2)
Expires:  <non specified>       Backup:   <no backup recorded>
Effective: <None specified>     Recording: <None specified>
File organization:  Sequential
File attributes:  Allocation: 2, Extend: 0, Global buffer count: 0
                  No version limit contigious best try
Record format:    Variable length, maximum 70 bytes
Record attributes:         Carriage return carriage control
File protection:  System:RWED, Owner:RWED, Group:RE, World:RE
RMS attributes:    no
Journaling enabled: no
Access Cntrl List: (IDENTIFIER=[ND30],OPTIONS=PROTECTED+NOPROPAGATE,
            ACCESS=READ+WRITE+EXECUTE+DELETE+CONTROL)

Total of 1 file, 2/2 blocks.
```

$ set protection=(S,O,G,W) conf.dat !Es wird jeglicher Zugriff verboten

$ directory conf.dat/full

```
Directory DISK$USER1:[ND32SI]

CONF.DAT;1                      File ID:  (245,16,0)
Size:            2/2            Owner:    [ND32SI]
Created:   6-SEP-1984 16:40     Revised:  11-FEB-1985 16:01 (2)
Expires:  <non specified>       Backup:   <no backup recorded>
Effective: <None specified>     Recording: <None specified>
```

```
File organization:  Sequential
File attributes:  Allocation: 2, Extend: 0, Global buffer count: 0
                  No version limit contigious best try
Record format:    Variable length, maximum 70 bytes
Record attributes:        Carriage return carriage control
File protection:  System:, Owner:, Group, World:
RMS attributes:    no
Journaling enabled: no
Access Cntrl List: (IDENTIFIER=[ND30],OPTIONS=PROTECTED+NOPROPAGATE,
          ACCESS=READ+WRITE+EXECUTE+DELETE+CONTROL)
```

$ type conf.dat

```
%TYPE-W-OPENIN, error opening DISK$USER1:[ND32SI]CONF.DAT;1 as input
-RMS-E-PRV, insufficient privilege or file protection violation
```

$ set host GSNV02 !Als Benutzer ND30 anmelden.

```
Username: ND30
Password:
          Welcome to OpenVMS version V5.4-2 on node GSNV02
     Last interactive login on Monday,  9-SEP-1991 17:12
     Last non-interactive login on Monday,  9-SEP-1991 16:22
```

$ set default [nd32si]
$ directory conf.dat /full

```
Directory DISK$USER1:[ND32SI]

CONF.DAT;1                    File ID:   (245,16,0)
Size:            2/2          Owner:     [ND32SI]
Created:   6-SEP-1984 16:40   Revised:   11-FEB-1985 16:01 (2)
Expires:  <non specified>     Backup:    <no backup recorded>
Effective: <None specified>   Recording: <None specified>
File organization:  Sequential
File attributes:  Allocation: 2, Extend: 0, Global buffer count: 0
                  No version limit contigious best try
Record format:    Variable length, maximum 70 bytes
Record attributes: Carriage return carriage control
File protection:  System:, Owner:, Group, World:
RMS attributes:    no
Journaling enabled: no
Access Cntrl List: (IDENTIFIER=[ND30],OPTIONS=PROTECTED+NOPROPAGATE,
          ACCESS=READ+WRITE+EXECUTE+DELETE+CONTROL)
```

$ type conf.dat !Der Inhalt der Datei conf.dat wird angezeigt.

```
Device: LP11    Name: LPB  CSR: 777514   Vector: 200    Support: yes
Device: UDA     Name: PUA  CSR: 772150   Vector: 154    Support: yes
Device: DUP11   Name: XWA  CSR: 760050*  Vector: 300*   Support: no
Device: DMC11   Name: XMC  CSR: 760100*  Vector: 310*   Support: yes
Device: DMC11   Name: XMD  CSR: 760110*  Vector: 320*   Support: yes
Device: DZ11    Name: TTA  CSR: 760130*  Vector: 330*   Support: yes
Device: DZ11    Name: TTB  CSR: 760140*  Vector: 340*   Support: yes
```

```
Device: DZ11     Name: TTC  CSR: 760150*  Vector: 350*   Support: yes
Device: DMP11    Name: XDB  CSR: 760340*  Vector: 360*   Support: yes
Device: DMF32    Name: COMB CSR: 760440*  Vector: 370*   Support: yes
Device: VS100    Name: VBB  CSR: 760540*  Vector: 430*   Support: no
```

$ logout

```
ND30        logged out at 09-SEP-1991 18:14:16.37
%REM-S-END, control returned to node _VAX1::
```

$ logout

```
ND32SI      logged out at 09-SEP-1991 18:14:22.26
```

Der User ND30 konnte den File CONF.DAT lesen, weil für seinen Benutzernamen ein Identifiereintrag in der ACL vermerkt war.

■

Beispiel: Anlage einer gemeinsam benutzten Directory

Der System–Manager hat die Aufgabe, allen Benutzern, die auf ein gemeinsames Directory zugreifen wollen, einen gemeinsamen Identifier zuzuordnen (siehe auch Abschnitt 9.1.5 "Identifier–Zuweisung" auf der Seite 260). Danach ist vom System–Manager die gewünschte Directory auf dem Plattenspeicher einzurichten. Unterliegt der Plattenspeicher einer Plattenplatzüberwachung (Diskquota), so sind außerdem diesem Identifier die Anzahl Plattenblöcke zuzuweisen (siehe auch Abschnitt 9.8.4 "Plattenplatzverwaltung" auf der Seite 9.8.4), die er maximal belegen darf. Alle Benutzer, die den Identifier *PROJEKT1* besitzen, sollen auf die Directory [XTEST] schreibend und lesend zugreifen können.

```
$ create/directory  platte18:[xtest]  /owner=[projekt1]
$ set default platte18:[0,0]
$  set security/acl=(identifier=projekt1,access=read+write+control)  xtest.dir
$ set security/acl=(identifier=projekt1,option=default, –
_$            access=read+write+control)          xtest.dir
```

■

7.2.3 Default–Protection

Bei der File–Anlage werden File–Schutz (protection) und die Eigentümerkennung (owner–UIC) abgeleitet von:

- einer älteren File–Version
- Directory–Defaults
- Default–Protection und UIC des Prozesses

Um eine Directory–Protection zu ändern, ist Schreibzugriff erforderlich. Die Default–Protection kann mit Hilfe der ACL–Technik für jede einzelne Directory gesetzt werden. Ohne ACL–Technik gilt die Default–Protection, die mit dem DCL–Befehl SET PROTECTION/DEFAULT vorgegeben wurde. Für eine Directory kann gezielt die Default–Protection gesetzt werden, indem bei Verwendung des ACL–Editors der ACL–Typ (item) *Default_Protection* über die Item–Taste (.) angewählt wird oder beim DCL–Kommando SET SECURITY/ACL dieser ACL–Typ angegeben wird. Der ACL–Typ *Default_Protection* läßt sich nur bei Directories

anwählen.
Beispiel:

$ set security/acl=(Default_Protection,Options=default+protected+ –
_$ nopropagate,System:RWED,Owner:RWED,Group,World) KU331.DIR
$ Directory/protection ku331.dir

```
Directory DATA18:[SIMON.DOKU]

KU331.DIR;1            (RWE,RWE,RWE,RE)
          (DEFAULT_PROTECTION,SYSTEM:RWED,OWNER:RWED,GROUP:,WORLD:,
           OPTIONS=DEFAULT+PROTECTED+NOPROPAGATE)
Total of 1 file.
```

$ set default [.ku331]
$ create HUHU.DAT
 Eingabe
 <CTRL/Z>
$
$ directory/protection huhu.dat

```
Directory DATA18:[SIMON.DOKU.KU331]

HUHU.DAT;1             (RWED,RWED,,RWED)
          (DEFAULT_PROTECTION,SYSTEM:RWED,OWNER:RWED,GROUP:,WORLD:,
           OPTIONS=PROTECTED+NOPROPAGATE)
Total of 1 file.
```

■

Der File HUHU.DAT besitzt die Default–Protection, welche durch die Directory KU331.DIR vorgegeben war. *World* kann den File HUHU.DAT nicht lesen, obwohl im File–Schutzwort WORLD=RWED steht. Der ACL–Eintrag hat Vorrang.

8. Programmentwicklung

Das Betriebssystem OpenVMS bietet für die Programmentwicklung sehr komfortable Hilfsmittel an. Das sind verschiedene Editoren (z.B. EDT oder EVE), Bibliotheken, Testhilfen (debug) sowie verschiedene *CASE*–Tools. Unter OpenVMS stehen für sämtliche gängigen Programmiersprachen Compiler (Sprachübersetzer) zur Verfügung: MACRO, FORTRAN, PASCAL, BASIC, BLISS, PLI, COBOL, C, ADA, MODULA.
In der Abbildung 8.–1 ist vereinfacht der Ablauf der Programmentwicklung dargestellt.

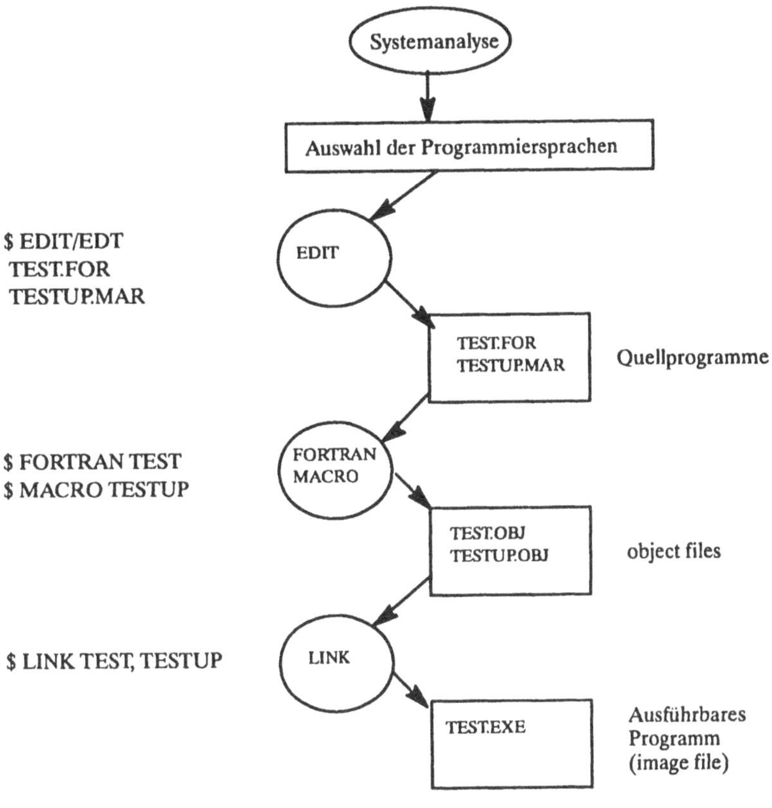

Abb. 8.–1: Ablauf der Programmentwicklung

8.1 Übersetzer

Übersetzer, die nach dem DEC–Standard für den Einsatz unter OpenVMS entwickelt wurden, haben alle die gleiche Bedienoberfläche. Es existiert ein DCL–Kommando für den Aufruf der Übersetzers und ein Hilfetext, der in den Standard VMS–Help–Mechanismus integriert ist. Über Qualifier werden die verschiedenen Übersetzungs–Optionen gesteuert.
Die Dokumentation zu den verschiedenen Compilern ist für alle Programmiersprachen gleich aufgebaut und besteht aus einem Reference Manual und einem User Manual. Im User Manual sind im wesentlichen die Compiler–Aufrufe, die Qualifier und die VMS–spezifischen Erweiterungen beschrieben. Das Reference Manual beschreibt die Sprachelemente und enthält Beispiele.

Beispiel für den Aufruf des FORTRAN Compilers:

$ FORTRAN <filename>

Der FORTRAN–Compiler wird aufgerufen. Die verschiedenen Optionen, die angebbar sind, werden im entsprechenden FORTRAN User's Guide ausführlich beschrieben bzw. sind über das DCL–Kommando HELP FORTRAN am Bildschirm abrufbar.

Einige wichtige Compiler–Optionen für FORTRAN und PASCAL:

/DEBUG	Übersetzung erfolgt mit Marken, um das Debugging zu ermöglichen.
/LIST	Es wird ein Listing–File mit der File–Extension *.LIS* erzeugt (Default = NOLIST).
/LIST/MACHINE_CODE	erzeugt ein Listing–File, das auch den Maschinencode (Macro–Programmcode) enthält.
/NOOPTIMIZE	unterdrückt die Compiler Codeoptimierung.
/CHECK	Compiler generiert Laufzeitüberprüfungen z.B. für Indexgrenzen bei dem Programmelement *Array*.
/CROSS_REFERENCE	Es wird ein Listing–File mit Crossreferenzbezügen der Variablen erzeugt.
/STANDARD	Es werden zur Übersetzungszeit Warnungen ausgegeben, wenn im Quellprogramm OpenVMS–spezifische PASCAL Erweiterungen verwendet werden.
/D_LINES	Zeilen, die mit D beginnen, werden mitübersetzt (Default = NOD_LINES). Dieser Qualifier existiert nur für die Programmiersprache FORTRAN.
/NOWARNINGS	Warnungen werden unterdrückt.

Alle OpenVMS–Compiler erzeugen einen einheitlichen Object–Code. Dadurch können Objectmodule unterschiedlicher Programmiersprachen problemlos mit dem VMS–Bindeprogramm LINK zusammengebunden werden.

Häufig benötigte Unterprogamme werden zweckmäßigerweise übersetzt und mittels des OpenVMS–Librarian (LIBRARY) in einer Objectmodul–Bibliothek abgelegt.

8.2 Der Linker (Binder)

Der vom Compiler erzeugte Objectcode muß mit der Systemumgebung verbunden werden. Die erforderlichen Umsetzungen werden durch den OpenVMS–Linker (Binder) durchgeführt. Er ist sprachunabhängig und muß beispielsweise Bezüge zu globalen Variablen und Einsprungstellen auflösen und das ausführbare Programm (image) erstellen. Der OpenVMS–Linker wird aus der DCL–Ebene durch den Befehl LINK aufgerufen.
Format: LINK <file1>,<file2>, ..

Der Linker fügt die angegebenen Object–Files zu einem ausführbaren Image zusammen. Falls der Qualifier /EXECUTABLE nicht angegeben ist, wird der Name des gebildeteten Images (Hauptprogramms) aus dem Namen des ersten Files der Link–Fileliste abgeleitet.
Beispiel:

```
$ LINK/EXECUTABLE=NEU1.EXE  X1,X2,TEST
            oder
$ LINK      NEU2, X2, TEST3
$! Der durch das LINK Kommando angelegte Imagefile heißt  NEU2.EXE.
```

Durch den Linkvorgang werden virtuelle Adressen erstellt, die immer bei 00 hexadezimal beginnen. Jeder Image–File hat den gleichen Aufbau. Er besteht aus sogenannten *virtual blocks,* die von 1 bis n durchnumeriert sind (VBN = virtual block number). Im Block Nummer 0 befindet sich der Image–Header. Dieser enthält als wichtigstes Element die Startadresse des Programms sowie die Aufteilung in sogenannte *program sections* (PSECT). Der Image–Activator baut mit Hilfe dieser Information beim Start des Programms die Seitentabellen auf.
Beispiele:

```
$ FORTRAN  HP
$ FORTRAN  SUB1
$ PASCAL   SUB2
```

$ LINK HP,SUB1,SUB2	Die Module HP, SUB1 und SUB2 werden übersetzt und anschließend zum Hauptprogramm mit dem Namen HP.EXE zusammengebunden.
$ LINK TEST+SUBFOR/LIBRARY	Der Objectmodul TEST.OBJ wird mit der Bibliothek SUBFOR.OLB gebunden und unter dem Namen TEST.EXE als ausführbares Image abgelegt.

Eine ausfürliche Beschreibung der LINK–Optionen ist im OpenVMS–"Linker utility Manual" zu finden (Dokumentationsgruppe "OpenVMS Programming Reference and Utility Documents").
Die Help–Anzeige über den LINK–Befehl sieht wie folgt aus:

```
$ HELP  LINK
LINK

Ruft den OpenVMS-Linker auf, um ein oder mehrere Objectmodule zu
einem Programm (Image)  zusammenzubinden und die Charakteristika
```

```
des ausführbaren Programms festzulegen. Eine komplette Beschreibung
des Linkers und weitere Informationen über das Kommando LINK sind im
OpenVMS-Linker Manual zu finden.


Format:            LINK  file-spec[,...]

Weitere Informationen:

Parameters Command_Qualifiers
/BPAGE    /BRIEF    /CONTIGUOUS         /CROSS_REFERENCE    /DEBUG
/DEMAND_ZEOO        /DSF      /EXECUTABLE         /FULL     /GST
/HEADER   /INCLUDE  /INFORMATIONS       /LIBRARY /MAP       /NATIVE_ONLY
/OPTIONS  /POIMAGE  /PROTECT  /REPLACE  /SECTION_BINDING
/SELCTIVE_SEARCH    /SHAREABLE          /SYMBOL_TABLE       /SYSEXE
/SYSLIB   /SYSLIB   /SYSSHR   /SYSTEM   /TRACEBACK          /USERLIBRARY
```

8.3 Der Debugger (OpenVMS–Programmtesthilfe)

Unter *Debugging* versteht man den Prozeß der Fehlerlokalisierung bei ordnungsgemäß übersetzten Programmen. Debugging ist der Teil der Programmentwicklung, der oft am meisten Zeit benötigt. Der OpenVMS–Debugger ist eine Utility zur Unterstützung der Fehlersuche bei Programmen. Es handelt sich dabei um einen symbolischen Debugger, d.h. man kann die Speicherplätze über die im Programm benutzten Variablennamen ansprechen.
Der Debugger unterstützt die üblicherweise auf unter OpenVMS benutzten Sprachen. Die einzelnen Speicherplätze können hexadezimal, oktal oder dezimal und – wenn darstellbar – auch im ASCII–Code angezeigt werden.

DECwindows Motif stellt eine sehr komfortable Testumgebung zur Verfügung. Bei VT–Terminals kann das zusätzliche Keypad–Tastenfeld des Terminals auch für Debugging–Funktionen benutzt werden. Hierzu ist das Debug–Kommando SET MODE [NO]KEYPAD zu benutzen. Damit stehen auch für den Debugger die Standard–Schnittstellen DEFINE/KEY, SHOW/KEY und DELETE/KEY zur Verfügung. Ausführlich ist das Screen–Mode Debugging ab Seite 246 beschrieben.

Der OpenVMS Debugger hat wie alle OpenVMS–System–Utilities eine Help–Schnittstelle. In einer DECwindows Motif Umgebung ist Help in der Menüzeile verfügbar.

Die wichtigsten Eigenschaften des Debuggers sind:

- interaktiv, symbolisch
- Unterstützung mehrerer Programmiersprachen und Datentypen
- Help–Abfragemöglichkeit
- Setzen von Haltepunkten (*Breakpoints*)
- Setzen von Beobachtungspunkten (*Watchpoints*); das Programm hält an, sobald ein bestimmter Variablen– oder Speicherbereich modifiziert wird
- Anzeige von Quellprogramm–Codes (TYPE)
- Trace von gewünschten Programmstellen (*Tracepoints*)

- Untersuchung von Variablen (EXAMINE)
- Setzen von Variablen (DEPOSIT)

Programmabstürze ereignen sich infolge logischer Fehler oder Umgebungseinflüsse. Als Grundlage für den Einsatz des Debuggers beim Programmtest sollte ein Programm–Listing dienen. Mit Hilfe der dort ausgedruckten Programmzeilennummern können beispielsweise gezielt Haltepunkte im Programm gesetzt werden (z.B. DBG>set break %line 131).
Der Debugger ist ausführlich beschrieben im VMS Debugger Manual (Dokumentationsgruppe "OpenVMS Programming Reference and Utility Documents").
Zur Laufzeit des Programms kann der Debugger benutzt werden, wenn das Programm mit dem Qualifier /DEBUG übersetzt und beim LINK mit /DEBUG gebunden wurde.
Beispiel:

```
$! Es soll das Programm UMLAUTE.FOR mit dem Debugger auf Fehler
$! untersucht werden.
$! Hierzu ist das Progamm mit dem Qualifier /DEBUG zu übersetzen und
$! zu linken.
$!
$ FORTRAN/DEBUG/NOOPTIMIZE/LIST UMLAUTE
$ LINK/DEBUG UMLAUTE
$ RUN UMLAUTE
         OpenVMS DEBUG Version V6.1-019

%DEBUG-I-INITIAL, language is FORTRAN, module set to UMLAUTE
DBG> HELP

Information available:

New_Featuers        Address_Expressions        Command_Format
Command_Summary     Debugging_Configurations   DECwindows_Interface
Commands_Disabled_in_DECwindows      Keypad_Definitions_CI
Keypad_Definitions_GUI      Language_Support   Logical_Names
Messages Path_Names         SS$_DEBUGSystem_Management
VWS_Workstations    @_(Execute_Procedure)      ACTIVATE ATTACH   CALL
CANCEL    CONNECT   Ctrl      DEACTIVATE       DECLARE  DEFINE   DELETE
DEPOSIT   DISABLE   DISCONNECT         DISPLAY DO       EDIT     ENABLE
EVALUATE  EXAMINE   EXIT      EXITLOOP EXPAND  EXTRACT  FOR      GO
HELP      IF        MONITOR   MOVE     QUIT    REBOOT   REPEAT   RERUN
RUN       SAVE      SCROLL    SEARCH   SELECT  SET      SHOW     SPAWN
STEP      SYMBOLIZESYNCHRONIZE         TYPE    WHILE

DEB>Topic ?
DBG>SHOW MODULE
module name                  symbols             size

ANZEIGE                      no                  540
LFOUND_SPEC_WORD             no                  1100
LFOUND_SPEC_WORD_NOTSS       no                  1096
LFOUND_SPEC_WORD_OE          no                  1016
LFOUND_SPEC_WORD_SS          no                  1368
NEUANLAGE_FILE               no                  1168
```

```
UMLAUTE                    yes              6688
UOPEN                      no               8488
UOPEN_NEU                           no               8968

total FORTRAN modules: 9.              remaining size: 47564.
DBG>EXIT
$
```

Falls das Programm ohne Debugger–Kontrolle läuft, kann trotzdem nachträglich über das DCL–Kommando *DEBUG* der Debugger aktiviert werden. Hierzu ist das laufende Programm mit *CTRL/Y* abzubrechen. Danach ist sofort das DCL–Kommando *DEBUG* einzugeben. Es erscheint das Eingabeaufforderungszeichen des Debuggers: *DBG>*.

Wird ein Programm mit dem Debugger übersetzt und gelinkt, vergrößert sich der Code des ausführbaren Programms, da ein Teil des Debug–Codes sowie verschiedene Symboltabellen zu dem eigentlichen Programm dazugebunden werden.

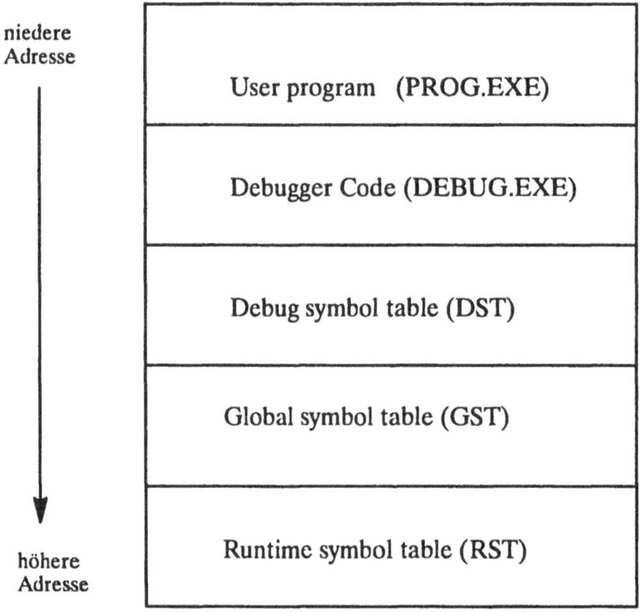

Abb. 8.3–1: Prozeß–Adreßraum beim Debugging

8.3.1 Anforderungen an einen Debugger

- Durch Haltepunkte (breakpoints) muß es möglich sein, ein Anhalten des Programms an einer bestimmten Stelle zu erreichen. Die Angabe der Programmstelle soll durch Angabe einer Zeilennummer des Compilerlisting–Files, Modulnamen und Sprungmarken (Labels) oder durch Angabe von Adressen (Assembler) erfolgen können.

Beispiele:

DBG> SET BREAK %LINE 124	oder
DBG> SET BREAK %LABEL 20	(FORTRAN Programm–Marke)
DBG> SET BREAK SUB1	oder
DBG> SET BREAK 3C4	(Assemblerprogramm)

• Anzeige der Programmstruktur beim Debuggen:
Ein Programm besteht in der Regel aus mehreren Moduln. Die Namen dieser Moduln sollen innerhalb des Debuggers abfragbar sein. Dies erfolgt über den Befehl SHOW MODULE.

Beispiel:

$ RUN UMLAUTE

```
        OpenVMS Alpha AXP DEBUG Version V6.1-000
%DEBUG-I-INITIAL, language is FORTRAN, module set to UMLAUTE

DBG>SHOW MODULE

module name                       symbols    size

ANZEIGE                           no          568
LFOUND_SPEC_WORD                  no         1236
LFOUND_SPEC_WORD_NOTSS            no         1192
LFOUND_SPEC_WORD_OE               no         1116
LFOUND_SPEC_WORD_SS               no         1488
LFOUND_SPEC_WORD_UE               no         1076
NEUANLAGE_FILE                    no         1196
UMLAUTE                           yes        6736
UOPEN                             no         8608
UOPEN_NEU                         no         9092

total FORTRAN modules: 10.               bytes allocated: 116024.
```

• Anzeige von Quellprogramm–Code:

In einer DECwindows Motif Umgebung erfolgt die Anzeige des Quellprogramm–Codes in einem Fenster mit Rollbalken, so daß sehr einfach im Quellprogramm–Code geblättert werden kann. In einer VT–Terminal Umgebung ist das Kommando TYPE zu benutzen.
Beispiel:

DBG>TYPE 1:200	Die Zeilen 1 bis 200 werden am Bildschirm angezeigt.
DBG>TYPE SUB2\20:50	Aus dem Modul SUB2 werden die Programmzeilen 20 bis 50 angezeigt.

• Veränderung eines Blickfensters (scope):

Beim Debuggen will man sich meist auf verschiedene Programm–Moduln beziehen. Jedes Programm–Modul kann gezielt selektiert werden.

Beispiele:

DBG>SET MODULE SUB2
Dadurch werden die Quellzeilen des Moduls SUB2 im Debugger verfügbar.

DBG>SET SCOPE SUB2
Alle nachfolgenden DEBUG–Kommandos beziehen sich auf das Modul SUB2.

• Untersuchung des Inhaltes von Speicherzellen (Variablen) :

Beispiele:

DBG> EXAMINE T1
Anzeige des aktuellen Inhaltes der Variablen T1

DBG> EXAMINE/HEX T1
Hexadezimale Anzeige des aktuellen Inhaltes der Variablen T1

DBG> EXAMINE SUB3\IG
Anzeige des aktuellen Inhaltes der Variablen IG, die im Modul SUB3 Gültigkeit besitzt.

• Manipulation von Programmspeicherplätzen und Variablen:
Mit Hilfe des Kommandos *EXAMINE* kann der Inhalt von Variablen bestimmt werden. Mit dem Kommando *DEPOSIT* können Inhalte von Variablen während der Programmausführung verändert werden. Die Werte sollen als verschiedene Datentypen (z.B. Integer, String) angebbar sein.
Beispiele:

DBG> DEPOSIT T1 = "ABC"
Der Variablen T1 wird als neuer Inhalt der String ABC zugewiesen.

DBG> SET RADIX HEXA
Eingegebene Zeichen werden hexadezimal interpretiert.
DBG> DEPOSIT I = C23F
Der Variablen I wird das hexadezimale Bitmuster C23F zugewiesen.
DBG> DEPOSIT X[I] := 3
Zuweisung an ein Feldelement, bei Quellprogrammen wie PASCAL oder ADA.

Die Syntax der Zuweisung richtet sich dabei nach der Quellprogrammsprache.

Beispiel einer Debug–Ablauffolge:

```
DBG>
DBG>SET BREAK %LINE 40
DBG>GO
routine start at MTERMSTOP
break at MTERMSTOP\%LINE 40
DBG>EXAMINE I
MTERMSTOP\I:   0
DBG>DEPOSIT I = 21
DBG>EXIT
$!  Ende der Debug–Session
```

■

• Beobachtungspunkte (*Watchpoints*) sollen möglich sein:
Das Setzen eines Watchpoints bewirkt, daß immer, wenn die gewünschte Variable verändert wird, die Programmausführung anhält.

Beispiel:

DBG> SET WATCH T1
Es wird ein Watchpoint für die Variable T1 gesetzt.

Achtung: Watchpoints können nur auf statische Variablen gesetzt werden. Dies ist insbesonders beim Debuggen von PASCAL–Programmen zu beachten.

In einer DECwindows Motif Umgebung erfolgt dies über das Kommando MONITOR. Durch die Maus kann die zu beobachtende Variable selektiert werden. Anschließend kann durch Anklicken des Knopfes *MONITOR* der Watchpoint aktiviert werden. Die Anzeigen erfolgen in einem neuen Fenster. Durch Anklicken des Variablennamens im Monitor–Fenster und Drücken der rechten Maustaste kann beispielsweise das Anzeigeformat auf eine hexadezimale Darstellung umgeschaltet werden (radix format).

• Programmverfolgungspunkte (Tracepoints) erlauben, einen Pfad der Programmausführung zu verfolgen:
Immer wenn ein Tracepoint innerhalb eines Programms definiert ist, unterbricht der Debugger für einen Moment die Programmausführung beim Erreichen des Tracepoints und gibt eine Meldung auf das Terminal aus.
Beispiele:

DBG> SET TRACE SUB2 oder
DBG> SET TRACE %LINE 42

• Mathematische Ausdrücke sollen mit Hilfe des Debuggers berechenbar sein:
Hierzu stellt der OpenVMS–Debugger das Statement EVALUATE zur Verfügung.
Beispiel:

DBG> SET LANGUAGE FORTRAN
DBG> EVALUATE 4*8 / 3
oder
DBG> DEPOSIT X = 3*6 / 1.1

• Rücknahme von gesetzten Halte–, Beobachtungs– oder Verfolgungspunkten:
Beispiel:

DBG> CANCEL BREAK %LINE 45
DBG> CANCEL WATCH T1
DBG> CANCEL BREAK SUB2

• Für die Steuerung der Debug–Session sollen Kontrollstrukturen zur Verfügung stehen.
Beispiele: IF .. THEN .. ELSE, WHILE, REPEAT, FOR

• Häufig gebrauchte Debug–Kommandos sollen automatisch abrufbar sein (Ausführung von Debug–Kommandodateien).

- Der OpenVMS–Debugger unterstützt außerdem folgende Eigenschaften:
  - SPAWN/ATTACH Unterstützung des DCL
  - Es steht ein Debugger–Initialisierungs–File mit dem logischen Namen DBG$INIT zur Verfügung. Dadurch ist eine automatische Vorbesetzung für eine Debug–Session möglich.
  - Mit den Symbolen sind auch deren Länge und Datentypattribute verknüpft. Dies erlaubt auch die Anzeige spezieller Datentypen wie records oder arrays.
  - Felder innerhalb des Processor Status Longwords (PSL) werden dekodiert dargestellt. Beispiel: DBG>EXAMINE/PSL

– Es stehen für die Anzeige von Speicherzelleninhalten verschiedene Radix–Operatoren %DEC, %OCT, %HEX, %BIN zur Verfügung.

8.3.2 Nutzung von Debug–Kommando–Prozeduren

Das Kommando DEFINE/COMMAND innerhalb des Debug entspricht dem DCL ":==" Zuweisungsoperator. Damit können Abkürzungen für häufig gebrauchte Debug–Befehle definiert werden. Außerdem können an Debug–Kommando–Prozeduren Parameter übergeben werden.
Beispiel:

```
$ CREATE MY_COMMAND_FILE.COM
DECLARE XAM:ADDRESS
EXAMINE XAM
CTRL/Z
$ RUN/DEBUG MYPROG
DBG>DEFINE/COMMAND MYCOM=@MY_COMMAND_FILE.COM
DBG> ...
DBG> MYCOM SOMEVAR
MYPROG\SOMEVAR: 999
DBG> MYCOM OTHERVAR
MYPROG/OTHERVAR: ABCD
DBG>...
```

8.3.3 Die Debugger–Initialisierung

Wird der Debugger unter einer DECwindos Motif Umgebung benutzt, so meldet sich das Programm im DECwindows Modus. Soll eine VT–Terminaloberfläche benutzt werden, so kann diese durch folgende logische Namensfestlegung erreicht werden:
$ DEFINE DBG$DECW$DISPLAY " "

Default für die logischen Namen DBG$INPUT und DBG$OUTPUT ist SYS$INPUT bzw. SYS$OUTPUT. Diese könnten auch vor Aufruf des Debuggers umdefiniert werden. Falls man ein Programm testen will, welches die Eingaben von einer Datei liest, aber die Debug–Kommandos vom Terminal aus eingegeben werden sollen, so sind vor dem Start des Debuggers folgende Anweisungen notwendig:
$ DEFINE SYS$INPUT <Name_des_Eingabefiles>
$ DEFINE/PROCESS DBG$INPUT 'F$LOGICAL("SYS"$COMMAND")

Grundeinstellungen des Debuggers können über eine Debugger–Initialisierungsdatei mitgegeben werden. Diese kann Kommandos enthalten, die man üblicherweise sofort nach Start des Programms eingegeben hätte. Diese Kommandos werden dann automatisch sofort bei jedem Aufruf eines Programms ausgeführt, das mit /DEBUG übersetzt wurde.
Beispiel: Der File DEBUG.INI enthalte beispielsweise:

```
SET STEP LINE, SOURCE
SET MODULE/ALL
SET LANGUAGE FORTRAN
```

Um diesen File dem Debugger bekanntzumachen, ist folgendes DEFINE–Kommando erforderlich:

$ DEFINE DBG$INIT DISK$USER1:[JONES.DBGDRI]DEBUG.INI

Nachfolgend ist eine ausführliche Debug–Initialisierungsdatei beschrieben, welche sich für Assemblerprogrammtests eignet.

8.3.4 Beispiel für einen Debugger–Initialisierungsfile

Nachfolgendes Beispiel kann nicht für eine DECwindows Motif Debug–Session benutzt werden, da hier einige Kommandos nicht mehr zur Verfügung stehen, da diese überflüssig sind (z.B. SCROLL oder SET MODE KEYPAD).

```
SET MODE SCREEN,NOSYMBOL
                    !   BEFEHLS UND AUSGABE-FELD ANZEIGEN
DISPLAY REG AT (1,5)
                    !   REGISTER ANZEIGEN
SET MODE KEYPAD
                    !   KEYPAD-TASTEN KOENNEN BENANNT WERDEN
DEFINE/KEY/NOLOG/TERMINATE PF1    "DISPLAY/REMOVE REG"
                    !   -PF1-  REGISTER-ANZEIGE LOESCHEN
DEFINE/KEY/NOLOG/TERMINATE PF2    "DISPLAY REG AT (1,5)"
                    !   -PF2-  ANZEIGE REGISTER
DEFINE/KEY/NOLOG/TERMINATE PF3    "SCROLL/TOP"
                    !   -PF3-  PROGRAMM-ANFANG
DEFINE/KEY/NOLOG/TERMINATE PF4    "SCROLL/BOTTOM"
                    !   -PF4-  PROGRAMM-ENDE
DEFINE/KEY/NOLOG/TERMINATE KP7    "SCROLL/DOWN:3"
                    !   - 7 -  3 ZEILEN NACH OBEN
DEFINE/KEY/NOLOG/TERMINATE KP8    "SCROLL/UP:3"
                    !   - 8 -  3 ZEILEN NACH UNTEN
DEFINE/KEY/NOLOG/TERMINATE KP9    "SCROLL/LEFT:5"
                    !   - 9 -  5 ZEICHEN NACH RECHTS
DEFINE/KEY/NOLOG/TERMINATE MINUS  "SCROLL/RIGHT:5"
                    !   - - -  5 ZEICHEN NACH LINKS
DEFINE/KEY/NOLOG/TERMINATE KP4    "CANCEL BREAK/ALL"
                    !   - 4 -  ALLE STOP-PUNKTE LOESCHEN
DEFINE/KEY/NOLOG/TERMINATE KP5    "CANCEL MODE"
                    !   - 5 -  DEFAULT MODUS SETZEN
DEFINE/KEY/NOLOG/TERMINATE KP6    "CANCEL TRACE/ALL"
                    !   - 6 -  ALLE TRACE-FUNKTIONEN LOESCHEN
DEFINE/KEY/NOLOG/TERMINATE COMMA  "CANCEL WATCH/ALL"
                    !   - , -  ALLE WATCH-FUNKTIONEN LOESCHEN
DEFINE/KEY/NOLOG/TERMINATE KP0    "STEP"
                    !   - 0 -  NAECHSTE INSTRUKTION AUSFUEHREN
DEFINE/KEY/NOLOG/TERMINATE PERIOD "STEP/BRANCH"
                    !   - . -  ALLE INSTRUKTIONEN BIS BRANCH-INST.
                    !          AUSFUEHREN
DEFINE/KEY/NOLOG/TERMINATE ENTER  "STEP/CALL"
                    !   -ENT-  ALLE INSTRUKTIONEN BIS CALL-INST.
                    !          AUSFUEHREN
DEFINE/KEY/NOLOG/TERMINATE KP1    "STEP/INTO"
                    !   - 1 -  STOP VOR 1. INST. BEI CALLx
                    !            (SUB-PROGRAMM)
DEFINE/KEY/NOLOG/TERMINATE KP2    "STEP/RETURN"
```

```
                    !   - 2 -  INST. AUSFUEHREN BIS RET-INST.
                   !             (SUB-PROGRAMM)
DEFINE/KEY/NOLOG/TERMINATE KP3     "CANCEL ALL"
                    !   - 3 -  ALLE FUNKTIONEN LOESCHEN
SET RADIX/INPUT HEXADECIMAL
```

8.3.5 Qualifier für Breakpoints, Tracepoints, Watchpoints

Für die Debug–Befehle SET BREAK, SET TRACE, SET WATCH und STEP gibt es zusätzliche Qualifier und Klauseln, die eine Kontrolle über die Debug–Sitzung ermöglichen.

- Die WHEN–Klausel bewirkt, daß eine zugehörige DO–Kommandoliste ausgeführt wird, wenn die angegebene Bedingung erfüllt ist.
  Beispiel:
  ```
  DBG> SET BREAK %LINE 504  WHEN  (I .GT. J/K) DO -
  _DBG>    (EXA I; EXA J; EXA K;GO)
  ```
- DO–Klauseln auch für Trace– und Watchpoints
- /INSTRUCTION
  BREAK oder TRACE bei jedem Befehl oder bei bestimmten Befehlen
- /TEMPORY BREAK oder TRACE nur für das nächste Ereignis
- /SILENT unterdrückt die Ausgabe des Textes "stepped to" oder "break at"
- /CALL BREAK, TRACE oder STEP nur bei CALL–Befehlen
- /BRANCH BREAK, TRACE oder STEP nur bei Sprungbefehlen

8.3.6 Debugger–Ablaufkontrollstrukturen

IF–THEN–ELSE
Beispiel:

IF X1 .EQ. 57 THEN (EXAMINE X2) ELSE (EXAMINE Y1;DEPOSIT X2=4)

WHILE
Beispiel:

WHILE X1 LT Y1 DO (EXAMINE X2;STEP)

FOR
Beispiel:

FOR COUNTER = 1 TO 24 (STEP)

REPEAT
Beispiel:

REPEAT N–1 DO (EXA M;STEP)

EXITLOOP
Beispiel:

WHILE (X1 .LT. X2) DO (IF Y1 .EQ. 0 THEN (STEP) ELSE (EXITLOOP)

8.3.7 Debugging unter der DECwindows Motif Oberfläche

Der Debugger hat eine DECwindows Motif Schnittstelle, so daß über Workstations oder X–Terminals eine sehr komfortable Benutzerumgebung für das Austesten von

Programmen zur Verfügung steht. Funktionen des Debuggers können mit dem Bedienelement Maus durch Anklicken von Menüs gesteuert werden. Wird ein Programm auf einer DECwindows Motif Workstations ausgetestet, so wird der Debugger mit der DECwindows Motif Oberfläche gestartet. Soll wie über eine VT–Terminalschnittstelle gearbeitet werden, so kann dies durch folgende logische Namenszuweisung eingestellt werden:
$ DEFINE DBG$DECW$DISPLAY " "

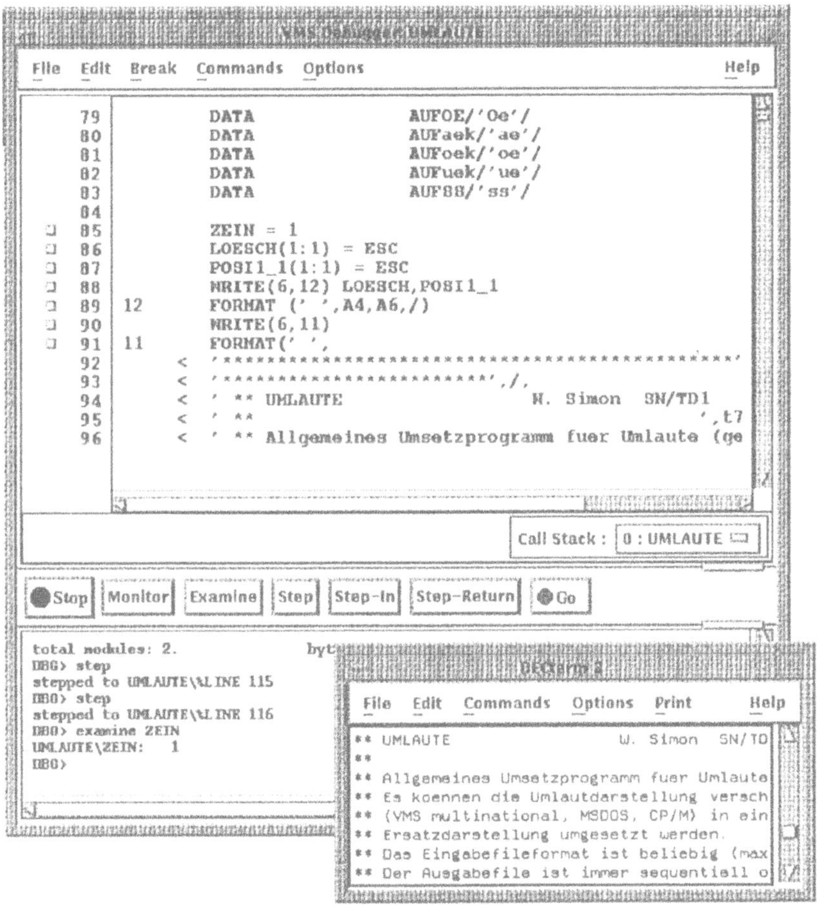

Abb. 8.3–2: Debugging unter DECwindows Motif

Der Programmquellcode und die Kommandoeingabe werden in einem Fenster angezeigt. Erfolgen während des Programmablaufs Ein/Ausgaben von SYS$INPUT bzw. auf SYS$OUTPUT, wo wird automatisch ein neues Fenster auf dem Bildschirm angelegt. Debug–Kommandos können auch nach dem Debug–Prompt *DBG>* interaktiv wie in einer VT–Terminalumgebung erfolgen.
Wurden beispielsweise Beobachtungspunkte mit Hilfe des Kommandos MONI-

TOR definiert, so erfolgen die Ausgaben ebenfalls in einem neu angelegten Fenster. In jedem Fenster werden nach dem Drücken der rechten Maustaste die in dieser Umgebung möglichen Aktionen angezeigt.

8.3.8 Bildschirmorientiertes Debugging (VT–Terminal)

Bei zeichenorientierten Terminals kann der Debugger die Information auf zwei Arten anzeigen. Per Default zeigt der Debugger die Information Zeile nach Zeile an (nonscreen mode). Der Screen–Mode erlaubt es, den Bildschirm in mehrere Gebiete zu unterteilen, so daß verschiedene Informationen (Daten) gleichzeitig auf dem Bildschirm angezeigt werden können. Das Screen–Mode–Debugging wird über das SET MODE SCREEN Kommando aktiviert.

DEBUG> SET MODE SCREEN

Dabei spielen folgende Begriffe eine Rolle:

Display
ist eine Textsammlung mit zugehörigen Namen und Attributen. Der Text kann aus Debugger–Ausgaben, Zeilen des Quellprogramms, Assemblerbefehlen oder Registerinhalten bestehen. Das Display wird über ein *Window* auf dem Bildschirm (screen) angezeigt. Ein Display kann aber mehr Informationen enthalten als tatsächlich auf dem Bildschirmausschnitt angezeigt werden. Displays können über einen Namen angesprochen werden.

Default–Displays sind:

- SRC Zeigt den Quellcode mit Zeilennummern und der augenblicklichen Zeilenposition an.
- OUT Zeigt die letzten Zeilen des Debugger–Outputs an.
- REG Zeigt die Register– und Stackinhalte an. Per Default erfolgt die Anzeige der Registerinhalte nur bei Macro–Programmen.

Window
ist ein Bereich des Bildschirms, über das ein Display angezeigt werden kann. Es wird über die Zeilennummer und die Zahl der Textzeilen definiert, die in dem Window angezeigt werden sollen. Da das Window in der Regel kleiner als das zugehörige Display ist, kann die Scroll–Funktion (blättern) dazu benutzt werden, sich im Window zu bewegen (die Scroll–Funktion liegt beim Debuggen auf dem zusätzlichen Tastenfeld der Tastatur, siehe auch Abb. 8.3–3).

Der Bildschirm kann auch in user–defined Windows aufgeteilt werden. Windows werden über einen Namen angesprochen. Der Debugger kennt eine große Anzahl von vordefinierten Windows, die definiert werden durch die Angabe der Startzeile und der Länge des Windows (Anzahl der Textzeilen). Beispiele sind:

FS	Anzeige des vollen Schirms (1,19)
H1	Obere Hälfte des Schirms (1,9)
H2	Untere Hälfte des Schirms (11,9)
Q1	Oberes Viertel des Schirms (1,4)
Q2	Zweites Viertel des Schirms (6,4)
Q3	Drittes Viertel des Schirms (11,4)

Q4 Viertes Viertel des Schirms (16,4)

T1 Erstes Drittel des Schirms (1,6)

T2 Zweites Drittel des Schirms (8,6)

T3 Drittes Drittel des Schirms (15,5)

Mit Hilfe des Debug–Kommandos SET DISPLAY können eigene Displays definiert werden.

- Das Kommando *DISPLAY* manipuliert und modifiziert Charakteristika bestehender Displays.
  Beispiel:
  Das Display mit dem Namen OUT soll über den Bereich (window) T2 angezeigt werden.
  ```
  DBG> DISPLAY  OUT AT T2
  DBG> SET DISPLAY NEWDISP AT T3 DO (EXAM I,DSW; SHOW CALLS)
  ```
  Es wird ein eigenes Display mit dem Namen NEWDISP definiert. Dieses soll im Bildschirmbereich (window) T3 angezeigt werden. In dem Fenster T3 werden die Ergebnisse von EXAMINE I,DSW und SHOW CALLS angezeigt.
- Das Kommando *SELECT* wählt ein Display für scrolling oder für die Aufnahme von Output aus.
- Das Kommando *SCROLL* bewegt das Fenster (window) über den DISPLAY Bereich.
  Dies kann auch über die Tasten *Pfeil oben*, *Pfeil unten* erreicht werden.
- Das Kommando *SAVE* speichert einen Schnappschuß (snapshot) eines Displays.
- Das Kommando *CANCEL* löscht Display(s).
  Beispiel: DBG> CANCEL DISPLAY NEWDISP

In der Abb. 8.3–3 sind die Default–Keypad–Definitionen aufgezeigt, wenn keine Farbtaste (GOLD oder BLUE) gedrückt wurde:

Für weitere Keypad–Hilfe ist die Tastenkombination HELP und GOLD bzw. HELP und BLUE zu drücken.
Die Tastenkombination *CTRL/W* baut im Screen–Mode den Bildschirm neu auf (refresh).

8.3.9 ANALYZE/PROCESS_DUMP

Bis zur Version 4.0 von OpenVMS gab es keine Möglichkeit, abgestürzte Programme nachträglich zu analysieren. Dadurch war die Fehlersuche insbesondere bei detached Prozessen, die permanent im System aktiv waren, sehr schwierig.
ANALYZE/PROCESS_DUMP ermöglicht ein nachträgliches Debuggen eines mit Fehlern abgestürzten Programms, wenn dieses Programm mit dem Qualifier / DEBUG übersetzt und gelinkt wurde.
Die Möglichkeit, bei Abbruch eines Programms einen DUMP zu erhalten, wird aktiviert über:

<table>
<tr><td>GOLD

(PF1)</td><td>HELP
Keypad
(PF2)</td><td>Set Mode
Screen
(PF3)</td><td>Blue

(PF4)</td></tr>
<tr><td>Wähle
Anzeige–
form</td><td>Scroll
aufwärts</td><td>Anzeige
nächstes
Fenster</td><td>Anzeige
Fenster
in FS</td></tr>
<tr><td>Scroll
links</td><td>Aktuelle
Position?</td><td>Scroll
rechts</td><td>Go</td></tr>
<tr><td>Examine</td><td>Scroll
abwärts</td><td>Wähle
nächstes</td><td rowspan="2">Enter</td></tr>
<tr><td colspan="2">Programmschritt
(Step)</td><td>Reset</td></tr>
</table>

Abb. 8.3–3: Standard Keypad–Tastenbelegung beim Screen–Mode–Debugging

- $ RUN/DUMP <filename>
  (für einen detached Prozeß)
- $ SET PROCESS/DUMP
  (aktiv während der gesamten Lebensdauer des Prozesses, bzw. bis SET PROCESS/NODUMP gesetzt wird.)
- CREPRC–Systemservice (Flag: PRC$M_IMGDMP)

Die Dump–Ablage erfolgt in die aktuelle oder in die über den logischen Namen *SYS$PROCDUMP* definierte Directory. Der angelegte Dump–File hat den gleichen File–Namen, wie der Programm–File mit dem File–Typ ".DMP". Dieser Dump–File kann über ANALYZE/PROCESS_DUMP mit Debug–Kommandos nachträglich untersucht werden.

Aufbau des Kommandos:

ANALYZE/PROCESS_DUMP/qualifiers <dump–file–spec>

Mögliche Qualifier sind:

/FULL	Vollständige Information über den fehlerhaften Prozeß.
/IMAGE=<file–spec.>	Legt fest, in welchem Programm–File die Symbole zu suchen sind, welche für die Auswertung des Dumps benutzt werden (Default: Symbole aus dem Image, das zum Dumpzeitpunkt aktiv war).
/INTERACTIVE	Terminal–Screen–Modus für die Anzeige.
/MISCELLANEOUS	Zeigt verschiedene Informationen über den Prozeß an.
/OUTPUT=<file–spec.>	Steuert die Ausgabe auf einen File um.
/RELOCATION	Zeigt die Speicherbelegungsinformation mit an.

8.4 Bibliotheken

Unter OpenVMS gibt es das Dienstprogramm LIBRARY, das den Umgang mit verschiedenen Bibliotheken erleichtert. Bibliotheken enthalten Sammlungen von Macro–, Object–, Help– oder Textmodule, die unter einem vom Benutzer wählbaren Namen mit der Extension .MLB für Macro–Programme, *.OLB* für Object–Module, *.HLB* für HELP–Libraries und *.TLB* für Text–Libraries abgelegt werden.

Hilfetext zu dem Kommando LIBRARY:

```
LIBRARY

setzt ein Modul in eine Object-, Macro-, Help- oder Text-Bibliothek;
erzeugt oder modifiziert Bibiliotheken; fügt ein, löscht oder listet
einzelne Module oder Symbole.

Wird /RSX11 angegeben, wird der RSX-11 Librarian aktiviert.

Format:  LIBRARY  library-file-spec  [input-file-spec[,...]]

Additional information available:

Parameters Command_Qualifiers
Command_Parameters /BEFORE /COMPRESS/CREATE   /CROSS_REFERENCE   /DATA
/DELETE    /EXTRACT /FULL    /GLOBALS /HELP    /HISTORY /INSERT   /LIST
/LOG       /MACRO   /MODULE /NAMES    /OBJECT  /ONLY    /OUTPUT
/REMOVE    /REPLACE /SELECTIVE_SEARCH/SHARE    /SINCE   /SQUEEZE /TEXT
/WIDTH
```

Beispiele:

$ LIBRARY/CREATE MYLIB SUB1,SUB2
Es wird eine Bibliothek mit dem Namen MYLIB.OLB angelegt, die aus den Unterprogrammen SUB1, SUB2 besteht.

$ LIBRARY/INSERT MYLIB SUB3,SUB4
Es werden die Routinen SUB3 und SUB4 in die bereits existierende Bibliothek MYLIB.OLB gebracht.

$ LIBRARY MYLIB/DELETE=SUB1
Es wird der Modul SUB1 aus der Bibliothek MYLIB.OLB gelöscht.

$ LIBRARY/LIST MYLIB
Es wird der Inhalt der Bibliothek MYLIB.OLB gelistet.

$ LIBRRARY/REPLACE MYLIB SUB3
Der sich in dem File SUB3.OBJ befindliche Modul ersetzt den Modul gleichen Namens in MYLIB.

$ LIBRARY/EXTRACT=SUB1/OUTPUT=SUB1.OBJ MYLIB
Der Modul SUB1 wird unter dem Namen SUB1.OBJ auf der Platte abgelegt.

8.4.1 Defaults für Bibliotheken

Bei der Neuanlage von Bibliotheken (LIBRARY/CREATE) können Optionen angegeben werden, welche die Startgröße für die Bibliothek angeben. Wichtig dabei

sind die maximale Anzahl der Module in der Bibliothek (Default = 128) und die Plattenplatzreservierung (allocation, Default = 100).
Beispiel:

$ LIBRARY/OBJECT/CREATE=(MODULES:300,BLOCKS=1000) GROSS

Es wird eine neue Objectmodul-Bibliothek mit dem Namen *GROSS* angelegt zur Aufnahme von maximal 300 Module mit einer Speicherplatzreservierung von 1000 Blöcken. Werden mehr als 1000 Blöcke benötigt, so vergrößert VMS automatisch die allokierten Blöcke bei Belegung.

8.4.2 Object-Bibliotheken und der Linker

Object-Modul-Bibliotheken können beim LINK-Kommando angegeben werden. Hierzu ist nur der Linker Qualifier /LIBRARY zu verwenden.
Beispiel:

$ LINK HAUPT1,ABC/LIBRARY

Es wird das Programm HAUPT1 gebildet. Modulnamen, die nicht in HAUPT1 vorhanden sind, werden automatisch in der Object-Bibliothek ABC.OLB gesucht. Falls externe Referenzen auch dort nicht gefunden werden, so werden (wie bei allen LINK-Vorgängen) automatisch die beiden System-Object-Libraries *SYS$LIBRARY:IMAGELIB.OLB* und *SYS$LIBRARY:STARLET.OLB* durchsucht.
Beispiel:

$ LINK XYZ,ABC/LIBRARY/INCLUDE=SPECIAL1

Es wird das Programm XYZ.EXE gebildet. Für den LINK-Vorgang soll nur der Modul SPECIAL1 in der Library ABC.OLB mit benutzt werden.

Über den logischen Namen LINK$LIBRARY lassen sich Default-Object-Bibliotheken für den Link-Vorgang angeben, die automatisch durchsucht werden.
Beispiel:

$ DEFINE/GROUP LINK$LIBRARY DATA6:[PROJECT.LIB]P.OLB

Für die aktuelle Usergruppe wird eine Default-Object-Library mit dem Namen P.OLB definiert.

8.5 Shared Bereiche

Bei häufig von unterschiedlichen Prozessen benutzten Bibliotheken, Programmen bzw. Programmteilen kann es aus Gründen der effektiven Nutzung des tatsächlich vorhandenen Hauptspeichers sinnvoll sein, diese nur einmal im Hauptspeicher zu haben.
OpenVMS bietet hierzu die Möglichkeit, derartige Code-, Daten- oder Bibliotheksbereiche als von verschiedenen Prozessen gleichzeitig nutzbare (*shareable*) Teile zu definieren. Diese Teile befinden sich nur einmal im Hauptspeicher, obwohl sie in den Adreßraum mehrerer Prozesse abgebildet werden können.
Dies wird durch den OpenVMS-Mechanismus *global sections* erreicht. Eine global section definiert eine Anzahl von Speicherkacheln, die sich gleichzeitig im Adreßraum mehrerer Prozesse befinden können. Für jede global section existiert ein Ab-

bild auf ein Platten–File.
Global sections eignen sich daher neben *event flags* und *Mailboxen* auch für die Interprozeß–Kommunikation.

Ein Beispiel für eine shared library ist die VMSRTL, eine sprachunabhängige Runtime–Library.

Vom Benutzer zusätzlich definierte shared Bereiche werden vom System bei Ansprache defaultmäßig auf SYS$LIBRARY erwartet. Falls der shared Bereich dort nicht abgelegt sein soll, ist vor dem RUN–Aufruf des Programms, das den shared Bereich benutzt, ein DEFINE bzw. ASSIGN erforderlich (siehe Beispiele in den Abschnitten 8.5.1 und 8.5.2).

Nachfolgend werden einige Beispiele beschrieben. Diese enthalten Schritte, die für den Aufbau von shared Bereichen notwendig sind, wobei die global sections durch Aufruf der Utility INSTALL angelegt werden (shareable Bereiche dürfen nur in Abstimmung mit dem System–Manager angelegt werden).

8.5.1 Shareable Programme (images)

Das Programm mit Namen USER.FOR enthält shareable Code und soll auch bei mehrfacher gleichzeitiger Benutzung nur einmal im Hauptspeicher sein. Deshalb ist das Programm als shareable Image zusammenzubinden und anschließend mit dem Dienstprogramm INSTALL in den Hauptspeicher zu laden.

$! Das Programm ist als *shareable* zu linken.
Beispiel:

```
$ FORTRAN USER
$ LINK/SHAREABLE  USER
$ INSTALL
INSTALL>help
Paramter Usage_Summary     ADD       CREATE    DELETE    EXIT      HELP
LIST     PURGE     REMOVE    REPLACE

INSTALL>ADD  DISK$USER1:[NP6HEL]USER/SHARED
INSTALL>EXIT
$
```

Da sich das Progamm USER.EXE nicht auf SYS$LIBRARY befindet, ist vor dem Aufruf des installierten Programms eine ASSIGN– bzw. DEFINE–Anweisung erforderlich.
Beispiel:

```
$ DEFINE USER  DISK$USER1:[NP6HEL]USER.EXE
$ RUN USER
```

■

8.5.2 Shareable Datenbereiche

Das Hauptprogramm heiße READ1.FOR. Es liest aus einem shareable Datenbereich, der durch COM.FOR definiert wird und CO1 heißt. COM.FOR enthält z.B. folgende Zeilen:

```
BLOCK   DATA
COMMON  /CO1/NGROESSE(100)
END
```

Ablauf:

$ LINK/SHAREABLE COM

Der System–Manager installiert den shareable Datenbereich.

$ INSTALL
INSTALL>ADD DISK$USER1:[NP6HEL]COM/SHARED/WRITE
INSTALL>EXIT
$

Der Benutzer kann sich zu diesem shareable Bereich dazubinden (link). Das FORTRAN–Programm READ1.FOR enthält beispielsweise folgendes:

```
        PROGRAM  READ1
        IMPLICIT INTEGER*4 (A-Z)
        INTEGER I
        COMMON  /CO1/NGROESSE(100)
C
C  ***  Lesen des globalen Datenbereichs NGROESSE
        I = 1
        DO WHILE (NGROESSE(I) .NE. 0)
        WRITE(6,1111)I,NGROESSE(I)
        I = I + 1
        END DO
1111    FORMAT(' Globaler Bereich Nr.: ',I4,' ist ',I5)
        TYPE *,('*** Ende des Lesens von NGROESSE')
        END
```

Für den Link–Vorgang ist ein Optionen–File mit einem Eintrag erforderlich, welcher dem Link–Programm mitteilt, daß es sich um einen shareable Bereich handelt.
Beispiel:

$ LINK READ1,COM.OPT/OPTION

Der File COM.OPT enthält die Angabe:
DISK$USER1:[NP6HEL]COM/SHARE

Vor Aufruf des Programms ist ein ASSIGN erforderlich:

$ ASSIGN DISK$USER1:[NP6HEL]COM.EXE   COM
$ RUN READ1

8.5.3 Shareable Library

Shareable Libraries sind Bibliotheken, die Unterprogramme enthalten. Im Gegensatz zu Object–Libraries können shareable Libraries im Hauptspeicher installiert werden. Der Default–File–Typ für shareable Libraries ist *.EXE*.
Jede shareable Library enthält einen image header, image sections und eine Symboltabelle. Der *Linker* stellt bei Ansprache eines Moduls einer shareable Library (Vergleich mit den Symbolen der Symboltabelle der shareable Library) nicht den

Code in das gebildete Image, sondern markiert den Aufruf als Sprung in eine shareable Library. Das Symbol wird in seine globale Symboltabelle übernommen. Dadurch ergeben sich Codeeinsparungen für Programme. Außerdem müssen Programme, die Module einer shareable Library benutzen, bei Änderung eines der benutzten Module in der shareable Library nicht erneut gebunden werden. Nachteilig ist eventuell, daß die sogenannte *image activation time* etwas verlängert wird.

Die bekannteste shareable Library unter VMS ist die *RUNTIME* Library SYS$LIBRARY:VMSRTL.EXE. Unter SYS$LIBRARY existieren unter anderem nahezu für jede Programmiersprache shareable Libraries. Beispiele hierfür sind: PASRTL.EXE, COBRTL.EXE und FORRTL.EXE.

Beispiel: Erstellen einer shareable Library

Die shareable Library mit dem Namen MYLIB enthält die Unterprogramm-Object-Module SUB1 UND SUB2. Das Programm HAUPT.FOR rufe SUB1 und SUB2 auf.

```
$ LINK/SHAREABLE/EXE=MYLIB    SUB1,SUB2,UNIV.OPT/OPT
```

Der Options-File UNIV.OPT enthält die Definition der Einsprungstellen der shareable Images als UNIVERSAL-Symbole, z.B.:

```
UNIVERSAL=SUBEINS,SUBZWEI
```

```
$ INSTALL    ADD          DISK$USER1:[NP6HEL]MYLIB/SHARE
$!
$! Das Programm HAUPT wird mit zu der neuen shareable Library
$! dazugebunden
$ LINK HAUPT,SHARE.OPT/OPT
$! wobei der File SHARE.OPT die Zeile: MYLIB/SHARE enthält.
$ ASSIGN DISK$USER1:[NP6HEL]MYLIB.EXE  MYLIB
$ RUN HAUPT
```

8.5.4 Löschen von shared Bereichen

Angelegte shareable Bereiche können wieder durch Aufruf der Utility INSTALL gelöscht werden. Dabei erfolgt automatisch ein Update des eventuell als shareable installierten Datenbereichs auf der Platte, d.h. die aktuelle Information geht nicht verloren. In der Shutdown-Prozedur von OpenVMS (SYS$SYSTEM:SHUTDOWN.COM) werden vor dem *Dismount* der Platten alle im Hauptspeicher installierten Bereiche gelöscht und damit auf der Platte upgedatet.

Beispiel:

```
$ INSTALL>
INSTALL>DELETE        DISK$USER1:[NP6HEL]MYLIB
INSTALL>DELETE        DISK$USER1:[NP6HEL]COM.EXE
INSTALL>EXIT
$
```

Übungsaufgaben:

34. Schreiben Sie ein Programm, das aus drei Moduln besteht:
    Einem Hauptteil mit zwei Unterprogrammen. Der Hauptteil soll die beiden Unterprogramme aufrufen.

- Linken Sie diese Programme einfach zusammen, und testen Sie das Programm (LINK Kommando, RUN Kommando).
- Erzeugen Sie eine Object–Bibliothek, in der die beiden Unterprogramme liegen. Nach Erzeugung dieser Bibliothek löschen Sie die ursprünglichen OBJ–Files. Linken Sie nun das Programm zusammen.
- Lassen Sie sich in beiden Fällen eine Linker–Map ausgeben.

8.6 Interprozeß–Kommunikation unter OpenVMS

Unter OpenVMS sind die einzelnen Adreßräume verschiedener Prozesse auf Grund des virtuellen Speichersystems streng getrennt. Damit Prozesse miteinander kommunizieren können, müssen sie in der Regel Nachrichten austauschen.

Beispiel:
Ein Prozeß P1, der Meßwerte von einer Unterstation der Netzleittechnik einliest, muß an einen Steuerungsprozeß P2 eine Nachricht schicken, wenn eine bestimmte Meßwertgrenze erreicht ist.

Für die Kommunikation zwischen verschiedenen Prozessen bietet OpenVMS im wesentlichen 3 Möglichkeiten: Event flags, Mailboxen und global sections. Programme können über *system services* (Betriebssystemaufrufe) die verschiedenen Möglichkeiten der Interprozeß–Kommunikation nutzen. Diese Nutzung ist im OpenVMS Programming Dokumentation im "System Services Reference" ausführlich dokumentiert. Es folgt ein Kurzüberblick über die Möglichkeiten der verschiedenen Interprozeß–Kommunikationshilfsmittel unter OpenVMS.

8.6.1 Event flags

Event flags sind einen Status kennzeichnende Bits, die vom Betriebssystem OpenVMS für die allgemeine Nutzung verwaltet werden. Event flags werden über event flag cluster verwaltet. Ein event flag cluster umfaßt 32 event flag Bits. Programme können event flags setzen, um ein bestimmtes Ereignis kenntlich zu machen. Andere Programme können event flags abtesten. Dies kann synchron und asynchron erfolgen. Die gebräuchlichste Anwendung ist, daß ein Prozeß wartet, bis ein bestimmtes event flag Bit gesetzt ist. Dazu kann sich der Prozeß selbst in einen Schlafzustand versetzen (*hibernate*) und sich von VMS aufwecken lassen, wenn das Bit gesetzt ist. Er kann aber auch eine andere Aufgabe bearbeiten und sich von VMS "unterbrechen" lassen (*interrupt*), wenn das event flag Bit von einem anderen Prozeß gesetzt wurde. Für all diese Möglichkeiten bietet VMS Betriebssystem–Calls (system services).

Man unterscheidet zwischen *local event flags cluster* und *common event flags cluster*. Local event flags können nur lokal innerhalb eines einzigen Prozesses benutzt werden. Common event flags können zwischen Prozessen benutzt werden, die derselben Gruppe angehören.

8.6.2 Mailboxen

Mailboxen (Briefkästen) sind virtuelle Geräte (virtual devices), die für die Kommunikation zwischen den Prozessen benutzt werden können. Im Gegensatz zu den event flags bieten Mailboxen die Möglichkeit eines Nachrichtenaustauschs zwischen Prozessen. Der Transfer in bzw. aus einer Mailbox erfolgt über die RMS – I/O Services (READ, WRITE) bzw. den Systemservice SYS$QIO.
Eine Mailbox kann temporär oder permanent eingerichtet werden. Wird eine Mailbox permanent eingerichtet (Privileg *PRMMBX*), so erfolgt gleichzeitig ein Eintrag in die System Logical Name Table. Hierfür sind die Privilegien *PRMMBX* und *SYSNAM* erforderlich.
Nach einem shutdown bzw. reboot eines OpenVMS Systems sind aber auch die per-

manenten Mailboxen verloren und müssen nach dem reboot neu im Hauptspeicher aufgebaut werden.

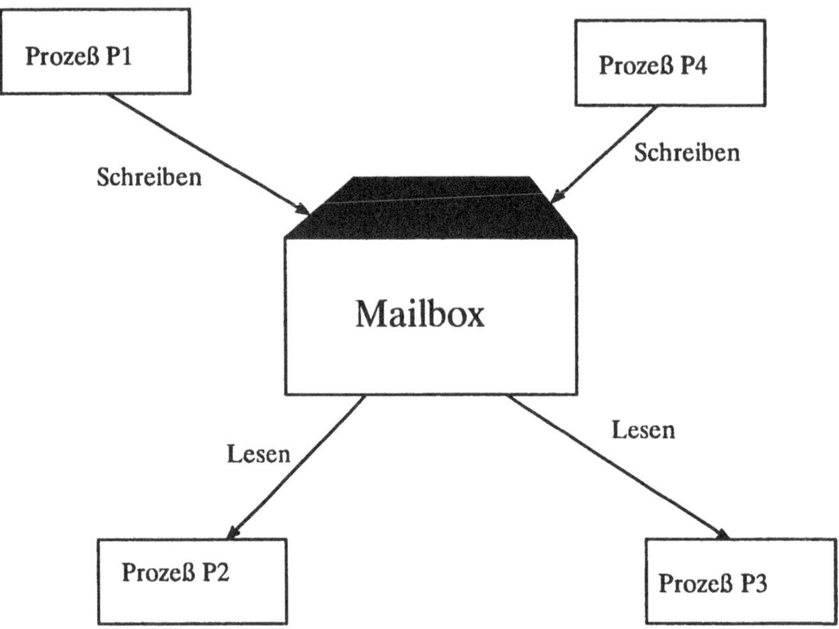

Abb. 8.6–1: Mailbox–Kommunikation zwischen vier Prozessen

8.6.3 Sections

Eine global section ist ein Platten–File oder ein Teil eines Platten–Files, der Daten oder Befehle enthalten kann. Dieser wird in den Hauptspeicher übernommen, um ihn für die Veränderung bzw. Ausführung durch unterschiedliche Prozesse zugänglich zu machen. Eine section kann eine oder mehrere Speicherkacheln (frames) umfassen. Sections können privat oder global (*shared*) sein. Private sections können nur von dem Prozeß aus angesprochen werden, der sie erzeugt hat.
Global sections können von verschiedenen Prozessen aus gleichzeitig benutzt werden, wobei sich nur eine Kopie der global section im Hauptspeicher befindet. Wird eine global section verändert oder wandert sie infolge des Paging aus dem Hauptspeicher, so wird der Inhalt in den Section–File auf der Platte zurückgeschrieben. Nach einem Shutdown oder reboot eines OpenVMS Systems bleibt somit der Inhalt der sections erhalten.
Der Einsatz von global sections bietet sich für häufig von mehreren Anwendern benutzte Programme an. Außerdem sollten große Datenbereiche (Datenbanken), die von unterschiedlichen Prozessen aus verändert werden können, über global sections realisiert werden.

9. System-Management

Unter einem Multiuser-Betriebssystem ist es erforderlich, daß die verschiedenen Benutzer gegeneinander abgegrenzt sind. Die Dateien der verschiedenen Benutzer sollten in verschiedenen Plattenbereichen (Directories) abgelegt sein, und die Zugriffsrechte auf die verschiedenen Dateien müssen klar definiert werden.
Zu der Aufgabe eines *System-Managers* gehören neben der Benutzerverwaltung auch die Datensicherung, der Datenschutz, die Ressourcenverwaltung (Plattenplatz, Hauptspeicher, Drucker usw.) und die Systemoptimierung (*tuning*).

9.1 Benutzerverwaltung

Nachfolgend werden einige Beispiele für die Benutzung des Dienstprogramms AUTHORIZE aufgezeigt. Mit Hilfe dieses Programms werden unter OpenVMS die Benutzernamen (*usernames*) verwaltet. Die Verwaltung der Benutzer ist Aufgabe des System-Managers.

Für die Neuanlage eines Usernamens ist nicht nur die Definition des Usernamens mit dem Programm AUTHORIZE erforderlich, sondern auch die Festlegung des Geräts und der Directory, auf der sich der Benutzer nach dem Einloggen befindet (Default-Angaben). Diese Angaben müssen mit den Qualifiern /DEVICE und / DIRECTORY beim ADD- bzw. MODIFY-Kommando innerhalb des Programms AUTHORIZE angegeben werden.

9.1.1 Einrichten eines Usernamens

Das Einrichten eines neuen Usernamens erfolgt mit dem Authorize-Kommando ADD. Im nachfolgenden Beispiel wird der Username BNEU angelegt. Default-Platte (device) ist data18:, Default-Directory ist [BNEU] und der UIC-Code ist [20,15]. Noch fehlende Angaben werden automatisch vom Eintrag des Users mit dem Namen DEFAULT übernommen.
Beispiel:

```
$! Neuer Username wird eingerichtet
$! a) Einrichten der Directory
$ set default data18:[0,0]
$ create/directory/owner=[20,15]  [BNEU]
$! b) Aufruf des Programms AUTHORIZE zur Usernamen-Verwaltung
$ set def sys$system
$ run authorize
UAF> HELP

Information available:

ADD      Command_Summary   COPY     CREATE   DEFAULT  EXIT
GRANT    HELP     LIST     MODIFY   REMOVE   RENAME   REVOKE
SHOW     usage_summary

Topic?   <CTRL/Z>
```

$ run authorize
UAF>add BNEU/device=data18:/directory=[BNEU]/uic=[20,15]

```
%UAF-I-ADDMSG, user record successfully added
%UAF-I-RDBADDMSGU, identifier BNEU value: [000020,000015] added to ...
%UAF-I-RDBADDMSGU, identifier 18_TD2 value: [000020,177777] added ...
```

UAF>show BNEU

```
Username: BNEU              Owner:
Account:  18_TD2            UIC:     [20,15] ([18_TD2,BNEU])
CLI:      DCL               Tables:
Default: DATA18:[BNEU]
LGICMD:
Flags:   Captive
Primary days:   Mon Tue Wed Thu Fri
Secondary days:                     Sat  Sun
No access restrictions
Expiration:         (none)       Pwdminimum:  6   Login Fails: 0
Pwdlifetime:        120 00:00    Pwdchange:       (pre-expired)
Last Login    (none) (interactive),  (none) (non-interactive)
Maxjobs:             0  Fillm:          30  Bytlm:         10200
Maxacctjobs:         0  Shrfillm:        0  Pbytlm:            0
Maxdetach:           0  BIOlm:          18  JTquota:        1024
Prclm:               1  DIOlm:          18  WSdef:           500
Prio:                4  ASTlm:          24  WSquo:          1000
Queprio:             0  TQElm:          10  WSextent:       2000
CPU:            (none)  Enqlm:          30  Pgflquo:       30000
Authorized Privileges:
  GRPNAM GROUP TMPMBX NETMBX
Default Privileges:
  GRPNAM GROUP TMPMBX NETMBX
```

UAF>modify BNEU/password=BNEU/owner=SCHMITT/pgflquo=20000

```
%UAF-I-MDFYMSG, user record(s) updated
```

9.1.2 Anzeige der Usernamen–Defaults

Die Eigenschaften eines mit dem Kommando ADD eingetragenen Benutzernamens können mit dem Kommando SHOW angezeigt werden.
Beispiel:

$ RUN AUTHORIZE
UAF> show BNEU

```
Username: BNEU                        Owner:   SCHMITT
Account:  18_TD2                      UIC:     [20,15] ([18_TD2,BNEU])
CLI:      DCL                         Tables:
Default:  DATA18:[BNEU]
LGICMD:
Flags:    Captive
Primary days: Mon Tue Wed Thu Fri
Secondary days:                   Sat Sun
No access restrictions
```

```
Expiration:              (none)    Pwdminimum:  6   Login Fails: 0
Pwdlifetime:         120 00:00    Pwdchange:   9-MAY-1989 14:07
Last Login:              (none) (interactive),
                         (none) (non-interactive)
Maxjobs:            0  Fillm:         30  Bytlm:         10200
Maxacctjobs:        0  Shrfillm:       0  Pbytlm:            0
Maxdetach:          0  BIOlm:         18  JTquota:        1024
Prclm:              1  DIOlm:         18  WSdef:           500
Prio:               4  ASTlm:         24  WSquo:          1000
Queprio:            0  TQElm:         10  WSextent:       2000
CPU:           (none)  Enqlm:         30  Pgflquo:       20000
Authorized Privileges:
  GRPNAM GROUP TMPMBX NETMBX
Default Privileges:
  GRPNAM GROUP TMPMBX NETMBX
```

9.1.3 Ändern der Usernamen–Eigenschaften

Eine nachträgliche Änderung der Usernamen–Eigenschaften kann mit dem Kommando MODIFY erfolgen. Im nachfolgenden Beispiel erhält der Benutzer BNEU zusätzlich das Privileg SYSPRV zugeordnet.
Beispiel:

$ RUN AUTHORIZE
UAF>modify BNEU/privileges=SYSPRV/defprivileges=SYSPRV

```
%UAF-I-MDFYMSG, user record(s) updated
```

UAF>show BNEU

```
Username: BNEU                            Owner:  SCHMITT
Account:  18_TD2                          UIC:    [20,15] ([18_TD2,BNEU])
CLI:      DCL                             Tables:
Default:  DATA18:[BNEU]
LGICMD:
Flags:    Captive
Primary days:   Mon Tue Wed Thu Fri
Secondary days:                          Sat Sun
No access restrictions
Expiration:              (none)    Pwdminimum:  6   Login Fails: 0
Pwdlifetime:         120 00:00    Pwdchange:   9-MAY-1989 14:07
Last Login:              (none) (interactive),
                         (none) (non-interactive)
Maxjobs:            0  Fillm:         30  Bytlm:         10200
Maxacctjobs:        0  Shrfillm:       0  Pbytlm:            0
Maxdetach:          0  BIOlm:         18  JTquota:        1024
Prclm:              1  DIOlm:         18  WSdef:           500
Prio:               4  ASTlm:         24  WSquo:          1000
Queprio:            0  TQElm:         10  WSextent:       2000
CPU:           (none)  Enqlm:         30  Pgflquo:       20000
Authorized Privileges:
  GRPNAM GROUP TMPMBX NETMBX SYSPRV
Default Privileges:
  GRPNAM GROUP TMPMBX NETMBX SYSPRV
```

9.1.4 Löschen eines Usernamen–Eintrags

Das Löschen eines Eintrags aus dem Usernamen–Verwaltungsfile SYS$SYSTEM:SYSUAF.DAT erfolgt mit dem Kommando REMOVE. Im nachfolgenden Beispiel wird der Username BNEU gelöscht.
Beispiel:

```
$ RUN AUTHORIZE
UAF> !löschen des Usernamen BNEU
UAF> REMOVE BNEU
%UAF-I-REMMSG, record removed from SYSUAF.DAT
%UAF-I-RDBREMMSGU, identifier BNEU value: [000020,000015]
                  removed from ..
UAF> SHOW BNEU
%UAF-W-BADSPC, no user matches specification
UAF> EXIT
%UAF-I-DONEMSG, system authorization file modified
%UAF-I-RDBDONEMSG, rights database modified
```

9.1.5 Identifier–Zuweisung

Über Identifier können Benutzer unterschiedlicher Gruppen Schreib– und Lesezugriff auf gemeinsam benutzte Plattenbereiche erhalten. Ein Identifier wird mit dem Befehl ADD/IDENTIFIER angelegt. Dabei kann angegeben werden, ob Benutzer, denen dieser Identifier zugeordnet ist, auch Betriebsmittel (Plattenplatz) nutzen können (Qualifier /ATTRIBUTES=(resource)). Nach der Definition des Identifiers kann jedem Benutzer dieser Identifier über das Kommando GRANT/IDENTIFIER zugeordnet werden. Über das Kommando REVOKE/IDENTIFIER kann eine Zuordnung von einem Identifier zu einem Benutzer wieder aufgehoben werden. Im nachfolgenden Beispiel sollen alle Benutzer, die den Identifier PROJEKT1 besitzen, auf die Directory [XTEST] schreibend und lesend zugreifen können.
Beispiel:
Anlage eines von mehreren Benutzern gemeinsam benutzten Plattenbereichs und Gewährung des Zugriffs.

```
$ SET DEFAULT SYS$SYSTEM
$ RUN AUTHORIZE
UAF> HELP ADD/IDENTIFIER
Das ADD/IDENTIFIER Kommando wird für das Hinzufügen eines Identifiers
zur rights database benutzt.

Format:  ADD/IDENTIFIER  [id-name]

Additional information available:

Parameters Qualifiers
/ATTRIBUTES           /USER      /value   Examples

ADD /IDENTIFIER Subtopic? /ATTRIBUTES
```

```
ADD

/IDENTIFIER

/ATTRIBUTES

/ATTRIBUTES=(keyword[,...])
Es können Attribute angegeben werden, die mit dem neuen Identifier
verknüpft sind.
Gültige Schlüsselworte sind:

[NO]DYNAMIC
Gibt an, ob nichtpriviligierte Eigentümer des Identifiers den Identi-
fier aus ihrer process rights list mit dem Befehl SET RIGHTS_LIST
entfernen bzw. hinzufügen können. Default ist NODYNAMIC.

[NO]HOLDER_HIDDEN
Verhindert, daß eine Liste der dem Identifier zugeordneten Benutzer
ausgegeben werden kann.

[NO]RESOURCE
Gibt an, ob Eigentümer des Identifiers Betriebsmittel wie beispiels-
weise Plattenplatz belegen können. Default ist NORESOURCE.

ADD /IDENTIFIER Subtopic?
ADD Subtopic?
Topic?
```

■

Der Identifier *PROJEKT1* wird mit dem Attribut RESOURCE angelegt.

UAF>ADD/IDENTIFIER/ATTRIBUTES=RESOURCE PROJEKT1

```
%UAF-I-RDBADDMSG, identifier PROJEKT1 value: %X8001006A
added to RIGHTSLIST.DAT
```

■

Der Identifier *PROJEKT1* wird den Benutzernamen SIMON, KOCH_ANT und SALAMON zugewiesen.

UAF> GRANT/IDENTIFIER/ATTRI=RESOURCE PROJEKT1 SIMON

```
%UAF-I-GRANTMSG, identifier PROJEKT1 granted to SIMON
```

UAF> SHOW SIMON

```
Username: SIMON                Owner:  SIMON
Account:  18_TD2               UIC:    [20,3] ([18_TD2,SIMON])
CLI:      DCL                  Tables:
Default:  DATA18:[SIMON]
LGICMD:   SYS$MANAGER:SYLOGIN.COM
Flags:
Primary days:   Mon Tue Wed Thu Fri
Secondary days:                     Sat Sun
No access restrictions
Expiration:             (none)    Pwdminimum:  4   Login Fails:     0
Pwdlifetime:         120 00:00    Pwdchange:   5-JUN-1994 13:38
Last Login: 20-JUN-1994 16:12 (interactive),
            13-JUN-1994 11:48 (non-interactive)
```

```
Maxjobs:            0  Fillm:        100  Bytlm:         36000
Maxacctjobs:        0  Shrfillm:      10  Pbytlm:            0
Maxdetach:          0  BIOlm:         50  JTquota:        1024
Prclm:             10  DIOlm:         18  WSdef:           200
Prio:               4  ASTlm:         80  WSquo:          1500
Queprio:            0  TQElm:         10  WSextent:       4000
CPU:           (none)  Enqlm:      10000  Pgflquo:       20000
Authorized Privileges:
GRPNAM GROUP SETPRV TMPMBX NETMBX
Default Privileges:
GRPNAM GROUP SETPRV TMPMBX NETMBX
Identifier                   value           Attributes
ARZ_GRUPPE                 %X80010019      RESOURCE NODYNAMIC
PAPICS                     %X80010059      RESOURCE NODYNAMIC
NEST                       %X80010046      NORESOURCE NODYNAMIC
AISSYSTEM                  %X80010014      NORESOURCE NODYNAMIC
PROJEKT1                   %X8001006A      RESOURCE NODYNAMIC
```

UAF> GRANT/IDENT/ATTRI=RESOURCE PROJEKT1 KOCH_ANT

```
%UAF-I-GRANTMSG, identifier PROJEKT1 granted to KOCH_ANT
```

UAF> GRANT/IDENT/ATTRI=RESOURCE PROJEKT1 SALAMON

```
%UAF-I-GRANTMSG, identifier PROJEKT1 granted to SALAMON
```

UAF> EXIT

```
%UAF-I-NOMODS, no modifications made to system authorization file
%UAF-I-RDBDONEMSG, rights database modified
$
```

■

Für einen gemeinsamen Zugriff auf einen Plattenbereich ist eine Directory anzulegen. Für diese Directory sind ACL–Einträge mit dem Identifier PROJEKT1 erforderlich.
Beispiel:

```
$ CREATE/DIRECTORY  PLATTE18:[XTEST]
$ SET DEFAULT PLATTE18:[0,0]
$ SET SECURITY/ACL=(IDENTIFIER=PROJEKT1,ACCESS= -
_$ READ+WRITE+CONTROL)        XTEST.DIR
$ SET SECURITY/ACL=(IDENTIFIER=PROJEKT1,OPTION=DEFAULT,-
_$     ACCESS=READ+WRITE+CONTROL) XTEST.DIR
```

Die Benutzer SIMON, SALAMON und KOCH_ANT haben jetzt Lese– und Schreibzugriff auf die Directory PLATTE18:[XTEST].

■

9.1.6 Proxy Accounts

Beim Zugriff auf andere Knoten des Netzwerks müssen die Benutzer meist auch den eigenen Usernamen und das Kennwort (password) angegeben, da die Files in der Regel gegen unbefugten Zugriff gesperrt sind (Gruppe *world* hat keinen Eintrag im File–Schutzwort). Um zu verhindern, daß Username und Kennwort im

Netzwerk übertragen werden müssen, gibt es die Möglichkeit, einen sogenannten Proxy Account auf dem Rechner einzurichten.

Der System–Manager kontrolliert die Vergabe von Proxy Accounts mit Hilfe der permanenten Datenbasis SYS$SYSTEM:NETPROXY.DAT. Durch das UAF–Kommando CREATE/PROXY wird diese Datei neu angelegt. Einträge in diese Datei erfolgen mit Hilfe der AUTHORIZE–Utility. Die gebräuchlichsten Kommandos hierfür sind ADD, SHOW, REMOVE mit dem Qualifier /PROXY.
Beispiel:
Auf dem lokalen Knoten GSNWE1 wird ein Proxy Account eingerichtet, der den Benutzer RUESSEL vom Knoten VAX2 auf den Benutzer SIMON des lokalen Knotens abbildet.

```
$ SET DEFAULT SYS$SYSTEM
$ RUN AUTHORIZE
UAF> SHOW /PROXY *
Default proxies are flagged with (D)
GSNA11::C11ADM
     ORAC11
GSNA12::C11ADM
     ORAC11

UAF> ADD/PROXY VAX2::RUESSEL SIMON /DEFAULT
%UAF-I-NAFADDMSG, record successfully added to network proxy data base
UAF> SHOW /PROXY *
Default proxies are flagged with (D)

GSNA11::C11ADM
     ORAC11
GSNA12::C11ADM
     ORAC11
GSNV02::RUESSEL
     SIMON (D)

UAF>EXIT
$
```

9.2 Der Startup von OpenVMS

Die Methode des Startup ist ausführlich beschrieben im "OpenVMS System Manager's Manual" der Dokumentationsgruppe OpenVMS System Management Documents.
Unmittelbar nach dem Boot (Abschluß von *SYSBOOT*) wird der File SYS$SYSTEM:STARTUP.COM durchlaufen. Dieser File ist für alle OpenVMS– Installationen einer Betriebssystemversion gleich und darf nicht modifiziert werden. STARTUP.COM führt verschiedene andere Startup–Kommandoprozeduren aus. Diese sogenannten site–specific Startup–Kommandoprozeduren werden in folgender Reihenfolge durchlaufen:

1. SYS$MANAGER:SYCONFIG.COM
2. SYS$MANAGER:SYLOGICALS.COM
3. SYS$MANAGER:SYPAGSWPFILES.COM
4. SYS$MANAGER:SYSECURITY.COM
5. SYS$MANAGER:SYSTARTUP_VMS.COM

Es werden systemweit logische Namen definiert, der Error–Logger gestartet, Geräte konfiguriert und die dazugehörigen Treiber geladen. Über SYCONFIG.COM werden häufig benutzte Programme im Speicher permanent installiert (INSTALL).

Der logische Namen SYS$STARTUP legt fest, in welcher Directory sich die Files befinden, die während des STARTUP benötigt werden.
Beispiel:

```
$ SHOW LOGICAL SYS$STARTUP
     "SYS$STARTUP" = "SYS$SYSROOT:[SYS$STARTUP]" (LNM$SYSTEM_TABLE)
                   = SYS$MANAGER
 1  "SYS$MANAGER" = "SYS$SYSROOT:[SYSMGR]" (LNM$SYSTEM_TABLE)
```

Der Startup zerfällt in mehrere Phasen. Die Reihenfolge, in der die verschiedenen Phasen des Startup durchgeführt werden, wird im File *SYS$STARTUP:VMS$PHASES.DAT* festgelegt. Dieser File darf nicht modifiziert werden.
Beispiel für den Inhalt von VMS$PHASES.DAT:

```
INITIAL
DEVICES
PRECONFIG
CONFIG
BASEENVIRON
LPBEGIN
LPMAIN
LPBETA
END
```

SYS$STARTUP:VMS$VMS.DAT
Diese Komponente wird für den Start des Basis–OpenVMS benötigt. Der logische Name ist STARTUP$STARTUP_VMS. In diesem File befinden sich die Namen aller Files, die das OpenVMS–Betriebssystem starten und beschreibt die Methode ihres Aufrufs.

SYS$STARTUP:VMS$LAYERED.DAT
In dieser Komponente werden die Aufrufe für die Installation von DEC–Software–Produkten oder anlagenspezifischer Zusatzsoftware definiert, die zusätzlich zu OpenVMS zu laden sind. Es handelt sich dabei um einen indexsequentiell organisierten File, der folgende Teile enthält:

- den Komponentennamen (.EXE oder .COM)
- die Phase, in der die Komponente gestartet wird
- die Methode des Startens (direkt, als Batch–Prozeß oder mit SPAWN)
- eventuelle Restriktionen

Die obigen Punkte werden unter dem Begriff *site–independent* Startup zusammengefaßt und können, falls erforderlich, mit Hilfe des Dienstprogramms SYSMAN durch den System–Manager ergänzt, modifiziert oder gelöscht werden. Der logische Name dieser Datenbasis ist STARTUP$STARTUP_LAYERED. Die Benutzung von SYSMAN ist im Abschnitt 9.8.3 "System-Management-Utility" auf der Seite 303 beschrieben.

Folgende Komponenten können anlagenspezifisch modifiziert werden:

SYS$MANAGER:SYCONFIG.COM
In diese Prozedur erfolgt die Gerätekonfiguration. Hier können anlagenspezifisch benutzte Gerätetreiber mittels SYSGEN bzw. INSTALL geladen werden.

SYS$MANAGER:SYLOGICALS.COM
Hier können anlagenspezifisch systemweit benutzte logische Namen mit den Befehlen DEFINE bzw. ASSIGN eingetragen werden.

SYS$MANAGER:SYPAGSWPFILES.COM
Hier können, falls erforderlich, zusätzliche (secondary) Page- und Swap-Files angelegt werden.
Achtung: Beim Durchlaufen dieses Files sind, falls die secondary Page- und Swap-Files nicht auf der Systemplatte abgelegt werden, die Platten noch nicht dem System zugeordnet. Das Kommando MOUNT muß dann in dieser Prozedur vor dem eigentlichen INSTALL der secondary Page- und Swap-Files erfolgen.
Beispiel:

```
$ RUN SYS$SYSTEM:SYSGEN
SYSGEN>CREATE DISK$_SYS2:[SYSTEM]PAGEFILE1.SYS/SIZE=100000
SYSGEN>CREATE DISK$_SYS2:[SYSTEM]SWAPFILE1.SYS/SIZE=100000
SYSGEN>INSTALL DISK$_SYS2:[SYSTEM]PAGEFILE1.SYS /PAGEFILE
SYSGEN>INSTALL DISK$_SYS2:[SYSTEM]SWAPFILE1.SYS /SWAPFILE
```

SYS$MANAGER:SYSECURITY.COM
Hier wird der AUDIT-Server für Sicherheitsmaßnahmen (security) konfiguriert.

SYS$MANAGER:SYSTARTUP_VMS.COM
Hier können anlagenspezifisch verschiedene Initialisierungen wie Zuordnung der Platten zum System *(mount)*, Setzen der Terminal-Settings, Start der Queues, Netzwerkstart, *Purge* der Log-Files, Aufruf des System-Dump-Analyzers (*ANALYZE/CRASH*, Definition von systemweiten Meldungen, Festlegung der Zahl der interaktiven Benutzer usw.) eingetragen werden.

Beispiel:

```
$! Auszug aus SYSTARTUP_VMS.COM
$ STARTUP$INTERACTVIVE =  n
$!  (n ist die maximale Zahl interaktiver Benutzer)
$ @LTLOAD.COM          !Start der LAT-Software
$ DEFINE/SYSTEM/EXECUTIVE/NOLOG SYS$SYLOGIN  -
_$          SYS$MANAGER:SYLOGIN.COM
$!Definition des allgemeinen LOGIN-Files
```

Bei allen während des Boot-Vorgangs benutzten Kommando-Prozeduren sollte am Anfang das DCL-Kommando SET NOON stehen. Dadurch wird verhindert, daß bei einer Fehlermeldung die Kommando-Prozedur abgebrochen wird. Im Verzeichnis SYS$MANAGER befinden sich einige Dateien mit dem Dateityp *TEMPLATE*. Diese können als Vorlage für die Anpassung anlagenspezifischer Prozeduren verwendet werden.

Beispiele:

Conversational Boot bei einer VAXstation, MicroVAX 3400, 3500, 3600, 3800, 3900 von SYS2:
Rechner anhalten durch Drücken der BREAK–Taste an der CPU, Eingabe von B/20000001 <device–name>.
Nach dem Boot wird die benutzte Systemwurzel dem logischen Namen SYS$TOPSYS zugewiesen. Für den Default Boot von SYS0 reicht B/1.

Conversational Boot bei einer Alpha AXP Workstation:
>>>set boot_osflags 0,1
Soll die Systemwurzel [SYS3...] gebootet werden, kann angegeben werden:
>>>boot –fl 3,0 DKA200

■

Für einen Maschinentest ist es oft sinnvoll, nicht den allgemeinen anlagenspezifischen Startup–File zu durchlaufen oder die Default Systemparamter zu verwenden. Ein anderer Startup–File kann auf zwei Arten definiert werden:

- Beim *conversational boot*:
  – Alternativer Startup:
  SYSBOOT> SET/STARTUP SYS$SYSTEM:START2.COM
  – Benutzung der Default–Systemparameter:
  SYSBOOT>USE DEFAULT
  SYSBOOT>CONTINUE
  Der Ablauf des Bootvorgangs kann über Parameter gesteuert werden, die über die Inhalte der Maschinenregister festgelegt werden. Beispielsweise kann über das Maschinenregister R5 angegeben werden, welche Systemwurzel beim Boot benutzt werden soll und ob ein Conversational Boot durchgeführt werden soll.
- Durch Änderung eines Systemparameters:
  Ändern des Systemparameters STARTUP_P1 vor SHUTDOWN der Maschine, so daß ein minimaler Startup automatisch durchlaufen wird. Soll bei einem Startup zusätzlich ein VERIFY erfolgen, so ist mit Hilfe des SYSGEN–Programms der Systemparameter STARTUP_P2 auf *TRUE* zu setzen.

Beispiel:

```
$ RUN SYS$SYSTEM:SYSMAN
SYSMAN> PARAMETERS USE   CURRENT
SYSMAN> PARAMETERS SET   STARTUP_P1 "MIN"
SYSMAN> PARAMETERS SET   STARTUP_P2 "TRUE"
SYSMAN> PARAMETERS WRITE CURRENT
```

Beim Boot–Vorgang wird automatisch der Startup–File für eine minimale Konfiguration durchlaufen. Insbesondere erfolgt kein *autoconfigure*.
Mit dem Hilfsprogramm SYSMAN (siehe auch Seite 303) ist es ebenfalls möglich, Systemparameter sowie die Startup–Reihenfolge zu ändern (OpenVMS System Management Utilities Reference Manual).

9.3 Warteschlangenverwaltung

Unter OpenVMS existieren im wesentlichen zwei Warteschlangentypen:

- Batch–Queues
- Device–Queues

Warteschlangen können initialisiert, gestartet, gestoppt und gelöscht werden. Ob es sich um eine Batch– oder Device–Queue handelt, wird über den Qualifier BATCH bei der Initialisierung mit dem Kommando INITIALIZE/QUEUE festgelegt. Neben den von den Dateieigenschaften bekannten Zugriffsmöglichkeiten read, write, excecute und delete, gibt es bei Warteschlangen noch submit (S) und manage (M). Sowohl Device– und Batch–Queues können zusätzlich mit Zugriffskontroll–Listen (ACL) abgesichert werden.

9.3.1 Warteschlangen–Initialisierung

Format: INITIALIZE/QUEUE <queue–name>[:]

Dabei ist <queue–name> der Name der Warteschlange, die initialisiert werden soll. Durch Angabe von zusätzlichen Qualifiern können Parameter einer Warteschlange wie Joblimit, Basispriorität, Protection, Owner–UIC usw. gegenüber den Default–Werten abgeändert werden.
Beispiel:
$ HELP initialize/queue

```
INITIALIZE

/QUEUE

Legt eine neue Warteschlange an oder initialisiert sie. Dieses Kommando
kann für das Anlegen von Warteschlangen (queues) und für die Zuweisung
von Namen und Attributen benutzt werden. Der Qualifier /QUEUE ist er-
forderlich. Der Qualifier /BATCH muß angegeben werden, wenn eine Batch-
Warteschlange aufgebaut werden soll.

Das Privileg OPER ist erforderlich und das Zugriffsrecht manage (M)
muß gesetzt sein.

Format:         INITIALIZE/QUEUE  queue-name[:]

Weitere Informationen:

Parameters Command_Qualifiers
/AUTOSTART_ON      /BASE_PRIORITY    /BATCH    /BLOCK_LIMIT
/CHARACTERISTICS  /CLOSE   /CPUDEFAULT          /CPUMAXIMUM
/DEFAULT /DESCRIPTION      /DEVICE  /DISABLE_SWAPPING /ENABLE_GENERIC
/FORM_MOUNTED       /GENERIC /JOB_LIMIT          /LIBRARY
/NAME_OF_MANAGER  /ON      /OPEN     /OWNER_UIC          /PROCESSOR
/PROTECTION         /RECORD_BLOCKING  /RETAIN  /SCHEDULE/SEPARATE
/START   /WSDEFAULT         /WSEXTENT/WSQUOTA Example
```

$ INITIALIZE/QUEUE/BATCH HH
$ SHOW QUEUE/FULL HH

```
Batch queue HH, stopped
/BASE_PRIORITY=4 /JOB_LIMIT=1/OWNER=[SYSTEM]/PROTECTION=(S:M,O:D,G:R,W:S)
```

Sämtliche Kommandos im Zusammenhang mit der Initialisierung, dem Start, dem Anhalten oder dem Löschen von Warteschlangen erfordern das Privileg *OPER*. Nach einem *shutdown* reicht es aus, eine Warteschlange nur noch mit dem Kommando START <queuename> neu zu starten. Ein INITIALIZE/QUEUE ist dabei nicht erforderlich.
Durch den Qualifier /START beim INITIALIZE/QUEUE kann erreicht werden, daß die neu definierte Warteschlange sofort gestartet wird.

9.3.2 Warteschlangenstart

Nach der Initialisierung einer Warteschlange ist diese zu starten.
Format: START/QUEUE <queue–name>[:]
Beispiel:
$ START/QUEUE HH
$ SHOW QUEUE/FULL HH

```
Batch queue HH, on GSNWA8::
/BASE_PRIORITY=4 /JOB_LIMIT=1/OWNER=[SYSTEM]/PROTECTION=(S:M,O:D,G:R,W:
```

Danach können Kommando–Aufträge mit PRINT bzw. SUBMIT in die Warteschlange eingetragen werden.
Beispiel:

$ SUBMIT TEST/QUEUE=HH

```
Job TEST  (Queue HH, entry=555)   startet on HH
```

9.3.3 Anhalten einer Warteschlange

Die Abarbeitung einer Warteschlange kann angehalten werden, indem die Warteschlange in den Zustand *stopped* überführt wird.
Format: STOP/QUEUE <queue–name>[:]

Über zusätzliche Qualifier kann dabei noch angegeben werden, ob nach dem laufenden Job (/NEXT), oder ob die Warteschlange sofort gestoppt werden soll (/RESET).
Beispiel:

$ STOP/QUEUE/NEXT HH

9.3.4 Löschen einer Warteschlange

Eine Warteschlange, die gestoppt ist, kann auch aus dem System gelöscht werden.
Format: DELETE/QUEUE <queue–name>[:]
Beispiel:

$ DELETE/QUEUE HH/LOG

```
%DELETE-I-DELETED,        HH deleted
```

9.3.5 Löschen von Einträgen aus einer Warteschlange

Einträge in einer Warteschlange können gezielt durch Angabe der Eintragsnummer (entry number) gelöscht werden. Falls die Einträge von dem gleichen Benutzer erfolgten, der sie versucht, zu löschen, sind keine speziellen Privilegien erforderlich.

Sonst ist auch hier das Privileg OPER bzw. WORLD erforderlich.
Format: DELETE/ENTRY=(<Eintragsnummer>[,...]) [<queue-name>[:]]

Beispiel:

$ DELETE/ENTRY=555 HH /LOG

```
%DELETE-I-DELETED,          entry 555 aborted or deleted
```

9.3.6 Das System-Management von Batch-Queues

Batch-Queues dienen der Aufnahme von Jobs, die im Hintergrund, d.h. unabhängig von dem benutzen Terminal bearbeitet werden können. Diese Arbeitsweise erinnert an die Lochkarten-Stapelverarbeitung. Ein Lochkartenstapel wurde beim Operating als Auftrag abgegeben. Das Ergebnis der Verarbeitung wurde dann meist über Druckausgabe wieder verteilt.
Der Lochkartenstapel entspricht einer DCL-Kommando-Prozedur, die über das DCL-Kommando SUBMIT zur Hintergrundverarbeitung abgegeben wird. Die Ergebnisse des Jobs liegen dann in der vom Benutzer in der Kommando-Prozedur festgelegten Form vor.

Batch-Queues müssen vom System-Manager zentral verwaltet und gepflegt werden. In der Regel werden Batch-Queues beim STARTUP des Rechners automatisch eingerichtet.
Beispiel:

$! Neue Batch-Queue wird initialisiert, mit /JOB_LIMIT=1.
$! d.h. von dieser Batch-Queue kann maximal nur 1 Job aktiv sein.
$ initialize/queue/batch test_batch /job_limit=1
$ show queue/batch/full

```
test_batch Batch queue TEST_BATCH, stopped
/BASE_PRIORITY=4 /JOB_LIMIT=1
/OWNER=[SYSTEM]       /PROTECTION=(S:M,O:D,G:R,W:S)
```

$ start/queue test_batch
$! Die Queue wird gestartet
$! Der Job CPUFRE.COM wird in die Batch-Queue TEST_BATCH gestellt.
$ submit sys$login:cpufre.com /queue=test_batch

```
Job CPUFRE (queue TEST_BATCH, entry 313) started on TEST_BATCH
```

$! Der Job CPUFRE.COM wird nochmals in die Batch-Queue TEST_BATCH
$! gestellt. Er wird nicht sofort gestartet, da /JOB_LIMIT=1.
$ submit cpufre.com /queue=test_batch

```
Job CPUFRE (queue TEST_BATCH, entry 314)
 pending
```

$! JOB Nr. 314 wird aus der Batch-Queue gelöscht.
$ delete/entry=314

Der für einen Batch-Job benutzte Prozeßname beginnt per Default mit der Vorsilbe BATCH_ gefolgt von <Nummer>.

$ show system/batch

```
VAX/VMS V5.3  on node VAX001 13-JUN-1990 11:49:12.89 Uptime 19 23:22:56
Pid        Process Name     State    Pri      I/O       CPU ...
20604CAB   BATCH_312        COM      3       1206    0 00:00:07.98 ...B
206043AC   BATCH_313        COM      4        358    0 00:00:11.29 ...B
```

$! Aktiver Batch–Job wird gelöscht.
$ stop/identification=206043AC
$! Batch–Queue wird gestoppt und anschließend gelöscht.
$ stop/queue/next test_batch
$ delete/queue test_batch

Es kann sinnvoll sein, den Prozeßnamen eines Batch–Jobs zu verändern, damit auch bei Batch–Jobs sofort ersichtlich ist, welcher Benutzer den Batch–Job gestartet hat. Der Prozeßname kann in SYS$SYLOGIN verändert werden.
Beispiel:

```
$ BATCH:
$!Manipuliert den Prozeßnamen, ersetzt BATCH durch den Usernamen.
$ IF F$MODE .EQS. "BATCH"
$         THEN
$         STR:='F$PROCESS()'
$         LEN='F$LENGTH(STR)-6
$         STR:='F$EXTRACT(6,LEN,STR)
$         SET PROC/NAME='JPIUSER'"_"'STR'
$         ENDIF
```

Nach der Abänderung des Files SYS$SYLOGIN erscheint die Anzeige SHOW SYSTEM/BATCH wie folgt:

```
VAX/VMS V5.3  on node VAX001 13-JUN-1990 11:49:12.89 Uptime 19 23:22:56
Pid        Process Name     State    Pri      I/O       CPU        ...
20604CAB   TUERNER_312      COM      3       1206    0 00:00:07.98 ...B
206043AC   SIMON_313        COM      4        358    0 00:00:11.29 ...B
```

■

9.3.7 Das Systemmanagement von Device–Queues

Device–Queues werden primär für den Betrieb von Druckern unter OpenVMS benötigt. Deshalb spricht man oft nur von Print–Queues. Diese werden in der Regel beim Startup des Rechners eingerichtet. Drucker können unter OpenVMS an einem speziellen Drucker–Interface, Terminal–Leitungen oder speziellen Printer–Servern (z.B. LPS32) angeschlosssen werden. Bei Anschluß an Terminalleitungen ist zwischen einem Anschluß direkt an ein Terminal–Interface des Rechners oder einem Anschluß an einen Terminalserver zu unterscheiden. Bei Anschluß über das LAT–Protokoll an einen Terminalserver müssen die benötigten Ports mit Hilfe des Dienstprogramms LATCP vor dem Einrichten der Warteschlange definiert werden. Ein Beispiel ist auf der Seite 66 zu finden.

Die Überwachung von Druckern übernehmen Systemprozesse, die mit *Printsymbiont* bezeichnet werden. Für alle Druckerqueues existiert ein gemeinsamer Printsymbiont. Er wird über folgendes DCL–Kommando gestartet:

$ START/QUEUE/MANAGER

Für den Aufbau einer Druckerqueue werden folgende DCL–Kommandos benötigt:

SET TERMINAL bzw. SET PRINTER, SET DEVICE, INITIALIZE/QUEUE, DEFINE/FORM und START/QUEUE.

Jede Druckerqueue ist einem Gerät zugeordnet. Um Probleme zu verhindern, die auftreten können, wenn direkt, ohne Warteschlange, auf den Drucker zugegriffen wird, sollte die Geräteeigenschaft *spooled* gesetzt werden. Dies erfolgt über das Kommando:
SET DEVICE/SPOOLED[=(<queue–name>[,<disk>])] <devicename>.

Dabei bedeutet <queue–name> der Name der Warteschlange. Dieser sollte angegeben werden, wenn ein Zugriff auf diesen Drucker auch über DECnet möglich sein soll. Der Spoolfile wird auf der <disk> abgelegt. Falls <disk> nicht angegeben ist, wird der Spoolfile auf der aktuellen Default–Platte angelegt (SYS$DISK). Dies kann zu Problemen führen, falls auf der Default–Platte Diskquotas eingerichtet sind.

Damit Drucker unterschiedlich ansteuerbar und einstellbar sind, gibt es die Möglichkeit, einer Druckerqueue eine sogenannte *Form* zuzuweisen. Über diese *Form* werden beispielsweise die Seitengestaltung wie die Blattlänge, der obere bzw. untere Rand beschrieben und Steuersequenzen festgelegt, die eventuell vor jedem Print–Job auf den Drucker geschickt werden müssen.
Beliebige *Forms* können mit dem DCL–Kommando DEFINE/FORM definiert werden.

$ DEFINE/FORM <form–name> <form–number>

Die *Form* mit dem Namen DEFAULT und der Formnummer 0 existiert immer und wird automatisch einer Druckerqueue zugeordnet, falls keine *Form* beim Kommando INITIALIZE/QUEUE angegeben wurde.

Der Aufbau einer Druckseite ist damit nicht mehr fest, sondern kann dynamisch gestaltet werden (Anzahl der Zeilen pro Seite, Abstand vom oberen, bzw. unteren Rand usw.).
Es könnten bis zu 127 unterschiedliche *Forms* definiert werden. Beim Systemstart wird eine *Form* mit Default–Werten definiert (Name=DEFAULT, Nummer=0). Diese Grundeinstellung geht von 66 Zeilen pro Seite aus. Ist die Default–Form abzuändern, so kann dies mit dem DCL–Kommando DEFINE/FORM erfolgen. Hierzu ist das Privileg OPER erforderlich.
Beispiel:

$ DEFINE/FORM DEFAULT 0 /MARGIN=(BOTTOM=0)
Für die Default–Form wird der obere und untere Rand der Druckseite auf 0 gesetzt.

Eine *Form* ist einem Drucker fest zugeordnet. Wird bei einem PRINT–Job der Qualifier /FORM benutzt und ein Formname angegeben, so wird der Job auf den Drucker gelegt, der für diese *Form* definiert ist. Gibt es keinen Drucker mit der gewünschten *Form*, geht der Print–Job in den Zustand *pending*.
Das Operating kann jetzt den Drucker anhalten und mit der gewünschten *Form* wieder starten.
Beispiele:

$ DEFINE/FORM/WIDTH=255/LENGTH=72/STOCK=DEFAULT TEST 45
$ SHOW QUEUE/FORM/FULL

```
Form name                     Number            Description
ALLIN1 (stock=DEFAULT)        99                ALLIN1
          /LENGTH=255 /STOCK=DEFAULT /WIDTH=132

CPS$DEFAULT                   1114              CPS default
          /LENGTH=255 /STOCK=DEFAULT /TRUNCATE /WIDTH=80

DEFAULT                       0                 System-defined default
          /LENGTH=72 /STOCK=DEFAULT /TRUNCATE /WIDTH=132

DEVCTLTEST (stock=DEFAULT) 57                   DEVCTLTEST
          /LENGTH=60 /MARGIN=(BOTTOM=6) /PAGE_SETUP=(ABC_LOGO)
          /STOCK=DEFAULT /TRUNCATE /WIDTH=132

LASER (stock=DEFAULT)         1                 LASER
          /LENGTH=72 /STOCK=DEFAULT /TRUNCATE /WIDTH=132

LPS$$FORM (stock=DEFAULT)     1105              PrintServer40 Default
          /LENGTH=66 /STOCK=DEFAULT /TRUNCATE /WIDTH=132

PWRK$DEFAULT_132 (stock=DEFAULT)     1155       PATHWORKS 132 Col
          /LENGTH=66          /MARGIN=(BOTTOM=6)   /SETUP=(COLU_132)
          /STOCK=DEFAULT      /TRUNCATE/WIDTH=132

TEST                          45                TEST
          /LENGTH=72 /MARGIN=(BOTTOM=6) /SETUP=LRESET /STOCK=DEFAULT
          /TRUNCATE /WIDTH=255
```

$ DELETE/FORM TEST   !Form TEST wird gelöscht.

Die Form TEST enthält außerdem die Angabe /SETUP=LRESET. Dies bewirkt, daß vor jedem Ausdruck eines Files zuerst der Textmodul mit dem Namen LRESET auf den Drucker geschickt wird. Dieser Textmodul muß sich in der Textbibliothek SYS$LIBRARY:SYSDEVCTL.TLB befinden. Diese Bibliothek ist die Default–Geräte–Kontrollbibliothek (device control library). Beispielsweise enthält der Textmodul LRESET eine ESC–Sequenz für das Rücksetzen des Druckers.
Forms können auch gelöscht werden. Die Pflege dieser Bibliothek erfolgt mit dem Kommando LIBRARY/TEXT.

Beim INITIALIZE bzw. START–Kommando kann durch den Qualifier /LIBRARY=<filename> auch eine andere Gerätebibliotheken angegeben werden, die mit Hilfe des LIBRARY Kommandos erstellt wurden.
Beispiel:

$ LIBRARY/CREATE/TEXT SYS$LIBRARY:HPIII.TLB
$ LIBRARY/INSERT/TEXT SYS$LIBRARY:HPIII.TLB LRESET.TXT
$! Es werden die in der Datei LRESET.TXT enthaltenen Steuersequenzen in
$! die Library HPIII.TLB eingefügt.
$! In der Datei LRESET.TXT stehen zum Beispiel die Sequenz: <ESC>z
$! Beim Einfügen wird der Name der Textdatei als Modulname verwendet.
$! Dieser Name kann später beispielsweise beim /SEPARATE Qualifier angegeben
$! werden.

9.3.8 Einrichten einer Drucker–Warteschlange

Im nachfolgendem Beispiel wird die Einrichtung einer Drucker–Warteschlange in einer Terminalserver–Umgebung beschrieben.

Beispiel:

Es wird an dem Terminalserver GSNT23 ein Drucker angeschlossen. Hierzu sind im Terminalserver der zugehörige Anschluß–Port einzustellen und unter OpenVMS der Queuename aufzubauen. Änderungen an einer Terminalserver–Einstellung können nur von priviligierten Benutzern durchgeführt werden. Definition des benutzten Ports im Terminalserver:

```
LOCAL>
LOCAL>set privileged
Password>    – Eingabe des Terminalserver password, Default = access –
LOCAL>set    port 5 access remote type hardcopy speed 19200 name port_5
LOCAL>define port 5 access remote type hardcopy speed 19200 name port_5
LOCAL>show port 5
Port 5:                                   Server: GSNT23

Character Size:          8                Input Speed:         19200
Flow Control:          XON                Output Speed:        19200
Parity:               NONE                Modem Control:    Disabled
Access:             Remote                Local Switch:         None
Backwards Switch:     None                Name:               Port_5
Break:               Local                Session Limit:           1
Forwards Switch       None                Type:                 Hard
  ...                  ...                 ...                  ...
  ...                  ...                 ...                  ...
LOCAL>logout
```

■

Der Aufbau des Terminal–Devices erfolgt durch das Dienstprogramm LATCP. Anschließend wird die Queue N2_DVTEST auf dem Rechnerknoten GSNV01 eingerichtet. In der nachfolgenden Kommando–Prozedur sind diese Aktionen beispielhaft aufgeführt.

```
$! Einrichten zweier Printer Queues am Terminalserver GSNT23
$! Port Nummer 5 und Port Nummer 1
$!
$ pri_q = "/QUE/TERM/RECO/NOENAB/PROCESSOR=LATSYM  "
$!Durch Angabe des Qualifiers /PROCESSOR=LATSYM wird ein Programm
$! gestartet, das die Zugriffe auf den Terminalserver steuert und
$! synchronisiert.
$ laser_q_char= pri_q+"/DEFAULT=(NOFEED,FLAG,FORM=LASER)" -
   + "/SEPARATE=(RESET=ESC_c)/FORM=LASER "
$ laser_t_char =  "/PERM/MODE/HOST/NOTYP/NOBRO" +  -
                  "/PAGE=72/NOEC/NOPARI/FORM/EIGHT" + -
          "/DEV=LA36/DMA/WIDTH=255/NOMOD/NOWRAP"
$!
$! Queue für Port 5 wird im Unterprogramm SUB aufgebaut.
$   CALL SUB "23" "5"  laser_t_char laser_q_char  "N2_DVTEST"
```

```
$! Queue für Port 1 wird aufgebaut
$   EXIT
$!
$ SUB: SUBROUTINE
$! Parameter:
$! P1 = Server, P2=Port, p3=term_char, p4=que_char p5=que_name
$!
$ SET NOON
$ ON CONTROL_Z THEN $ GOTO EXIT
$ LEN = F$LENGTH('P1')
$ SERVER := 'P1'
$ IF LEN .EQ. 1 THEN SERVER := 0'P1'
$ SERVER_PORT := PORT_'P2' !/PORT=PORT_1
$  if P1 .eqs. "13" then -                   !/PORT=LC-n-n
  SERVER_PORT := LC-'F$EXTRACT(0,1,P2)'-'F$EXTRACT(1,1,P2)'
$  if P1 .eqs. "25" then -          !/PORT=LC-n-n
  SERVER_PORT := LC-'F$EXTRACT(0,1,P2)'-'F$EXTRACT(1,1,P2)'
$  if P1 .EQS. "0" then SER_NO := ""
$  if P1 .NES. "0" then SER_NO := 'P1'
$!
$! Die Bezeichnung für das neu anzulegende LTA-Device kann frei
$! gewählt werden. Hier setzt sich die LTA-Nummer aus der
$! Seriennummer des Terminalservers und der Port-Nummer zusammen.
$  lta := LTA'SER_NO''P2'
$  if F$GETDVI(lta,"EXISTS")  then exit
$ write sys$output " das Terminal ",lta, "  wird kreiert für ",p5
$ !
$ MC LATCP CREATE PORT 'lta'
$ MC LATCP SET PORT 'lta'  /APPLICATION/NODE=GSNT'SERVER' -
   /PORT='SERVER_PORT'/QUEUED /NOLOG
$ SET TERMINAL 'P3' 'lat'
$ SET PROTECTION=(S:E,O:D,G:R,W:W) /DEVICE 'lta'
$ SET DEVICE 'lta' /SPOOLED=('p5',DISK$SPOOL)
$! Der Terminalserver Port LAT32 wird auf spooled gesetzt.
$! Der Spoolfile soll auf der Platte mit dem logischen Namen
$! DISK$SPOOL abliegen.
$ INITIALIZE 'P4' /ON=GSNV01::'lta' /START 'P5'  -
 /PROTECTION=(S:E,O:ED,G:R,W:W)
$ EXIT
$!
$ENDSUBROUTINE:
```

■

$ SHOW QUEUE/DEVICE/ALL N2_DVTEST

```
Terminal queue N2_DVTEST, on GSNV01::LTA235, mounted form LASER
(stock=DEFAULT)
/BASE_PRIORITY=4 /DEFAULT=(FLAG,FORM=LASER (stock=DEFAULT))
/NOENABLE_GENERIC Lowercase /OWNER=[SYSTEM] /PROCESSOR=LATSYM
/PROTECTION=(S:E,O:ED,G:R,W:W) /SEPARATE=(RESET=(ESC_C))
```

■

Immer häufiger werden Drucker installiert, welche mit einer Ethernet–Netzwerkkarte ausgerüstet sind und direkt an das Netzwerk angeschlossen werden können. Hierzu ist dem Drucker eine Netzwerkadresse zuzuweisen. Dies kann beispielsweise in einer DECnet Umgebung mit dem Programm NCP erfolgen. Von dem Druckerlieferanten wird hierzu auch Software mitgeliefert. Dazu gehören meist ein eigener Printsymbiont und eine spezielle Geräte–Kontrollbibliothek (device control library).
Im nachfolgendem Beispiel wird eine Netzwerkdrucker–Warteschlange neudefiniert. Die Geräte–Kontrollbibliothek heißt QMS$DEVCTL20.TLB (auf SYS$LIBRARY). Die anderen druckerspezifischen Dateien, wie der Printsymbiont QMS$SMB liegen auf SYS$SYSTEM ab.

```
$ !              Q M S $ S T A R T _ Q U E U E . C O M
$ ! Der Druckerknotenname muß im DECnet mittels des Netzwerk
$ ! Kontrollprogramm NCP wie folgt definiert sein:
$ ! DEFINE NODE 14.581    NAME    GSNL13     ACCESS OUTGOING
$ !
$ ! Prüfe ob der Queue Manager aktiv ist
$ SET NOON
$ ASSIGN/USER_MODE NL: SYS$ERROR
$ ASSIGN/USER_MODE NL: SYS$OUTPUT
$ SHOW QUEUE/FORM/NOOUTPUT
$ IF $STATUS THEN GOTO DEFINE_FORM
$ ! Der Queue Manager läuft nicht, Ende.
$ SET ON
$ EXIT
$ !
$ ! Eine neue Form QMS wird definiert
$ DEFINE_FORM:
$ SET ON
$ DEFINE/FORM /STOCK=DEFAULT/NOSETUP/WIDTH=511 -
        /LENGTH=65    QMS$DEFAULT 817783
$ ! Initialisiere und starte die Queuee A1_QMS_01_EXE,
$ ! die Gerätekontroll-Bibliothek heißt SYS$LIBRARY:QMS$DEVCTL20.TLB
$ ! Der Netzwerk-Knotenname des Druckers ist GSNL13
$ INITIALIZE /QUEUE/START/DEFAULT=(NOFEED,FORM=QMS$DEFAULT) -
             /LIBRARY=QMS$DEVCTL20/PROCESSOR=QMS$SMB -
             /BASE_PRIORITY=6 /ON=GSNL13/FORM=QMS$DEFAULT -
             /SEPARATE=(FLAG,TRAILER,RESET=QMS$RESET) -
             /DESCRIPTION="QMS QMS-1725 Printer" -
             A1_QMS_01_EXE
$ ! Logischer Name für Charakteristikas und Default Einstellungen
$  define/system qms$A1_QMS_01_EXE_char "QMS$QMS-1725_CHAR.dat"
$ INITIALIZE /QUEUE/START/GENERIC = A1_QMS_01_EXE  A1_QMS_01_PS
$ !
$ ! Logische Queue A1_QMS_01 .
$ INITIALIZE /QUEUE/START/GENERIC = A1_QMS_01_EXE    A1_QMS_01
$ EXIT
```

$ SHOW QUEUE/ALL/FULL A1_QMS*

```
Generic printer queue A1_QMS_01
/GENERIC=(A1_QMS_01_EXE) /OWNER=[SYSTEM] /PROTECTION=(S:E,O:D,G:R,W:W)

Printer queue A1_QMS_01_EXE, idle, on GSNV02::GSNL13,
mounted form QMS$DEFAULT (stock=DEFAULT)
<QMS QMS-1725 Printer>
/BASE_PRIORITY=6 /DEFAULT=(FORM=QMS$DEFAULT (stock=DEFAULT))
/LIBRARY=QMS$DEVCTL20 /OWNER=[SYSTEM] /PROCESSOR=QMS$SMB
/PROTECTION=(S:E,O:D,G:R,W:W)
/SEPARATE=(FLAG,RESET=(QMS$RESET),TRAILER)

Generic printer queue A1_QMS_01_PS
/GENERIC=(A1_QMS_01_EXE) /OWNER=[SYSTEM] /PROTECTION=(S:E,O:D,G:R,W:W)
```

■

9.3.9 Löschen einer Drucker–Warteschlange

Im nachfolgenden Beispiel sind die notwendigen Befehle für das Löschen einer Printer–Queue aufgezeigt.

$! Entfernt eine Druckerqueue
$ STOP/QUEUE/NEXT MYQUEUE
$ DELETE/QUEUE MYQUEUE
$ SET DEVICE/NOSPOOLED TTA1:
$ EXIT

■

9.3.10 Beeinflussung einer Warteschlange

Über den Befehl SET QUEUE können dynamisch Eigenschaften einer Warteschlange verändert werden. Mit SET ENTRY können Eigenschaften eines sich in der Queue befindlichen Jobs verändert werden. Da die Entry–Nummer im System eindeutig ist, kann die Angabe der Warteschlange bei diesem Befehl entfallen.

Beispiele:

$ SET QUEUE/FORM=2 TTF6
$ SET QUEUE/JOB_LIMIT=6 SYS$BATCH
$ SET QUEUE/BLOCK_LIMIT=(,200)
$ SET ENTRY=454/PRIO=110

■

Sämtliche Batch– und Geräte–Warteschlangen im System lassen sich mit dem DCL–Kommando SHOW QUEUE/DEVICE/ALL anzeigen.

Jedem Druck– oder Batch–Auftrag wird vom System eine eindeutige Nummer (job identification) zugewiesen. Über diese Nummer ist der Auftrag auch nach Abschicken ansprechbar. Mit dem folgenden Kommando wird ein Druckauftrag in der Queue TTF6 gestellt und anschließend (Nummer 1001) wieder storniert.
Beispiel:

$ PRINT DEMO.TXT /QUEUE=TTF6/AFTER=21:00

```
JOB DEMO (Queue TTF6, Entry 1101) holding until 05-JUN-1994 21:00
```

$ DELETE/ENTRY=1011

```
JOB DEMO (Queue TTF6, Entry 1101)  terminated with error status
%JBC-F-JOBDELETE, Job deleted before execution
```

■

Bei Printer–Queues kann es vorkommen, daß ein an ein bestimmtes Interface angeschlossener Drucker ausfällt. Aufträge, die sich noch in der diesem Drucker zugeordneten Warteschlange befinden, können in eine andere Printer–Queue übertragen werden.

Beispiel:

$ ASSIGN/MERGE DV_TEST SAP_QUEUE

Es werden die Aufträge aus der Warteschlange SAP_QUEUE in die Warteschlange DV_TEST übertragen.

9.4 Datenträger

Datenträger sind Magnetplatten, Magnetbänder, Disketten, CDs und Optische Platten (optical disks). Jeder Datenträger, der unter OpenVMS zum ersten Mal beschrieben werden soll, muß initialisiert werden. Dabei wird der Datenträger mit einer Kennung (label) versehen. Die maximale Länge dieser Kennung hängt vom Datenträger ab. Bei Magnetbänder– und Kassetten sind es 6 Zeichen.
Beim Formatieren wird der gesamte Datenträger tatsächlich neu beschrieben und jegliche vorher eventuell vorhandene Information dadurch gelöscht.
Die Initialisierung von Datenträgern erfolgt durch das Kommando INITIALIZE.

Beispiel:
$ ALLOCATE GSNWE1$MUA0:

$ INITIALIZE GSNWE1$MUA0: SPKIT !Label ist SPKIT
$! Formatieren und Initialisieren einer 3 1/2 " Diskette (RX23)
$ INITIALIZE/ERASE/DENSITY=DOUBLE DYA1: SCADA1

9.5 Datensicherung

Kein Gerät (device) ist vor Fehlern sicher. Auch bei Rechnern können Teile defekt werden, sei es durch technisches oder menschliches Versagen. Datensicherung ist für jeden Rechner notwendig. Selbst für einen PC (personal computer) wird man die verwendeten Disketten duplizieren.

Bei einem Multiuser–System ist es erforderlich, allen Benutzern die Sicherheit zu geben, daß man sich auf den Rechnerbetrieb verlassen kann. Insbesondere nach einem Ausfall sollten die Benutzer die Daten in dem gleichen Zustand wie vor dem Ausfallzeitpunkt wieder verfügbar haben. Das kritischste Element sind dabei die Magnetplattenspeicher.

Unter OpenVMS gibt es das Dienstprogramm BACKUP, das sämtliche Anforderungen an Datensicherungskonzepte erfüllen kann. Zur Zeit erfolgt die Datensi-

cherung noch meist auf Magnetband bzw. Magnetbandkassette.
Folgender Ablauf ist typisch für die Datensicherung unter OpenVMS:

- Im Abstand von 14 Tagen ist eine Gesamtplattensicherung durchzuführen.
- Täglich wird ein *incremental backup* durchgeführt; d.h. daß nur die Files auf das Datensicherungsmedium gesichert werden, die an dem aktuellen Tag neu angelegt (created) oder verändert (modified) wurden.

Im schlechtesten Fall ist nach einem Fehler (beispielsweise *headcrash* auf der Platte) folgender Ablauf erforderlich:

- Einspielen der Gesamtdatensicherung auf die neue Platte,
- Einspielen der erforderlichen täglich erstellten incremental Datensicherungsbänder.

Damit wird der Stand der letzten Datensicherung vor dem Plattenfehler wieder hergestellt. War der Plattenfehler nachmittags, so ist die Arbeit vom Vormittag des Fehlertags verloren. Dieser eventuell lange Verlustzeitraum ist bei Online–Datenbanken nicht akzeptierbar. Deshalb enthalten Datenbanken weitere Sicherungssysteme (beispielsweise *Journaling*–Methoden). Unter OpenVMS läßt sich *Journaling* auch für einfache RMS–Dateien aktivieren.

9.5.1 Die Backup–Utility

Format: BACKUP <inputfile–spec.> <outputfile–spec.>

Mit Hilfe der Backup–Utility können folgende Operationen durchgeführt werden:

- Speichert (stores) Platten–Files als Daten in einem File, den die Backup–Utility auf einer Platte oder Magnetband anlegt. Files, die bei der Datensicherung durch BACKUP angelegt werden, heißen Backup *save sets.*
- Ermöglicht das Wiedereinspielen (restore) von Files aus einem Backup save set.
- Ermöglicht den Vergleich von Files in einem Backup save set mit anderen Platten–Files.
- Listet Informationen über den Inhalt von Backup save sets auf (auf ein Output Device oder in ein File).

```
Qualifier:
/ASSIST   /BACKUP   BEFORE   /BLOCK_SIZE        /BRIEF   /BUFFER_COUNT
/BY_OWNER           /COMMENT /COMMENT /COMPARE  /CONFIRM /CRC
/CREATED  /DELETE   /DENSITY /EXACT_ORDER       /EXCLUDE /EXPIRED /FAST
/FULL     /GROUP_SIZE        /IGNORE  /IMAGE    /INCREMENTAL
/INITIALIZE         /INTERCHANGE      /JOURNAL  /LABEL   /LIST    /LOG
/MEDIA_FORMAT       /MODIFIED         /NEW_VERSION       /OVERLAY
/OWNER_UIC          /PHYSICAL         /PROTECTION        /RECORD
/RELEASE_TAPE       /REPLACE /REWIND  /SAVE_SET          /SELECT  /SINCE
/TAPE_EXPIRATION    /TRUNCATE         /VERIFY   /VOLUME  Examples
```

Wird als Device ein Magnetbandgerät verwendet, so ist das Magnetband immer wie folgt dem System zuzuordnen (mount):
MOUNT MUA0: /FOREIGN

In den nachfolgenden Beispielen werden die wichtigsten Anwendungen des Kommandos BACKUP mit den gebräuchlichsten Qualifiern aufgezeigt. Ausführlich beschrieben ist die Backup–Utility im OpenVMS System Management Utilities Reference Manual.

Ab der Version 6.2 von OpenVMS steht für die Nutzung des Backup neben dem DCL–Kommando BACKUP auch eine bildschirmorientierte Bedienoberfläche zur Verfügung. Dies kommt vorallem Workstation–Benutzern entgegen, die im Umgang mit den verschiedenen BACKUP–Qualifiern noch keine Erfahrung haben. Dabei wird eine Untermenge der BACKUP–Möglichkeiten auf einfache, selbsterklärende Art angeboten. Um den Backup–Manager zu starten ist folgendes Kommando einzugeben:

```
$ RUN SYS$SYSTEM:BACKUP$MANAGER
```

Hilfe kann jederzeit durch Drücken der Help–Taste abgerufen werden.

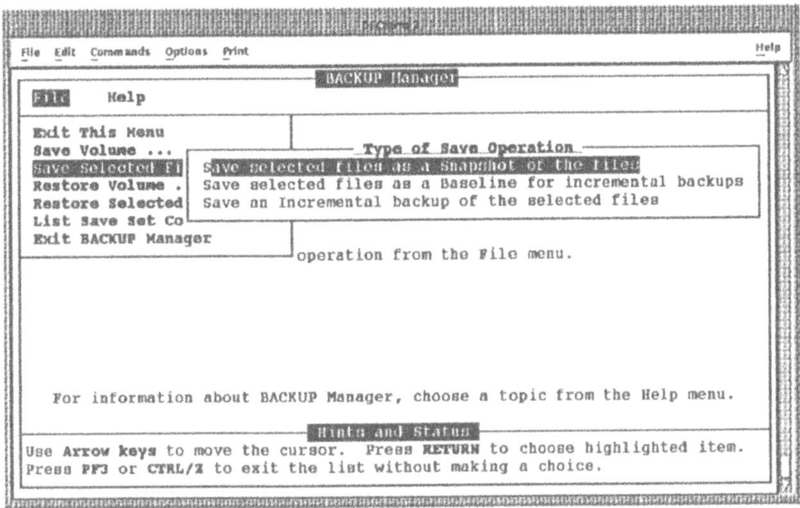

Abb. 9.5–1: Bedienoberfläche des Backup–Manager

Plattenkopie von User–Directories:

Oft steht der System–Manager vor der Aufgabe, den Plattenzugriff optimieren zu müssen. Hierbei werden Benutzer– oder Projektdirectories von einer Platte zu einer anderen Platte transferiert. Hierfür eignet sich ebenfalls die Backup–Utility, da bei dem Kopiervorgang die Directory–Struktur erhalten bleibt. Sind für die Benutzer auf der Zielplatte Diskquotas (siehe auch im Abschnitt 9.8.4 "Plattenplatzverwaltung" auf der Seite 307) eingerichtet, so müssen für den neuen Benutzer diese vor dem Kopieren eingerichet werden.

Beispiel: Es soll der Benutzer SCHMITT von der Platte DATA3: auf die Platte DATA4: transferiert werden.

```
$ SET DEFAULT DATA4:[000000]
$ RUN SYS$SYSTEM: SYSMAN
SYSMAN>diskquota add SCHMITT /permquota=40000/overdraft=1000
SYSMAN>EXIT
$ CREATE/DIRECTORY [SCHMITT]/OWNER=SCHMITT
$ BACKUP DATA3:[SCHMITT...] DATA4:[*...]
```

Speichern im Backup save set:

Beispiele:

```
$ ALLOCATE  MFA0:
$ INITIALIZE MFA0:  IPSAV
$ MOUNT/FOREIGN MFA0:
$ BACKUP  [IPSAV...]*.*  MFA0:TEST.CNT /LABEL=IPSAV
```

Es wird die Directory [IPSAV] komplett mit allen eventuell vorhandenen Subdirectories in den *save set* TEST.CNT auf Magnetband gesichert. Der Qualifier /LABEL=<label> muß dabei angegeben werden.

■

```
$ BACKUP [NP11...]*.*  DISK$USER1:NP11.CNT/SAVE_SET
```

Es werden sämtliche Files mit allen Subdirectories in einen File mit Namen NP11.CNT auf der Platte DISK$USER1 abgelegt. Werden save sets auf Platte abgelegt, so ist immer der Qualifier /SAVE_SET zu verwenden.

■

```
$! Sicherung einer kompletten Platte
$ ALLOCATE  MFA0:
$ INITIALIZE MFA0:  SICH1
$ MOUNT/FOREIGN MFA0:
$ ALLOC DRC1:
$ MOUNT DRC1: /OVERRIDE=IDENTIFICATION
$ BACKUP/IMAGE DRC1: MFA0:USER1.CNT /LABEL=SICH1
```

Es wird eine gesamte Platte auf Magnetband im *save set* USER1.CNT gesichert. Die zu sichernde Platte muß für die Zeit der Datensicherung privat zugeordnet (mounted) sein.

■

```
$ BACKUP/LIST MFA0:USER1.CNT
```

Es wird der Inhalt des save sets USER1.CNT am Ausgabegerät angezeigt.

■

```
$ BACKUP/PHYSICAL  DYA0: DYA1:
```

Es wird der sich auf DYA0: befindliche Datenträger 1:1 auf DYA1: kopiert. Dabei ist Voraussetzung, daß DYA0: und DYA1: vom gleichen Gerätetyp sind.

Zurückspeichern aus einem Backup save set:

Für das Zurückspeichern ist die gleiche Reihenfolge der ALLOCATE– und MOUNT–Befehle einzuhalten wie beim Speichern. In den nachfolgenden Beispielen sind nur die BACKUP–Befehle aufgeführt.

Beispiele:

```
$ BACKUP DRA1:[BACKUP]USER3.CNT  DRC1:[*...]
_$                       /OWNER_UIC=ORIGINAL
```

Es wird der Inhalt des save sets USER3.CNT auf die Platte DRC1: zurückgespeichert. Die dort neuangelegten Files erhalten die gleiche UIC wie die sich im save set befindlichen Original–Files. Eventuelle Subdirectories werden beim Backup automatisch auf DRC1: angelegt.

```
$ BACKUP   MFA0:USER4.CNT/SELECT=([USER4]TEST1.FOR, –
_$                        [USER4.SUB1]B40.PAS)  [B40.NEW]
```

Es werden die beiden Files TEST1.FOR und B40.PAS des Backup save sets USER4.CNT herausgefiltert und in der Directory [B40.NEW] abgelegt. Diese Files erhalten die UIC von dem User, der das BACKUP–Kommando ausführt. Wird der Qualifier /OWNER_UIC=PARENT verwendet, so erhalten die zurückgespeicherten Dateien die UIC der Zieldirectory.

$ BACKUP/IMAGE MFA0:PLATTE.CNT DRD0:
Die Platte DRD0: wird mit dem sich im save set befindenden Inhalt überschrieben (restore einer gesamten Platte). Vor dem Aufruf des Backup–Kommandos müssen Platte und Magnetband mit dem Qualifier /FOREIGN gemountet sein. Es werden alle Dateien gesichert und die Datenträgerinformation, welche für das Zurückspeichern der gesamten Sicherung benötigt wird.

9.5.2 Sicherung einer Systemplatte (standalone Backup)

Ein Systemplatte ist bei laufendem Betrieb immer im Zugriff. Bei einer Datensicherung mit BACKUP werden daher einige Dateien (geöffnete Dateien wie beispielsweise der Operatorlog File oder das Accounting File) nicht auf dem Sicherungsmedium abgelegt, da sie zum Zeitpunkt der Sicherung offen sind. Insbesondere vor Upgrades der Systemsoftware sollte auch die Systemplatte gesichert werden. Eine einwandfreie Datensicherung einer Systemplatte ist nur im sogenannten *standalone* Betrieb möglich. Bis OpenVMS 6.1 war hierfür der *standalone Backup* zu booten. Ab der Version 6.1 von OpenVMS ist es möglich eine menügeführte Version des Backups von der OpenVMS AXP bzw. VAX distribution compact disc zu laden. Damit kann eine Datensicherung der Systemplatte durchgeführt werden. Hierzu ist folgende Vorgehensweise einzuhalten:

Beispiel: Systemplatte sei DKA100, Sicherungsmedium MUA0:

- Shutdown des Systems
- Auf VAX Prozessoren: Boot der distribution CD von SYS1
  Auf AXP Prozessoren: Boot der distribution CD, beschriftet mit OpenVMS™ AXP™ Operating System V6.2
- Wenn das System gebootet ist, wird ein Menü angezeigt.

```
1  Install or Upgrade OpenVMS AXP Version 6.2
2  List layered products kits that this procedure can instal
3  Install or Upgrade layered products
4  Execute DCL commands and procedures
5  Shut down this system
```

  Hier ist der Menüpunkt 4 auszuwählen, in dem die Ausführung von DCL–Kommandos und Prozeduren möglich ist.
- Danach können die DCL–Kommandos zur Durchführung der Backup– oder Restorefunktion eingegeben werden.

Bei älteren OpenVMS Versionen oder wenn die distribution CD nicht verfügbar ist, ist es erforderlich den *standalone Backup* von der Platte oder einem Magnetband zu booten. Ein *standalone Backup* läßt sich nur bei VAX Prozessoren anlegen. Das so gestartete System erlaubt danach nur die Eingabe des BACKUP–Kommandos. Das Booten des standalone Backup–Programms von einer Magnetbandkassette ist

sehr zeitaufwendig. Falls genügend Platz auf der Systemplatte vorhanden ist, sollte der standalone Backup auf der Systemplatte untergebracht werden. Dies kann mit Hilfe des Dienstprogramms SYS$UPDATE:STABACKIT.COM erfolgen.
Beispiel:

```
$!Bilden eines standalone Backupsystems
$ SET DEFAULT SYS$UPDATE
$ @STABACKIT
Enter the name of the device on which to build the kit: SYS$SYSDEVICE
```

■

Unter OpenVMS für VAX legt STABACKIT das standlone Backup–System auf der Platte SYS$SYSDEVICE im Directory [SYSE] ab.
Beim Boot–Vorgang wird festgelegt, welche Systemdirectory als Systemwurzel (root) benutzt werden soll. Bei Rechnern der VAX–Serie erfolgt dies über die vier höherwertigen Bits des Registers R5. Beim Booten des Rechners kann die zu verwendete Systemwurzel mit angegeben werden. Die Form des Bootkommandos ist abhängig vom Rechnertyp und in den Unterlagen zur Hardware dokumentiert.

Beispiele für Boot–Sequenzen:

- VAXstation, MicroVAX 3100, 3400, 3500, 3600, 3800, 3900:
  Rechner anhalten durch Drücken der BREAK–Taste an der CPU, Eingabe von B/E0000000 <device–name>.
- Alpha AXP:
  Durch Setzen der Bootflags kann beispielsweise eine bestimmte OpenVMS Systemwurzel gebootet werden. Um SYS1 zu booten, ist im Alpha AXP Konsolmodus einzugeben:
  ```
  >>>SET OSFLAGS 1,0
  >>>BOOT  DKA400
  ```
- VAX–Serie 6000:
  Rechner anhalten durch gleichzeitiges Drücken der Tastenkombination *CTRL/P* an der Systemconsole. Nach Anzeige des Consolprompts >>> ist einzugeben:
  >>>HALT
  >>>B /R5:E0000000 /XMI:a /BI:b [/NODE=c] <device–name>.
  Dabei bedeuten:
  <device–name> = Gerätename der Systemplatte (DUn).
  a = die XMI–Knotennummer der Systemplatte
  b = die VAXIB–Knotennummer der Systemplatte
  c = die HSC–Knotenummer des Knotens, der angesprochen wird. Falls das System von einer lokalen Platte gebootet wird, kann der Qualifier /NODE entfallen.
- VAX–Serie 9000:
  Rechner anhalten durch gleichzeitiges Drücken der Tastenkombination *CTRL/P* an der Systemconsole. Nach Anzeige des Consolprompts >>> ist einzugeben:
  ```
  >>>I/K
  >>>BOOT/NOSTART
  >>>DEPOSIT R5 E0000000
  ```

```
>>>CONTINUE
```

Vorgehensweise bei der Durchführung eines standalone Backups:

Vor dem Arbeiten mit dem standalone Backup ist immer folgender Ablauf einzuhalten:

- Shutdown des Systems
- Im Consolmode: >>>HALT eingeben
- Bootsequenz für den standalone Backup (Hardware abhängig) eingeben und System booten.

- Sicherung auf Magnetband:
  Nach dem Boot des standalone Backups sind folgende Kommandos einzugeben:
  $ MOUNT/FOREIGN MUA0:
  $ MOUNT/FOREIGN DKA100:
  $ BACKUP/IMAGE DKA100: MUA0:USER2.BCK /LABEL=SICH95
  Es wird die Platte in DKA100: auf Magnetband gesichert.
- Restore einer Systemplatte von einem Magnetband:
  Nach dem Boot des standalone Backups sind folgende Kommandos einzugeben:
  - $ MOUNT/FOREIGN DUA0:
    $ MOUNT/FOREIGN MFA0:
    $ BACKUP/IMAGE/VERIFY MFA0:FULLBACK.CNT DUA0:

Das save set FULLBACK.CNT wird von der Magnetbandstation MFA0: zurück auf die Platte DUA0: geladen. Der Qualifer /IMAGE gibt an, daß das Zielmedium vollkommen durch den Inhalt des save sets FULLBACK.CNT zu ersetzen ist. Der alte Inhalt der Platte DUA0: wird überschrieben.

Typische Befehle zur Datensicherung unter OpenVMS:

In Rechenzentren wird üblicherweise eine regelmäßige Datensicherung durchgeführt. Für eine OpenVMS-Betriebsumgebung empfiehlt sich dabei folgender Ablauf:

- Im Abstand von 14 Tagen ist eine Plattengesamtsicherung durchzuführen.
  Beispiel:
  $ MOUNT/FOREIGN MFA0:
  $ MOUNT/OVERRIDE=IDENTIFIER DRA3:
  $ BACKUP/IMAGE/RECORD DRA3: MFA0:DRA3.CNT
  Der Qualifier /RECORD bewirkt, daß bei allen erfolgreich gesicherten Dateien das Backup-Datum im Fileheader vermerkt wird.
- Für jeden Tag eines Monats ist ein Magnetband zu reservieren, welches für den incremental backup benutzt wird. Auf ein derartiges Band werden nur die Dateien gesichert, welche an dem aktuellen Tag modifiziert wurden.
  Beispiel:
  $ MOUNT/FOREIGN MFA0:
  $ BACKUP/SINCE=TODAY/MODIFIED/RECORD/LOG -
  _$ DRA3:[*...]*.*;* MFA0:TAG21.CNT

Im Falle eines Plattenfehlers kann somit der Stand bis zur letzten Tagessicherung rekonstruiert werden. Maximal wären im schlechtesten Fall 14 Tagessicherungsbänder zusätzlich einzuspielen.

Ablauf:

- Einspielen der Gesamtplattensicherung auf das neue Plattenlaufwerk.
  Beispiel: Aufbau einer neuen Platte im Laufwerk DRA4:
  $ MOUNT/FOREIGN MFA0:
  $ INITIALIZE DRA4: DATA4
  $ MOUNT/FOREIGN DRA4:
  $ BACKUP/IMAGE MFA0:DRA3.CNT DRA4:
- Einspielen der Tagessicherungsbänder mit BACKUP auf die neu aufzubauende Platte.
  Beispiel:
  $ MOUNT/FOREIGN MFA0:
  $ BACKUP/INCREMENTAL/LOG MFA0:TAG21.CNT DRA4:

Dieses Verfahren der Datensicherung reicht aus, wenn die Anwendungen auf dem OpenVMS–System keine höheren Anforderungen an die Datenverfügbarkeit haben. Bei Datenbanksystemen, bei denen tatsächlich jede Transaktion festgehalten werden muß, existiert zusätzlich innerhalb des Datenbanksystems eine Möglichkeit, jede Datenbankänderung auf einem anderen Datenträger online mitzuprotokollieren.

9.5.3 Datenaustausch zwischen DEC–Systemen (exchange)

Die Exchange–Utility erlaubt es, Datenträger in einem anderen Format zu beschreiben als üblicherweise bei OpenVMS verwendet oder andere Formate zu lesen. Datenträger, die mit EXCHANGE beschrieben werden, müssen mit dem Qualifier /FOREIGN gemountet werden. Außerdem können durch Angabe des Qualifiers /NETWORK Dateien zu anderen Betriebssystemen, welche nicht die OpenVMS Dateiorganisationsformen unterstützen, direkt über eine DECnet Verbindung kopiert werden.

Folgende Datenträger–Formate sind möglich:

FILES11 (Standard–OpenVMS–Format), DOS und RT11

- Aufruf:

$ EXCHANGE [<command>] [<file–spec.>] [<file–spec.>]

Als <command> sind zulässig:
COPY, DIRECTORY, MOUNT, DISMOUNT, INITIALIZE, TYPE, SHOW, DELETE, EXIT und HELP.

In <file–spec.> wird der Input– bzw. Output–File angegeben.
Für den File–Namen sind noch verschiedene Qualifier angebbar. Der wichtigste ist /VOLUME_FORMAT.
Beispiele:

- Directory einer RT11 Floppy

```
$ EXCHANGE DIRECTORY CSA1: /VOLUME_FORMAT=RT11
```

- Copy eines Files von einer RT11 Floppy auf ein OpenVMS System

```
$ EXCHANGE  COPY   DY1:ABC.DAT/VOLUME_FORMAT=RT11    ABC.DAT
```

Weiter sind folgende Funktionen mit EXCHANGE möglich:

- Bestimmung von bad blocks (defekte Plattenblöcke auf einem Datenträger)
- Directory Listing eines Datenträgers
- File–Transfer von oder zu Datenträgern (COPY)
- Löschen von Files und Verdichtung für RT11 Datenträger
- Initialisierung von Fremd–Datenträgern (nicht Files–11)
- Umbenennen von Dateinamen
- Schreiben von Boot–Blöcken (RT11)

Durch Angabe des Qualifiers /NETWORK können Dateien auch zu Systemen über DECnet transferiert werden, welche die OpenVMS File–Organisationsformen nicht kennen. Genau beschrieben ist die Nutzung von EXCHANGE/NETWORK im DCL Dictionary der OpenVMS Dokumentation .
Beispiel:

```
$ EXCHANGE/NETWORK/TRANSFER_MODE=BLOCK -
_$  VMS_FILE.DAT    KUNIX::VMS_INPUT.DAT
```

Im obigen Beispiel wird die Datei VMS_FILE.DAT auf den Rechner KUNIX:: kopiert. Da kein Username mitangegeben wurde, wird der File auf dem UNIX System unter dem Default Usernamen GUEST angelegt. Wird kein Qualifier /TRANSFER_MODE benutzt, so bestimmt OpenVMS automatisch die Übertragungsmethode (Block– oder oder Satzübertragung).

■

Übungsaufgaben:

35. Sichern Sie all Ihre Files mit der Backup–Utility über einen Container-File (Beispiel: USER.CNT) in eine andere Directory, die sich auf einer anderen Platte befindet.
36. Übertragen Sie mit dem Kommando EXCHANGE/NETWORK eine Datei auf ein anderes System und wieder unter einem anderen Namen zurück. Vergleichen Sie den Ursprungsfile mit dem neu angelegten File.

9.6 Security

Unter Security werden die Schutzmaßnahmen zusammengefaßt, welche ein unberechtigtes Eindringen in ein OpenVMS–System bzw. das unberechtigte Lesen von Daten verhindern sollen. Am wichtigsten für die Benutzer ist, zu wissen, daß sie für ihren Datenschutz selbst verantwortlich sind. Hierzu stehen den Benutzern unter OpenVMS folgende Hilfsmittel zur Verfügung:

- Regelmäßiges Ändern des Kennworts.
- Setzen des Fileschutzworts für alle Files (*world* – no access).
- Setzen von ACL–Einträgen für Files, auf die bestimmte Benutzer Zugriff haben sollen.

Für schützenswerte und vertrauliche Informationen besteht die Möglichkeit, einen Security ACL–Eintrag zu setzen. Außerdem kann der System–Manager für derartige Files das *Security alarm journaling* einschalten. Dann werden, falls gewünscht, sämtliche versuchten File–Zugriffe im Operatorlog–File SYS$OPER:OPERATOR.LOG festgehalten.
Im "Guide to System security" der OpenVMS Systemmanagement Dokumentation sind die verschiedenen Möglichkeiten der Schutzmaßnahmen ausführlich beschrieben.

9.6.1 Login–Kontrolle

Nach dem Einloggen werden jedem Benutzer die Zeiten angezeigt, wann er das letzte Mal eingeloggt bzw. nicht–interaktiv (d.h. batch oder network) im System aktiv war. Dies ist eine einfache Kontrolle, ob jemand mit dem eigenen Usernamen in der Zwischenzeit gearbeitet hat, bzw. versucht hatte, sich einzuloggen (login failures). Die Kontrollen während des Login–Vorgangs sind in der Abb. 9.6–1: aufgezeigt.

Beispiel: Meldungen beim Login

Username: SIMON
Password:

```
Welcome to OpenVMS AXP (TM) Operating System, Version V6.1 on node AT1
    Last interactive login on Tuesday, 24-JAN-1995 17:54
    Last non-interactive login on Monday, 23-JAN-1995 16:06
            2 failures since last successful login
$
```

Der System–Manager hat die Möglichkeit, eine Kennwort–Mindestlänge für jeden Benutzer sowie ein automatisches Verfallsdatum für das Kennwort vorzugeben. Außerdem wird das angegebene Kennwort gegen eine Liste in der Umgangssprache gebräuchlicher Worte geprüft. Dieses Dictionary liegt in der Datei SYS$LIBRARY:VMS$PASSWORD_DICTIONARY.DATA. Diese Eigenschaft kann auch für Benutzer durch MODIFY <user> /FLAG=DISPWDDIC im Dienstprogramm AUTHORIZE ausgeschaltet werden.
Dadurch werden die Benutzer gezwungen, ihr Kennwort nicht zu einfach zu gestalten und mindestens nach einer vorgegebenen Zeit zu ändern. Das System merkt sich außerdem in einer Password–history–list schon von den Benutzern verwendete Kennworte. Die Anzahl der vermerkten alten Kennworte kann durch den logischen

Namen SYS$PASSWORD_HISTORY_LIMIT begrenzt werden. Der Default liegt bei 60. Eine Änderung kann erfolgen durch:
$ DEFINE/SYSTEM/EXEC SYS$PASSWORD_HISTORY_LIMIT 100

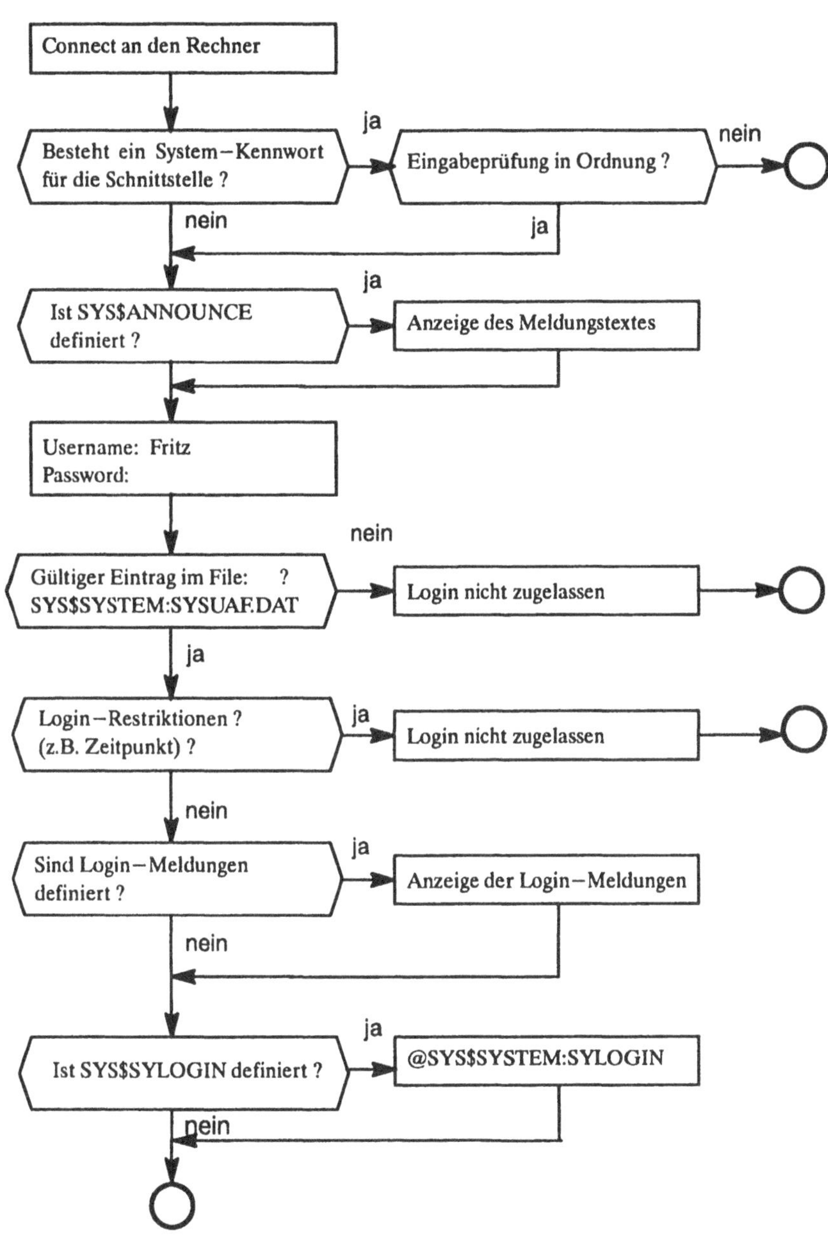

Abb. 9.6-1: Ablauf des Login

Es besteht eine direkte Verbindung zwischen der Anzahl merkbarer Kennworte und dem Userparameter PWDLIFETIME. Ist beispielsweie PWDLIFETIME auf zwei Wochen gesetzt, so bedeutet dies, daß der Benutzer alle zwei Wochen gezwungen wird sein Kennwort zu ändern. Dadurch gehen pro Jahr 26 Einträge in die Password–history–list. Soll die Password–history–list die Kennworte 2 Jahre speichern, so wäre in diesem Fall ein SYS$PASSWORD_HISTORY_LIMIT von 52 ausreichend. Die Password–history–list wird auf der Systemplatte unter SYS$SYSTEM abgelegt (Default). Die Ablage der Password–history–list kann auch an anderer Stelle erfolgen, wenn dem logischen Name VMS$PASSWORD_HISTORY eine andere Device/Directory zugewiesen wird.

Des weiteren gibt es noch die Möglichkeit, Benutzer von bestimmten Funktionen auszuschließen (über /FLAGS in dem Benutzerverwaltungsprogramm AUTHORIZE) bzw. in bestimmte Anwendungen einzusperren (captive accounts).
Der Geheimhaltung von Kennworten in einem Netzwerk dient auch die Möglichkeit, Proxy Accounts einzurichten wie im Abschnitt 9.1.6 auf der Seite 262 beschrieben.
Beispiel:

```
$ SET DEFAULT SYS$SYSTEM
$ RUN AUTHORIZE
UAF>help modify/flag

MODIFY

/FLAGS
/FLAGS=([NO]option[,...])

Login flags for this user.  Options which may be specified are:

[NO]AUDIT           - [do not] Zeichne alle sicherheitsrelevanten Aktio-
                      nen auf
[NO]AUTOLOGIN       - [do not] Dieser Account darf nur automatische Logins
                      durchführen.
[NO]CAPTIVE         - [do not] Verhindert, daß der Benutzer irgendwelche
                      Defaults zum Loginzeitpunkt ändern, bzw. eine Kom-
                      mando-Prozedur während des Logins verlassen kann.
[NO]DEFCLI          - [do not] Verhindert, daß der Benutzer einen anderen
                      command interpreter (CLI) oder andere CLI-Tabellen
                      benutzen kann.
                      or CLI tables
[NO]DISCTLY         - [do not] Verbietet Unterbrechungen durch <CTRL/Y>.
[NO]DISFORCE_PWD_CHANGE
                    - [do not] Schaltet den Zwang zur regelmäßigen Pass-
                      word-Änderung aus.
[NO]DISMAIL         - [do not] Verhindert, daß der Benutzer Mails erhält.
[NO]DISIMAGE        - [do not] Verhindet, daß der Benutzer auf DCL-Ebene
                      RUN- oder MCR-Kommandos ausführen kann.
[NO]DISNEWMAIL      - [do not] Unterdrückt die Nachricht "New Mail..."
[NO]DISPWDDIC       - [do not] Unterdrückt den Kennwort Vergleich mit der
                      Systemtabelle gebräuchlicher Kennworte.
[NO]DISPWDHIS       - [do not] Unterdrückt den Kennwort-Vergleich mit der
                      userspezifischen Kennwort-Vergangenheitstabelle.
```

```
[NO]DISRECONNECT   - [do not] Verhindert ein automatisches Reconnect
                     nach einem Disconnect.
[NO]DISREPORT      - [do not] Unterdrückt die Anzeige des letzten Logins
                     und andere sicherheitsrelevante Meldungen.
[NO]DISUSER        - [do not] Verbietet diesen Account.
[NO]DISWELCOME     - [do not] Unterdrückt die Meldung "Welcome to...".
[NO]GENPWD         - [do not] Zwingt den Benutzer, automatisch generier-
                   - te Kennworte zu benutzen.
[NO]LOCKPWD        - [do not] Verhindert, daß der Benutzer sein Kennwort
                     ändern kann.
[NO]PWD_EXPIRED    - [do not] Kennzeichnet das Kennwort als verfallen.
[NO]PWD2_EXPIRED   - [do not] Kennzeichnet das zweite Kennwort als ver-
                     fallen.
[NO]RESTRICTED     - [do not] Verhindert, daß der Benutzer irgendwelche
                     Defaults während des Logins ändern kann.
```

CTRL/Z
UAF>MODIFY MUELLER/FLAGS=(CAPTIVE,DISCTLY)
UAF>EXIT
$

Die Kennungen im UAF–File /FLAG=DISPWDIC und /FLAG= DISPWDHIS schalten die Prüfung gegen das Systemdictionary und die Password–history–list aus.
Beispiel:

$ SET DEFAULT SYS$SYSTEM
$ RUN AUTHORIZE
UAF> MODIFY SCHMITT/PWDLIFETIME=40–/PWDMINIMUM=8

Das Kennwort des Benutzers Schmitt muß mindestens 8 Stellen lang sein und verfällt, wenn nicht geändert, automatisch nach 40 Tagen (Deltazeitformat).

9.6.2 Vergabe von Userprivilegien

Privilegien beschränken die Benutzung bestimmter Systemfunktionen auf Benutzer, welche diese Privilegien besitzen. Diese Einschränkung schützt die Integrität des Betriebssystems und vermeidet unnötige Störungen des Multiuser–Betriebs. Nur Benutzer, welche die Notwendigkeit für ein Privileg haben, sollten es zugeteilt bekommen. Andererseits sollten diese Benutzer so erfahren sein, das Privileg anzuwenden, ohne dadurch das System negativ zu beeinträchtigen.

Im Authorization–File (UAF) wird unterschieden zwischen den authorized Privilegien und den Default–Privilegien. Die Default–Privilegien stehen dem Benutzer sofort nach dem Login zur Verfügung. Authorized Privilegien sind die Privilegien, welche sich der Benutzer mit Hilfe des DCL–Kommandos SET PROCESS/PRIVILEGES=(<privileg>[,...]) setzen kann.
Beispiele:

$ SET DEFAULT SYS$SYSTEM
$ RUN AUTHORIZE
UAF>MODIFY FLINT/PRIVI=(NETMBX,TMPMBX,GRPNAM)
UAF>MODIFY FLINT/DEFPRIVI=(NETMBX,TMPMBX)

Der Benutzer FLINT erhält zusätzlich zu den Standardprivilegien NETMBX und TMBMBX, die jeder Benutzer haben sollte, das Privileg GRPNAM. Dieses Privileg erlaubt ihm, in die group logical name table logische Namenszuweisungen einzutragen.

9.6.3 Disk–Management

Das Löschen von Files auf einer Platte besteht aus dem Löschen eines Eintrags im Inhaltsverzeichnis ([0,0]INDEXF.SYS) sowie dem Umsetzen der Belegungsbits in der Plattenspeicherverwaltung ([0,0]BITMAP.SYS) auf "frei". Im allgemeinen werden die Blöcke bei einem Multiuser–Betrieb sofort wieder belegt. Dadurch besteht theoretisch die Möglichkeit, daß Daten unbeabsichtigt anderen Benutzern zur Verfügung stehen, die einen gewissen Plattenbereich anfordern. Über einen *Dump* dieses Bereichs könnten die gelöschten Daten wieder sichtbar gemacht werden.

Abhilfe: Für Dateien, deren Inhalt tatsächlich gelöscht werden soll, ist beim Löschen der Qualifier /ERASE zu verwenden. Vor Freigabe werden die Blöcke, welche der File umfaßte, mit einem Bitmuster überschrieben.
Beispiel:

$ DELETE/ERASE PERS.DAT

Falls gewünscht, kann dieses Überschreiben für eine ganze Platte per Default eingestellt werden.

Beispiel: $ SET VOLUME/ERASE_ON_DELETE DATA4:

9.6.4 Security–Aufzeichnung (auditing)

Der System–Manager hat die Möglichkeit, ein Alarmsystem zu aktivieren, das bei folgenden Aktionen anspricht:

- Login–Fehler und "Einbruchsversuche" (*breakin*).
- Erfolgreiche oder versuchte Zugriffe auf Dateien für die verschiedensten Möglichkeiten des File–Zugriffs (read, write, delete).

Weiter besteht die Möglichkeit, die Aktionen eines bestimmten Benutzers zu kontrollieren (UAF> MODIFY IGEL/FLAGS=AUDIT).
Beim Startup wird automatisch ein Prozeß gestartet, welcher alle Security–Ereignisse aufzeichnet. Gestoppt wird dieser Prozeß durch das Kommando: SET AUDIT/SERVER=EXIT. Nach einem Anhalten der Securityaufzeichnungen kann der Audit–Serverprozeß erneut gestartet werden mit: SET AUDIT/SERVER=START.

Alarmmeldungen werden auf Terminals des Security–Operators ausgegeben und in den Securitylog–File geschrieben. Default ist hierfür SYS$MANAGER:SECURITY_AUDIT.AUDIT$JOURNAL. Ein Benutzer, der sein Terminal als *Security–Terminal* aktivieren will, benötigt das Privileg *SECURITY*.

Security–Operator können über das Kommando REPLY/ENABLE erreichen, daß sicherheitsrelevante Ereignisse sofort auf ihrem Bildschirm angezeigt werden. Ob ein Security Audit eingeschaltet ist, kann über den DCL–Befehl SHOW AUDIT festgestellt werden.

$ HELP SET AUDIT

```
Provides the management interface to the security auditing system.

Requires the SECURITY privilege.

Format:  SET AUDIT/qualifier

There are five categories of qualifiers, grouped by task, for the
SET AUDIT command:

Task            Qualifiers      Requirements

Define          /AUDIT,         Specify whether you are defining
auditing        /ALARM,         alarms (/ALARM), audits (/AUDIT),
events          /CLASS,         or both. Also specify whether you
/ENABLE,        are enabling (/ENABLE) or disabling
/DISABLE        (/DISABLE) the reporting of the event. Objects other
                than files require the /CLASS qualifier.

Define          /DESTINATION,   Requires both the /DESTINATION and
auditing        /JOURNAL,       /JOURNAL qualifiers.
log file        /VERIFY

Define          /INTERVAL,      None.
operational     /LISTENER,
character-      /SERVER,
istics of       /VERIFY
the audit
server and
a listener
mailbox (if
any)

Define          /ARCHIVE,       None.
secondary       /DESTINATION,
log file        /VERIFY

Define          /BACKLOG,       With the /RESOURCE or /THRESHOLD
resource        /EXCLUDE,       qualifier, include the /JOURNAL
monitoring      /JOURNAL,       qualifier.
defaults        /RESOURCE,  /THRESHOLD,      /VERIFY

Additional information available:

Qualifiers
/ALARM     /ARCHIVE   /AUDIT     /BACKLOG   /CLASS     /DESTINATION
/DISABLE   /ENABLE    /EXCLUDE   /FAILURE_MODE         /INTERVAL
/JOURNAL   /LISTENER  /RESOURCE  /SERVER    /THRESHOLD /VERIFY
```

$ REPLY/ENABLE=SECURITY
$ REPLY/LOG
$ PRINT SYS$MANAGER:OPERATOR.LOG;-1
$!   alten LOG-File drucken
$ SEARCH/OUTPUT=ALARM.LIS/WINDOWS=(3,6) -
_$ SYS$MANAGER:OPERATOR.LOG;-1 "SECURITY ALARM"

$! Anzeige der Einstellungen der Security-Aufzeichnungen
$ SHOW AUDIT

```
System security alarms currently enabled for:
ACL
Authorization
Audit:          illformed
Breakin:        dialup,local,remote,network,detached
Logfailure:     batch,dialup,local,remote,network,subprocess,detached

System security audits currently enabled for:
ACL
Authorization
Audit:          illformed
Breakin:        dialup,local,remote,network,detached
Logfailure:     batch,dialup,local,remote,network,subprocess,detached
```

$! Lokale Loginfehler werden ausgeschaltet
$! $ SET AUDIT/ALARM/DISABLE=LOGFAIL=(LOCAL)
$ SET PROC/PRIVI=SECURITY
$ REPLY/ENABLE=SECURITY

```
%%%%%%%%%%%  OPCOM  19-JAN-1995 07:40:55.33  %%%%%%%%%%%
Operator _GSNV01$RTA1: has been enabled, username SIMON

%%%%%%%%%%%  OPCOM  19-JAN-1995 07:40:55.37  %%%%%%%%%%%
Operator status for operator _GSNV01$RTA1:
SECURITY
$
```

Damit die Security–Eintragungen noch überschaubar bleiben, sollte der Security–Operator in regelmäßigen Abständen einen neuen Securitylog–File anlegen. Dies erfolgt über das Kommando SET AUDIT/SERVER=NEW_LOG. Die Auswertung der Security–Einträge kann mit dem Kommando ANALYZE/AUDIT erfolgen. Durch Angabe zusätzlicher Qualifier kann die Auswertung gezielt nach bestimmten Zeitpunkten und Ereignissen erfolgen.

$ SET DEFAULT SYS$MANAGER
$ ANALYZE/AUDIT/SINCE=04–APR–1995/FULL

```
Security alarm (SECURITY) and security audit (SECURITY) on GSNA28, system id: 14864
Auditable event:          Audit server starting up
Event time:                4-APR-1995 04:41:34.42
PID:                      00000088

Security alarm (SECURITY) and security audit (SECURITY) on GSNA28, system id: 14864
Auditable event:          Local interactive login failure
Event time:                4-APR-1995 04:42:42.61
PID:                      000000AF
Process name:             DECW$LOGINOUT
Username:                 <login>
Process owner:            [SYSTEM]
Terminal name:            _WSA1:
Image name:               GSNA28$DKA200:[SYS0.SYSCOMMON.][SYSEXE]LOGINOUT.EXE
Status:                   %LOGIN-F-NOSUCHUSER, no such user

Security alarm (SECURITY) and security audit (SECURITY) on GSNA28, system id: 14864
Auditable event:          System UAF record copied
Event time:                4-APR-1995 04:49:43.32
PID:                      000000BC
Process name:             _FTA5:
Username:                 SIMON
```

```
Process owner:              [SYSTEM]
Terminal name:              FTA5:
Image name:                 GSNA28$DKA200:[SYS0.SYSCOMMON.][SYSEXE]AUTHORIZE.EXE
Object class name:          FILE
Object name:                SYS$COMMON:[SYSEXE]SYSUAF.DAT;1
User record:                New:      USER1
                            Original: SIMON
Privileges:                 New:      CMKRNL,CMEXEC,SYSNAM,GRPNAM,ALLSPOOL,DETACH,
                            DIAGNOSE,LOG_IO,GROUP, ...
                            Original: CMKRNL,CMEXEC,SYSNAM,GRPNAM,ALLSPOOL,DETACH,
                            DIAGNOSE,LOG_IO,GROUP, ...
Password Date:              New:      (pre-expired)
                            Original: 31-DEC-1994 10:01

Security alarm (SECURITY) and security audit (SECURITY) on GSNA28, system id: 14864
Auditable event:            Remote interactive login failure
Event time:                  4-APR-1995 05:31:02.91
PID:                        000000C1
Process name:               _RTA1:
Username:                   USER1
Process owner:              [SYSTEM]
Terminal name:              _RTA1:
Image name:                 GSNA28$DKA200:[SYS0.SYSCOMMON.][SYSEXE]LOGINOUT.EXE
Remote nodename:            GSNV02          Remote node id:         14338
Remote username:            ZOBEL
Status:                     %LOGIN-F-INVPWD, invalid password

Security alarm (SECURITY) and security audit (SECURITY) on GSNA28, system id: 14864
Auditable event:            Remote interactive login failure
Event time:                  4-APR-1995 05:31:25.96
PID:                        000000C2
Process name:               _RTA1:
Username:                   <login>
Process owner:              [SYSTEM]
Terminal name:              _RTA1:
Image name:                 GSNA28$DKA200:[SYS0.SYSCOMMON.][SYSEXE]LOGINOUT.EXE
Remote nodename:            GSNV02          Remote node id:         14338
Remote username:            SIMON
Status:                     %LOGIN-F-NOSUCHUSER, no such user

Security alarm (SECURITY) and security audit (SECURITY) on GSNA28, system id: 14864
Auditable event:            Network login failure
Event time:                  4-APR-1995 05:31:44.57
PID:                        000000C3
Process name:               FAL_8203
Username:                   DECNET
Process owner:              [1,3]
Image name:                 GSNA28$DKA200:[SYS0.SYSCOMMON.][SYSEXE]LOGINOUT.EXE
Remote nodename:            GSNV02          Remote node id:         14338
Remote username:            MAAGS
Status:                     %LOGIN-F-NOSUCHUSER, no such user
```

$ SET AUDIT/ALARM/DISABLE=ALL
$ REPLY/DISABLE=SECURITY

■

Soll der Zugriff auf bestimmte Dateien kontrolliert werden, so muß für diese Dateien ein Security-ACL gesetzt werden. Außerdem ist das Security-Auditing für File-Zugriffe zu aktivieren. Im nachfolgenden Beispiel soll die Datei BANK.DAT geschützt werden.

$ set security/acl=(audit=security,access=write+failure) bank.dat
$! Alarme sollen im AUDIT-File abgelegt werden.
$ SET audit/audit/ena=(access=failure,acl) /class=file

$! Alarme werden auf die Security–Konsole ausgegeben.
$ set audit/alarm/ena=(access=failure,acl) /class=file
Beispiel für eine Alarmmeldung:

```
Security alarm (SECURITY) and security audit (SECURITY) on GSNA28, system id: 14864
Auditable event:          Object access
Event information:        file access request (IO$_ACCESS or IO$_CREATE)
Event time:                4-APR-1995 09:31:26.76
PID:                      000000C8
Process name:             USER1
Username:                 USER1
Process owner:            [SYSTEM]
Terminal name:            RTA1:
Image name:               GSNA28$DKA200:[SYS0.SYSCOMMON.][SYSEXE]TYPE.EXE
Object class name:        FILE
Object owner:             [SYSTEM]
Object protection:        SYSTEM:RWED, OWNER:, GROUP:, WORLD:
File name:                _GSNA28$DKA200:[SYS0.SYSMGR]BANK.DAT;4
File ID:                  (5354,1,0)
Access requested:         READ
Sequence key:             0000CBAC
Status:                   %SYSTEM-F-NOPRIV, insufficient privilege or object
                           protection violation
```

■

9.6.5 Schutz gegen Eindringlinge

Rechner, die sich in einem Netzwerk befinden, sind auch Ziele von sogenannten Hackern und Benutzern, denen es Spaß macht, zu versuchen, in andere Systeme, auf denen sie keinen Usernamen besitzen, einzudringen. OpenVMS bietet neben den schon genannten Schutzmöglichkeiten auch eine sogenannte break–in database. Hier wird festgehalten, wenn von einem anderen Rechnerknoten aus versucht wurde, auf den lokalen Rechner zuzugreifen und dieser Zugriff aufgrund einer falschen Username/Kennwort Angabe nicht erfolgreich war. Überschreiten die Anzahl der Login–Fehler von einer Quelle aus in einem festgelegten Zeitraum (Systemparameter LGI_BRK_TMO) die durch den Systemparameter LGI_BRK_LIM festgelegte Anzahl, so vermutet das System einen verbotenen Zugriffsversuch (break–in), und es erfolgt ein Eintrag in die break–in database. Die in der break–in database vermerkte expiration time (Verfallszeit) errechnet sich aus dem Zeitpunkt des Loging–Versuchs plus der Deltazeit LGI_BRK_TMO). Nach jedem erneuten fehlerhaften Login–Versuch wird der zuletzt vermerkte Verfallszeitpunkt um die Deltazeit LGI_BRK_TMO erhöht.
Bei dem Eintragstyp unterscheidet man zwischen Login–Fehlern (SUSPECT), die nicht eine maximale Anzahl überschritten haben und Login–Fehlern, die ein festgelegtes Maximum (Systemparameter LGI_BRK_LIM) überschritten haben (INTRUDER). Wird ein Eintrag als INTRUDER gekennzeichnet, so werden alle weiteren Zugriffe von diesem Netzwerkknoten aus, auch wenn sie mit einer gültigen Username/Kennwort–Kombination erfolgen, für einen festgelegten Zeitraum (Systemparameter LGI_HID_TIM) verboten.
Beispiel:

$ SHOW INTRUSION

```
Intrusion          Type      Count    Expiration       Source
TERM_USER          SUSPECT   3        13:34:43.04      FLOESER
```

```
TERM_USER          SUSPECT  1       13:25:36.46      MAAG
TERMINAL           SUSPECT  1       13:25:39.10
NETWORK            SUSPECT  1       14:54:10.83      GSNW76::_LLA02050
NETWORK            SUSPECT  1       14:54:27.36      GSNW76::_LLA02114
NETWORK            INTRUDER 6       13:27:39.04      GSNWE1::SORIS
```

Die Einträge in der break–in database werden nach Ablauf des Verfallszeitpunktes automatisch gelöscht und eine eventuelle Blockierung des Zugriffs wieder beseitigt. Der System–Manager hat die Möglichkeit, Einträge in der break–in database sofort wieder zu löschen. Dabei sind als Parameter exakt die Angaben der Quelle (Source) anzugeben.
Im nachfolgenden Beispiel werden alle Einträge, die den Benutzer Simon auf dem Knoten GSNWE1 betreffen, gelöscht.
$ DELETE/INTRUSION GSNWE1::SORIS

Ist der Systemparameter LGI_BRK_DISUSER gesetzt, so wird für den Usernamen, der sich mit falschen Kennwort–Angaben versucht, Zugang zum System zu verschaffen, die Kennung DISUSER im user authorization file (UAF) gesetzt. Dadurch kann der Benutzer nur durch die manuelle Zurücknahme der Kennung DISUSER zum System zugelassen werden.

9.6.6 Datenverschlüsselung (encryption)

Für Files, deren Inhalt nicht lesbar sein soll (typisches Beispiel ist der Transport auf Magnetband bzw. die Übertragung über eine Leitung), besteht unter OpenVMS die Möglichkeit, diese mit dem Dienstprogramm ENCRYPT zu verschlüsseln bzw. auch wieder zu entschlüsseln. Beim Verschlüsseln ist dabei ein Schlüsselwort (*key*) anzugeben, nach dem der Verschlüsselungsalgorithmus gesteuert wird.

ENCRYPT[/<qualifier>][<"input–filename">] [key–name] <"input–filename">

DECRYPT[/<qualifier>][<"input–filename">] [key–name] <"input–filename">

ENCRYPT kann auch beim Kommando BACKUP benutzt werden.
Beispiel:

$ BACKUP/ENCRYPT *.TXT TEXT_FILES.CNT/SAVE_SET

```
Enter key value:            Verification:
```

Der Benutzer wird aufgefordert, den key einzugeben. Diese Eingabe muß nochmals nach der Aufforderung *Verification*: wiederholt werden. Ein Listing dieses Backup save sets enthält die Kennung, daß der Backup save set verschlüsselt ist (BACKUP/LIST/ENCRYPT).

Beim RESTORE aus einem Backup save set muß der richtige KEY angegeben werden.
Beispiel:

```
$ BACKUP/ENCRYPT=(name=MEINKEY) –
_$   TAPE:GEHEIM.XXX/SAVE_SET –
_$   /SELECT=SALARY.DAT    MEINSAL.DAT
```

Die ENCRYPT–Utility gehört nicht zum Standard–Lieferumfang von OpenVMS und muß extra erworben werden.

9.7 Lizenzen

Für die Nutzung von Digital Software auf einem OpenVMS oder OSF/1 System wird eine Lizenz benötigt. Die Lizenz ist abhängig von dem Maschinentyp, der Anzahl der Benutzer und der Nutzungsart (z.B. im Clusterbetrieb). Beim Erwerb einer Lizenz erhält der Kunde von DIGITAL einen product authorization key (PAK) als Lizenzausdruck in Papierform. Die Daten dieses Blattes sind in der Datei SYS$COMMON:[SYSEXE]LMF$LICENSE.LDB abzulegen. Für Eintragungen und Verwaltung der Lizenzen gibt es die DCL–Prozedur SYS$UPDATE:VMSLICENSE.

Beispiel:

$ SET DEF SYS$UPDATE
$ @VMSLICENSE

```
VMS License Management Utility Options:

         1. REGISTER a Product Authorization Key
         2. AMEND an existing Product Authorization Key
         3. CANCEL an existing Product Authorization Key
         4. LIST the Product Authorization Keys
         5. MODIFY an existing Product Authorization Key
         6. DISABLE an existing Product Authorization Key
         7. DELETE an existing Product Authorization Key
         8. COPY an existing Product Authorization Key
         9. MOVE an existing Product Authorization Key
        10. ENABLE an existing Product Authorization Key
        11. SHOW the licenses loaded on this node
        12. SHOW the unit requirements for this node

        99. EXIT this procedure

Type '?' at any prompt for a description of the information
requested.  Press Ctrl/Z at any prompt to exit this procedure.

Enter one of the above choices [1] 4

Use the LIST option to display information from the LICENSE
database.

Enter the name or names of products whose licenses you want to
list.  You can specify one product name or use the wildcard
characters asterisk (*) and percent (%) to display multiple licenses.

         Product Name [] *
        FULL or BRIEF listing [BRIEF]

Press Ctrl/Z to exit, use arrow keys to scroll.
License Management Facility

License Database File:      SYS$COMMON:[SYSEXE]LMF$LICENSE.LDB;2
Created on:                 27-APR-1993
Created by user:            SYSTEM
LMF Version:                V1.0

FMS-RT                      DEC
FORTRAN                     DEC
```

```
NET-APP-SUP-250            DEC
P.S.I.-ACCESS              DEC
PASCAL                     DEC
RSX                        DEC
TSM                        DEC
VAX-VMS                    DEC
VOLSHAD                    DEC
 [End Of List]
```

■

Im nächsten Beispiel sind die Abfragedaten einer Lizenz aufgezeigt (register a product authorization key). Die Kenndaten (authorization number und CRC) wurden dabei geändert.

```
      License Database File:  SYS$COMMON:[SYSEXE]LMF$LICENSE.LDB
                     Issuer:  DEC
              Authorization:  ALS-IL-81269-1716
                   Producer:  DEC
               Product Name:  X25ROUTER-2000
                      Units:  100
               Release Date:
                    Version:
           Termination Date:
               Availability:  CONSTANT=100
                   Activity:
                    Options:  MOD_UNITS
                      Token:
                Hardware ID:
                   Checksum:  1-PBKE-FACG-BNIK-AKIA

Is this information correct? [YES]
Registering  X25ROUTER-2000  license  in  SYS$COMMON:[SYSEXE]LMF$LI-
CENSE.LDB...

Do you want to LOAD this license on this system? [YES]
%LICENSE-I-LOADED, DEC X25ROUTER-2000 was successfully loaded with
100 units
```

■

Das DCL–Kommando LICENSE ist die Benutzerschnittstelle zur License Management Facility (LMF). Eintragungen zur Lizensierung können auch direkt über das DCL–Kommando LICENSE erfolgen.

Format: LICENSE subcommand parameter

Subcommands sind:

```
AMEND    CANCEL   COPY     CREATE   DELETE   DISABLE  ENABLE   ISSUE
LIST     LOAD     MODIFY   MOVE     REGISTER START    UNLOAD
```

Beispiel:

$ LICENSE LIST	!Anzeige der eingetragenen Lizensen
$ LICENSE ISSUE <license>	!Erstellen des PAK der mit <license> angegebenen Lizenz.

9.8 Systempflege

Unter der Systempflege wird die Sicherstellung des optimalen Multiuser–Betriebs verstanden. Hierzu sind eine Reihe zusätzlicher Dienstprogramme Bestandteil der Betriebssoftware. Es werden unter anderem Hilfsmittel angeboten für:

- System–Tuning (Optimierung der Rechnergeschwindigkeit)
- Accounting (Abrechnung der verbrauchten Rechnerressourcen wie CPU, Plattenzugriffe, Druckseiten usw.)
- Plattenplatzverwaltung
- Installation von Software–Produkten

9.8.1 Dienstprogramme für OpenVMS

Für OpenVMS gibt es eine ganze Sammlung von Dienstprogrammen, die in der OpenVMS Dokumentation ausführlich beschrieben sind. Dazu zählen:

`EDIT, DSR (RUNOFF), ACCOUNTING, AUTHORIZE, ANALYZE/RMS - File Utility, BACKUP, BAD (ANALYZE/MEDIA), CDU (Command Definition Utility), CONVERT, DISKQUOTA, ERRORLOG (ANALYZE/ERROR), EXCHANGE, FDL (File Definition Utility), LIBRARIAN, MAIL, MONITOR, MESSAGE, NCP (Network Control Program), PATCH, PHONE, PRODUCT, SORT/MERGE, SYMBOLIC DEBUGGER, SYSTEM DUMP ANALYZER (ANALYZE/CRASH), SYSGEN, SYSMAN, VERIFY (ANALYZE/DISK_STRUCTURE).`

Alle diese Dienstprogramme (utilities) haben eine DCL–Schnittstelle.

EDIT
Interaktives Programm für die Erstellung und Änderung beliebiger Texte.

DSR RUNOFF
Programm für die Textverarbeitung; d.h. druckgerechte Aufbereitung (Seitennumerierung, Randausgleich, Kapitelnumerierung, Index usw.) von Texten, Dokumentationen usw. (Standard Runoff Reference Manual).

ACCOUNTING
Programm für die Auswertung der OpenVMS–Accounting–Daten (CPU–Zeit, Anzahl der Ein/Ausgabeoperationen, gedruckte Seiten usw.) (System Management Utilities Reference Manual). Die Auswertung des Accounting–Files ermöglicht eine benutzer– oder accountbezogene Verrechnung der Maschinenzeiten.

AUTHORIZE
Programm für die Userverwaltung unter OpenVMS (System Management Utilities Reference Manual).

ANALYZE/DISK_STRUCTURE (verify)
Programm für die Untersuchung von Platten auf ihre Konsistenz (System Management Utilities Reference Manual).

ANALYZE/ERROR_LOG (errorlog)
Programm für die Auswertung des OpenVMS–Errorlog–Files. Dieses Programm dient der Auswertung des OpenVMS–Fehleraufzeichnungs–File (System Management Utilities Reference Manual). Der Errorlog–File hat den Namen ERRLOG.SYS und liegt ab unter SYS$ERRORLOG.

ANALYZE/MEDIA (BAD)
Programm für die Überprüfung von Datenträgern auf defekte Blöcke (OpenVMS DCL Dictionary).

ANALYZE/RMS
Programm für die Analyse von RMS–Files. Dabei werden Struktur und Konsistenz überprüft (Record Management Utilities Reference Manual).

ANALYZE/CRASHDUMP (system dump analyser)
Programm für die Unterstützung bei der Auswertung von crash–dumps (System Analyzer, SDA oder DCL Dictionary).

ANALYZE/SYSTEM
Programm für die Unterstützung bei der Auswertung des aktuellen Hauptspeicherinhalts (System Analyzer, SDA oder DCL Dictionary).

BACKUP
Programm für die Datensicherung (System Management Utilities Reference Manual).

CDU
Command Definition Utility – Programm für die Definition neuer Kommandos mit DCL–Syntax. Übernimmt automatisch die Syntaxprüfung für Kommandos (Command Definition, Librarian and Message Utilities Manual).

CONVERT
Programm für die Konvertierung von Files von einer Organisationsform in eine andere, beispielsweise von sequentiell in indexsequentiell (beschrieben im DCL Dictionary). CONVERT kann auch zur Konvertierung unterschiedlicher Dokument– und Graphikformate benutzt werden.

EXCHANGE
Programm für die Umwandlung von verschiedenen DEC–Datenträgerformaten ineinander. Dazu zählen RT11–, Files11– und DOS–Formate (DCL Dictionary).

FDL
File Definition Language; mit Hilfe des FDL–Editors können Files beliebiger Organisationsform definiert werden (Guide to OpenVMS File Applications).

LIBRARIAN
Utility für die Verwaltung von Bibliotheken. Insbesonders fallen hierunter OBJ – Libraries; zugehöriges DCL–Kommando: LIBRARY (Command Definition, Librarian and Message Utilities Manual).

MAIL
Programm für die Nachrichtenverteilung (electronic mail) unter OpenVMS auf einem Rechner oder in einem Rechnernetzwerk (OpenVMS Users Manual).

MONITOR
Programm für die interaktive Beobachtung des Systemverhaltens. Dabei können unter anderem die CPU–Auslastung, das Paging und die Platten–I/O beobachtet werden (System Management Utilities Reference Manual).

MESSAGE
Programm für die Ausgabe von verbalen Fehlermeldungen (Command Definition, Librarian and Message Utilities Manual).

NCP
Network Control Program, ermöglicht die Verwaltung der DEC–Netzwerk–Software DECnet (Guide to Networking).

PATCH
Programm für das nachträgliche Verändern (patch) von EXE– und OBJ–Files (Programming Environment Manual).

PHONE
Programm für den direkten Dialog von Benutzern über den Bildschirm (OpenVMS Users Manual).

PRODUCT
Ab OpenVMS 6.2 gibt es für die Installation von Standard Software Produkten (layered products) das DCL–Kommando PRODUCT (POLYCENTER Software Installation Utility). Hiermit lassen sich Produkte auch wieder aus dem System entfernen. Ein ausführlicher Hilfetext steht zur Verfügung. Vor der Installation muß die CD des Software–Kits eingelegt und der logische Name dem Namen des Verzeichnisses, indem sich der Software–Kit befindet, zugewiesen sein. Diese Methode gilt nur für Software–Kits die dem PCSI–Standard entsprechend aufgebaut sind. Für die anderen Kits ist weiterhin die Kommandoprozedur VMSINSTAL zu verwenden.

Beispiele:

```
$ MOUNT DKA400: /override=identification
$! Installation des Produkts X25 for OpenVMS AXP
$ DEFINE PCSI$SOURCE  DKA400:[X25010.KIT]
$ PRODUCT INSTALL  X25
              ...
              ...
$! Beispiel für VMSINSTAL
$ @SYS$UPDATE:VMSINSTAL   FORT061   DKA400:[FORT061.KIT]
```

■

SORT/MERGE
Programm zur Unterstützung von Sortierungen (OpenVMS Users Manual).

SYMBOLIC DEBUGGER
Programm zur Unterstützung der Fehlersuche und Tests von Programmen zur Laufzeit (Debugger Manual).

SYSGEN
Programm für die Einstellung von Systemparametern und die Installation von Geräte–Treibern (device drivers), System–Management und Field Service (System Management Utilities Reference Manual).

SYSMAN
Programm für die Zentralisierung von System–Management–Aufgaben in einer lokalen OpenVMS–Cluster–Umgebung. Zu den Aufgaben gehören beispielsweise die Verwaltung von Plattenplatz (diskquotas), die Pflege der Systemparameter und die Unterstützung des Lizenz–Management (LMF) für Softwareprodukte (System Management Utilities Reference Manual).

9.8.2 Systembeobachtung

Die Monitor–Utility ist ein Hilfsmittel für das System–Management, um Information über das laufende System zu erhalten. Dadurch lassen sich eventuell Hinweise auf *Performance*–Engpässe (Leistungsverhalten) finden.

Aufruf des Monitors: MONITOR [/qualifier[,...]] <classname>[,...] [/qualifier[,...]]

Bei dem Aufruf können eine oder mehrere Klassen (<class–name>) angegeben werden. Eine Klasse beschreibt eine Auswahl an Performance–Daten.

Mögliche Klassenbezeichnungen sind:

DECnet	DECnet–OpenVMS statistics
FCP	File system ACP statistics
IO	System I/O statistics
LOCK	Lock Management statistics
MODES	Zeitaufschlüsselung der einzelnen Processor–Modes
PAGE	Page Management statistics
POOL	Überblick nonpaged dynamic pool
PROCESS	Überblick über alle Prozesse
STATES	Anzahl der Prozesse in den einzelnen Scheduling–Zuständen (z.B. HIB, LEF, COM, usw.)
SYSTEM	Überblick über die gesamte Systembelastung (CPU, IO, Paging ...)
DISK	Zusammenfassung der aktuellen Disk–Belastung (direct IO)

Mit dem Monitoraufruf lassen sich noch mehrere Qualifiers angeben, deren Bedeutung über HELP MONITOR abgefragt werden kann. Die Aufzeichnung der Monitordaten kann in eine Datei erfolgen. Statistische Ergebnisse können am Bildschrim angezeigt oder in einer Übersichtsdatei abgelegt werden.

Zusätzliche Parameter:

```
Parameter  Class_Name_Qualifiers
/ALL      /AVERAGE /CPU      /CURRENT /FILE     /ITEM     /MAXIMUM
/MINIMUM /PERCENT /TOPBIO   /TOPCPU  /TOPDIO   /TOPFAULT/TOPRBS

Command_Qualifier_Descriptions
/BEGINNING        /BY_NODE /COMMENT /DISPLAY /ENDING   /FLUSH_INTERVAL
/INPUT   /INTERVAL/NODE    /OUTPUT  /RECORD  /SUMMARY /VIEWING_TIME

Classnames:
ALL_CLASSES       CLUSTER  DECNET   DISK     DLOCK    FCP
FILE_SYSTEM_CACHE IO       LOCK     MODES    MSCP_SERVER       PAGE
PROCESSES         RMS      SCS      STATES   SYSTEM   TRANSACTION
VBS      VECTOR

Additional information available:

CONVERT  EXECUTE  EXIT     HELP     INITIALIZE MONITOR
SET_DEFAULT       SHOW_DEFAULT      Usage_Summary
```

■

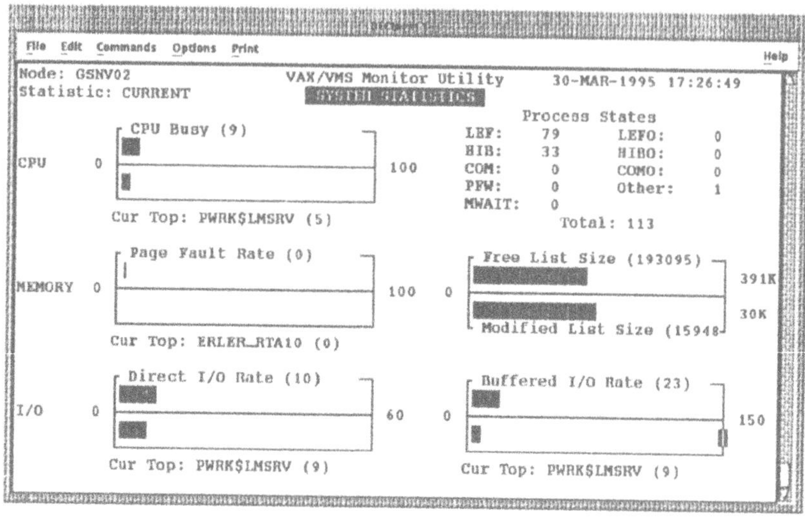

Abb. 9.8–1: Systembeobachtung mit dem Kommando MONITOR SYSTEM

Die Bildschirmausgaben von MONITOR SYSTEM liefern einen kompletten Überblick der Auslastung eines OpenVMS Systems. Es werden gleichzeitig die CPU–Belastung, die Direct I/O–Rate (Plattenzugriffe), die Page Fault–Rate (Paging–Verhalten), die Buffered I/O–Rate (z.B. Terminal I/O) und der verfügbare Hauptspeicher angezeigt.

Beispiel:

$ MONITOR DISK !liefert Hinweise zur Plattenauslastung.

OpenVMS Monitor Utility
DISK I/O STATISTICS
on node GSNA11
30–MAR–1995 16:12:46.37

I/O Operation Rate		CUR	AVE	MIN	MAX
DSA1:	SAP1	0.00	0.00	0.00	0.00
DSA2:	SAP2	0.00	0.00	0.00	0.00
DSA3:	SAP3	0.00	0.00	0.00	0.00
DSA6:	ORACLE	0.00	0.00	0.00	0.00
11DKE200:	(GSNA11) C3PS_1	0.00	0.00	0.00	0.00
13DKA100:	(GSNA13) C3SYSV61(R)	0.00	0.11	0.00	0.33
13DKA200:	(GSNA13) ORACLE (R)	0.00	0.00	0.00	0.00
13DKA300:	(GSNA13) SAP2 (R)	0.00	0.00	0.00	0.00
13DKB100:	(GSNA13) SAP1 (R)	0.00	0.00	0.00	0.00
13DKB200:	(GSNA13) SAP3 (R)	0.00	0.00	0.00	0.00
13DKC200:	(GSNA13) ORACLE (R)	0.00	0.00	0.00	0.00

■

9.8.3 System–Management–Utility (SYSMAN)

Das System–Management eines OpenVMS Systems ist in einem lokalen OpenVMS–Cluster für jeden Rechnerknoten durchzuführen. SYSMAN vereinfacht durch eine Zentralisierung dieser Aufgaben den Aufwand für das System–Management. Die Aktionen, die mit SYSMAN ausgeführt werden, könnten auch lokal mit den entsprechenden Dienstprogrammen auf jedem einzelnen Rechner ausgeführt werden.

Aufruf: RUN SYS$SYSTEM:SYSMAN.

Nachdem innerhalb von SYSMAN die Umgebung (environment), bestehend aus einem lokalen Rechner, einer Gruppe von Rechnerknoten oder einemOpenVMS–Cluster definiert ist, können System–Managementaufgaben vom lokalen Rechnerknoten aus für alle Rechner in der definierten Umgebung durchgeführt werden. Die wichtigsten Aufgaben sind:

- Plattenplatzverwaltung (Diskquotas)
- Das Verändern von Systemparametern (SYSGEN)
- Die Modifikation des Startup–Vorgangs
- Das Laden und Entladen von Softwarelizenzen; für die Verwaltung der Softwarelizenzen ist die license management facility (LMF) besser geeignet.

Nachfolgend sind die wichtigsten SYSMAN–Kommandos aufgeführt. Beispiele für die Anwendung sind in den Abschnitten 9.8.4 "Plattenplatzverwaltung" und 9.8.6 "Systemparameter–Einstellung" zu finden.

SET ENVIRONMENT

Durch dieses Kommando können alle Rechnerknoten festgelegt werden, auf die sich die danach eingegebenen Kommandos beziehen sollen.
Qualifier:
/CLUSTER
Alle nachfolgenden Kommandos beziehen sich auf alle Rechnerknoten im Cluster.
/NODE=(<node1>, <node2>,...)
Alle nachfolgenden Kommandos beziehen sich auf die in der Liste angegebenen Rechnerknoten.
/USERNAME=<username>
Hier kann der Username angegeben werden, der benutzt wird, um Zugriff auf die anderen Rechnerknoten zu erhalten. Default ist der aktuell benutzte Username. Wird ein Username angegeben, so wird anschließend das Kennwort abgefragt.

DISKQUOTA

Mit diesem Kommando kann die Plattenbelegung kontrolliert werden. Dies kann für alle in einem OpenVMS–Cluster definierten Platten von einem lokalen Rechnerknoten aus erfolgen.

DISKQUOTA ADD <uic>
Qualifier:
/DEVICE=<device>/PERMQUOTA=n/OVERDRAFT=m
Es werden auf dem angegebenen Datenträger <device> für die angegebene User–Identifikation (<uic>) Diskquotas festgelegt. Mit dem Qualifier /PERMQUOTA

wird die Anzahl der Plattenblöcke angegeben, mit dem Qualifier /OVERDRAFT die Anzahl, um die das mit /PERMQUOTA angegebene Maximum kurzfristig überschritten werden darf.
Weitere Kommandos im Zusammenhang mit Diskquotas sind:

DISKQUOTA	CREATE
DISKQUOTA	DELETE
DISKQUOTA	DISABLE
DISKQUOTA	ENABLE
DISKQUOTA	MODIFY
DISKQUOTA	REBUILD
DISKQUOTA	REMOVE
DISKQUOTA	SHOW
DISKQUOTA	USE

Beispiele hierzu sind im Abschnitt 9.8.4 "Plattenplatzverwaltung" zu finden.

PARAMETERS

Durch dieses Kommando können Systemparameter auf dem lokalen Knoten oder gleichzeitig auf mehreren Rechnerknoten angezeigt und modifiziert werden.
PARAMETERS SHOW [<parameter–name>]
Zeigt die Werte von Systemparametern an. Die möglichen Qualifier entsprechen dabei im wesentlichen den Qualifiern, die bei dem Dienstprogramm SYSGEN angebbar sind (siehe auch Seite 308).

/ALL	zeigt die Werte aller aktiver Systemparameter an.
/MAJOR	zeigt die Werte der wichtigsten Systemparameter an.
/DYNAMIC	zeigt die Werte der Systemparameter an, die im laufenden System änderbar sind.
/STARTUP	zeigt den Namen des Startup–Files an.

PARAMETERS SET <parameter–name> <value>
Dem angegebenen Systemparameter wird ein Wert zugewiesen.

PARAMETERS WRITE <Ziel>
Die aktuell eingestellten Parameter werden in Abhängigkeit von <Ziel> gesetzt. Als <Ziel> sind möglich:

ACTIVE	Die Systemparameter werden im laufenden System gesetzt.
CURRENT	Die Systemparameter werden auf die Festplatte geschrieben (SYS$SYSTEM:VAXVMSSYS.PAR) und beim nächsten Boot der Maschine benutzt.
<File–spec.>	Die Systemparameter werden in das angegebene File geschrieben.

PARAMETERS USE <Quelle>
Die Systemparameter werden nach den in der <Quelle> angegebenen Werten eingestellt. Für die Angabe der <Quelle> bestehen die gleichen Möglichkeiten wie bei dem Kommando PARAMETERS WRITE für <Ziel>.

DO [<command–line>]
Es wird das mit <command–line> angegebene DCL–Kommando auf allen Knoten der aktuell eingestellten Umgebung ausgeführt.
Beispiel:

```
SYSMAN> set environment/cluster
```

```
%SYSMAN-I-ENV, current command environment:
        Clusterwide on local cluster
        Username SIMON          will be used on nonlocal nodes
```

SYSMAN> do install add data9:[simon.ku333]com /open

```
%SYSMAN-I-OUTPUT, command execution on node GSNWC5
%SYSMAN-I-OUTPUT, command execution on node GSNV02
%SYSMAN-I-OUTPUT, command execution on node GSNV01
%SYSMAN-I-OUTPUT, command execution on node GSNWA8
%SYSMAN-I-OUTPUT, command execution on node GSNWE1
%SYSMAN-I-OUTPUT, command execution on node GSNWE2
%SYSMAN-I-OUTPUT, command execution on node GSNWF1
```

SYSMAN> exit
$

■

STARTUP

SYSMAN bearbeitet bei Verwendung von STARTUP die Datenbasis mit dem logischen Namen STARTUP$STARTUP_LAYERED. Hier ist festgehalten, welche anlagenspezifischen Files und zusätzliche Standardsoftware (layered products) noch beim Startup des Rechners geladen werden sollen.
Beispiel:
Es wird die Komponente RVS_STARTUP.COM in die beim Startup benutzte Datenbasis eingetragen. Diese Komponente soll nur beim Start des Rechnerknotens GSNWE1 benutzt werden. Im Beispiel wird dann anschließend die Komponente wieder entfernt.

$! Kommando–Prozeduren für den Startup müssen auf SYS$STARTUP abliegen.
$ copy rvs_startup.com sys$startup
$ run sys$system:sysman
SYSMAN> startup show file

```
%SYSMAN-I-COMFIL, contents of component database on node GSNV02
Phase        Mode   File
------------ ------ ---------------------------------
LPBEGIN      DIRECT IWSINIT.COM
LPMAIN       DIRECT WRITE$STARTUP.COM
LPMAIN       DIRECT LCI$STARTUP.COM
LPMAIN       DIRECT STARTVWS.COM
END          DIRECT IWSINIT2.COM
```

SYSMAN> startup add file/mode=direct/phase=lpmain rvs_startup.com
SYSMAN> startup show file

```
%SYSMAN-I-COMFIL, contents of component database on node GSNV02
Phase        Mode   File
------------ ------ ---------------------------------
LPBEGIN      DIRECT IWSINIT.COM
LPMAIN       DIRECT WRITE$STARTUP.COM
LPMAIN       DIRECT LCI$STARTUP.COM
LPMAIN       DIRECT STARTVWS.COM
LPMAIN       DIRECT RVS_STARTUP.COM
END          DIRECT IWSINIT2.COM
```

SYSMAN> startup disable file rvs_startup.com
SYSMAN> startup show file /node

```
%SYSMAN-I-COMFIL, contents of component database on node GSNV02
Phase        Mode   File
------------ ------ ---------------------------------
LPBEGIN      DIRECT IWSINIT.COM
      Enabled on All Nodes
LPMAIN       DIRECT WRITE$STARTUP.COM
      Enabled on GSNWE1,GSNWE2,GSNWA8,GSNWE3,GSNWC5
LPMAIN       DIRECT LCI$STARTUP.COM
      Enabled on GSNWE1,GSNWE2,GSNWA8,GSNWE3,GSNWC5
LPMAIN       DIRECT STARTVWS.COM
      Enabled on GSNWE1,GSNWE2,GSNWA8,GSNWE3,GSNWC5
LPMAIN       DIRECT RVS_STARTUP.COM
      Disabled on All Nodes
END          DIRECT IWSINIT2.COM
      Enabled on All Nodes
```

SYSMAN> startup enable file rvs_startup.com /node=gsnwe1
SYSMAN> startup show file /node

```
%SYSMAN-I-COMFIL, contents of component database on node GSNV02
Phase        Mode   File
------------ ------ ---------------------------------
LPBEGIN      DIRECT IWSINIT.COM
      Enabled on All Nodes
LPMAIN       DIRECT WRITE$STARTUP.COM
      Enabled on GSNWE1,GSNWE2,GSNWA8,GSNWE3,GSNWC5
LPMAIN       DIRECT LCI$STARTUP.COM
      Enabled on GSNWE1,GSNWE2,GSNWA8,GSNWE3,GSNWC5
LPMAIN       DIRECT STARTVWS.COM
      Enabled on GSNWE1,GSNWE2,GSNWA8,GSNWE3,GSNWC5
LPMAIN       DIRECT RVS_STARTUP.COM
      Enabled on GSNWE1
\END          DIRECT IWSINIT2.COM
      Enabled on All Nodes
```

SYSMAN> startup remove file rvs_startup.com
SYSMAN> startup show file

```
%SYSMAN-I-COMFIL, contents of component database on node GSNV02
Phase        Mode   File
------------ ------ ---------------------------------
LPBEGIN      DIRECT IWSINIT.COM
LPMAIN       DIRECT WRITE$STARTUP.COM
LPMAIN       DIRECT LCI$STARTUP.COM
LPMAIN       DIRECT STARTVWS.COM
END          DIRECT IWSINIT2.COM
```

SYSMAN> exit
$

■

9.8.4 Plattenplatzverwaltung

Der Datenspeicher kann nie groß genug sein. Es ist eine menschliche Eigenschaft, Dinge aufzubewahren, die eigentlich kurzfristig nicht mehr benötigt werden, aber die man eventuell nochmals brauchen könnte. Für die Plattenspeicher eines Computers hat dies zur Folge, daß sie immer schnell belegt sind.
Damit sich nicht einzelne Benutzer auf Kosten der Allgemeinheit unberechtigt Plattenplatz aneignen können, stehen dem System-Manager Hilfsmittel zur Verfügung, mit denen userspezifisch für den Datenträger Platz zur Verfügung gestellt werden kann. Die Hilfsprogramme hierfür heißen *DISKQUOTA* und *SYSMAN*. Die Reservierungseinheit ist der Block. Mit Hilfe von SYSMAN lassen sich Diskquotas von einem Knoten aus für alle im OpenVMS-Cluster bekannten Platten durchführen.

Die aktuelle Plattenbelegung eines Benutzers kann auf DCL-Ebene abgefragt werden mit:

$ SHOW QUOTA

Sobald Diskquotas für eine Platte eingeschaltet sind, erhalten Benutzer, die mehr als den ihnen zugewiesenen Plattenplatz belegen wollen, eine Fehlermeldung: *-SYSTEM-F-EXDISKQUOTA, disk quota exceeded.*

In den nachfolgenden Beispielen sind jeweils das Diskquota-Kommando und das entsprechende SYSMAN-Kommando aufgeführt.

$ RUN SYS$SYSTEM:DISKQUOTA

```
DISKQ>help

HELP

Das DISKQUOTA Dienstprogramm erlaubt es entsprechend priviligierten
Benutzern, den Verbrauch von Plattenplatz auf gemeinsam benutzten
Plattenspeichern individuell für jeden Benutzer zu begrenzen. Dies
erfolgt über Anlage und Pflege von Quota Files. Benutzer können auch
Quotas für private Datenträger einrichten.

Weitere Information:

ADD        CREATE      DISABLE     ENABLE      EXIT
HELP       MODIFY      REBUILD     REMOVE      SHOW
USE
```

!Benutze als Default die Platte DBA1:

```
DISKQ>use DBA1:
SYSMAN>set profile/default=DBA1:
! Neuanlage eines Diskquota-Verwaltungs-Files QUOTA.SYS
! auf der Platte DBA1:[0,0].
DISKQ>create
SYSMAN>diskquota create/device=DBA1:
```

Für die Platte DBA1: werden Diskquotas aktiviert.

```
DISKQ>use DBA1:
DISKQ>enable
SYSMAN>enable/device=DBA1:
```

Festlegung von Diskquotas:

DISKQ>use DRA4:
DISKQ>add [20,4] /permquota=10000/overdraft=500
Dem Benutzer mit der UIC [20,4] wird auf der Platte DRA4 ein Bereich von 10000 Plattenblöcken zur Verfügung gestellt. Überschritten werden darf dieses Kontingent um 500 Blöcke.
SYSMAN>diskquota add [20,4]/device=DBA4:/perm=10000/over=500

Anzeige der Plattenbelegung für einen Benutzer:

DISKQ>show FRITZ

```
UIC [FRITZ] has 126578 blocks used
of 130000 authorized, 10000 permitted overdraft.
```

Für die Anzeige aller vergebener Diskquotas für eine Platte kann das Ersetzungszeichen * verwendet werden.
SYSMAN>diskquota show * /device=DATA9:

```
%SYSMAN-I-QUOTA, disk quota statistics on device DATA9: --
Node GSNV02
UIC             Usage        Permanent Quota   Overdraft Limit
[0,0]           0            1000              100
[1,1]           196          2000              200
[BURLEY]        2390         20000             2000
[CLAUS_C]       143          20000             2000
[HERMANSSON]    143          20000             2000
[HOWARD]        3387         20000             2000
[SYSTEM]        89084        100000            10000
[REISS]         47           6000              600
```

Veränderung der Diskquotas eines Benutzers:

DISKQ>MODIFY FRITZ/permquota=150000
!Der Bereich des Users mit der UIC [FRITZ]
!wird permanent auf 150000 Blöcken vergrößert.
SYSMAN>diskquota modify FRITZ/permquot=150000

DISKQ>EXIT

Werden für eine Platte nachträglich Diskquotas eingerichtet, so muß nach der Anlage des Files QUOTA.SYS (diskquota create) der Quota–File auf den aktuellen Stand gebracht werden. Dies geschieht über das Diskquota–Kommando REBUILD.
DISKQ>rebuild
SYSMAN>diskquota rebuild

■

9.8.5 Überblick Systemparameter

Einige Systemparameter werden bei der Systemgenerierung festgelegt und haben unter Umständen für die Programmierung Bedeutung, wenn beispielsweise eine Anwendung mit Global Sections, Subprozessen, Timern, Mailboxen programmiert werden soll.

Das Programm für die manuelle Einstellung und Änderung der Systemparameter heißt SYSGEN.

Für die automatische Einstellung der Systemparameter entsprechend der Hardware Konfiguration gibt es das Hilfsprogramm AUTOGEN. Dieses stellt automatisch zu einer gegebenen Alpha AXP– oder VAX–Hardware–Konfiguration die Systemparameter ein. Manuelle Änderungen an den Systemparametern können mit den Dienstprogrammen SYSMAN und SYSGEN vorgenommen werden.
In der folgenden Tabelle sind die wichtigsten Systemparameter zusammengefaßt.

$RUN SYS$SYSTEM:SYSGEN
SYSGEN> SHOW /MAJOR

```
Parameters in use: Active
Parameter Name      Current  Default  Minimum  Maximum  Unit          Dy-
namic
PFCDEFAULT          16       32       0        127      Pages         D
GBLSECTIONS         620      250      20       4095     Sections
GBLPAGES            28500    10000    512      -1       Pages
MAXPROCESSCNT       49       32       12       8192     Processes
SMP_CPUS            -1       -1       0        -1       CPU bitmask
SYSMWCNT                     1703     500      40       16384         Page
s
BALSETCNT           44       16       4        1024     Slots
IRPCOUNT            416      60       0        135168   Packets
WSMAX               8200     1024     60       100000   Pages
NPAGEDYN            819712   300032   16384    -1       Bytes
PAGEDYN             3105792  190000   10240    -1       Bytes
VIRTUALPAGECNT      50000    8192     512      600000   Pages
LRPCOUNT                     36       4        0        4096          Pack-
ets
SRPCOUNT            626      120      0        270336   Packets
QUANTUM             20       20       2        32767    10Ms          D
PFRATL              0        0        0        -1       Flts/10Sec D
PFRATH              120      120      0        -1       Flts/10Sec D
WSINC                        150      150      0        -1 Pages
D
WSDEC               250      250      0        -1       Pages         D
FREELIM             64       32       16       -1       Pages
FREEGOAL            1024     200      16       -1       Pages
GROWLIM             64       63       0        -1       Pages         D
BORROWLIM                    64       300      0        -1            Page
s        D
LOCKIDTBL           527      200      40       22143    Entries
LOCKIDTBL_MAX       65535    65535    200      262143   Entries       D
RESHASHTBL          512      64       1        8192     Entries
```

SYSGEN>SHOW /TTY

```
Parameters in use: Active
Parameter Name      Current  Default  Minimum  Maximum  Unit       Dy-
namic
TTY_SCANDELTA       10000000 10000000 100000   -1       100Ns
TTY_DIALTYPE        0        0        0        255      Bit-Encoded
```

```
TTY_SPEED                  15       15       1        16       Spe-
cial
TTY_RSPEED        0        0        0        16       Special
TTY_PARITY        24       24       0        255      Special
TTY_BUF           80       80       0        65535    Characters
TTY_DEFCHAR       402657952         402657952         0        -1
Bit-Encoded
TTY_DEFCHAR2      4098     4098     0        -1       Bit-Encoded
TTY_TYPAHDSZ      78       78       0        -1       Bytes
TTY_ALTYPAHD      200      200      0        32767    Bytes
TTY_ALTALARM      64       64       0        -1       Bytes
TTY_DMASIZE       64       64       0        -1       Bytes    D
TTY_PROT          65520    65520    0        -1       Protection
TTY_OWNER                  65540    65540    0        -1       UIC

TTY_CLASSNAME     "TT"     "TT"     "AA"     "ZZ"     Ascii
TTY_SILOTIME      8        8        0        255      Ms
TTY_TIMEOUT       900      900      0        -1       Seconds  D
TTY_AUTOCHAR      7        7        0        255      Character
D
```

Die TTY–Systemparameter bestimmen die Default–Einstellung der Terminal–Charakteristika nach dem Systemstart. Dazu gehören beispielsweise Terminal–Baudrate, Default–Zeilenbreite, Größe des Typeahead–Buffers.

SYSGEN>SHOW /DRIVER

```
__Driver    Start         End___
IKDRIVER    805DFD90      805E0CC0
IMDRIVER    805DF2B0      805DFBC0
INDRIVER    805DC740      805DF0B0
TKDRIVER    805D8E80      805D9050
WTDRIVER    805D9300      805DA900
RTTDRIVER   805D7C40      805D87A0
CTDRIVER    805D5700      805D7C40
NDDRIVER    805C9B80      805CA610
NETDRIVER   805C4F20      805C9B80
VFDRIVER    805B4AF0      805BF950
YEDRIVER    805B3AD0      805B4580
PYDRIVER    805B2EB0      805B35B0
TWDRIVER    807D36E0      807D3B60
WSDRIVER    805B2930      805B2D30
DKDRIVER    8058F370      805911E0
DVDRIVER    8058A440      8058E870
PKNDRIVER   80586830      80589CB0
DUDRIVER    806234E0      80627C79
PEDRIVER    8061C4B0      806234D8
ESDRIVER    805FA2D0      805FF70F
TTDRIVER    806165D0      8061C4A9
OPERATOR    801EC200      801EC714
NLDRIVER    8014D683      8014D802
MBDRIVER    8014D600      8014DF8B
```

Es werden die von OpenVMS installierten Drivernamen angezeigt.

Bedeutung der wichtigsten Systemparameter:

PFCDEFAULT	Legt die Anzahl der Image–Seiten fest, die nach einem Pagefault auf einmal in den Hauptspeicher transferiert werden.
GBLSECTIONS	Anzahl der Global Section Descriptoren. Wird zum Boot-Zeitpunkt festgelegt.
GBLPAGES	Legt die Anzahl der Global page table Entries fest zum Bootzeitpunkt.
MAXPROCESSCNT	Legt die Anzahl der process entry slots zum Bootzeitpunkt fest. Ein slot wird für jeden Prozeß im System benötigt. Pro Slot werden 6 Bytes des residenten Speichers belegt.
SYSMWCNT	Legt die Größe des System Working Sets fest.
BALSETCNT	Legt die Anzahl der balance set slots in der system page table fest. Jeder im Hauptspeicher befindliche Working Set benötigt ein balance set slot.
IRPCOUNT	Bestimmt die Anzahl der zur Boot–Zeit reservierten intermediate request packets. Kann im laufenden Betrieb automatisch bis zu der mit IRPCOUNTV (Systemparameter) festgelegten Anzahl vergrößert werden.
WSMAX	Maximale Anzahl der Seiten, die der Working Set eines Prozesses groß werden darf (systemweit).
NPAGEDYN	Größe des nonpaged dynamic pools in Bytes.
PAGEDYN	Größe des paged dynamic pools in Bytes; dieser Pool wird unter anderem für System und Group logical name tables benötigt.
VIRTUALPAGECNT	Bestimmt die maximale Anzahl der virtuellen Seiten, die ein Prozeß benutzen kann. Damit wird die maximale Größe der Seitentabellen zur Abbildung des virtuellen Adreßraums festgelegt.
LRPCOUNT	Bestimmt die Anzahl der reservierten large request packets. Die Größe dieser Pakete wird durch den Parameter LRPSIZE bestimmt.
SRPCOUNT	Bestimmt die Anzahl der reservierten small request packets. Jedes Paket benötigt 96 Bytes aus dem residenten Speicher.
QUANTUM	Zeit in Einheiten von 10 ms, die die CPU einem Prozeß maximal widmen kann, bevor sie an einem anderen Prozeß gleicher Priorität weiterarbeitet.
PFRATL	Seitenfehlerrate pro Sekunde, ab der der Working Set des zugehörigen Prozesses automatisch bis zum Userparameter WSQUOTA verkleinert werden kann.

PFRATH	Seitenfehlerrate pro Sekunde, ab der der Working Set des zugehörigen Prozesses automatisch bis maximal zur Größe des Systemparameters WSMAX vergrößert werden kann.
WSINC	Bestimmt die Anzahl der Seiten, um die der Working Set bei jeder Anforderung einer Vergrößerung erhöht wird.
WSDEC	Bestimmt die Anzahl der Seiten, um die der Working Set bei jeder Anforderung einer Verkleinerung erniedrigt wird.
FREELIM	Legt die minimale Anzahl der Seiten fest, die sich auf der free page list befinden müssen. Wird FREELIM unterschritten, so muß der Swapper aktiv werden.
FREEGOAL	Legt die minimale Anzahl der Seiten fest, die sich auf der free page list für den Systemgebrauch befinden müssen. FREEGOAL muß >= FREELIM sein.
GROWLIM	GROWLIM legt die Anzahl der Seiten fest, die sich mindestens in der free page list befinden müssen, damit ein Prozeß sein Working Set Quota überschreiten kann.
BORROWLIM	Legt die minimale Anzahl der Seiten auf der free page list fest, bevor der Working Set eines Prozesses verkleinert werden kann.
LOCKIDTBL	Legt die maximale Anzahl der Einträge in der system lock–id table fest. Dieser Parameter betrifft den lock system service.
REHASHTBL	Legt die maximale Anzahl der Einträge für die lock management resource name Hashtabelle fest.

Eine genaue Beschreibung der Systemparameter ist im VMS System Generation Utility Manual (System Management Volume 1B setup) zu finden.

Die Modifikation der Systemfiles mittels SYSGEN:

AUTOGEN legt die Systemfiles PAGEFILE.SYS, SWAPFILE.SYS und SYSDUMP.DMP passend zu der Hardware–Konfiguration an. Bestimmte Konfigurationen können die Einstellung anderer Größen erfordern. Hierzu kann das Kommando CREATE von SYSGEN benutzt werden. Werden diese Systemfiles vergrößert, so erweitert SYSGEN automatisch die bestehenden Files. Werden kleinere Größen angegeben, so wird eine neue Version der Systemfiles erzeugt. Nach dem nächsten Boot sind diese alten Versionen dann zu löschen (DCL–Kommando PURGE).
Die Größe des Dumpfiles sollte die Größe des physikalischen Hauptspeichers in Seiten plus die Anzahl der Fehleraufzeichnungs–Buffer plus eins sein. Die Anzahl der Fehleraufzeichnungs–Buffer wird durch den Systemparameter ERRORLOGBUFFERS definiert.

Beispiel:

```
$ RUN SYS$SYSTEM:SYSGEN
SYSGEN>CREATE PAGEFILE.SYS /SIZE=15000
```

```
%SYSGEN-I-EXTENDED, SYS$SYSROOT:[SYSEXE]PAGEFILE.SYS;1 extended
SYSGEN>CREATE SWAPFILE.SYS /SIZE=8196
%SYSGEN-I-EXTENDED, SYS$SYSROOT:[SYSEXE]SWAPFILE.SYS;1 extended
SYSGEN>EXIT
```

■

9.8.6 Systemparameter–Einstellung (AUTOGEN)

Die Systemparameter haben erheblichen Einfluß auf die *Performance* (Leistungsfähigkeit) eines OpenVMS Systems.
Als Hilfsmittel für die Systemparametereinstellung existiert das Dienstprogramm AUTOGEN. Dieses ermittelt automatisch aufgrund des Hardware–Ausbaus eine Parametereinstellung, die immer zu einem lauffähigen System führt.
Ein Fein–Tuning kann danach durch gezieltes Verändern von Parametern erfolgen. Hierzu ist folgendes Verfahren einzuhalten:

- Für alle Änderungen ist der File SYS$SYSTEM:MODPARAMS.DAT zu benutzen. Änderungen an den Systemparametern sind immer in dieses File einzutragen.
- Neue Werte für Systemparameter werden in folgender Form eingetragen:
  `parameter = parameter-value          !Kommentar`
  Eine Zuweisung in diesem File überschreibt den von AUTOGEN ermittelten Parameterwert. DIGITAL empfiehlt, daß diese Art der Parametereinstellung nur in ganz wenigen Fällen benutzt wird. Statt dessen sollten inkrementelle Änderungen angegeben werden. Auch sollte die direkte Systemparameteränderung mit SYSGEN nicht die Regel sein.
- Inkrementelle Änderungen sind wie folgt anzugegeben:
  ADD_parameter = parameter–value   !Kommentar
- Minimalwerte sind wie folgt anzugeben:
  MIN_parameter = parameter–value   !Kommentar

Nach jeder Systemänderung (*upgrade*) und nach jeder direkten Parameteränderung mittels SYSGEN oder SYSMAN sollte die AUTOGEN–Utility aktiviert werden, um eventuelle Anpassungen der Systemparameter an die veränderte Hardwareumgebung automatisiert vorzunehmen bzw. Einflüsse auf andere Systemparameter zu berücksichtigen. AUTOGEN übernimmt folgende Operationen:

- Informationen sammeln
  - Aus dem laufenden System wird in der SAVPARAMS–Phase feedback data gewonnen und in der Datei SYS$SYSTEM:AGEN$FEEDBACK.DAT abgelegt. Wichtig dabei ist, daß das System eine längere Zeit lief (*uptime*), damit eine typische Rechnerbelastung *(workload)* ermittelt werden kann.
  - Charakteristika der Hardware–Konfiguration.
  - Vom System–Manager für SYSGEN vorgegebenen Parameter–Modifikationen.
  - DEC SYSGEN Parameter–Information.
- Berechnet passende Werte der SYSGEN–Parameter.
- Erstellt einen File der installierten Programme.
- Berechnet die Größe der Systempage–, swap– und dump–Files.

- Verändert die Systemparameterwerte, falls notwendig.
- Booted, falls gewünscht, das System neu.

Alle Files außer VMSIMAGES.DAT werden unter SYS$SYSTEM abgelegt. VMSIMAGES.DAT liegt unter SYS$MANAGER.

Gestartet werden die verschiedenen AUTOGEN–Phasen über Parameter:

@SYS$UPDATE:AUTOGEN [start–phase] [end–phase] [execution mode]

Phasennamen können dabei sein:

SAVPARAMS	(analysiert laufendes System)
GETDATA	(sammelt alle notwendigen Daten)
GENPARAMS	(erstellt neue Systemparameter)
TESTFILES	(zeigt die aktuell ermittelten Größen für page–, swap– und dump–File an.)
GENFILES und	(verändert, falls erforderlich, die Größen für page–, swap– dump–File an.)
SETPARAMS	(setzt neue Systemparameter im File VAXVMSSYS.PAR, die alten Parameter werden im File VAXVMSSYS.OLD gerettet.)
SHUTDOWN	
REBOOT	

Als execution mode–Parameter kann NOFEEDBACK angegeben werden, d.h. die aktuelle Systemumgebung (Software) soll nicht miteinfließen. Als Startphase dürfen GENFILES und TESTFILES nicht benutzt werden.

Die nachfolgende Tabelle zeigt den Ablauf der AUTOGEN–Phasen.

Phase	Input Files	Output Files
SAVPARAMS	None	AGEN$FEEDBACK.DAT
	Funktion: Sammelt die feedback–Information aus dem laufenden System.	
GETDATA	MODPARAMS.DAT	PARAMS.DAT
	VMSPARAMS.DAT	AGEN$PARAMS.REPORT
	AGEN$FEEDBACK.DAT	
	Funktion: Sammelt alle Daten, die für GENPARAMS benötigt werden, insbesondere Konfigurationsdaten.	
GENPARAMS	PARAMS.DAT	SETPARAMS.DAT
	AGEN$ADDHISTORY.DAT	
	VMSIMAGES.DAT	AGEN$PARAMS.REPORT, AGEN$ADDHISTORY.TMP
	Funktion: Generiert neue Systemparameter und eine Default–Liste zu installierender Programme.	
TESTFILES	PARAMS.DAT	SYS$OUTPUT AGEN$PARAMS.REPORT
	Funktion: Zeigt die Größen des page–, swap– und dump–Files an, die von AUTOGEN vorgeschlagen wird. Diese Phase darf nicht als Startphase benutzt werden.	

GENFILES	PARAMS.DAT	PAGEFILE.SYS, SWAPFILE.SYS SYSDUMP.DMP Secondary page– und swap files AGEN$PARAMS.REPORT
	Funktion: Generiert neue page–, swap– und dump–Files mit veränderten Größen, falls erforderlich. Diese Phase darf nicht als Startphase benutzt werden.	
SETPARAMS	SETPARAMS.DAT AGEN$ADDHISTORY.TMP	VAXVMSSYS.PAR VAXVMSSYS.OLD AUTOGEN.PAR AGEN$ADDHISTORY.DAT
	Funktion: Ruft das Programm SYSGEN auf, um die im File SYS$SYSTEM:SETPARAMS.DAT eingetragenen System–Parameter zu setzen. Generiert wird ein neuer File AUTOGEN.PAR. Die aktuellen Parameter, die sich im File VAXVMSSYS.PAR befinden, werden im File VAXVMSSYS.OLD festgehalten.	
SHUTDOWN	None	None
	Funktion: Führt einen *Shutdown* durch. Die Maschine muß danach durch ein Boot–Kommando wieder gestartet werden.	
REBOOT	None	None
	Funktion: Führt automatisch einen Reboot des Systems durch.	

AUTOGEN execution mode:

FEEDBACK — Benutzt die feedback–Information für die Berechnung der Systemparameter (Default).

NOFEEDBACK — Schaltet die Ermittlung der feedback–Information aus. Die Phase SAVPARAMS wird in diesem Fall nicht durchlaufen.

Die Angabe des *execution mode* beeinflußt nur die Phasen SAVPARAMS und GETDATA.

Beispiel:

$ @sys$update:autogen savparams

```
%AUTOGEN-I-BEGIN, SAVPARAMS phase is beginning.
%AUTOGEN-I-NEWFILE, a new version of SYS$SYSTEM:AGEN$PARAMS.REPORT
has been created. You may wish to purge this file.
%AUTOGEN-I-END, SAVPARAMS phase has successfully completed.
```

$ @sys$update:autogen getdata

```
%AUTOGEN-I-BEGIN, GETDATA phase is beginning.
%AUTOGEN-I-NEWFILE, a new version of SYS$SYSTEM:PARAMS.DAT has been
created. You may wish to purge this file.
%AUTOGEN-I-END, GETDATA phase has successfully completed.
```

$ @sys$update:autogen genparams

```
%AUTOGEN-I-BEGIN, GENPARAMS phase is beginning.
%AUTOGEN-I-FEEDBACK, Feedback information will be used in the subse-
quent calculations. This information (from SYS$SYSTEM:AGEN$PARAMS.RE-
PORT) is based on 172 hours of up time.
%AUTOGEN-I-NEWFILE, a new version of SYS$MANAGER:VMSIMAGES.DAT has
been created.  You may wish to purge this file.

%AUTOGEN-I-REPORT, AUTOGEN has produced some informational messages
which have been stored in the file SYS$SYSTEM:AGEN$PARAMS.REPORT. You
may wish to review the information in that file.
%AUTOGEN-I-NEWFILE, a new version of SYS$SYSTEM:SETPARAMS.DAT has
been created. You may wish to purge this file. %AUTOGEN-I-END, GENPA-
RAMS phase has successfully completed.
$
```

$ @sys$update:autogen setparams

```
%AUTOGEN-I-BEGIN, SETPARAMS phase is beginning.
%AUTOGEN-I-END, SETPARAMS phase has successfully completed.
```

$ set default sys$system
$ directory/size=all/date/since

```
Directory SYS$SYSROOT:[SYSEXE]

AGEN$ADDHISTORY.DAT;1
                    1/2      29-JUN-1989       17:25:13.73
AGEN$FEEDBACK.DAT;4
                    4/4      29-JUN-1989       17:20:51.55
AGEN$PARAMS.REPORT;3
                    7/8      29-JUN-1989       17:28:20.50
AUTOGEN.PAR;8       15/16    29-JUN-1989       17:28:56.87
PARAMS.DAT;8        9/10     29-JUN-1989       17:21:16.24
SETPARAMS.DAT;8     4/4      29-JUN-1989       17:26:13.27
VAXVMSSYS.OLD;7     15/16    29-JUN-1989       17:28:55.30

Total of 8 files, 55/60 blocks.
```

■

Wird die AUTOGEN Phase *getdata* mit dem Zusatz *feedback* benutzt, so kann im File AGEN$PARAMS.REPORT festgestellt werden, wie die Systemparameter durch die aufgezeichnete feedback–Information beeinflußt wurden.

Beispiel:

$ TYPE AGEN$PARAMS.REPORT

```
AUTOGEN Parameter Calculation Report on node: GSNWE1
This information was generated at 19-SEP-1991 10:18:54.19
AUTOGEN was run from GENPARAMS to GENPARAMS-default execution speci-
fied

** No changes will be done by AUTOGEN **
The values given in this report are what AUTOGEN would
have set the parameters to.

The following problems were detected within MODPARAMS.DAT
   These problems should be reviewed immediately.
```

```
** WARNING ** - Duplicate value for PQL_DPGFLQUOTA found.
This overrides preceding requirements for this parameter in PA-
RAMS.DAT Please review the parameter setting and if possible use MIN,
MAX, or ADD.

Feedback information was collected on 19-SEP-1991 10:09:11.49
Old values below are the parameter values at the time of collection.
The feedback data is based on 49 hours of up time.
Feedback information will be used in the subsequent calculations

Parameter information follows:
------------------------------

MAXPROCESSCNT parameter information:
      Feedback information.
      Old value was 25, New value is 25
      Maximum Observed Processes: 19
      Override Information - parameter calculation has been overriden.
      The calculated value was 27.  The new value is 25.
      MAXPROCESSCNT has been disabled by a hard-coded value of 25.

VIRTUALPAGECNT parameter information:
      Override Information - parameter calculation has been overriden.
      The calculated value was 36672.  The new value is 50000.
      VIRTUALPAGECNT has been disabled by a hard-coded value of 50000.

GBLPAGFIL parameter information:
      Override Information - parameter calculation has been overriden.
      The calculated value was 1024.  The new value is 17600.
      GBLPAGFIL has been increased by 12000.
      GBLPAGFIL is not allowed to be less than 17600.

GBLPAGES parameter information:
      Feedback information.
      Old value was 32600, New value is 35200
      Current used GBLPAGES: 14650
      Global buffer requirements: 17600

GBLSECTIONS parameter information:
      Feedback information.
      Old value was 512, New value is 512
      Current used GBLSECTIONS: 232
      Override Information - parameter calculation has been overriden.
      The calculated value was 410.  The new value is 512.
      GBLSECTIONS is not allowed to be less than 512.

IRPCOUNT parameter information:
      Feedback information.
      Old value was 470, New value is 749
      Maximum observed IRP list size: 1029

LRPCOUNT parameter information:
      Feedback information.
      Old value was 28, New value is 24
      Maximum observed LRP list size: 28
```

```
MSCP_BUFFER parameter information:
      Feedback information.
      Old value was 128, New value is 128
      MSCP server I/O rate: 3 I/Os per 10 sec.
      I/Os that waited for buffer space: 4450
      I/Os that fragmented into multiple transfers: 5456

NPAGEDYN parameter information:
      Feedback information.
      Old value was 782336, New value is 854912
      Maximum observed non-paged pool size: 879104 bytes.
      Non-paged pool request rate: 11 requests per 10 sec.

BALSETCNT parameter information:
      Override Information - parameter calculation has been overriden.
      The calculated value was 22.  The new value is 18.
      BALSETCNT has been disabled by a hard-coded value of 18.

ACP_DIRCACHE parameter information:
      Feedback information.
      Old value was 36, New value is 36
      Hit percentage: 90%
      Attempt rate: 0 attempts per 10 sec.

ACP_DINDXCACHE parameter information:
      Feedback information.
      Old value was 11, New value is 11
      Hit percentage: 83%
      Attempt rate: 0 attempts per 10 sec.

ACP_MAPCACHE parameter information:
      Feedback information.
      Old value was 8, New value is 8
      Hit percentage: 8%
      Attempt rate: 0 attempts per 10 sec.

      ...
      ...
      ...

PAGEDYN parameter information:
      Feedback information.
      Old value was 3072000, New value is 3072000
      Current paged pool usage: 1142224 bytes.
      Paged pool request rate: 3 requests per 10 sec.

SYSMWCNT parameter information:
      Override Information - parameter calculation has been overriden.
      The calculated value was 1411.  The new value is 1711.
      SYSMWCNT has been increased by 300.

LOCKIDTBL parameter information:
      Feedback information.
      Old value was 263, New value is 460
      Current number of locks: 767
```

```
RESHASHTBL parameter information:
        Feedback information.
        Old value was 512, New value is 512
        Current number of resources: 755

LNMSHASHTBL parameter information:
        Feedback information.
        Old value was 256, New value is 512
        Current number of shareable logical names: 692

WSMAX parameter information:
        Override Information - parameter calculation has been overriden.
        The calculated value was 7200.  The new value is 4096.
        WSMAX has been disabled by a hard-coded value of 4096.

PROCSECTCNT parameter information:
        Override Information - parameter calculation has been overriden.
        The calculated value was 32.  The new value is 64.
        PROCSECTCNT is not allowed to be less than 64.
```

■

9.9 Die OpenVMS Management Station

OpenVMS Management Station ist eine Microsoft Windows–Anwendung für die Durchführung von häufig benötigten Systemmanagement–Aufgaben, wie beispielsweise die Benutzerverwaltung oder die Vergabe von Zugriffsrechten, über einen PC–Arbeitsplatz. Die Bedienoberfläche ähnelt der des PATHWORKS Serverpflegeprogramms ManageWORKS, wie im Abschnitt "Verwaltung eines PC–Netzwerkservers" in der Abbildung 11.2–4 auf der Seite 348 gezeigt.
Die Basis ist ein über PATHWORKS am Netzwerk angeschlossener PC. Diese Software ist Bestandteil des OpenVMS Version 6.2 Software–Kits und besteht aus zwei Komponenten:

- Die Client–Software, auf der Basis von Microsoft Windows.
- Die Serverkomponente, für alle zu pflegenden OpenVMS Systeme.

Einrichtung und Funktion der *OpenVMS Management Station* sind im "OpenVMS Version 6.2 Upgrade und Installation Manual" beschrieben.

10. Netzwerkbetrieb unter OpenVMS

10.1 DECnet–Überblick

DEC entwickelte Netzwerkprodukte auf Basis der Digital Network Architecture (DNA) seit 1975. Die Implementierung dieser Architektur heißt *DECnet*. Die Entwicklungsstufen erfolgen nach Phasen. DECnet dient der Verbindung von DEC–Rechnern sowohl im Nahbereich (*LAN*, Verbindung über Ethernet) als auch im Fernbereich (*WAN*, wide area network). Als Interfaces dienen dabei synchron oder asynchron arbeitende Geräte wie beispielsweise DMR11 bzw. DMF32 oder Kommunikationsgeräte (router, gateways), welche an das Netzwerk angeschlossen werden. DEC bietet auf der Basis von Ethernet Verbindungsmöglichkeiten von Netzwerken für eine große Anzahl von Routern und Bridges an.

Mit jeder DECnet–Phase kamen neue Fähigkeiten hinzu. Mit der neuesten Version DECnet /OSI (Phase V) orientiert sich DEC an der Integration der Open Systems Interconnection (OSI) Protokolle. Gleichzeitig ist DECnet Phase V kompatibel zu Netzwerken auf der Basis von DECnet Phase IV und TCP/IP.

10.2 DECnet Phase IV Rechnerknoten

Netzwerkkomponenten werden eindeutig über eine Knotennummer adressiert. Die Knotennummern können im Bereich zwischen 1 und 1023 ($2^{10} - 1$) liegen.
Damit auch große Netzwerke noch handhabbar sind, gibt es die Möglichkeit einer DECnet–Knotennummer, eine sogenannte Area Nummer (1 – 63) voranzustellen.
Beispiele:

14.1, 14.6, 14.7	(Rechnerknoten des Areas 14)
16.1, 16.2, 16.6	(Rechnerknoten des Areas 16)

Intern wird diese Nummer nach folgendem Algorithmus in eine eindeutige Zahl umgewandelt:

$$inr = (k * 1024) + n$$

Dabei ist inr die im DECnet–Netzwerk eindeutige interne Nummer, k die Area Nummer und n die Knotennummer im lokalen Netzwerk.

DECnet ermöglicht:

- Das Durchschalten eines Terminals als virtuelles Terminal an einen anderen DECnet Rechner
- Den Zugriff auf Dateien anderer Rechner, die über DECnet gekoppelt sind (remote file access)
- Die Interprozeß–Kommunikation (intertask communication) zwischen Prozessen auf verschiedenen über DECnet gekoppelten Rechnern.

Es besteht die Möglichkeit, einem DECnet–Knoten eine alphanumerische Bezeichnung zuzuordnen. Diese kann maximal 6 Zeichen lang sein; Beispiele sind:

VAX1, GOOFY, AR121, ABNV01 usw.
Sobald der Knotenname einem File-Namen vorangestellt wird (Beispiel: VAX1::), wird für die Durchführung des Kommandos DECnet aktiv. Befehle, die DECnet unterstützt, sind beispielsweise COPY, TYPE oder DIRECTORY. Die Zeichenfolge :: dient dabei als Separator zwischen File-Name und Rechnerknoten.

10.3 Netzwerkinformation

Das DCL-Kommando SHOW NETWORK zeigt den aktuellen Zustand des Netzwerks an. Es werden die Knotennamen der aktuell über DECnet erreichbaren Rechner angezeigt. An erster Stelle der Liste steht dabei der Rechner, auf dem man sich nach dem Login befindet (Kennung local).

Beispiel:

$ SHOW NETWORK

```
VAX/VMS Network status for local node 14.1 GSNV01 on 19-JUN-1991
09:55:44.86

The next hop to the nearest area router is node 14.58 GSNR01.

         Node    Links  Cost  Hops        Next Hop to Node

 14.1    GSNV01  0      0     0     (Local)   -> 14.1    GSNV01
 14.2    GSNV02  2      3     1     UNA-0     -> 14.2    GSNV02
 14.3    GSNV03  0      3     1     UNA-0     -> 14.3    GSNV03
 14.4    GSNV04  0      3     1     UNA-0     -> 14.4    GSNV04
 14.5    GSNV05  0      3     1     UNA-0     -> 14.5    GSNV05
 14.6    GSNV06  0      3     1     UNA-0     -> 14.6    GSNV06
 14.7    GSNV07  0      3     1     UNA-0     -> 14.7    GSNV07
 14.8    GSNV08  0      3     1     UNA-0     -> 14.8    GSNV08
 14.9    GSNV09  0      3     1     UNA-0     -> 14.9    GSNV09
 14.10   GSNV10  0      3     1     UNA-0     -> 14.10   GSNV10
 14.11   GSNV11  0      3     1     UNA-0     -> 14.11   GSNV11
 14.29   GSNC01  0      0     0     (Local)   -> 14.1    GSNV01
 14.47   GSNP07  0      3     1     UNA-0     -> 14.47   GSNP07
 14.58   GSNR01  0      3     1     UNA-0     -> 14.58   GSNR01
 14.59   GSNP19  0      3     1     UNA-0     -> 14.59   GSNP19
 14.70   GSNL00  0      3     1     UNA-0     -> 14.70   GSNL00
 14.122  GSNW02  0      3     1     UNA-0     -> 14.122  GSNW02
 14.127  GSNW07  0      3     1     UNA-0     -> 14.127  GSNW07
 14.132  GSNW12  1      3     1     UNA-0     -> 14.132  GSNW12
 14.134  GSNW14  0      3     1     UNA-0     -> 14.134  GSNW14
 14.137  GSNW17  0      3     1     UNA-0     -> 14.137  GSNW17
 14.140  GSNW20  0      3     1     UNA-0     -> 14.140  GSNW20
 14.142  GSNW22  0      3     1     UNA-0     -> 14.142  GSNW22
 14.147  GSNW27  1      3     1     UNA-0     -> 14.147  GSNW27

           Total of 24 nodes.

The next hop to the nearest area router is node 14.58 GSNR01.
```

Dabei bedeuten:

Node: Knotenname

Links: Anzahl der aktiven Verbindungen (links) auf den zugeordneten DECnet–Knoten.

Cost: Angabe einer fiktiven Zahl, welche die Kosten für das Erreichen des Knotens angibt. Falls mehrere Möglichkeiten (Leitungswege) für das Erreichen eines Zielrechners exisitieren, wird der kostengünstigste Weg benutzt (routing).

Hops: Hops (Hüpfer) stellt die Anzahl der Knoten dar, die passiert werden müssen, um den Zielknoten zu erreichen. Bei einer Kopplung der Knoten über Ethernet ist Hops immer 1.

.: alle Files, wobei der File–Name und der File–Typ beliebig ist, mit der höchsten Versionsnummer

10.4 Virtuelles Terminal

Um auf einem anderen Rechnerknoten zu arbeiten, ist das DCL–Kommando SET HOST <Knotenname> zu benutzen.

Der Zielknoten meldet sich mit `Username: ...`
Um wieder auf den lokalen Knoten zurückzugelangen, ist das Kommando LOGOUT einzugeben.

SET HOST/LOG[=<file–spec.>] bewirkt, daß die DECnet–Session in einer Datei (<file–spec.>) mitprotokolliert wird. Dies kann beispielsweise für ein schriftliches Session–Protokoll benutzt werden. Auf dem Zielrechner entsteht ein neuer Prozeß, dessen Bildschirmausgaben zusätzlich im File <file–spec.> des Ursprungsprozesses abgelegt werden. Wird nur der Qualifier /LOG ohne File–Name benutzt, so wird ein File mit dem Namen SETHOST.LOG in der aktuellen Directory angelegt.

10.5 Zugriff auf Files in anderen DECnet–Knoten

Bei Zugriffen über DECnet auf Files eines anderen Rechners gelten die üblichen OpenVMS–File–Schutzmechanismen. Das sind das File–Schutzwort und eventuell vorhandene ACL–Einträge bei den Files.

Der Zugriff auf einen anderen Netzwerkknoten erfolgt dadurch, daß der Netzwerkknotenname vor den File–Namen gestellt wird. Als Separator werden die Zeichen :: verwendet. In einem WAN (wide area network) können auch über das Datex–P–Netz (X25) verbundene DEC–Rechner direkt angesprochen werden. Hierzu müssen die über das X25–Netzwerk verbundenen Rechner mit dem Produkt VAX–P.S.I. (Packet–Switched–Interconnect) bzw. DECnet Phase V ausgerüstet sein. Bei der Angabe des Zielrechners ist in diesem Falle die Datex–P–Rufnummer (Adresse) mitzugeben.
Beispiel:

```
$ MAIL
MAIL>send PROJ.TXT
```

```
to: PSI%4573034311::SYSTEM
Subj: Mail über Datex-P
MAIL>
```

Es wird von dem lokalen Knoten der File PROJ.TXT mittels der Mail-Utility an den Benutzer SYSTEM des Rechnerknotens mit der Datex-P-Nummer 4573034311 gesendet.

■

Werden bei einem Zugriff auf Files eines anderen DECnet-Knotens keine Zugriffsinformationen (Username und Kennwort des Zielknotens) mitangegeben, gelten die Zugriffsrechte des sogenannten Default-DECnet-Accounts. Dieser verhält sich auf dem Zielknoten gegenüber dort abgelegten Files wie ein User, welcher der Benutzergruppe *world* zuzuordnen ist. Hat *world* auf Files des Zielknotens keinen Lesezugriff, erscheint eine Fehlermeldung (*privilege violation*).

Beispiele:

```
$ DIRECTORY   VAX1::DISK$USER1:[NE46]*.*
$ TYPE        VAX1::DISK$USER1:[NP46]READER.COM
$ TYPE        AR7::DK0:[1,2]STARTUP.CMD        (PDP11)
$! Es wird das Image DISKLOG.EXE unter dem lokalen Betriebssystem
$! gestartet, das auf dem DECnet Knoten VAX1 abliegt.
$ RUN         VAX1::SYS$SYSDISK:[SYSMGR]DISKLOG
$! Es werden von VAX1 alle Files mit dem Filetyp .COM auf den aktuellen
$! Knoten kopiert.
$ COPY
from:         VAX1::DISK$USER1:[NE46]*.COM
to:           DISK$USER2::[NE50]
```

Falls eine Zugriffsinformation (kein Zugriffsrecht für *world*) mitangegeben werden muß, kann diese Information in Anführungszeichen (") eingeschlossen mit beim Knotennamen angegeben werden.

Beispiel:

```
$! Der File LESE.FOR des Benutzers mit dem Usernamen TESTER und dem
$! Kennwort PUR wird auf den lokalen Rechnerknoten kopiert.
$ COPY
from:         VAX1"TESTER PUR"::DISK$USER1:[NP44]L.FOR
to:           DISK$USER2:[NE33]
$! Der File L.FOR wird auf ein OSF/1 (Digital UNIX) Betriebssystem übertragen.
$! Achtung, dieses Betriebssystem unterscheidet zwischen Groß- und
$! Kleinschreibung
$ COPY LESE.FOR   ALPH1"huber zim"::"/usr/bin/source"
```

Wenn Dateien zwischen DEC OSF/1 bzw. Digital UNIX Betriebssystemen und OpenVMS Betriebssystemen kopiert werden, wird auf dem OpenVMS System eine automatische Konvertierung des Fileattributs carriage control durchgeführt. Um Dateien, die nicht direkt kopierbar sind, zu einem OSF/1 bzw. Digital UNIX System zu kopieren, kann die Datei vorher konvertiert werden.

Beispiel:

```
$ CONVERT/FDL=STMLF.FDL <Eingabefile>  <Ausgabefile>
```

Dabei enthält die Datei STMLF.FDL folgende Zeilen:

FILE

	ORGANISATION	sequential
	FORMAT	Stream_LF
	CARRIAGE_CONTROL	none

Für DECnet Knoten unter dem RSX–Betriebssystem kann der File–Transfer mit der Network–File–Transfer–Utility (NFT) erfolgen. Allgemeines Format:
<output filespec.>=<input filespec.>
Beispiel:

```
>NFT DL0:[1,2]TEST.DAT=VAX4/SYSTEM/BLAH/::DRA3:[SIM.RSX]STARTUP.CMD
```

Vom Rechner VAX4 wird der File STARTUP.CMD in den Bereich DL0:[1,2] unter dem Namen TEST.DAT auf das RSX–System kopiert.

Empfehlung: Um zu vermeiden, daß die Zugriffsinformation bei jedem Copy–Kommando angegeben werden muß, ist es sinnvoll, Knoten, Zugriffsinformation und Platte in einem einmaligen ASSIGN festzulegen.
Beispiel:

```
$ ASSIGN  VAX1"""TESTER PUR"""::DISK$USER1:   NET
$ COPY  NET:[NP44]LESE.FOR     DISK$USER2:[NE33]
```

Hinweis: Remote File Access ist auch aus den Anwendungsprogrammen heraus möglich.

Proxy–Logins:

Beim Zugriff auf andere Knoten des Netzwerks müssen meist auch der eigene Username und das Kennwort angegeben werden, da die Files in der Regel gegen unbefugten Zugriff gesperrt sind (Gruppe *world* hat keinen Eintrag im File–Schutzwort). Um zu verhindern, daß Username und Kennwort im Netzwerk übertragen werden müssen, gibt es die Möglichkeit, einen sogenannten Proxy Account auf dem Zielknoten einzurichten. Ist ein Proxy Account eingerichtet, kann bei einem File–Zugriff auf diesen Knoten die Angabe der Zugriffsinformation entfallen.

Beispiel:

Der Benutzer RUESSEL auf dem Rechner VAX2 soll Zugriff erhalten auf Daten des Benutzers SIMON auf Knoten GSNWE1. Ohne Proxy Account erhält der Benutzer RUESSEL eine Fehlermeldung:

```
$ directory gsnwe1::data9:[simon]*.*
%DIRECT-E-OPENIN, error opening GSNWE1::DATA9:[SIMON]*.*;* as input
-RMS-E-PRV, insufficient privilege or file protection violation
```

Nach eingerichtetem Proxy Account wird das Kommando directory auf GSNWE1 zugelassen.

```
$ directory gsnwe1::data9:[simon]
Directory GSNWE1::DATA9:[SIMON]

123.DAT;1           123.TJL;1           2020.DIR;1          2020T.DAT;3
2020T.PLOT;1        2020_PLOT.DAT;1     ABL.DIR;1           AIS$ANR.DAT;1
...                 ...                 ...                 ...
...                 ...                 ...                 ...
```

■

Einrichten eines Proxy Accounts:

Usernamen, die von einem anderen Rechnerknoten auf den lokalen Knoten zugreifen wollen, kann der Zugriff auf bestimmte Userbereiche des lokalen Knotens gestattet werden.
Hierzu ist auf dem lokalen Rechnerknoten ein Proxy Account einzurichten, der auf einen lokalen Usernamen abgebildet wird. Das Einrichten eines Proxy Accounts ist im Abschnitt 9.1.6 "Proxy Accounts" auf der Seite 262 Seite beschrieben.

10.6 Zugriff auf Drucker im Netzwerk

Um den Drucker eines anderen Rechnerknotens ansprechen zu können, muß der Device–Name dieses Druckers mit im DCL–Kommando angegeben werden. DECnet unterstützt das Kommando PRINT für die Ausgabe auf anderen DECnet–Knoten nicht im vollen Umfang. Es wird nur das Drucken auf der Default–Printer–Queue des Zielrechners (SYS$PRINT) unterstützt, auf der sich die Datei befinden muß.
Beispiel:

$ PRINT/REMOTE VAX1::LOGIN.COM

Es wird der sich auf dem Rechner VAX1:: befindliche File mit dem Namen LOGIN.COM auf dem dortigen Systemdrucker ausgedruckt.
Für die Ausgabe eines lokal abgelegten Files auf einen Drucker, der an einem anderen Rechner angeschlossen ist (remote), muß daher das COPY–Kommando mitbenutzt werden.
Beispiel:

$ COPY TEST.DAT VAX1::LPA0:

Der File TEST.DAT wird am Schnelldrucker (LPA0:) der VAX1 ausgegeben.

Wichtig: Wird bei Angabe des Zielknotens keine Username/Kennwort–Angabe gemacht, so erscheint auf dem Deckblatt des Files der Default–DECnet–Username (z.B. NETNOP bzw. DECNET) .

Hat man auf dem Zielrechner einen Usernamen, so kann man z.B. folgenden COPY–Befehl benutzen:

$ COPY TEST.DAT VAX1"NP30SI WOLKE"::LPA0:

In diesem Fall wird auf das Deckblatt der Username NP30SI gedruckt.

Wurde auf dem Zielrechner ein Proxy Account eingerichtet, so kann die Angabe der Zugriffsinformation entfallen, und es wird der Username des zugehörigen Proxy Accounts des Zielrechners auf dem Deckblatt gedruckt.

10.7 Interprozeß–Kommunikaton

Anwendungen der Interprozeß–Kommunikation (intertask communication) sind im *Guide to DECnet–VAX Networking* (System Management Volume 5A) ausführlich beschrieben.

Nachfolgend ist ein einfaches Beispiel für die Programmierung einer Intertask–Kommunikation aufgeführt.

Vorgaben: Auf dem Rechner X befindet sich ein Programm (TEST3.FOR), welches einen Suchbegriff abfragt. Dieser Suchbegriff wird zum Rechner GSNV01 geschickt. Dort wird ein Partnerprogramm gestartet, das beispielsweise auf Grund des übermittelten Suchbegriffes einen Datensatz aus einer Datenbank ausliest und den Datensatz zurückschickt (an SYS$NET).

Voraussetzungen: Auf dem Zielrechner (GSNV01) muß sich in der Default–Directory eine Kommando–Prozedur befinden, deren File–Name dem DECnet–Task–Namen entspricht (hier TEST4.COM). Diese Kommando–Prozedur enthält einen Aufruf des eigentlichen Abfrageprogramms (hier TEST4.EXE).
Im Programm TEST4 erfolgt ein Open auf den DECnet–Link (logischer Name SYS$NET) und danach ein Lesen des übermittelten Codes. Im Beispielprogramm TEST4.FOR wird dann einfacherweise ein konstanter String vor den Code gesetzt und diese Stringkombination über den DECnet–Link zurückgesendet.
Das Programm TEST3 zeigt den zusammengesetzten String am Bildschirm an. Die Kommando–Prozedur TEST3.COM startet das Programm TEST3 und definiert den logischen Namen *TASK*. Es werden beim DECnet–Knoten–Username und Kennwort mitangegeben, damit auf dem Zielrechner gezielt auf der Default–Directory des Benutzers nach dem File TEST4.COM gesucht werden kann.

Aufgerufen wird das Testbeispiel mit @TEST3.

```
$!----------------------------------------------------
$ TEST3.COM  für DECnet TASK TEST3.FOR
$!   (Sender)
$ DEFINE TASK "GSNV01""MP32 GUSTAV""::""TASK=TEST4"""
$ ASSIGN SYS$COMMAND SYS$INPUT
$ RUN TEST3
$ EXIT
```

■

```
$!----------------------------------------------------
$ TEST4.COM  für DECnet TASK TEST4.FOR
$!     (Empfänger)
$!
$ RUN CLUSYS2:[SIMON.DECnet]TEST4
$ EXIT
```

■

```
C----------------------------------------------------
C   TEST3.FOR  Beispiel für DECnet Intertask commmunication (Sender)
C
          character*4      code
          CHARACTER*40     BUFFER
          INTEGER          NCHAR
100       FORMAT ('_ENTER REQUEST CODE: ')
200       FORMAT (A)
300       FORMAT (Q,A)
400       FORMAT ('0STOCK NUMBER ',A,' IS: ',A40)
          OPEN    (UNIT=1,NAME='TASK',ACCESS='SEQUENTIAL',
                           FORM='formatted',TYP='NEW')
```

```
10       TYPE 100
         ACCEPT 200,CODE
         IF (CODE .EQ. 'EXIT') GOTO 20
         WRITE (1,200)CODE
         READ  (1,300) NCHAR,BUFFER(:NCHAR)
         TYPE 400,CODE,BUFFER(:NCHAR)
         GOTO 10
20       CLOSE  (UNIT=1)
         END
```

■

```
C ------------------------------------------------------
C       TEST4.FOR    Beispiel  für  DECnet  Intertask  commmunication
(Empfänger)
C
         character*4       code
         CHARACTER*40      BUFFER
         INTEGER           NCHAR
100      FORMAT (A)
                   OPEN         (UNIT=1,NAME='SYS$NET',ACCESS='SEQUEN-
TIAL',TYP='OLD')
10       READ  (1,100,END=20)CODE
         BUFFER = 'DECnet TASK TEST4' //CODE
         NCHAR = 40
         WRITE  (1,100) BUFFER(1:NCHAR)
         GOTO 10
20       CLOSE  (UNIT=1)
         END
C------------------------------------------------------
```

■

10.8 DEC TCP/IP Services für OpenVMS

Digital unterstützt im Netzwerkbereich neben dem DECnet Protokoll auch die Nutzung des Protokolls TCP/IP. Das Transmission Control Protocol/Internet Protocol wurde ursprünglich im Auftrag des amerikanischen Verteidigungministeriums (DARPA = Defense Advanced Research Projects Agency) entwickelt, um heterogene Computersysteme miteinander verbinden zu können. Das Wort internet wird verwendet, wenn Computersysteme über das TCP/IP Protokoll verbunden sind. Wird *INTERNET* als Begriff verwendet, so ist damit das weltweit eingerichtete DARPA Netzwerk gemeint, das tausende von Computersystemen miteinander verbindet. Inzwischen hat sich TCP/IP zu einem Industriestandard in Netzwerkbereich entwickelt. Nahezu alle Hersteller unterstützen inzwischen dieses Protokoll. Auf diesem Protokoll basieren folgende Standardanwendungen:

FTP	File Transfer Protocol
TELNET	TELetype NETwork
SMTP	Simple Mail Protocol
Rlogin	Remote Login

DEC TCP/IP in der OpenVMS Umgebung besteht aus folgenden Komponenten:

- Laufzeit–Umgebung
- Anwendungen
- DEC NFS
- UCX (Unix Connection) Kommandoschnittstelle

10.8.1 Allgemeines zu TCP/IP

Für Internet Adressen gelten folgende Regeln:

- Die 32 Bits umfassende Adresse wird in vier Felder von jeweils 8 Bits aufgeteilt. Jedes dieser Felder wird in dezimaler Form dargestellt.
- Eine Internet–Adresse hat zwei Teile:
  - eine Netzwerknummer
  - eine Hostnummer (Maschinennummer)
- Alle Hosts im gleichen Netzwerk müssen dieselbe Netzwerknummer haben.
- Die Hostnummer im gleichen Netzwerk muß eindeutig sein.

Beispiele: 138.222.240.18 142.59.5.1 191.41.92.5 1.2.0.1

Internet–Adressen sind in Adreßklassen (address classes) aufgeteilt.

- Class A
  Erstes Byte stellt die Netzwerknummer dar, die restlichen drei Bytes können für die Hostnummern verwendet werden. Die Netzwerknummer liegt dabei zwischen 1 und 127.
- Class B
  Diese Adressen benutzen die ersten zwei Bytes als Netzwerknummer und die letzten zwei Bytes als Hostnummer. Die Netzwerknummer liegt im Bereich zwischen 128 und 191.
- Class C
  Diese Adressen benutzen die ersten drei Bytes als Netzwerknummer und das letzte Byte als Hostnummer. Die Netzwerknummer liegt zwischen 192 und 223.

Die Adreßklasse bestimmt die Netzwerkmaske (network mask) einer Adresse. Die Netzwerkmaske ist eine 32–Bit–Internet–Adresse, wobei die Bits der Netzwerknummer alle auf 1 und die Bits der Hostnummer alle auf 0 gesetzt sind. Hosts und Gateways benutzen diese Maske, um Internet–Pakete nach folgender Strategie weiterzuleiten:

1. Netzwerknummer der Internet–Adresse bestimmen.
2. Vergleich der Netzwerknummer mit der eigenen Routing Information, um festzustellen, ob es sich um eine lokale Adresse handelt.

Adreßklasse	**Erstes Byte**	**Netzwerkmaske**
Class A	1 – 127	255.0.0.0
Class B	128 – 191	255.255.0.0
Class C	192 – 223	255.255.255.0

Die Werte 224 bis 239 sind für Class D Adresssen reserviert. Diese werden für eine Art Sammelübertragung (multicasting) benutzt. Die Werte 240 bis 255 sind für Class E Netz reserviert und werden zur Zeit nicht benutzt.

Jeder Adresse kann ein alphanumerischer Name zugewiesen werden. Weiter ist zu beachten, daß bei den Rechnerknotennamen für UNIX Systeme generell zwischen Groß- und Kleinschreibung unterschieden wird.

Die bekanntesten TCP/IP Anwendungen sind:

- TELNET (virtual terminal protocol)
  Erlaubt es Benutzern eines Rechners sich interaktiv bei einem anderen Rechner anzumelden.
- FTP (file transfer protocol)
  Nach Angabe der Benutzerkenndaten (Username, Kennwort) können auf dem Zielrechner File-Operationen wie Kopieren, Löschen oder Umbenennen durchgeführt werden.
- NFS (network file system protocol)
  Erlaubt den Benutzern die Ansprache des Filesystems des Zielrechners als wäre es ihr lokales Filesystem.
- SMTP (simple mail transfer protocol)
  Hierbei handelt es sich um ein electronic mail Hilfsmittel um Nachrichten zwischen den Rechnern auszutauschen.

10.8.2 Das Dienstprogramm UCX

UCX ist die allgemeine Kommandoschnittstele für alle TCP/IP Dienste unter OpenVMS. Zu der UCX-Datenbasis zählen unter anderem folgende Dateien, die im Verzeichnis SYS$SYSTEM abliegen:

UCX$HOST.DAT
UCX$NETWORK.DAT
UCX$ROUTE.DAT
UCX$PROXY.DAT
UCX$EXPORT.DAT
UCX$CONFIGURATION.DAT
UCX$LPT_PRINTCAP.DAT
UCX$SERVICE.DAT

Syntax und Aufbau der Kommandos innerhalb von UCX entsprechen dem Aufbau der OpenVMS Kommandos. Eine ausführliche Online-Hilfe ist über das Kommando HELP verfügbar.

Beispiel:

```
$UCX
UCX>show hosts          !Anzeige der definierten Knoten
145.222.231.211   SVNA01, svna01
145.222.87.63     SIF078, sif063
    ...              ...
    ...              ...

UCX>set host NUV103 /address=139.220.220.2/alias="nuv103" !Neudefinition
UCX>show network
Network address       Network name
145.222.1.0           INF1
```

```
145.222.34.0          INF2
178.198.0,0           ORA_NET
```

UCX>show route/permanent !Anzeige von statischen Routes

```
PN          145.222.241.0          SVAR01
PN          201.0.2.5              145.222.241.101
PN          INF1                   SVAR02
```

UCX>! Beispiel für die Einrichtung einer statischen Route
UCX>set route ORA_NET /Gateway=145.222.111.2/permanent
UCX>!Anzeige der verfügbaren TCP/IP Anwendungen
UCX>show service

```
Service     Port   Proto   Process        Address   State
FTP         21     TCP     UCX$FTPD       0.0.0.0   Enabled
LPD         515    TCP     UCX$LPD        0.0.0.0   Disabled
REXEC       512    TCP     UCX$REXECD     0.0.0.0   Enabled
RLOGIN      513    TCP     not defined    0.0.0.0   Enabled
RSH         514    TCP     UCX$RSHD       0.0.0.0   Enabled
SMTP        25     TCP     UCX$SMTP       0.0.0.0   Disabled
SNMP        161    UDP     UCX$SNMP       0.0.0.0   Enabled
TELNET      23     TCP     not defined    0.0.0.0   Enabled
sapdp01     3201   TCP     not defined    0.0.0.0   Disabled
sapdp11     3211   TCP     not defined    0.0.0.0   Disabled
sapgw01     3301   TCP     not defined    0.0.0.0   Disabled
sapgw11     3311   TCP     not defined    0.0.0.0   Disabled
sapmsC11    3601   TCP     not defined    0.0.0.0   Disabled
sapsp01     3401   TCP     not defined    0.0.0.0   Disabled
sapsp11     3411   TCP     not defined    0.0.0.0   Disabled
```

■

Sehr nützlich für den Test von Verbindungen ist bei TCP/IP Netzwerken das Kommando PING. Dieses ist auch bei den TCP/IP Services für OpenVMS verfügbar.

Beispiel:
$UCX
UCX>ping 145.222.240.1

```
%UCX-I-LOOPACT,  145.222.240.1  is alive
```

Abkürzung:
$PING:=$SYS$SYSTEM:UCX$PING
$PING sgnv03

```
%UCX-I-LOOPACT,  SGNV03  is alive
```

■

Um Kommandos auf einem Remote UNIX–Rechner direkt ausführen zu können, muß das Kommando RSH verwendet werden.

Beispiel:
$ RSH NUV100/lowercase/User="user1" ls
In diesem Fall wird meist eine Fehlermeldung ausgegeben ("UCX$RSHD – Permission denied – host IP addr"), da der remote User in der Datei /etc/hosts.equiv oder der Datei .rhosts als berechtigt eingetragen sein muß.

10.8.3 Startup und Shutdown von UCX

TCP/IP Services für OpenVMS ist ein eigenständiges Produkt mit einem eigenen Startup–File. Der Name des Start–Files ist UCX$STARTUP. Entsprechend kann das UCX–System auch mit UCX$SHUTDOWN wieder ausgeschaltet werden.

10.8.4 TCP/IP Anwendungen

Alle Anwendungen haben eine Help–Schnittstelle, so daß der Benutzer direkt die Syntax der Kommandos abfragen kann.

TELNET:

TELNET erlaubt es OpenVMS–Benutzern sich auf einem UNIX–System anzumelden.

Beispiel einer TELNET–Sitzung

```
$ TELNET
TELNET>open gsna12
Trying...139.142.222.14
Connected to GSNA12.
Escape character is '^]'
 ..........
 ...........
```

$! Nach dem Logout aus der Zielmaschine erscheint die Meldung "Remote connection closed".

■

FTP (File Transfer Protocol):

Die FTP Komponente erlaubt den Dateizugriff und die Dateiübertragung zwischen Systemen, welche das TCP/IP Protokoll benutzen.

Beispiel eine FTP–Sitzung:

```
$ FTP
FTP>Help
FTP>CONNECT sapserv3
220 SAPSERV3 FTP Server (Version 3.1) Ready.
Connected to SAPSERV3.
Name (sapserv3:simon):simon
331 Username SIMON requires Password.
Password:
230 User logged in.
FTP>ls                      (Verzeichnisanzeige)
```

Beispiel für einen Filetransfer:

```
FTP>get new.upp31
106 bytes received in 00:00:00.01 seconds
FTP>quit
```

■

Bei verschiedenen DCL–Kommandos gibt es, falls das Produkt TCP/IP Services für OpenVMS ab der Version 3.3 installiert ist, zusätzliche Qualifier, welche den Umgang mit häufig benötigten TCP/IP Programmen erleichtern. Dazu gehören:

- COPY /FTP
- DIRECTORY /FTP
- SET HOST /TELNET
- SET HOST /RLOGIN

10.9 DECnet/OSI für OpenVMS

DECnet/OSI ist eine Familie von Produkten, welche die jüngste Version der Digital Network Architecture (DNA) implementieren (DECnet Phase V). Beweggründe für diese Implementierung waren unter anderem die Unterstützung größerer Netzwerke sowie die Integration der Open Systems Interconnection (OSI) Protokolle. Ein Ziel der OSI ist es, die Kommunikation zwischen heterogenen Systemen zu ermöglichen. Ein offenes System hat standardisierte Hardware– und Softwareschnittstellen und portable Anwendungen. OSI ist eine Netzwerkarchitektur, welche aus sieben Schichten besteht. DNA ist ebenfalls ein Schichtenmodell. Jede Schicht (layer) implementiert die auf dieser Ebene notwendigen Kommunikationsfunktionen als eine unabhängige und in sich abgeschlossene Menge, welche jeweils von der nächst höheren Schicht benutzt werden können. Die wesentlichen Unterschiede zu DECnet Phase IV sind Integration von OSI–Protokollen und die Fähigkeit, TCP/IP Transporte über DECnet zu verwendet.

7	DECnet Application	User Application	OSI Application
6	DNA Session Control	OSI Presentation	
5		OSI Session	
4	NSP	OSI Transport	
3	(ISO CLNS)	OSI Network	(ISO CONS)
2	OSI Datalink		
1	OSI Physical		

Abb. 10.9–1: DECnet/OSI Modell

DNA Phase V umfaßt die DEC-eigenen Protokolle und Schnittstellen sowie Protokolle und Netzwerkdienste, welche für OSI von der ISO definiert wurden. Die einzelnen Ebenen des OSI-Referenzmodells werden nachfolgend beschrieben.

- Application layer
  Diese Schicht bietet Dienste für im Netz verteilte Anwendungen und Netzwerkzugriffe durch Anwendungsprogramme und individuelle Benutzerschnittstellen.
- Presentation layer
  In dieser Schicht wird die Konvertierung von Daten und Datenformaten geregelt, um den Bedürfnissen der verschiedenen Anwendungsprozesse gerecht zu werden.
- Session layer
  In dieser Schicht werden Organisation und erforderliche Strukturen für die Kommunikation zwischen zwei Anwendungsprozessen festgelegt.
- Transport layer
  Diese Schicht sorgt für eine fehlerfreie Datenübertragung zwischen den Systemen. Sie enthält Methoden der Fehlerkorrektur sowie Regeln zur Steuerung des Datenflußes zwischen den Systemen.
- Network layer
  Diese Schicht legt die Kommunikationsregeln zwischen den Netzwerkeinheiten fest. Eine Netzwerkeinheit kann dabei ein benachbartes System im gleichen Netzwerk oder ein System sein, daß über mehrere andere Netzwerke oder Zwischensysteme (intermediate systems) angebunden ist. Ein solches Zwischensystem (im DECnet Phase IV auch Router genannt) kann Nachrichten von einem System empfangen und an ein anderes System weiterleiten.
- Data Link layer
  Hier wird die Technik festgelegt, mit der die Daten zwischen den Verbindungspunkten im Netzwerk transportiert werden. Außerdem ist festgelegt, wie Fehler der physikalischen Ebene entdeckt und korrigiert werden können.
- Physical layer
  Auf dieser Ebene werden die Verbindungen zu den physikalischen Übertragungsmedien definiert.

Eine Kernpunkt der Phase V sind die netzwerkweiten Namensdienste (DECdns). Dabei handelt es sich um einen netzwerkweiten Dienst, welcher eine konsistente ortsunabhängige Namensgebung von Betriebsmitteln ermöglicht. Dadurch können Netzwerkdienste benutzt werden ohne zu wissen, wo diese sich physikalisch befinden.

Die Planung, Einrichtung, Verwaltung und Nutzung von DECnet/OSI sind ausführlich auf der CD Nummer 2 des Online Dokumentationskits beschrieben.

Einige Begriffe aus der DECnet/OSI Welt:

- Namespace:
  Die komplette Hierarchie von Verzeichnissen und Objekten, welche den Namensraum umfassen. Man kann dies mit einem Filesystem vergleichen.
- Directory (Verzeichnis):
  Die logische Einheit zur Speicherung von Objekten.

- Replica:
  Die physikalische Instanz eines Verzeichnisses. Über diese Einheit werden die Namen im Netzwerk verteilt.
- Objekt:
  Ein Name und eine Menge von Attribute, welche das Betriebsmittel beschreiben.
- DECdns Server:
  Ein Rechnerknoten, auf dem die Serversoftware läuft.
- DECdns Client:
  Jede Anwendung, welche DECdns benutzt.
- DECdns Clerk:
  Die Schnittstelle zwischen einem DECdns Client und einem DECdns Server. Ein Clerk muß auf jedem DECnet/OSI Knoten existieren.
- Clearinghouse:
  Jeder DECdns Server besitzt eine Datenbank, die clearinghouse genannt wird. In dieser Datenbank sind die Netzwerknamen und andere DECdns Daten abgelegt.

Beispiel einer Namespace Implementierung: DECUS:.SIG.NET.notes_datei

Dabei ist DECUS der Namensraum (namespace nickname). Ein vollständiger Name kann bis zu 511 Zeichen (Buchstaben, Ziffern und bestimmte Sonderzeichen) lang sein und muß mit dem Namen des Namespace, gefolgt von einem Doppelpunkt (:) beginnen. Jeder Name eines Directory Wegs muß mit dem Zeichen Punkt (.) beginnen.
Bei der Umstellung von DECnet Phase IV Knotennamen auf DECnet/OSI können die Phase IV Knotennamen Bestandteil des DECnet/OSI Knotennamens sein. Das Wort LOCAL ist für diesen Zweck reserviert.

Beispiel: LOCAL:.GSNV18

Die Konfiguration von DECnet/OSI durch den Systemmanager kann mit Hilfe der Kommandoprozedur SYS$MANAGER:NET$CONFIGURE.COM erfolgen. Startup und Shutdown erfolgen mit den Prozeduren SYS$STARTUP:NET$STARTUP bzw. SYS$STARTUP:NET$SHUTDOWN.

Für die Anwender ist wichtig, wie sie einen anderen Netzwerknoten in einem DECnet/OSI Netzwerk erreichen können. Dies kann auf die gleiche Art und Weise geschehen wie von DECnet Phase IV gewohnt, solange man in einer reinen DEC–Welt bleibt. Es ist möglich für die langen DECnet/OSI Knotennamen einprägsame Abkürzungen benutzen zu können. Wenn der DECdns clerk gestartet wird, legt das System eine logische Namenstabelle mit dem Namen DNS$SYSTEM an. In diese Tabelle können Abkürzungen eingetragen werden.
Beispiel:

```
$ define/table=dns$system name1 "langer Name"
```

10.9.1 Die Benutzung der OSI–Anwendung FTAM

Für die Kommunikation in einer OSI–Umgebung gibt es die OSI–Anwendungen *FTAM* und *VT (Virtual Terminal)*. Diese sind ausführlich beschrieben in der online

Dokumentation (CD Nummer 2) im Abschnitt "DECnet/OSI for OpenVMS, End System Installation/Use". Die wichtigsten FTAM–Kommandos sind nachfolgend aufgeführt.

- Kopieren von Dateien:
  copy/app=ftam [/qualifiers] <input–file>[,...] <output–file>
  Beispiel:
  $ copy/app=ftam test.dat heidelberg::"\dir\file"
- Löschen von Dateiein:
  delete/app=ftam [/qualifiers] <file–spec.>[,...]
  Beispiel:
  $ delete/app=ftam heidelberg::"\projekt1\sub\file\ext"
- Dateien auflisten:
  directory/app=ftam [/qualifier] <file–spec.>[,...]
  Beispiel:
  $ directory/app=ftam heidelberg::"\dir\file\ext", test.dat

```
Directory HEIDELBERG:
\DIR\FILE\EXT
Total of 1 file
DIRECTORY DATA22:[USSELMANN]
TEST.DAT;4
Total of 1 file
Grand total of 2 directories, 2 files.
```

- Umbenennen von Dateien:
  rename/app=ftam[/qualifiers] <input–file>[,...] <output–file>
  Beispiel:
  $ rename/app=ftam assi1::"/main/file" "/new/file"

10.9.2 Die Benutzung der OSI–Anwendung Virtual Terminal

Um auf einen anderen OSI–Netzwerkknoten direkt interaktiv zugreifen zu können, muß als erstes eine VT–Zuordnung hergestellt werden. Dies erfolgt durch folgende Anweisung:

SET HOST /VTP <ALIAS> [Qualifier]

Qualifier:

/BREAK=<break–character>
Default ist das Zeichen].

/COMMAND=<command–character>
Zeichen für die Umschaltung in den Kommandomodus, Default ist das Zeichen @.

/DISCONNECT=<disconnect–character>
Zeichen für die Unterbrechung der Verbindung, Default ist das Zeichen \.

/LOG[=<file–spec.>]
Default ist /NOLOG.

/PROFILE=<profile–name>

Wird kein <ALIAS> (Zielrechnerknoten) angegeben, so wird das Ziel abgefragt. Beispiel:

$ set host/vtp rnode /log=session.out

Ist die Verbindung aufgebaut, so kann in den VT–Kommandomodus durch gleichzeitiges Drücken der Tastenkombination CTRL/@ umgeschaltet werden. Danach erscheint der VT–Prompt (`VT_PAD>`). Einige wichtige VT–Kommandos sind in der nachfolgenden Tabelle aufgeführt.

abort	*vt–abort* Meldung (Abbruch) an den remote host.
exit	*vt–release* Meldung (Session Ende) an den remote host.
send	Erlaubt das Versenden von speziellen Steuerzeichen an den remote host. *break* – VT break character (entspricht CTRL/] unter OpenVMS) *brk* – Telnet brk Zeichen escape – Sendet die VT–Kommandosequenz (entspricht CTRL/@ unter OpenVMS)
mode <type>	*line* Zeilenmodus für die Übertragung *character* Zeichenmodus für die Übertragung
show profile	Anzeige der aktuellen Information des Profiles.
resume	Beenden des Kommandomodus und Umschalten zum VT–Modus.
show profile	Anzeige der aktuellen Information des Profiles.
set item	Setzt eine VT–Initalisierungsvariable zu einem bestimmten Wert.
show item	Anzeige einer VT–Intialisierungsvariable.

Ab der Version 6.1 von DECnet/OSI ist es möglich DECnet nicht nur über das OSI–Transportprotokoll sondern auch über das TCP/IP Protokoll zu benutzen.

11. Die Anbindung der Personal–Computer an OpenVMS

Personal–Computer haben sich in den letzten Jahren zum bevorzugten multifunktionalen Arbeitsplatz entwickelt. Die Hauptanwendungen liegen in den Bereichen Textverarbeitung, Kalkulation und CAD. Besonders in der Industrie kann der PC nur zum Nutzen des gesamten Unternehmens eingesetzt werden, wenn der Zugriff vom PC aus auf unternehmensweit genutzte Daten mit der Sicherheit und Verfügbarkeit eines Großrechners der 70er und 80er Jahre möglich ist. Es ist erforderlich, daß PCs vernetzt werden. Hierbei gibt es zwei unterschiedliche Strategien:

- Netzwerke auf Serverbasis
  Die bekanntesten Vertreter dieser Klasse sind NOVELL NetWare, PATHWORKS, Microsoft LAN Manager.
  Wesentliche Eigenschaften sind dabei:
  - Die gemeinsam genutzten Ressourcen (Verzeichnisse, Drucker) werden zentral eingerichtet und verwaltet. Der Server bietet die Netzwerkdienste an.
  - Gemeinsam genutzte Daten sind in das Datensicherungskonzept des Servers eingebunden. Dies kommt insbesondere Unternehmen mit einer klassischen Rechenzentrumsorganisation entgegen.
  - Das Wachstum erfolgt kontrolliert.
  - Datenschutz und Datensicherheit können leichter gewährleistet werden.
- Peer to Peer Netzwerke
  Die bekanntesten Vertreter dieser Klasse sind Windows für Workgroups und NOVELL NetWare lite.
  Wesentliche Eigenschaften dieser Netzwerkstypen sind:
  - Alle PCs sind gleichberechtigt, jeder PC kann Netzwerkdienste anbieten.
  - Die Verwaltung der Netzwerkzugriffe kann von jedem PC aus erfolgen. Hierbei gilt das Prinzip, daß Ressourcen auf dem PC freigegeben werden müssen, auf dem sie sich befinden. Bei der Freigabe wird dann beispielsweise einem Verzeichnis ein Name (sharename) zugewiesen, unter dem dieses Verzeichnis bei anderen am Netzwerk angeschlossenen PCs als Netzwerkdienst angezeigt wird.
  - Schnelle Reaktion innerhalb von Benutzergruppen auf neue Anforderungen bezüglich des Zugriffs auf Daten.

Für größere Netzwerke empfiehlt sich der Einsatz eines serverbasierenden Netzwerktyps, da der PC–Netzwerksbetrieb dabei in der Regel besser kontrolliert und gesichert werden kann. Für kleine Netzwerke (< 20 PC–Knoten) ist oft auch ein Peer to Peer Netzwerk ausreichend, insbesondere, da hierbei die Verwaltung sehr einfach und bedienerfreundlich gestaltet ist.

Die Einbettung von Client–Systemen in ein Netzwerk wird über Netzwerkprotokolle geregelt. Netzwerkprotokolle wie zum Beispiel TCP/IP (UNIX–Bereich), NetBEUI (Microsoft), IPX (NOVELL) und DECnet (DEC) ermöglichen:

- Die Kommunikation zwischen Computer verschiedenster Betriebssysteme.
- Die Nutzung von Diensten, auf die Client–Systeme zugreifen können.

Andere in der DEC–Welt bekannte Protokolle sind:

- LAT (Local Area Transport–Protokoll)
  ist ein auf die Kommunikation zwischen Terminalservern und Rechnern von DEC spezialisiertes Protokoll. Es bietet eine sehr effiziente Einbindung von Terminals und Druckern in eine Ethernet/DEC–Umgebung.
- LAD/LAST (Local Area Disk/Local Area System Transport)
  stellt LAN–Dienste für virtuelle Plattenserver (disk service) zur Verfügung.

PATHWORKS ist eine Software–Produktfamilie für die Integration von PCs in einem Netzwerk. Mit der Version 5 von PATHWORKS integriert DEC neben dem proprietären DECnet auch die Netzwerkbetriebssysteme NOVELL NetWare und Microsoft LAN Manager. Damit kann der PC–Benutzer neben den DEC PATHWORKS Servern auch auf Server von anderen Herstellern zugreifen. PATHWORKS implementiert den Industriestandard LAN Manager 2.2 und unterstützt dessen Verwaltungstools.

Im Zusammenhang mit PC–Netzwerken auf Basis der LAN Manager Technologie sind folgende Begriffe wichtig:

- Computername
  Eine Bezeichnung, welche den PC, die Workstation oder den Server in einem LAN eindeutig indentifiziert.
- Gerätenamen (device name)
  Die Bezeichnung, durch die ein Platten– oder Druckerdienst gekennzeichnet wird. Bei Plattendiensten ist dies ein Buchstaben gefolgt von einem Doppelpunkt, beispielsweise D:, E: ode Y:.
- Domäne
  Eine Gruppe von Servern und Clients wird in einem Netzwerk unter einem Domänennamen zusammengefaßt. Der Domänenname muß eindeutig sein. Damit ein Zugriff auf die Netzwerkdienste einer Domäne möglich wird, muß ein Login an dieses Netzwerk erfolgen. Beim Login wird der Domänenname abgefragt (siehe auch Abb. 11.2–3). Falls kein Domänenname angegeben wird, erfolgt die Anmeldung bei der Default–Domäne.
- Filename
  Unter dem beim Betriebssystem MS–DOS benutzten FAT–Filesystem ist dies ein Name mit maximal acht Zeichen gefolgt von einem Punkt (.) und der File–Ergänzung, welche aus maximal drei Zeichen bestehen darf.
- Pfad (path)
  Durch den Pfadnamen (pathname) wird die Ablage eines Verzeichnisses eindeutig spezifiziert. Eine Pfadangabe besteht aus der Gerätebezeichnung und einem oder mehreren Verzeichnisnamen.
- Netzwerkpfad
  Diese Angabe identifiziert einen Netzwerkdienst (shared resource) in einer Do-

mäne. Die vollständige Angabe besteht aus dem Servernamen und dem Namen des Netzwerkdienstes (sharename). Als Trennzeichen dient das Zeichen \ (backslash), Schreibweise: \\<server>\<resource>

Nachfolgend werden die Verwaltung eines PC–Netzwerks unter OpenVMS sowie die Nutzung eines PC als intelligentem Arbeitsplatz (Client) aus Benutzersicht dargestellt.

11.1 Die PATHWORKS–Architektur

Die PATHWORKS–Software basiert auf der Personal computing systems architecture (PCSA) von DEC und dem LAN Manager Industriestandard von Microsoft. Es handelt sich dabei um eine Software–Produktfamilie zur Integration von PC–Netzwerken und Netzwerkbetriebssystemen (NOS). PATHWORKS V5 integriert NetWare– und LAN Manager–Dienste auf dem Client–PC und ermöglicht dem Benutzer damit den Zugriff auf Dienste und Anwendungen, die von LAN Manager – oder NetWare–Servern angeboten werden. Die Softwareprodukte für die verschiedenen Betriebssystem–Plattformen heißen:

- PATHWORKS für DOS und Windows (Client)
- PATHWORKS für WINDOWS NT (Client)
- PATHWORKS für Macintosh (Client)
- PATHWORKS für OS/2 (Client und Server)
- PATHWORKS für OpenVMS (Server)
- PATHWORKS für OSF/1 (Server)
- PATHWORKS für SCO Unix (Server)

Das Betriebssystem OpenVMS eignet sich gut als Serverbetriebssystem. Ein Server ist ein System, auf dem Dateien zentral gespeichert werden. Er koordiniert die Clients und regelt deren gemeinsamen Zugriff auf Druck– und andere Netzwerkdienste. Server werden auch als Host–Rechner bezeichnet. PCs und Workstations, die über den Server auf Netzwerkdienste zugreifen, heißen Client–Systeme. Alle an ein Netzwerk angeschlossenen Server– und Client–Systeme werden als Knoten bezeichnet. Jedem Rechnerknoten ist ein Knotenname und eine eindeutige Knotenadresse zugeordnet. Der Zugriff auf die Server–Systeme wird über den Benutzernamen und das zugehörige Kennwort geregelt (user–level security). Dabei können für jeden Benutzer individuelle Zugriffsrechte (access permissions) für jeden Netzwerkdienst vergeben werden. Oft arbeiten mehrere Benutzer in einem Unternehmen mit denselben Netzwerkdiensten. Deshalb ist es sinnvoll Zugriffsrechte auf Netzwerkdienste auch für Gruppen zu definieren.

Es wäre auch möglich den Zugriff auf Netzwerksdienste über ein dem Dienst zugeordnetes Passwort zu regeln (share–level security). Für große PC–Netzwerke mit vielen Benutzern und vielen Netzwerkdiensten bedeutet dies jedoch einen größeren Verwaltungsaufwand.

Über eine Adapterkarte wird der PC an das physikalische Übertragungsmedium, beispielsweise Ethernet, Token Ring oder FDDI angebunden.

Mit Hilfe der Software PATHWORKS für DOS können PCs unter MS–DOS mit Servern auf DECnet, LAN Manager und NetWare Basis kommunizieren. Es können Geräte und Dienste der OpenVMS–, OS/2–, und OSF/1–Systeme genutzt werden. Der Zugriff ist sowohl über lokale Netzwerke (LAN) als auch Weitverkehrsnetzwerke (WAN) möglich. In einer LAN–Umgebung ist die räumliche Ausdehnung meist auf ein Gebäude oder eine Gebäudegruppe beschränkt. Bei einem WAN können auch große Entfernungen über Telefonleitungen, Satelliten oder Funk überbrückt werden. Ein WAN kann aus vielen LAN bestehen.

Die PATHWORKS Software bietet für die PC–Systeme:

- Die Nutzung von Netzwerkdiensten in LAN Manager und NetWare–Umgebungen.
- Eine in Windows integrierte Benutzeroberfläche mit Möglichkeit der Abfrage (browsing) der angebotenen Netzwerkdienste sowie dem Verbindungsauf– und abbau zu jedem Netzwerkbetriebssystem, das auf der LAN Manager oder NetWare Technologie basiert.
- Die grafische Benutzerschnittstelle DECwindows Motif.
- Eine VT320 Terminalemulation unter der Microsoft Windows Bedienoberfläche oder direkt aus MS–DOS mit dem Kommando SETHOST.
- Elektronische Post (Mail).
- Gleichzeitige Unterstützung mehrerer Transportprotokolle für DECNET/OSI, TCP/IP, NetBEUI, IPX, LAT und LAST.
- Sichern und Wiedereinlesen von Daten über das Netzwerk.

PATHWORKS unterstützt drei verschiedene DOS–Programme (redirector), um DOS–Laufwerke auf Netzwerkdienste abzubilden (redirections).

- Microsoft Basic Redirector
  - Es werden Netzwerkdienste im 8.3–Format unterstützt (bis zu 11 Zeichen).
- Digital Basic Redirector
  - Es werden Namen für Netzwerkdienste bis zu 32 Zeichen unterstützt.
  - Die Angabe von Benutzernamen und Kennwort werden bei PATHWORKS–Verbindungen unterstützt. Dies ist notwendig für Verbindungen zu OpenVMS Servern auf der Basis der Version 4.x von PATHWORKS.
  - Es können die für PATHWORKS 4.x verfügbaren Druckerwarteschlangen–Parameter angegeben werden.
- Microsoft Enhanced Redirector
  - Es werden Netzwerkdienste im 8.3–Format unterstützt (bis zu 11 Zeichen).
  - Es werden alle LAN Manager–Eigenschaften unterstützt.
  - Unterstützt Leistungsoptimierungen wie read–ahead oder write–behind.
  - Für das Management von LAN Manager Clients und Servern mit dem PATHWORKS Hilfsmittel ManageWORKS ist die Benutzung dieses Redirectors erforderlich.

Die nachfolgenden Beschreibungen und Beispiele beziehen sich schwerpunktmäßig auf die Nutzung von PATHWORKS auf der Basis des Microsoft Enhanced Redirectors, da dieser alle LAN Manager Eigenschaften unterstützt, und LAN Manager ein quasi Industriestandard ist.

11.2 Die Verwaltung eines PC–Netzwerkservers

Die Verwaltung eines OpenVMS Servers ist ausführlich im "PATHWORKS for OpenVMS (LAN Manager) Server Administrators Guide" beschrieben. Entsprechend gibt es auch für die NetWare Version der PATHWORKS Serversoftware Dokumentation.

Innerhalb einer Domäne haben alle Server, auf denen der Netlogon "Dienst" gestartet ist, eine identische Kopie der domänenweit definierten Benutzerdatenbank. Auf einem der Server muß die *master user account database* angegelegt sein. Diese wird automatisch auf andere Server in der gleichen Domäne kopiert, wenn dort auch der Netlogon Dienst aktiviert ist.

Die Nutzung eines Alpha– oder VAX–Rechners als zentralen PC–Server für File– und Print–Services erfordert auch eine Verwaltung und Kontrolle. Hierzu stehen dem PC–Manager folgende Hilfsmittel zur Verfügung:

- Unter OpenVMS ein Verwaltungsprogramm (ADMINISTRATE/PATHWORKS) mit einer der Windowtechnik nachempfundenen Benutzeroberfläche (siehe Abbildung 11.2–5).
- Unter OpenVMS eine Kommandoumgebung, die durch das Schlüsselwort NET eingeleitet wird. Diese Kommandoschnittstelle ist im "PATHWORKS Server Administrator's Command Reference" beschrieben.
- Unter Microsoft Windows das Programm ManageWORKS (siehe Abbildung 11.2–4).

Beispiel: Der NET Befehl

```
$ NET HELP
The syntax of this command is:
NET HELP [<command>[/<options>] | <topic>]
NET <command> {/HELP | ? }

Help is available on these NET commands:

ACCESS    ACCOUNTS  ADMIN     AUDIT     CONFIG    DEVICE    ERROR     FILE
GROUP     HELP      HELPMSG   LOGOFF    LOGON     PASSWORD  PAUSE     PRINT
SEND      SESSION   SHARE     START     STATISTICS          STATUS    STOP
TIME      USER      VIEW      VERSION   WHO
```

Die größte Funktionalität bietet das Verwaltungsprogramm ADMINISTRATE/PATHWORKS unter OpenVMS. ManageWORKS hat die beste Benutzeroberfläche ermöglicht jedoch nicht alle PATHWORKS Server Management Aufgaben und ist nur nutzbar, wenn die Verbindung zum Netzwerkserver schon aufgebaut ist.

Regeln:

- Jeder PC muß im Netzwerk als Knoten definiert sein. Dies kann in einer DECnet Umgebung die DECnet–Knotennummer, in einer TCP/IP Umgebung die TCP/IP Adresse sein.
- Zentrale File–Services (Dateidienste) und Print–Services sind zu definieren. Bei den File–Services erfolgt die Ablage von PC–Files auf dem Server in der Filestruktur des Servers.

- Zentrale PATHWORKS FAT-Dateidienste sind zu definieren. Hierbei werden die Dateien auf dem Server im DOS-Fileformat abgespeichert. Das FAT-Filesystem löst die bis zur Version 5 von PATHWORKS benutzten Disk-Services ab.

Über den durch einen Verwaltungseintrag definierten File-Servicenamen bzw. Drucker-Servicenamen können PC auf Dateien und Verzeichnisse zugreifen, die auf einem Server gespeichert sind.

Eine weitere Aufgabe des PC-Managers ist die Verwaltung der PATHWORKS Lizenzen. Mit der Version 5 von PATHWORKS wurde eine Lizenzverwaltung in PATHWORKS eingeführt, welche auf der DEC License Management Facility (LMF) basiert. Die Methode ist im Abschnitt 11.2.1 beschrieben.

Start der Serversoftware:
$ SYS$STARTUP:PWRK$STARTUP

Shutdown der Serversoftware:
$ SYS$STARTUP:PWRK$SHUTDOWN

Der Benutzername ADMIN entspricht bei der Verwaltung der PC-Serversoftware dem Usernamen SYSTEM unter OpenVMS. Die PATHWORKS Konfiguration kann nach erfolgter Installation durch Aufruf der Kommandoprozedur SYS$UPDATE:PWRK$CONFIG angepaßt werden. Hierdurch kann beispielsweise auch ein neues Passwort für den Systemverwalter ADMIN gesetzt werden.
Ein Überblick, der Serverprozesse liefert die Kommandoprozedur PWRK$SHOWSYS.

Beispiel:
$ @SYS$MANAGER:PWRK$SHOWSYS

```
VAX/VMS V5.5-2 on node GSNV02 13-MAR-1995 17:46:32.21 Uptime 4 19:01:35
Pid      Process Name      State Pri    I/O  CPU            Pageflts Ph.Mem
21C00C25 PWRK$MASTER       HIB   4     1547 0 00:00:00.90     1177   1869
21C00C2C PWRK$NBDAEMON     HIB  10       28  0 00:00:00.08     287    546
21C00A2F NETBIOS            HIB   5   46273  0 00:00:04.49     199    476
21C00C32 PWRK$LMMCP         HIB  12   28290  0 00:00:10.70    3309   2669
21C00435 PWRK$MONITOR       HIB   4      32  0 00:00:00.10     745   1385
21C00438 PWRK$LICENSE_R     HIB  11    3751  0 00:00:02.50     989   1693
21C00C3C PWRK$LICENSE_S     HIB   6   11366  0 00:00:02.93     978   1665
21C00C3F PWRK$ADMIN_0       LEF   6      40  0 00:00:00.12     285    425
21C00442 PWRK$LMSRV         HIB  10  535431  0 00:32:41.01   92862  92167
```

■

Jeder LAN Manager Server im Netzwerk wird initialisiert und konfiguriert durch die Datei LANMAN.INI, der sich unter OpenVMS im Verzeichnis PWRK$LMROOT:[LANMAN] befindet. Dieser File wird während der Installation von PATHWORKS V5 für OpenVMS LAN Manager angelegt. Einige Parameter werden noch durch die PATHWORKS Konfigurationsutility ADMINISTRATE/CONFIGURE eingestellt. Die dort festgelegten Parameter befinden sich im Verzeichnis PWRK$COMMON in der Datei PWRK$CURRENT.DAT. Beim Start der Server Software wird hieraus die Datei PWRK$ACTIVE.DAT gebildet, welche die aktiven Parameter enthält.

Beispiel: Datei LANMAN.INI

```
; LAN Manager initialization file, for server configuration. Refer to
; the PATHWORKS V5 for OpenVMS (LAN Manager) Server Administrator's
; Guide for information on keywords and keyword values.
[server]
  ALERTNAMES = FLOESER
  auditing = no
  security = user
  SRVCOMMENT = PATHWORKS V5.0B for OpenVMS (LAN Manager)
  srvservices = TIMESOURCE,netlogon
[vmsserver]
  autoshare =
  COMPATIBILITY = YES
  hostmapmode = if_exist_else_default
  hostpasswordsync = yes
  noautoshare = dad, _dfs
  PWRKALIAS = GSNC01
[workstation]
  DOMAIN = ABB_DENET_1
  othdomains =
[netlogon]
  scripts = PWRK$LMROOT:[LANMAN.REPL.IMPORT.SCRIPTS]
[remoteboot]
[NODE_GSNV02]
  LISTENNAME = GSNV02
[NODE_GSNV01]
  LISTENNAME = GSNV01
```

11.2.1 PATHWORKS–Lizensierung

Basis der PATHWORKS–Lizensierung ist der von DEC erworbene product authorization key (PAK). Dieser ist in die Datenbasis der Licence Management Facility (LMF) beispielsweise mit dem DCL Kommando LICENCE einzutragen, beschrieben im Abschnitt 9.7 auf der Seite 296. Zusätzlich ist ein Eintrag mit Hilfe des Programms PWRK$LICENCE (PATHWORKS License Manager) auf dem PATHWORKS Server erforderlich.
Im wesentlichen gibt es zwei Methoden der Lizensierung der PATHWORKS–Software:

- Serverbasierend (concurrent use)
- Clientbasierend

Bei einer serverbasierenden Lizenz wird eine Lizenz belegt, sobald ein Client auf den Server zugreift. Die Lizenz wird wieder freigegeben, wenn der Client seine Session beendet. Sie kann damit von einem anderen Client benutzt werden. Die Verwaltung erfolgt nur mit der unter VMS bekannten Licence Management Facility (LMF). Ein Zugriff auf einen anderen Server ist gestattet, wenn dort auch eine Lizenz eingetragen ist.

Bei clientbasierenden Lizenzen wird beim erstmaligen Zugriff auf einen PATHWORKS V5 Server auf dem Client PC eine Lizenzkennung automatisch abgelegt.

In der PATHWORKS License Manager Datenbasis wird der Knotenname dieses Client PCs vermerkt und die Lizenz als belegt markiert. Hat der PC die Lizenz erhalten, so ist er berechtigt auf alle Server einer PATHWORKS LAN Manager Domäne zuzugreifen. Auf jedem Client–PC muß sich die PATHWORKS License Management Software befinden. Hierzu zählen das Programm PWLICMT (client responder), welcher Anfragen des Lizensservers beantwortet und das Programm PWLICLM (client requester), welches vom Lizensserver clientbasierende Lizenzen anfordert und dies in der Datei PWLICLM.DAT im lokalen Verzeichnis der PC–Clientsoftware ablegt. Außerdem müssen auf dem Server die PATHWORKS Lizenzserverprozesse PWRK$LMSRV, PWRK$LICENSE_R und PWRK$LICENSE_S gestartet sein.

Die Verwaltung einer serverbasierenden Lizenz ist einfacher, die PCs können jedoch nur auf den Pathwork Server zugreifen, auf dem die Lizenz vermerkt ist. Damit bietet sich dieses Art der Lizensierung für Netze an, die nur einen Server besitzen.

Das Pflegeprogramm für die clientbasierenden Lizenzen wird auf dem Server aufgerufen mit: RUN SYS$SYSTEM:PWRK$LICENSE_MANAGER.

Im aufgeschalteten PATHWORKS License Manager Programm können die einzelnen Punkte durch Eingabe des hervorgehobenen Buchstabens angewählt werden. In der Abbdildung 11.2–1 ist dieses Programm aufgeschaltet und der Menüpunkt *Products* angewählt. Neue Produkte können beispielsweise durch Anwahl der Funktion *NEW* eingetragen werden. Im Menüpunkt *Server* kann der Server aktiviert und deaktiviert werden. Soll ein Logeintrag erfolgen, wenn die Anzahl der belegten Lizenzen eine bestimmte Zahl übersteigt, so ist diese Zahl bei *alert level* einzutragen.

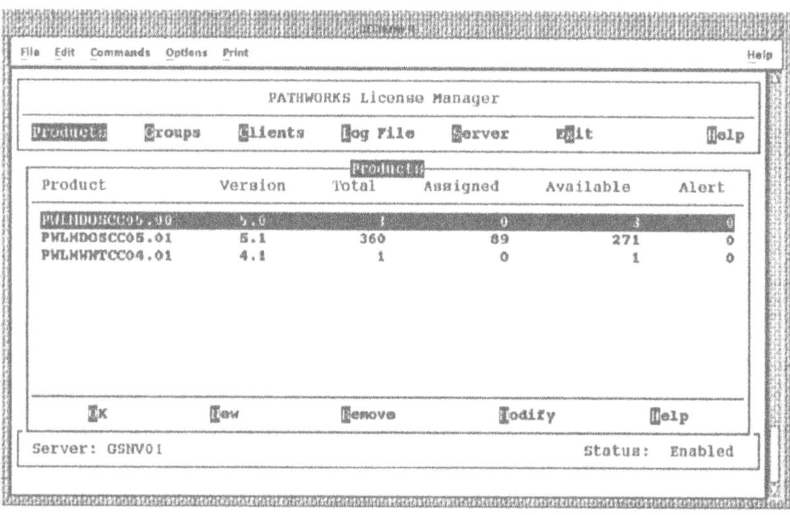

Abb. 11.2–1: PATHWORKS Lizenz–Verwaltungsprogramm

In der Abbildung 11.2–2 sind die vergebenen Client–Lizenzen dargestellt. Durch Anwahl einer Zeile und anschließendes Drücken der Eingabetaste können Änderungen vorgenommen werden. Dies kann erforderlich werden, wenn bei einem PC eine Netzwerkkarte ausgetauscht werden muß, da die Codierung des gespeicherten Lizenzcode auch die Ethernetadresse der Netzwerkkarte beinhaltet.

Ausführlich beschrieben ist die Verwaltung von PATHWORKS–Lizenzen im "Guide to Managing PATHWORKS Licenses".

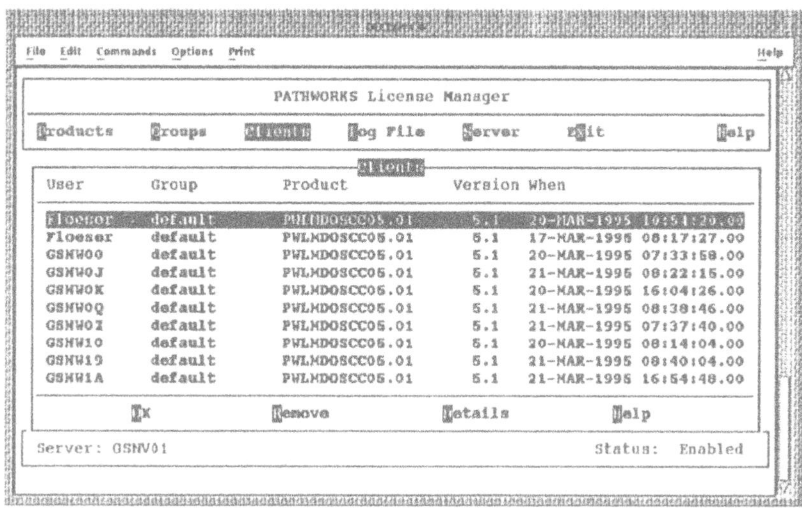

Abb. 11.2–2: Pflege der Client–Lizensen mit PWRK$LICENSE_MANAGER

11.2.2 PATHWORKS–Verwaltung – Menü–Unterstützung

Der Aufruf des menügeführten Verwaltungsprogramms erfolgt unter OpenVMS durch das Kommando ADMINISTRATE/PATHWORKS oder nur ADMIN. Besonders eignet sich diese Bedienoberfläche, wenn dieses Programm auf einer Workstation von einem DECwindows/Motif Terminalfenster aus aufgerufen wird, da hierbei auch das Bedienelement Maus benutzt werden kann. Nach Aufruf von ADMIN wird das in Abbildung 11.2–3 gezeigte Anmeldefenster aufgeschaltet, und die Anmeldekenndaten können eingegeben werden.

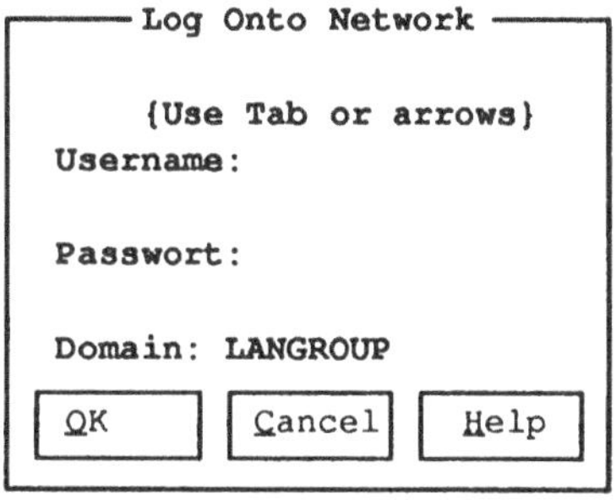

```
----- Log Onto Network -----

     {Use Tab or arrows}
  Username:

  Passwort:

  Domain: LANGROUP

  [ OK ]  [ Cancel ]  [ Help ]
```

Abb. 11.2–3: Anmeldung am Netzwerk zur Serververwaltung unter OpenVMS

Durch die Installation der Client–Software auf einem PC können zwei neue Programmgruppen (PATHWORKS DOS–Anwendungen und PATHWORKS Windows–Anwendungen siehe Abbildung 11.3–1 auf der Seite 367) in die Microsoft Windows–Bedienoberfläche aufgenommen werden. In der Programmgruppe *PATHWORKS Windows–Anwendungen* befindet sich das Programm *ManageWORKS*. Mit diesem Programm können ebenfalls die häufigsten Serverpflegeaufgaben über eine Microsoft Windows–Oberfläche durchgeführt werden.

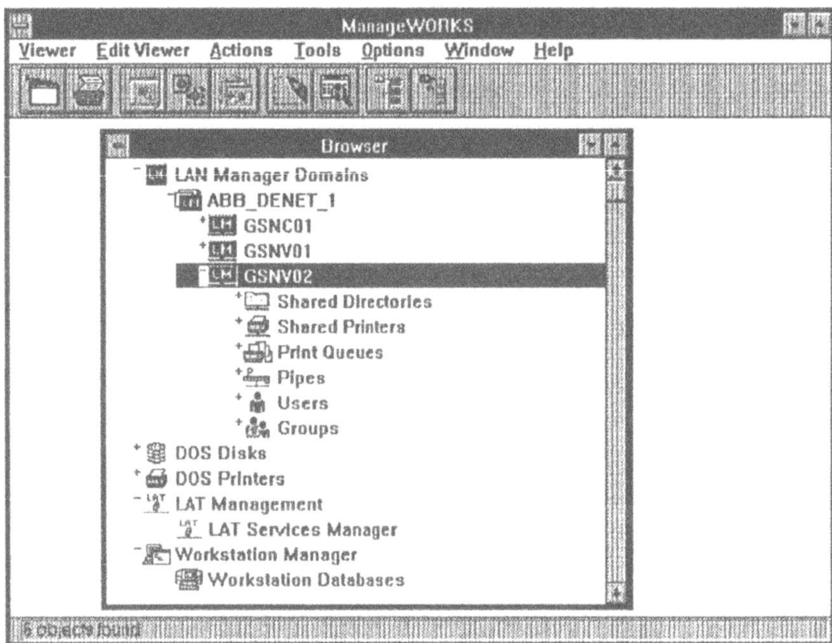

Abb. 11.2–4: ManageWORKS–Bedienoberfläche unter Microsoft Windows

Nach der erfolgreichen Anmeldung wird die in der Abbildung 11.2–5 gezeigte Serververwaltungs–Menüoberfläche angezeigt. Von diesem Servermenü ausgehend können alle Aufgaben des Server–Managements durch Anwahl des entsprechenden Untermenüs durchgeführt werden. Die Einrichtung und Kontrolle der Netzwerkdienste ist im Menüpunkt *View* hinterlegt.

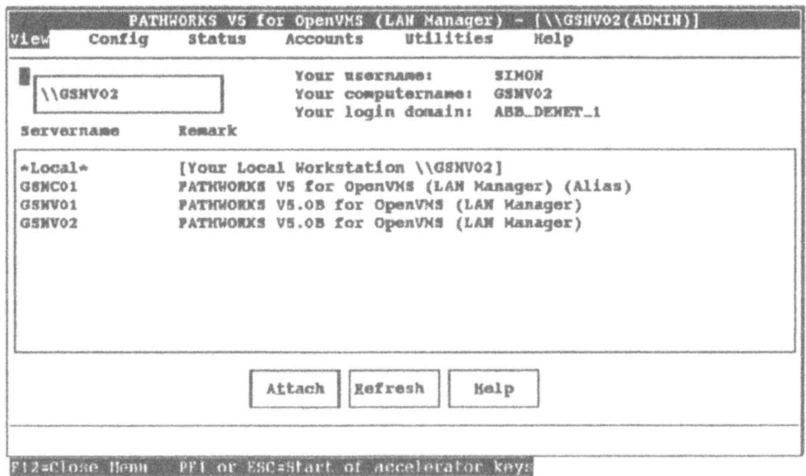

Abb. 11.2–5: PATHWORKS Server–Verwaltungsmenü unter OpenVMS

11.2.3 LAN Manager Benutzerverwaltung

Die Benutzer– und Gruppenverwaltung befindet sich unter dem Menüpunkt *Accounts*. Jedem der definierten Benutzer ist eine Privilegienklasse zugeordnet. Möglich sind *User*, *Admin*, und *Guest*. Ein Benutzer, der Verwaltungsaufgaben auf dem Server durchzuführen hat, muß sich in der Privilegienklasse *Admin* befinden. Außerdem können an die Benutzer noch individuell folgende Privilegien vergeben werden:

- Server:
  - Zuweisen und Stop von Verzeichnis–Netzwerkdiensten.
  - Anzeigen und Löschen des Fehlerlog–Files.
  - Beenden von Benutzersessions und Schließen von Dateien.
  - Anzeige aller Netzwerkdienste (shared resources).
- Accounts:
  - Anlegen, löschen und ändern von Benutzern und Gruppen
  - Ändern von Logon–Einschränkungen
- Print:
  - Zuweisen und Stop von Druckerwarteschlangen
  - Anlegen, löschen und ändern von Druckerwarteschlangen
  - Kontrolle über Druckjobs.
- comm
  - Managementfunktionen speziell für OS/2–Server.

Jedem Benutzer kann ein *Login Script* zugeordnet werden. Dabei handelt es sich um ein ausführbares Programm oder ein MS–DOS Kommandofile. Hierzu ist nach Anwahl des Benutzers unter dem ADMIN–Menüpunkt *Accounts* die Funktion *Zoom* und danach *Path* anzuwählen. Es kann nun der Name des Login Script Files angegeben werden. Die angelegten Login Scripts werden auf dem Netzwerkdienst NETLOGON abgelegt.

Auf dem OpenVMS Server entspricht dieser File–Service dem Verzeichnis PWRK$COMMONROOT:[LANMAN.REPL.IMPORT.SCRIPTS]. In der Datei LANMAN.INI kann dieser Default im Abschnitt [netlogon] geändert werden.

In den Login Scripts werden in der Regel die Befehle für den Verbindungsaufbau zu File– und Druckerdiensten stehen, welche der Benutzer benötigt.

Beispiel:

USE H: \\SERV1\PROJEKTE
USE LPT2: \\SERV1\PSPRINT

■

In den nachfolgenden Abschnitten wird primär die LAN Manager Kommando–Schnittstelle beschrieben, da die Bedienoberfläche ManageWORKS nahezu selbsterklärend ist.

11.2.4 Definition von Benutzern und Benutzergruppen

Der LAN Manager hat eine eigene Benutzerverwaltung. Bis zur Version 5 basierte PATHWORKS ausschließlich auf der OpenVMS Benutzerverwaltung und dem RMS–Filesystem. Erfolgte die PATHWORKS V5 Serverinstallation durch eine Upgrade einer bestehenden PATHWORKS V4 Installation, so wurden die dort definierten OpenVMS Benutzer automatisch als LAN Manager Benutzer neu definiert. Wird mit dem Serververwaltungsprogramm ADMIN ein neuer LAN Manager Benutzer angelegt, so kann ein bestehender OpenVMS Benutzer auf den neu angelegten LAN Manager Benutzer abgebildet werden (mapping), oder es kann automatisch ein neuer zugehöriger OpenVMS Benutzername angelegt werden. Hierzu ist im Feld *Host Map* der Eingabemaske (siehe Abbildung 11.2–6) der OpenVMS Benutzername anzugeben. Auf der Kommandoebene sind die Befehle NET ACCOUNTS, NET USER und NET GROUP für die Pflege der LAN Manager Benutzernamen wichtig. Wird kein zugehöriger OpenVMS Benutzername angegeben, so wird der Benutzer auf den Default–Benutzernamen PWRK$DEFAULT abgebildet. LAN Manager stellt außerdem den Default–Benutzernamen GUEST zur Verfügung, der unter OpenVMS auf den Benutzernamen PWRK$GUEST abgebildet ist. Erfolgt von Benutzern, die nicht in der LAN Manager Datenbasis definiert sind (z.B. PCs mit PATHWORKS V4 Client Software), der Aufbau einer Verbindung zu einem Netzwerkdrucker, so erfolgen die Ausdrucke unter dem Benutzernamen PWRK$GUEST.

NET ACCOUNTS legt Defaults für die Benutzernamen fest, mit NET USER kann ein Benutzername neu angelegt werden und mit NET GROUP kann ein Benutzer einer bestimmten Gruppe zugewiesen werden. Diese Funktion kann auch unter der OpenVMS ADMIN–Bedienoberfläche unter dem Punkt *Security settings* des Menüpunkts *Accounts* ausgeführt werden.

Beispiele:

$ net help accounts

```
The syntax of this command is:

NET ACCOUNTS
[/ROLE:{BACKUP | MEMBER | PRIMARY | STANDALONE}]
```

```
[/FORCELOGOFF:{minutes | NO}]
[/LOCKOUT:{number | NO}]
[/MINPWLEN:length]
[/MAXPWAGE:{days | UNLIMITED}]
[/MINPWAGE:days]
[/SYNC]
[/UNIQUEPW:number]
```

```
NET ACCOUNTS sets a server's role in the domain, and modifies pass-
word and logon requirements for all accounts. When used without op-
tions,NET ACCOUNTS displays the current settings for password and
logon limitations and the role of a server.
```

$ net accounts

```
Force user logoff how long after time expires:        Never
Lock out account after how many bad passwords:        Never
Minimum password age (days):                          0
Maximum password age (days):                          Unlimited
Minimum password length:                              6
Length of password history maintained:                5
Server role:                                          PRIMARY
The command completed successfully.
```

■

```
------------------------View the User Account: MAAG------------------------
Full Name:        FR_MAAG
Comment:          HOSTMAP=MAAG
User Co|-----------------Set Paths for User Account MAAG-----------|
Country|Logon Script:     MAAG.BAT                                 |
       |Home Directory:                                            |
Last Lo| -Logon Domain-------------- -User Storage Limit---------  |
       |   Ω Domain Controller       Ω None                        |
Passwor|   X Any Server              X Maximum (K) :  0            |
Passwor|   Ω Servername :                                          |
Next Ch|                                                           |
Passwor|              [ OK ]  [ Cancel ]  [ Help ]                 |
-Privi |                                                           |
 Ω Gue |-----------------------------------------------------------|nts
                                  ||  Ω  3.Print          Ω  4.Comm

   [ OK ] [ Cancel ] [ Groups ] [ Logon ] [ Paths ] [ HostName ] [ Help ]
```

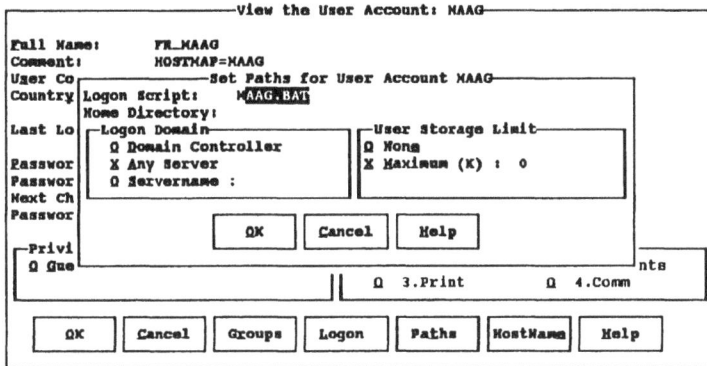

Abb. 11.2–6: Pflege eines LAN Manager Benutzerseintrags mit ADMIN

$! Einrichten des Benutzernamens USER998

$ net help user

```
NET USER
[username [password | *] [options]]
         username {password | *} /ADD [options]
         username [/DELETE]
```

```
NET USER creates and modifies user accounts on servers with user-
level security. When used without options, it lists the user accounts
for the server.This command only works on servers.
```

$ net user user998 * /add

Type a password for the user: **<password>**
Retype the password to confirm: **<password>**

```
NET2245:  The password is shorter than required.
More help may be obtained by typing NET HELPMSG 2245.
```

$ net user user998 12345678 /add

```
The command completed successfully.
```

$ net helpmsg 2245

```
NET2245:  The password is shorter than required.
EXPLANATION: The password you specified is not long enough.

ACTION
Use a longer password. See your network administrator for the re-
quired length for passwords on your system.
```

$ net user user998 /delete

```
The command completed successfully.
```

■

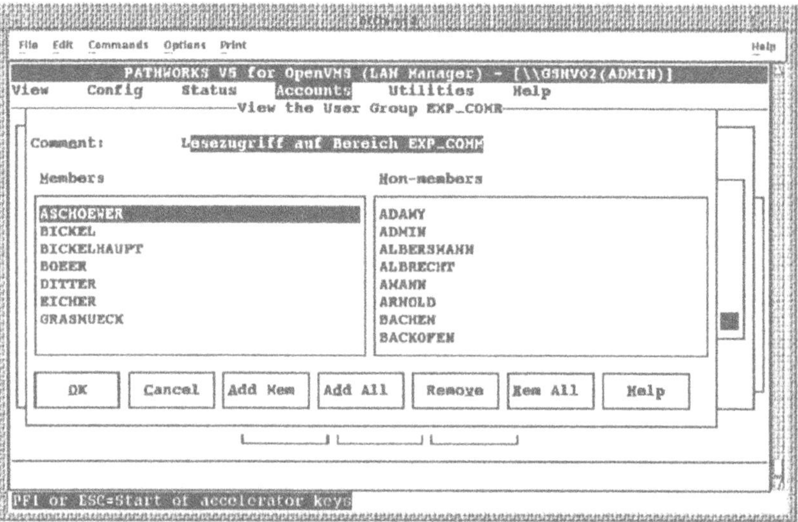

Abb. 11.2–7: Gruppenzuordung eines Benutzers unter ADMIN

■

Bei der Anlage von globalen File–Services wollen meist mehrere Benutzer an gemeinsamen Daten arbeiten. Für die Verwaltung eines solchen File–Service ist es günstig, in diesem Fall eine Benutzergruppe (group) zu definieren. Mit einem Kommando kann allen Gruppenmitgliedern (member) Zugriff auf einen File–Service gewährt werden. Die bei der Gruppendefinition angegebenen Namen der Mitglieder müssen gültige Benutzernamen sein. Die Einrichtung einer Benutzergruppe kann unter allen drei Bedienoberflächen erfolgen. Es können in einer LAN Manager Domäne bis zu 252 Gruppen definiert werden. Ein Gruppenname darf maximal 20 Zeichen lang sein.

Beispiel: Einrichten einer Benutzergruppe EXP_COMR

$ net help group

```
The syntax of this command is:

NET GROUP
[groupname [/COMMENT:"text"]]
         groupname {/ADD [/COMMENT:"text"] | /DELETE}
         groupname username [...] {/ADD | /DELETE}

NET GROUP modifies groups on servers with user-level security. When
used without options, it displays the groupnames on the server.
```

$!Es wird eine neue Gruppe mit dem Namen exp_comr definiert.
$ net group exp_comr /comment:"Lesezugriff auf Export" /add

```
The command completed successfully.
```

$! Die Benutzer eicher, ditter und simon werden hinzugefügt.
$ net group exp_comr eicher ditter simon /add

```
The command completed successfully.
```

$ net group exp_comr

```
Groupname          NEU
Comment            Lesezugriff auf Export
Members
-------------------------------------------------------
DITTER             EICHER             SIMON
The command completed successfully.
```

■

Der Gruppe EXP_COMR kann nun der Zugriff auf diesen neu definierten File–Service gestattet werden. Unter der Bedienoberfläche ManageWORKS ist dies am einfachsten möglich (siehe Abbildung 11.2–8). Alternativ kann das LAN Manager Kommando NET ACCESS verwendet werden. Im ManageWORKS Menü sind dazu folgende Punkte anzuwählen:

- Doppelklick auf den File Servicenamen in der Anzeige *Shared Directories*.
- Im angezeigten *Zoom LM shared Directory* Fenster ist im Feld *View or Modify* das Wort *Permissions* auszuwählen. Danach wird das in der Abbildung 11.2–8 dargestellte Bild angezeigt.

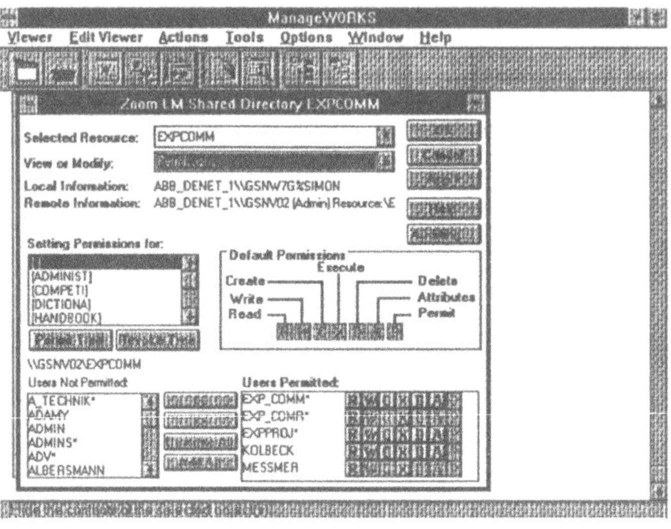

Abb. 11.2–8: Zugriffsberechtigung setzen unter ManageWORKS

Für Benutzer und Gruppen können die in der nachfolgenden Tabelle angegebenen Zugriffsrechte (permissions) vergeben werden.

A	DOS oder OS/2 File–Attribute können geändert werden
C	Dateien und Verzeichnisse können angelegt werden (create)
D	Dateien und Verzeichnisse können gelöscht werden (delete)
N	kein Zugriff (no)
P	Zugriffsberechtigungen können geändert werden
R	Erlaubt Lesezugriff (read)
W	Erlaubt Schreibzugriff (write) für eine Datei
X	Erlaubt das Öffnen einer Datei zum Ausführen (execute)
Y	Ein Abkürzung für die Zugriffsrechte ACDRW

11.2.5 Einrichten eines File–Service

Ein File–Service erlaubt eine transparente File–Ablage von MS–DOS–Dateien auf einem OpenVMS–Plattenspeicher. LAN Manager shares sind alle Dienste, die als Netzwerksbetriebsmittel angeboten werden. Auf einem OpenVMS PATHWORKS Server gibt es neben den für alle PC–Netzwerkbenutzer sichtbaren Netzwerkdiensten noch folgende Gruppen von LAN Manager shares:

- Personal shares sind Netzwerkdienste, die mit einem OpenVMS Usernamen verbunden sind.
- Hidden shares (auch autoshares genannt) sind Netzwerkdienste, welche automatisch aufgebaut werden und der Verwaltung dienen. Hierzu zählen auch die FAT–Volume Dienste.

LAN Manager legt beim Start der Serversoftware automatisch alle Plattenlaufwerke des Servers als sogenannte *autoshares* (automatic shares) an. Eingerichtete FAT–Dienste (siehe Abschnitt 11.2.11 auf der Seite 362) werden ebenfalls beim

Start als *autoshares* im Netzwerk angeboten. Die für *autoshares* benutzten Namen haben immer das Zeichen Dollar ($) als letztes Zeichen. Existiert unter OpenVMS das Plattenlaufwerk 11DATA10 und ist die Plattenkennung (Label) VAXSYS, so ist der *autoshare* Name VAXSYS$. Umfaßt eine OpenVMS Plattenkennung mehr als 10 Zeichen, so kann kein *autoshare* von dieser Platte angelegt werden. Default ist, daß diese *autoshares* versteckt sind (hidden) und nur von Benutzern, die sich in der Gruppe *admin* befinden angesprochen werden können. Werden auf einem PC die Dateidienste *(shared directories)* abgefragt, so sind dort auch die sogenannten *personal shares* nicht sichtbar. Werden vom PC aus die Directory Netzwerkdienste aufgelistet, so werden die *personal* und *hidden shares* dort nicht mit angezeigt.

Ein File–Service, der auf ein Serververzeichnis abgebildet werden soll, kann mit dem LAN Manager–Kommando NET SHARE oder mit den Verwaltungsprogrammen ADMIN unter OpenVMS bzw. mit ManageWORKS unter MS–Windows eingerichtet werden (siehe auch Abbildung 11.2–9 auf der Seite 360). Damit ist dieser Service im Netzwerk bekannt und kann von am Netzwerk angeschlossenen PCs über das Kommando USE angesprochen werden. Ist das beim NET SHARE Kommando als *devicename* spezifizierte Serververzeichnis noch nicht vorhanden, so versucht PATHWORKS es anzulegen. Ob dies zugelassen wird, hängt von den Privilegien ab mit denen der LAN Manager Account PWRK$DEFAULT auf OpenVMS abgebildet ist.

Beispiel:

$ help net share

```
NET SHARE
  [IPC$ [password]]
  [ADMIN$ [password]]
  sharename
   sharename=devicename [/PRINT] [password]
          [/PERMISSIONS:permissions] [/USERS:number | /UNLIMITED]
          [/REMARK:"text"]
   sharename [/PRINT]
   sharename=drive:path [password] [/PERMISSIONS:permissions]
              [/USERS:number | /UNLIMITED] [/REMARK:"text"]
   sharename [/PERMISSIONS:permissions] [/USERS:number | /UNLIMITED]
              [/REMARK:"text"]
  {sharename | devicename | drive:path} /DELETE
NET SHARE makes a server's resources available to network users. When
used without options, it lists information about all resources being
shared on the server. For each resource, LAN Manager reports the
devicename(s) or pathname(s) associated with it and a descriptive
comment.
This command only works on servers.
```

■

Im nachfolgenden Beispiel wird der File–Service *AIS* eingerichtet, und anschließend werden für die Gruppe ADV die Berechtigungen (permissions), beispielsweise Lesezugriff (R) und Execute–Zugriff (X), gesetzt. Der File–Service mit dem Namen AIS liegt auf dem Server im Bereich data18:[aissystem] ab. Eingerichtet wird dieser Dienst mit dem Kommando NET SHARE. Anschließend werden die

Berechtigungen für den Zugriff auf diesen Service mit dem NET ACCESS Kommando vergeben.

Beispiel:

```
$! Es wird ein File–Service mit dem Namen AIS eingerichtet, welcher auf dem
$! Server auf der Platte DATA18: abliegt.
$ net share ais=data18:[aissystem]
ais was shared successfully

$ net help access
NET  ACCESS  resource      [/ADD [name:permission[...]] | /DELETE]
                           [/GRANT name:permission[...] |
                            /CHANGE name:permission[...] |
                            /REVOKE name [...]]
                           [/TRAIL:{YES | NO}]
                           [/FAILURE:{ALL | NONE}]
                           [/FAILURE:{[OPEN],[WRITE],[DELETE],[ACL]}
                           [/SUCCESS:{ALL | NONE}]
                           [/SUCCESS:{[OPEN],[WRITE],[DELETE],[ACL]}
NET ACCESS creates, changes, and revokes permissions, and sets
auditing for resources on servers with user-level security. When used
without options, NET ACCESS lists the permissions for the specified
resource.
Permissions assigned to a directory automatically become the permis-
sions for files within it unless specific permissions are assigned.
Newpermissions then override the original permissions. NOTE: /TRAIL
can't be used with /FAILURE or /SUCCESS.

$ net access  data18:[aissystem] /add   !Einrichten des Bereichs zur Aufnahme der
$                                       !Zugriffsrechte (resource permission list)
The command completed successfully.

$ net access  data18:[aissystem]  /grant adv:rx  –
_$   floeser:rwexd  simon:rxwcdap exp_comr:rx
The command completed successfully.

$! Bei der Anzeige der Zugriffsrechte werden Gruppen mit Zeichen * markiert.
$ net access  data18:[aissystem]
Resource Permissions                Permisssions
------------------------------------------------------
data18:[aissystem]
         *ADV:RX                    *EXP_COMR:RX
         FLOESER:RWXD               SIMON:RWXDP
The command completed successfully.

$! Dem Benutzer FLOESER werden die Zugriffsrechte entzogen
$ net access  data18:[aissystem]  /revoke  floeser
The command completed successfully.
```

■

Um allen Benutzern Zugriff auf einen Netzwerkdienst zu erlauben, kann beim Anlegen des Netzwerkdienstes sofort ein globales Zugriffsrecht vergeben werden, oder es kann für die Gruppe mit dem Namen *USERS* Zugriff gestattet werden.

```
$ net access data18:[aissystem] /grant users:rx
The command completed successfully.
```

```
$! Der Service test4 wird mit einem globalen Zugriffsrecht versehen.
$ net share test4=pcsysdisk:[test4] /permissions:rxwc /remark:"Testbereich"
test4 was shared successfully
```

Allen Benutzern wird für den File–Service *AIS* Lesezugriff und die Berechtigung Programme auszuführen erlaubt. Eine Verbindung (connect) zu diesem Service (z.B. als Laufwerk L:) ist vom PC aus ohne Kennwort–Angabe möglich über den Befehl:

```
C> net use  L: \\gsnv01\ais
```

■

Sind im Netzwerk noch Clients unter der Version V4 von PATHWORKS, welche den *Digital Basic Redirector* benutzen, kann es erforderlich sein, auch Namen für Netzwerkdienste zu pflegen, die länger als 12 Zeichen lang sind. OpenVMS stellt als Hilfsmittel hierfür die Kommandoprozedur PWRK$LMSHARE zur Verfügung. Information über die Nutzung dieser Prozedur kann abgefragt werden mit:
$ SYS$MANAGER:PWRK$LMSHARE HELP

11.2.6 Einrichten eines Printer–Service

Sämtliche, an einem OpenVMS Serversystem angeschlossenen Drucker, können auch vom PC aus angesprochen werden. Hierzu sind diese Netzwerkdruckerdienste zu definieren. Dies geschicht auf ähnliche Weise wie bei den Dateidiensten mit Hilfe der Verwaltungsprogramme ADMIN, ManageWORKS oder dem Kommando NET SHARE. Hierbei ist noch zusätzlich der Qualifier /PRINT anzugeben.

Beispielsweise kann durch die Einrichtung eines Printer–Service zu einem Postscript–Laserdrucker erreicht werden, daß sämtliche am Netz angeschlossenen PCs diesen Laserdrucker nutzen können. Im nachfolgenden Beispiel wird ein Printer–Service mit dem Namen *SPRINT* eingerichtet. Damit können alle PC–Benutzer des Netzwerks diesen Drucker von Ihrem PC aus als LPT1:, LPT2: oder LPT3: ansprechen.

Beispiel:

```
$ NET SHARE SPRINT=N2_LASER_01_PS /PRINT /REMARK="Postscript"
The queue does not exist. Do you want to create ist ? (Y/N) [Y]: y
Print queue sprint was created.
sprint was shared successfully.
```

```
$ NET SHARE SPRINT
Sharename           sprint
Path                n2_laser_01_ps
Remark              Postscript
Permission          WC
Max. Users          No limit
Users
```

Es wurde auf dem Server automatisch eine neue Druckerwarteschlange mit dem Namen SPRINT angelegt. Diese zeigt auf die schon unter OpenVMS vorhandene

Druckerwarteschlange N2_LASER_01_PS. Der Zugriff ist für alle Benutzer gestattet.

■

Mit Hilfe der LAN Manager Pflegeprogramme ADMINISTRATE/PATHWORKS, ManageWORKS oder dem NET PRINT Kommando können noch weitere Aufgaben des Druckmanagements wargenommen werden. Hierzu zählen:

- Anhalten und Freigeben von Druckerwarteschlangen und Druckjobs
- Löschen eines Druckjobs
- Anzeige von Informationen über die Druckerwarteschlangen

11.2.7 Sperren eines File−Service

Ein File− bzw. Printer−Service kann für einen Benutzer oder eine Benutzergruppe durch Angabe des Qualifiers /REVOKE beim Kommando NET ACCESS gesperrt werden.

Beispiel:

```
$ NET  ACCESS PCSYSDISK:[TEST3]  /REVOKE  MAAG
The command completed successfully
```

11.2.8 Löschen eines File−Service

Ein File− bzw. Printer−Service kann mit dem NET−Kommando SHARE und dem Qualifier /DELETE gelöscht werden. Das zugehörige Verzeichnis auf dem Server bleibt erhalten. Diese Funktion ist mit allen drei Dienstprogrammen möglich.

Beispiel:

```
$! Es wird der Netzwerkdienst  AIS gelöscht
$ NET SHARE  AIS /DELETE
ais was deleted successfully
```

11.2.9 Anzeige von Netzwerkdiensten

Alle Server in einer LAN Manager Domäne können mit dem Kommando NET VIEW angezeigt werden. Wird zusätzlich ein Servername angegeben, so werden die von diesem Server angebotenen LAN Manager Netzwerkdienste angezeigt. Wird auf einem OpenVMS Server das Kommando NET SHARE ausgeführt, so werden neben den LAN Managerdiensten auch die versteckten Services (hidden) und die FAT−Services (Diskservices) mitden zugehörigen Serververzeichnissen angezeigt. Wird gezielt ein Servicename mit angegeben, so wird eine ausführliche Information über diesen Dienst angezeigt.
Mit den Programmen ADMINISTRATE/PATHWORKS unter OpenVMS und ManageWORKS unter Microsoft Windows lassen sich die Netzwerkdienste über eine komfortable Bedienoberfläche anzeigen.

Beispiele:

```
$ net help view
```

```
The syntax of this command is:

NET  VIEW  [\\computername]

NET VIEW displays a list of resources being shared on a server. When
used without options, it displays a list of servers in your worksta-
tion domain and other domains as specified in the LANMAN.INI file.
```

$ net view

```
Server Name             Remark
----------------------------------------------------------------------
\\GSNC01               PATHWORKS V5 for OpenVMS (LAN Manager) (Alias)
\\GSNV01               PATHWORKS V5.0B for OpenVMS (LAN Manager)
\\GSNV02               PATHWORKS V5.0B for OpenVMS (LAN Manager)

The command completed successfully.
```

$ net view \\gsnv02

```
Shared resources at \\gsnv02

PATHWORKS V5.0B for OpenVMS (LAN Manager)

Sharename    Type         Used as  Comment
---------------------------------------------------------------------

A101         Print        Share created by PWRK$UPGRADE
A102PS       Print        Share created by PWRK$UPGRADE
A1HW         Print        Share created by PWRK$UPGRADE
ADV          Disk         Share created by PWRK$UPGRADE
...          ...          ...
...          ...          ...
ANGEBOTE     Disk         Share created by PWRK$UPGRADE
GSNW09       Disk         Datensicherungsbereich GSNW09
PW5UPD       Disk         Share added via PCSA Manager
PWUTIL       Disk         PATHWORKS Client-based Utilities
PWV51        Disk         PATHWORKS Client Software 5.1
RPL          Disk         Remoteboot server share
RPLFILES     Disk         Remoteboot server share
SAPKURS      Disk         Share created by PWRK$UPGRADE
SAP_DOKU     Disk         SAP R/3 Dokumentation
SYS$PRINT    Print        Share created by PWRK$UPGRADE
```

$ net share ais

```
Sharename          AIS
Path               DATA18:[AISSYSTEM]
Remark
Permission         RWCXDA
Max. Users         no limit
The command completed successfully.
```

$ net share n603

```
Sharename       N603
Path            N6_LASER_03_PC
Remark          Drucker fuer NET/RD
Permission      WC
```

```
Max. users     No limit
Users
The command completed successfully.
```

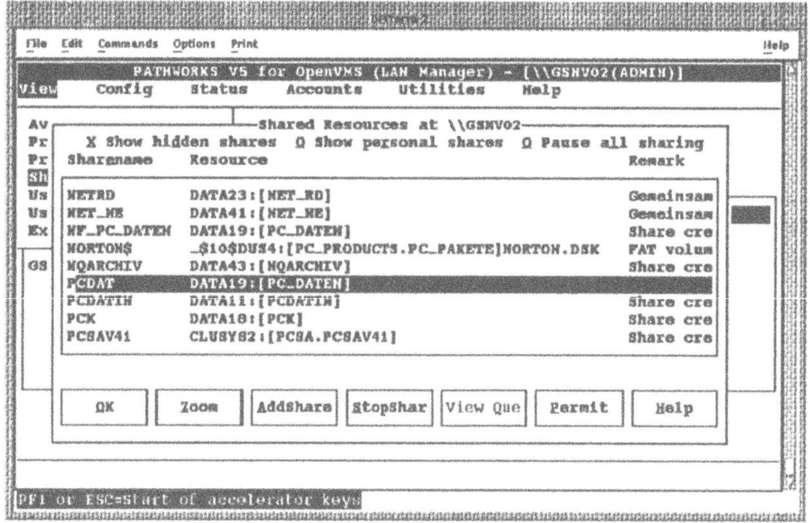

Abb. 11.2–9: Anzeige von Netzwerkdiensten unter ADMIN

Das NET–Kommando FILE liefert einen guten Überblick der offenen Serverdateien.

Beispiel:

$ NET HELP FILE

```
The syntax of this command is:
NET FILE [id [/CLOSE]]

NET FILE closes a shared file and removes file locks. When used
without options, it lists the open files on a server. The listing
includes the identification number assigned to an open file, the
pathname of the file,the username, and the number of locks on the
file.

This command only works on servers.
```

$ NET FILE

```
ID          Path                                         Username       # Locks
-------------------------------------------------------------------------------
13833       C:_$10$DUA2:[PCSA.PWV51.PCAPP]VT320.EXE      HENES                0
14329       C:_$10$DUA2:[PCSA....PCAPP]TRMNLAXS.DLL      HENES                0
6641        C:_$10$DUA2:[PCSA...51.PCAPP]PWSOCK.DLL      HENES                0
13675       C:_$10$DUA2:[PCSA...51.PCAPP]CSM_W3.DLL      HENES                0
22446       C:_$10$DUA2:[PCSA.PWV51.PCAPP]VT320.EXE      KRETZER              0
23445       C:_$10$DUA2:[PCSA....PCAPP]TRMNLAXS.DLL      KRETZER              0
22815       C:_$10$DUA2:[PCSA...51.PCAPP]CSM_W3.DLL      KRETZER              0
```

```
31811      C:_$10$DUS4:[PC_WINDOWS.WIN31]PCSA.DRV  GUEST      0
35467      C:_$10$DUS4:[PC_W...S.WIN31]WINMINE.EXE GUEST      0
32842      C:_$10$DUS4:[PC_WINDOWS.WIN31]GDI.EXE   GUEST      0
687        C:_$10$DUS4:[PC_WINDOWS.WIN31]VGA.DRV   GUEST      0
...        ...                                     ...      ...
...        ...                                     ...      ...
35550      C:_$10$DUS4:[PC_W...S.EXCEL50]EXCEL.EXE GUEST      0
24201      C:_$10$DUS4:[PC_WINDOWS.WIN31]SDM.DLL   GUEST      0
29662      C:_$10$DUA2:[PCSA.PWV51.PCAPP]VT320.EXE SCHROEDER  0
30046      C:_$10$DUA2:[PCSA....PCAPP]TRMNLAXS.DLL SCHROEDER  0
37190      C:_$10$DUA2:[PCSA...1.PCAPP]PWWSOCK.EXE GUEST      0
The command completed successfully.
```

11.2.10 Anzeige der aktiven Benutzer und Netzwerkdienste

Die am Netzwerk angemeldeten Benutzer können über das Kommando NET WHO angezeigt werden. Ausführlichere Information ist über das Kommando NET SESSION zu erhalten.

$ net who

```
Users on Domain ABB_DENET_1
Username              Workstation       Time since logon  Full Name
--------------------------------------------------------------------

SANDQUIST             GSNW8W              00:10:11        SANDQUIST
SIMON                 GSNV02_21C01F93     00:08:52        SIMON
SIMON                 GSNW7G              00:00:31        SIMON
WITTE                 GSNW9J              00:09:46        Helmut Witte
The command completed successfully.
```

Die PCs, welche aktiv einen File–Service benutzen, lassen sich anzeigen mit Hilfe des NET–Kommandos NET SESSION.

Beispiel:

$ net help session

```
The syntax of this command is:

NET SESSION [\\computername] [/DELETE]

NET SESSION lists or disconnects sessions between the server and
other computers on the network. When used without options, it dis-
plays information about all sessions with the server of current fo-
cus.This command only works on servers.
```

$ net session

```
Computer               User name    Client Type       Opens Idle time
----------------------------------------------------------------------

\\GSNV02_21C0186C      SIMON        OpenVMS LM 2.2    0      03:39:00
\\GSNV02_21C0186C      SIMON        OpenVMS LM 2.2    0      04:35:00
\\GSNV02_21C01CF4      ADMIN        OpenVMS LM 2.2    0      00:00:00
\\GSNW05               DOERR        DOWN LEVEL        0      05:18:00
\\GSNW0I               SARNECKI     DOWN LEVEL        0      08:12:00
...                  ...            ...             ...
```

```
...                 ...           ...          ...
\\GSNW32            HERACK        DOWN LEVEL   0      07:58:00
\\GSNW32            GUEST         DOWN LEVEL   11     01:09:00
\\GSNW42            GUEST         DOWN LEVEL   12     00:16:00
\\GSNW44            KRAKAU        DOWN LEVEL   24     04:58:00
\\GSNW7G            SIMON         DOS LM 2.1   7      01:19:00
\\GSNW8Z            DETTMAR       DOS LM 2.1   0      00:12:00
\\GSNW8Z            DETTMAR       DOS LM 2.1   0      00:16:00
\\GSNW9H            GUEST         DOWN LEVEL   0      05:38:00

The command completed successfully.
```

$ net session \\gsnw8z

```
Username        DETTMAR
Computer        GSNW8Z
Guest logon     No
Client type     DOS LM 2.1
Sess time       04:37:00
Idle time       00:13:00

Sharename       Type      # Opens
----------------------------------------------------------------------
DBASE$          Disk      0
KALKDAT         Disk      0
KALKPROG        Disk      0
LAST_HW         Disk      0
N101PSA3        Print
PWV51           Disk      0
WINDOWS         Disk      0

The command completed successfully.
```

11.2.11 Einrichtung und Pflege von FAT–Services

Im Unterschied zum File–Service, bei dem jeder File auch von dem Server aus als einzelner File gesehen wird, verbirgt sich hinter dem FAT–Service ein OpenVMS–File (container file), in dem alle auf der virtuellen PC–Platte abgelegten Files eingetragen sind. FAT steht hierbei für den aus der MS–DOS Welt bekannten Begriff der File Allocation Table, welche unter MS–DOS für die File–Verwaltung auf Platten benutzt wird. Dieser File wird auf dem Server wie eine Platte behandelt, die gemounted werden muß, damit die Benutzer darauf Zugriff haben. Bis zur Version V5 von PATHWORKS war dieser Dienst unter dem Namen Disk–Service bekannt. Da LAN Manager diese Dienste nicht kennt, wurde aus Kompatibilitätsgründen dieser Service in einer verbesserten Form unter PATHWORKS V5 weiter zur Verfügung gestellt.

Die Einrichtung und Pflege dieser FAT–Dienste erfolgt auf dem Server mit dem Verwaltungsprogramm ADMINISTRATE/PATHWORKS (ADMIN) unter dem Menü *Utilities* und dort unter dem Punkt *FAT–Volume*. Für die Einrichtung werden unter anderem die Funktionen *Mount* und *Create* angeboten.

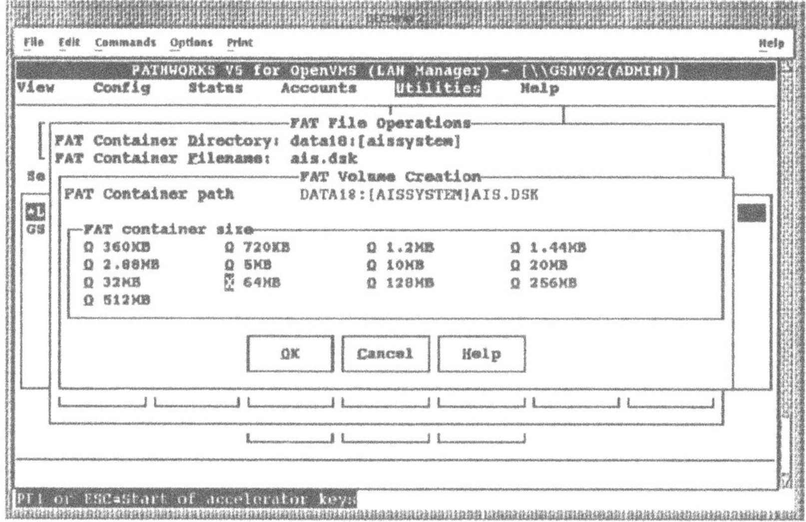

Abb. 11.2–10: FAT–Service einrichten

Zur Anlage eines neuen FAT–Volumes sind das Verzeichnis, wo der Containerfile abgelegt werden soll, sowie der Name des Containerfiles anzugeben. Danach ist *Create* anzuwählen. Die Größe der Platte kann nun ausgewählt werden. Nach Anlage des Containerfiles wird diese Datei als *autoshare* sofort gemounted und steht als *hidden share* Netzwerkanwendern zur Verfügung. Mit dem PATHWORKS Serververwaltungsprogramm ADMINISTRATE/PATHWORKS können danach gezielt Zugriffsrechte vergeben werden.

Beispiel:

`FAT Container Directory:`	data18:[aissystem]
`FAT Container Filename:`	ais.dsk

Es wird der *hidden share* AIS$ angelegt. Wurde dieses FAT–Volume beispielsweise auf dem Server GSNV02 angelegt, so ist eineAnsprache dieses Service als Laufwerk K: vom PC aus möglich durch: USE K: \\GSNV02\AIS$.

Für die Pflege können FAT–Volumes auch unter OpenVMS über das Dienstprogramm PCDISK direkt angesprochen werden. Die Kommandos sind dabei MS–DOS nach empfunden.
Im nachfolgenden Beispiel wird nach der Help–Anzeige eine OpenVMS Datei in ein FAT–Volume übertragen.

Beispiel:

$ RUN SYS$SYSTEM PCDISK

```
PCDISK>HELP

PCDISK is a DOS file maintenance utility which is used to maintain
DOS devices accessible to VMS.  The interface is DOS like, having
many emulated DOS commands.  VMS style prompting, line editing and
HELP are available.  In some cases a VMS command syntax may be
```

```
used to perform a DOS function.  ie:  The following commands have
equivalent results.

A:\>LABEL B:MYDISK
A:\>SET DRIVE B:  /VOLUME_LABEL=MYDISK

The USE command is used to make or break a connection to a DOS
device.  For more information on supported DOS devices refer to
the "DOS_devices" HELP topic.

The HELP command invokes the VAX/VMS help facility to display help
about a particular PCDISK command.  For more information, see
either the VMS General User's Manual in the Base Documentation
Set, or the Guide to Using VMS in the General User Subkit.

Additional information available:

@file-spec ATTRIBUTE  Backup  CHDIR    COPY       CREATE     DELETE
DIRECTORY  DOS_devices        EXIT     EXPORT     FORMAT     HELP
IMPORT     LABEL      MKDIR   RENAME   RMDIR      SET        SHOW
SPAWN      TYPE       USE     VOLUME   WHEREIS    Wildcards  XCOPY

PCDISK> USE A: SYS$LOGIN:DBASE1.DSK
A:\>DIR L*.*
Volume in drive a has no label
Directory of A:

LABER    GEN      20513    7-20-94  12:00p   A
LABER    PRF         698   7-20-94  12:02p   A

Total of 21211 bytes in 2 files.

PCDISK>IMPORT SYS$LOGIN:LOGIN.COM

LABER    GEN      20513    7-20-94  12:00p   A
LABER    PRF         698   7-20-94  12:02p   A
LOGIN    COM       6655    6-09-95   3:44p

Total of 27866 bytes in 3 files.
```

■

Der Zugriff auf FAT–Dienste kann auch gesperrt werden. Hierzu eignet sich am besten das Programm ADMINISTRATE/PATHWORKS (siehe auch Abbildung 11.2–9 auf der Seite 360). Über die Menüpunkte *View*, *Shared resources* werden die verfügbaren Dienste angezeigt. Zur Anzeige der FAT–Volumes ist noch *Show hidden shares* zu markieren. Der gewünschte Dienst ist anzuwählen und danach die Funktion *StopShare* anzuklicken.

11.2.12 Die Aufzeichnung von Ereignissen und Fehlern

Der LAN Manager kann verschiedene Ereignisse wie ungültige Anmeldeversuche oder das Öffnen von gemeinsam genutzten Dateien (shared files) aufzeichnen (auditing server events). Die Aufzeichnungen sind in der Datei <Servername>_NET.AUD im Verzeichnis PWRK$LMROOT:[LANMAN.LOGS] abgelegt. Im Programm ADMINISTRATE/PATHWORKS befindet sich die Pflege der Audit–Aufzeichnungen unter dem Menüpunkt *Status*.

Der Serverlogfile für Anmeldeversuche (Fehlverusche bei der Lizenzabfrage) liegt im Verzeichnis PWRK$LOGS ab und heißt: PWRK$LICENSE_SERVER_*server-*

name.LOG. Ereignisse, welche in diesem Zusammenhang protokolliert werden sollen, können im Menüpunkt *Log–File* des Lizenzpflegeprogramms PWRK$LICENCE_MANAGER eingestellt werden.

Im File <Servername>_NET.ERR im Verzeichnis PWRK$LMROOT:[LANMAN.LOGS] werden Server– und Clientfehler aufgezeichnet. Die Anzeige der Fehlerlogdatei kann mit dem NET Kommando ERROR oder im Serververwaltungsprogramm ADMIN erfolgen. Ein *clear* der Fehlerlogdatei bewirkt ein Umbenennen des Fehlerlogdatei in <Servername>_NET.BAK und eine Anlage einer neuen leeren Fehlerlogdatei.

Beispiel:

$ HELP NET ERROR

```
NET ERROR [/COUNT:number] [/REVERSE]  [/DELETE]

NET ERROR displays or clears entries in the error log. When used
without options, it displays all entries in the error log.
```

$ net error /count:2

```
Program              Message              Time
---------------------------------------------------------------------
SERVER               3112                 02-24-95 11:30AM

NET3112:   An illegal SMB was received.  The SMB is the data.
```

Das Kommando NET STATUS liefert einen komprimierten Überblick der Servereinstellungen und Statistikdaten.

11.3 Voraussetzungen für PC–Benutzer

Der PC muß über eine Ethernet–Adapterkarte oder über eine WAN–Verbindung mit entsprechenden Routern an das Ethernet angeschlossen sein.

Bei der Installation der PC–Clientsoftware werden auf der lokalen Platte zwei Verzeichnisse C:\LMDOS und C:\PW angelegt. Das Verzeichnis C:\LMDOS enthält beispielsweise die Datei LANMAN.INI. Dort sind Parameter für die Anbindung an einen LAN Manager Server hinterlegt. Üblicherweise werden die notwendigen Kommandos für den Start der PATHWORKS–Software in einem MS–DOS–Stapel–File zusammengefaßt. Der Standard–Stapel–File für den Start der PATHWORKS–Client–Software heißt STARTNET.BAT. Die bei der Erstinstallation im lokalen PATHWORKS Verzeichnis (meist C:\PW) angelegten Konfigurationsdateien beginnen mit der Zeichenfolge *CFG* und haben den Filetyp *TPL*. Die Startdateien werden in der Regel vom PC–Manager eingerichtet. Die Methode der Installation ist ausführlich beschrieben im "PATHWORKS for DOS und Windows Client Installation und Configuration Guide".
Es kann erforderlich werden, diesen Standard–Stapel–File modifizieren zu müssen, sei es, daß immer das gleiche feste virtuelle Laufwerk für die Verbindung zum PATHWORK Client–Service verwendet werden soll oder daß eine Verbindung zu einem länderspezifischen PATHWORKS Client–Service hergestellt werden soll. Im Verzeichnis M:\LANGUAGE der PATHWORKS–Client–Software befindet

sich die MS–DOS Kommandodatei LVINSTAL.BAT. Damit lassen sich parallel zur englischen Bedienoberfläche deutschsprachige Bedienoberflächen und Hilfefunktionen für die wichtigsten PATHWORKS Client–Programme einstellen. Hinweise hierfür befinden sich in der Datei README.TXT.

Nachträgliche Anpassungen, welche beispielsweise Protokolle oder Netzwerkadressen betreffen, können jederzeit mit dem Programm PWSETUP erfolgen.

Beim Starten der Netzwerksoftware wird eine Verbindung zum Netzwerkdienst des PATHWORKS Client Kits hergestellt. Dort befinden sich alle Teile der Client Software. Dadurch ist es möglich, daß im lokalen PATHWORKS Verzeichnis des PCs nur ein kleiner Teil der Software abliegen muß. Bei Version 5.1 ist der Servicename für diesen Dienst PWV51.

Nutzung des PC–Client Konfigurationsprogramms PWSETUP:

Nach der Grundinstallation der PATHWORKS Software auf dem PC kann das Programm PWSETUP für Konfigurationsanpassungen genutzt werden. Im Verzeichnis \PWAPP des PATHWORKS Client Files–Service befindet sich das Programm PWSETUP sowie weitere Standardanwendungen wie beispielsweise der VT320 Terminalemulator, das Mailprogramm oder das Programm PW für den Aufbau von Netzwerkverbindungen unter Microsoft Windows. Nach Aufruf dieses Programms kann durch Anwahl der Auswahlpunkte *Express* oder *Customize* aus einer Auswahl verschiedener Konfigurationen eine passende ausgewählt werden. Danach wird der Netzwerkadapter abgefragt, der aus einer Liste ausgewählt werden kann. Nach der Abfrage der Rechneradressen wird das lokale Windows Verzeichnis abgefragt, damit Modifikationen an der Windows Systemdatei SYSTEM.INI automatisch erfolgen können. Nach Beantwortung der Fragen wird ein Konfigurationsfile angelegt, der dann beim nächsten Aufruf von STARTNET.BAT genutzt werden kann.

Aktivieren der PATHWORKS–Software :
C>STARTNET

Es werden die erforderlichen Treiber geladen, und es wird eine Verbindung zum PATHWORKS Server aufgebaut. Danach stehen dem PC–Benutzer die Netzwerk–Programme zur Verfügung.
Durch das Kommando STOPNET können Netzwerktreiber und die PATHWORKS–Software wieder aus dem Speicher entladen werden.

Mit PATHWORKS ist es auch möglich, die Netzwerkdienste Terminal–Emulation, File–Transfer, Mail und FAL (file access listener) aus einer Microsoft Windows–Bedienoberfläche heraus zu benutzen. Diese Programme befinden sich in der Programmgruppe PATHWORKS Windows–Anwendungen (siehe Abbildung 11.3–1).

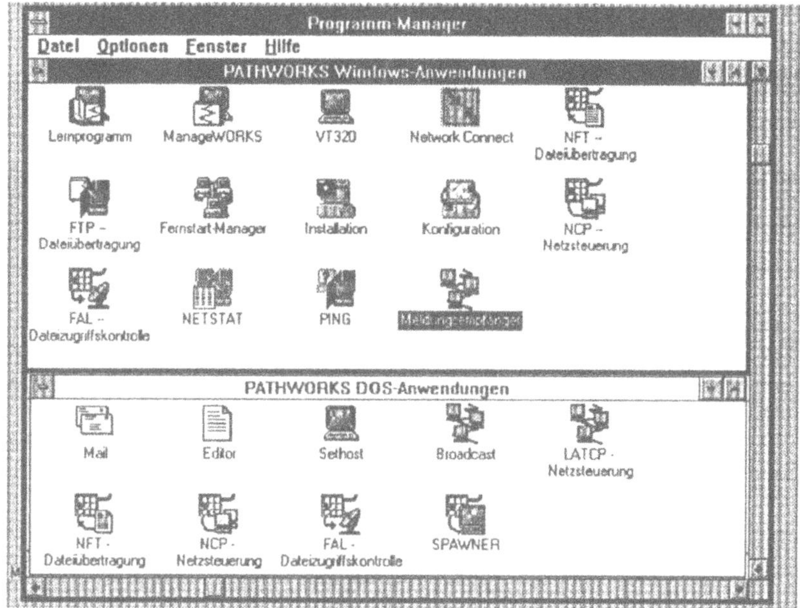

Abb. 11.3–1: PATHWORKS MS–DOS und Windows Anwendungen

11.4 Terminal–Emulation und Filetransfer

Eine Terminal–Emulation ist eine Anwendung, mit der sich der PC wie ein Terminal verhält, das an einen Host–Computer angeschlossen ist. Das Programm zur Terminal–Emulation von MS–DOS aus heißt *SETHOST.* In einer Microsoft Windows Umgebung ist dies der VT320–Terminalemulator. Nachdem die notwendigen Treiber geladen sind, stehen den Benutzern auf dem PC Kommandos für die Dienste virtueller Terminal–Betrieb (*SETHOST*) und FileTransfer (*NFT*) zur Verfügung. Für diese Programme ist ein ausführlicher Hilfetext Bestandteil der Software. Dort sind weitere spezielle Funktionen beschrieben.
NET HELP SETHOST zeigt die Hilfsinformation über das Programm SETHOST an. Wird NFT ohne Parameter aufgerufen, so kann nach dem Eingabeaufforderungszeichen NFT auch HELP eingegeben werden.

11.4.1 Virtuelles Terminal zu OpenVMS– und UNIX–Systemen

Basis der Verbindung sind die Protokolle DECnet (mit LAT und CTERM) sowie TCP/IP. Das gewünschte Protokoll kann beim Kommandos SETHOST mitangegeben werden. Mögliche Schlüsselwörter für die Angabe des Protokolls sind:
LAT, CTERM und TELNET. Default ist LAT.

Kommandoformat: SETHOST [<Protokoll>:] [<Knotenname>]

Beispiel:

C>SETHOST AT1

```
SETHOST V5.1.ab
Copyright (c) 1985,1993 Digital Equipment Corporation

Press F3 to enter Set-Up to select a Session
Press F4 to switch sessions
Press Ctrl/F10 to exit or Ctrl/F9 to go to DOS

Connecting to Service 1:  AT1 via LAT...
Connection to server AT1 established

        * * * * *   A T 1   * * * * *

Username: Simon
Password:
Welcome to OpenVMS AXP(TM) Operating System, Version V6.1 on node AT1
Last interactive login on Wednesday, 25-JAN-1995 07:46
Last non-interactive login on Tuesday, 23-JAN-1995 17:12

             You have 17 new Mail messages.
$
```

■

Gleichzeitiges Drücken der beiden Tasten *STRG* und *F10* beendet die OpenVMS–Session (Rückkehr zu MS–DOS). Innerhalb der OpenVMS–Session kann, durch gleichzeitiges Drücken der beiden Tasten *STRG* und *F9* (hot key function), zum MS–DOS umgeschaltet werden. Die Rückkehr in die OpenVMS–Session erfolgt auf dem PC durch Eingabe des Kommandos EXIT.

Beispiel: Verbindung zu einem UNIX–System über das TCP/IP Protokoll

C>SETHOST TELNET: UNIA12

```
...
...
Connecting to Service 1: UNIA12 via TELNET...
Connection to server UNIA12 established
login:
```

■

Einige Tasten der Bildschirme der VT–Serie stehen auf der PC–Tastatur nicht zur Verfügung. Nachfolgend sind die Ersatztasten–Kombinationen des IBM enhanced keyboards für Funktionstasten der VT–Tastatur aufgeführt:

BS (backspace, F12)	= ALT/F2
ESC (escape, F11)	= ALT/F1
LF (line feed, F13)	= ALT/F3
STOP (hold, stop)	= F1
Lokal drucken	= F2

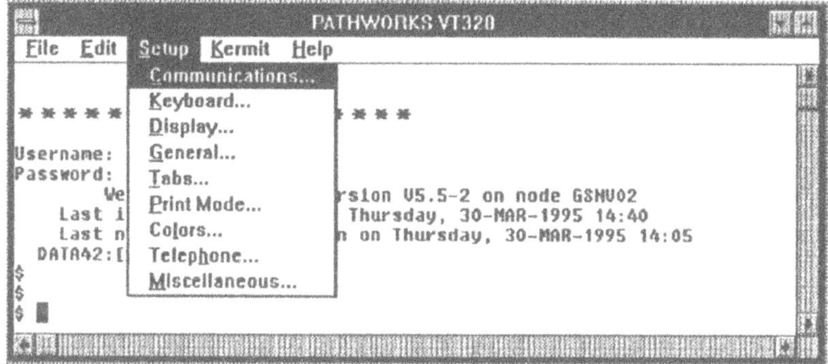

Abb. 11.4–1: VT320 Microsoft Windows Terminalfenster

Wird die VT320–Emulation auf dem PC unter Microsoft Windows aufgerufen, so kann die PF1–Taste (Num–Taste) nicht benutzt werden. Hierfür ist eine Ersatztaste zu verwenden.

PF1	= / (auf dem zusätzlichen Tastenfeld)
PF2	= ALT und /
PF3	= *
PF4	= –
Minus	= ALT und +
Enter	= ALT und Enter
Compose	= ESC

11.4.2 Filetransfer

Der Dateiaustausch in einem Netzwerk kann auch zu Rechnern erfolgen, auf denen keine PATHWORKS Software installiert ist. Der Kopiervorgang erfolgt dabei auf Basis der Protokolle TCP/IP, LAT und CTERM.

- Filetransfer von OpenVMS auf PC:
  Hierzu gibt sowohl unter MS–DOS als auch MS–Windows Programme.
  C>NFT
  NFT>COPY GSNV01"SCHMITT"::DATA16:XX.DAT C:YY.DAT
  Wird bei Angabe der Zugriffsinformation ("<username> <password>") kein Kennwort angegeben, so wird es interaktiv abgefragt.
- Filetransfer von PC auf OpenVMS C>NFT
  NFT>COPY C:\MULT*.* GSNV01"SCHMITT"::DATA16:[SCHMITT.PC_SICH]
  Es werden alle Files von der PC–Platte C: im Unterverzeichnis \MULT auf den Server in die Directory [SCHMITT.PC_SICH] kopiert.
- Filetransfer OpenVMS auf PC mit Codewandlung von DEC *multinational character set* (MCS) in PC–8–Bit–Code.
  NFT>COPY/ASCII:MCS VAX4"LAUTERBACH"::DEMO1.TXT D:DEMO1.TXT
- Für den Filetransfer zu UNIX–Systemen gibt es in der Programmgruppe PATHWORKS für Windows das Programm FTP.

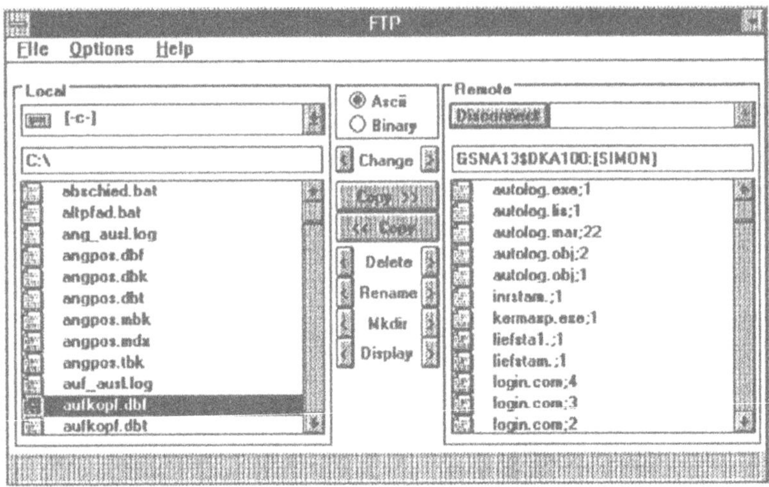

Abb. 11.4–2: Datenaustausch zu UNIX Systemen mit FTP

Beispiel: Benutzung von FTP aus der MS–DOS Ebene

```
C>ftp gsna40
File Transfer Protocol (Ftp)  Version V5.1.002
Copyright (c) 1994  Digital Equipment Corp.  All Rights Reserved.
Connected to GSNA40.
220 GSNA40 FTP server (OSF/1 Version 5.60) ready.
Username (gsna40:simon):
331 Password required for simon.
Password: <Eingabe des Kennworts>
230 User simon logged in.
ftp>exit
```

11.5 PATHWORKS für MS–DOS–Benutzer

Die Produkte PATHWORKS für OpenVMS und PATHWORKS für DOS erlauben es dem PC–Benutzer, OpenVMS–Directories als virtuelle PC–Platten zu benutzen. Nach der Installation der notwendigen Treiber (z.B. durch den Aufruf von STARTNET.BAT), können, wie nachfolgend beschrieben, virtuelle PC–Platten für die verschiedensten Anwendungen geöffnet werden.
Es wird dabei zwischen dem File–Service und dem FAT–Service unterschieden, der bis zur Version V5 von PATHWORKS Disk–Service genannt wurde. Beide Dienste werden über eine virtuelle PC–Platte abgebildet (redirector). Der Vorteil des File–Service ist, daß die PC–Platte transparent auf einer OpenVMS–Directory abgebildet wird; d.h. man kann die PC–Files auch unter OpenVMS direkt bearbeiten. Deshalb spricht man hier auch von einem Dateidienst. Der Zugriff auf ein FAT–Volume ist schneller als der Zugriff über einen File–Service, jedoch nicht transparent.
Wollen mehrere Benutzer gemeinsam auf die gleichen OpenVMS–Plattenberei-

che mittels MS–DOS–Kommandos zugreifen, so ist vom PC–Manager unter OpenVMS ein zentraler File–Service einzurichten. Das gleiche gilt für an den Server angeschlossene Drucker. Hierfür ist vom PC–Manager ein zentraler Druckservice einzurichten.

11.6 Virtuelle Platten aus PC–Benutzersicht

Auf dem PC stehen unter dem Betriebssystem MS–DOS ebenfalls NET–Kommandos zur Verfügung. Das Kommando USE erlaubt die Zuordnung eines virtuellen PC–Plattenlaufwerksnamen auf einen OpenVMS–Bereich und die Verwaltung der Client–Netzwerk–Verbindungen.

Allgemeine Form des USE–Befehls:

USE [Gerät:] [[\\Knoten][\Dienstname[%Benutzername]
[Kennwort | *]] [/Schalter]

Die Geräteangabe muß mit einem Doppelpunkt (:) abgeschlossen sein; bis zu 5 Zeichen sind erlaubt. Beispielsweise sind eine MS–DOS–Laufwerksbezeichnung sowie das Zeichen ? zugelassen oder eine MS–DOS Druckerschnittstelle (LPT1:). Wird als Laufwerksbezeichnung das Zeichen ? verwendet, so ermittelt das System automatisch den Namen des nächsten freien virtuellen Laufwerks.
Die *Rechnerknotenangabe* (server) beginnt mit zwei Rückstrichen (\\); bis zu 15 Zeichen sind erlaubt. Der *Dienstname* (service) beginnt mit einem Rückstrich (\); bis zu 31 Zeichen sind erlaubt. Der *Benutzername* beginnt mit dem Prozentzeichen (%); bis zu 12 Zeichen sind erlaubt. Das *Kennwort* wird mit Leerzeichen begrenzt; bis zu 31 Zeichen sind erlaubt. *Schalter* beginnen mit dem Schrägstrich (/); bis zu 12 Zeichen sind erlaubt. Werte werden einem Schalter mit dem Gleichheitszeichen (=) oder dem Doppelpunkt (:) zugeordnet; bis zu 16 Zeichen sind erlaubt.

Mit der Version 5 von PATHWORKS ergeben sich bei Nutzung eines Redirectors für LAN Manager folgende Änderungen:

- Der Dienstname kann maximal 11 Zeichen lang sein, wobei der Name maximal 8 Stellen vor dem Punkt und 3 Stellen nach dem Punkt haben darf (8.3–Format).
- Die Angabe von einem Benutzernamen und dem Kennwort kann entfallen. Die Anmeldung beim Server erfolgt in der Regel beim Start der Netzwerksoftware. Dort werden der Benutzername und das Passwort abgefragt. Diese Angaben sind danach im Netzwerk bis zum nächsten Neustart der Netzwerksoftware bekannt.

Auf dem PC ist ein Help für dieses Programm verfügbar.

Beispiel:

```
The syntax of this command is:

NET HELP [command [/OPTIONS] | topic]
NET command {/HELP | /?}

  Help is available on these utilities:
  ADDNAME          NSETUP          UNLOAD
  LOAD             PING
  NETBIND          PRTSC
```

```
Help is available on these NET commands:
  ACCESS          LOGOFF          START
  ADMIN           LOGON           STOP
  CONFIG          MOVE            TIME
  CONTINUE        NAME            USE
  COPY            PASSWORD        VERSION
  HELP            PAUSE           VIEW
  HELPMSG         PRINT           WHO
  LOG             SEND

Help is available on these special topics:
  NAMES           SYNTAX          NET          NETWARE

To get Help one screen at a time, type NET HELP command | MORE.
```

C>net help use

```
The syntax of this command is:

NET USE [devicename] [\\computername\sharename [password]]
NET USE [devicename] /HOME
NET USE /PERSISTENT:{YES | NO | FREEZE | SAVE}
NET USE {devicename | \\computername\sharename} /DELETE

NET USE connects a workstation to a shared resource or disconnects a
workstation from a shared resource. When used without options, it
lists the workstation's connections.
```

Alle aktuell auf dem PC zugewiesenen Dienste können durch Eingabe des Kommandos USE angezeigt werden.

Beispiel:

C>use

```
USE V5.1.001 Digital Network Connection Manager [Virtual drives F:-G:]

Status  Dev   Type   Connection name                      Access   Size
------  ---   ----   ------------------------------------------------
        H:    FILE   \\GSNV02\NORTON$
        I:    FILE   \\GSNV02\SIMON
        M:    FILE   \\GSNC01\PWV51
        O:    FILE   \\GSNV02\LIEFDV
        Q:    FILE   \\GSNV02\LGSTAMM
        R:    FILE   \\GSNV02\LIEFPROG
        W:    FILE   \\GSNC01\WINDOWS
```

■

Im obigen Beispiel ist auch zu erkennen, welche Laufwerksbuchstaben bei PATHWORKS V4.x für FAT–Volumes reserviert sind (F:–G:).
Einen schnellen Überblick der PC–Netzwerkkonfiguration liefert der Befehl USE mit dem Qualifier /STATUS.
Beispiel:

C:\>use /status

```
Network Connection Manager (USE)    Version V5.1.001
Copyright (c) 1988-1994  Digital Equipment Corp. All rights reserved.
```

```
Use Library:        Version 1.8.021
LAD Disk Driver:    Version 5.00
LAD CDROM Driver: MSCDEX is not installed
MSCDEX Driver:      MSCDEX is not installed
Redirector:         Version 2.20 (Enhanced)
NetBIOS LANA 0:     Version 2.01 (DECnet)
NetBIOS LANA 1:     Version 2.01 (TCP/IP)

Workstation name: GSNW5P
DECnet database:    C:\PW\
DECnet node:        GSNW5P (14.746)
Station address:    AA-00-04-00-EA-3A
Hardware address: 08-00-2B-3A-B7-BF
Controller type:    NDIS Driver (Digital EtherWORKS 3 Network Adapter)

Physical drives:    A:-G:
Logical drives:     A:-Z:
Network drives:     H:-Z:
Virtual drives:     F:-G:
CD ROM drives:      MSCDEX is not installed
LAD CD drives:      MSCDEX is not installed
Printer devices:    1-3

Next available virtual drive:   F:
Next available virtual CDROM:   MSCDEX is not installed
Next available network drive:   J:
Next available printer device: LPT1:
```

■

Der erstmalige Verbindungsaufbau erfolgt mit Hilfe des LAN Manager Kommandos NET LOGON. Dies erfolgt in der Regel beim Start der Netzwerksoftware auf dem PC. Nach Aufruf dieses Kommandos werden Benutzername und das Kennwort abgefragt. Die Benutzerkennung bestimmt die Zugriffsmöglichkeiten im Netzwerk und wird bei Druckausgaben auf Netzwerkdrucker auf dem Deckblatt als Username ausgedruckt.

Allgemeine Form des NET LOGON–Befehls:

NET LOGON [username [password | *]] [/DOMAIN:name] [/Y]

Nach der erfolgreichen Anmeldung wird, falls vorhanden, ein dem Benutzer zugeordneter Login–Scriptfile ausgeführt. Dabei handelt es sich um eine Datei, die auf dem Netzwerkdienst *NETLOGON* abliegt. Der Dateiname wurde vom PC–Manager in die Userkenndaten mit aufgenommen.

Beispiel:

C>NET LOGON

```
Type your username, or press ENTER if it is MESSMER
Type your password
```

11.6.1 Verbindungsaufbau zu einem File–Service

Eine Verbindung zu einem File–Service wird immer nach der gleichen Methode hergestellt. Es sind der Name des Servers und der Dienstname anzugeben. Der Verbindungsaufbau kann aus der MS-DOS Ebene mit dem Kommando NET USE oder unter MS-Windows mit dem Programm NETCONNECT (C:\PCAPP\PW.EXE) bzw. über den MS-Windows Dateimanager erfolgen (siehe Abschnitt 11.6.2). Eine Verbindung zum zentral definierten Service WINPROGS kann hergestellt werden durch:

USE W: \\GSNV01\WINPROGS.

Der Rechner antwortet mit der Meldung:

```
Drive W: connected to \\GSNV01\WINPROGS
```

Die Zugriffsrechte auf den zentralen File-Service WINPROGS legt der PC-Manager unter OpenVMS mit Hilfe des Verwaltungsprogramme ManageWORKS oder ADMINISTRATE/PATHWORKS fest.

Damit steht die OpenVMS-Directory, auf die der File-Service WINPROGS abgebildet wurde, dem PC als virtuelle Platte zur Verfügung.

Eine Verbindung zum unter OpenVMS vermerkten Default-Verzeichnis des Benutzers kann hergestellt werden, indem der Benutzername als Servicename angegeben wird, wenn dieser als Dienstname bei der Anlage des personal shares benutzt wurde. Für PC-Benutzer ist folgende Anweisung erforderlich:

USE L: \\GSNV01\SIMON

Damit steht die OpenVMS-Directory auf dem PC als virtuelle Platte L: zur Verfügung.

Anzeige der existierenden File- und Print-Service-Dienste:

Die auf einem Server eingerichteten festen File- und Print-Service-Dienste können mit dem Kommando NET VIEW angezeigt werden. Ohne Angabe des Rechnerknotens werden die Servernamen einer Domäne angezeigt. Beispiele und eine ausführliche Beschreibung sind im Abschnitt 11.2.9 auf der Seite 358 zu finden. Für PC-Benutzer mit der Bedienoberfläche MS-Windows bietet der Browser des Programms *Network Connect* eine einfache Möglichkeit die verfügbaren Netzwerkdienste anzuzeigen (siehe Abbildung 11.6-3).
FAT-Dienste werden bei NET VIEW nicht angezeigt.

11.6.2 Aufbau zu Netzwerkdiensten über Microsoft Windows

Mit dem Dateimanager von Microsoft Windows ist es möglich auf File- und Disk-Services von PATHWORKS zuzugreifen. Dabei ist folgende Reihenfolge einzuhalten:

- Aufruf von Microsoft Windows: C>WIN
- Im *Programm-Manager* ist mit Doppelklick das Symbol *Hauptgruppe* anzuwählen.
- Im Menü *Hauptgruppe* ist mit Doppelklick das Symbol *Dateimanager* anzuwählen.
- Im Menü *Datenträger* ist das Dialog-Fenster *Netzwerkverbindungen* anzuwählen.
- Im Feld *Path* (Netzwerkpfad) gelten die gleichen Eingaberregeln wie beim USE-Kommando.

- Im Feld *Drive* (Laufwerk) ist der gewünschte Laufwerksbuchstaben des Dienstes einzugeben, oder die Taste *TAB* zur Bestätigung des vorgegebenen Wertes zu drücken.
  Achtung: Es wird der aus Microsoft Windows Sicht erste freie Laufwerksbuchstabe angezeigt.
- Falls notwendig, ist die Taste *TAB* zu drücken, um im Feld *Password* (Kennwort) das gültige Kennwort einzugeben.
- Anwahl des Auswahlknopfes *Connect* (Verbinden).

In der Microsoft Programmgruppe PATHWORKS Windows–Anwendungen befindet sich auch das Sinnbild für das Programm *Network Connect*. Hinter diesem Programm verbirgt sich ebenfalls die Bedienoberfläche für den Auf– oder Abbau einer Netzwerkverbindung. Für den Aufbau einer Netzwerkverbindung kann auch dieses Programm direkt aufgerufen werden.

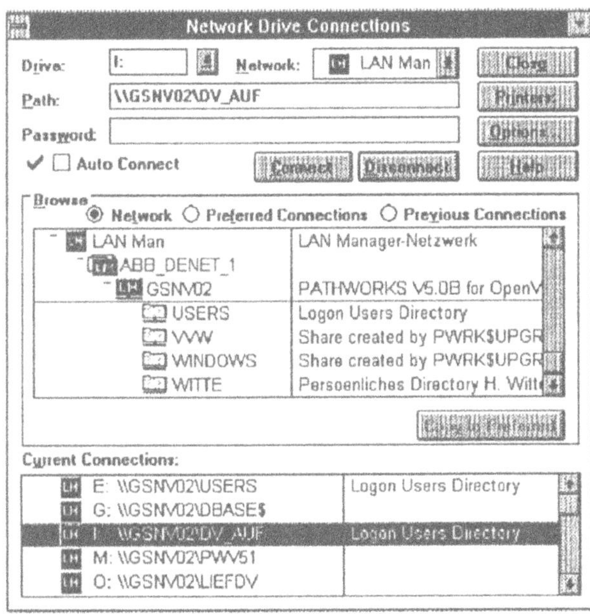

Abb. 11.6–3: Verbindungsaufbau zu Dateidiensten unter MS–Windows

Im Programm *Network Connect* besteht auch die Möglichkeit der Anzeige aller Netzwerkdienste. Dabei kann wie folgt vorgegangen werden (browsing):

- Doppelklick auf LAN Manager
- Doppelklick auf den Domänennamen, in der Abbildung 11.6–3 ist dies ABB_DENET_1.
- Doppelklick auf einen der verfügbaren Server

Es werden alle auf dem angewählten Server eingerichteten Netzwerkdateidienste angezeigt. Durch Doppelklick auf einen der Dienste kann sofort eine Netzwerkverbindung zu dem ausgewählten Dienst hergestellt werden.

11.6.3 Abbau von Verbindungen

Verbindungen (links) zu Pseudoplatten und Netzwerkdruckern können über das Kommando USE aufgebaut bzw. auch wieder abgebaut werden.

- Aufbau eines Links:
  C>USE K: \\GSNV01\BECKER
- Abbau eines Links:
  C>USE K: /DELETE

11.7 Nutzung eines OpenVMS–Druckers über den PC

Zu jeder OpenVMS–Druckerqueue kann durch Benutzung des Befehls USE vom PC aus eine Verbindung (connect) hergestellt werden. Dies könnte schon beim Starten der PC–Client–Software erfolgen, beispielsweise in der Login Script Datei. Außerdem muß eine Druckerwarteschlange auf der OpenVMS–Seite definiert sein. Wird der Redirector für LAN Manager benutzt, so ist wiederum die LAN Manager Namensregel (8.3–Format) für den Dienstnamen zu beachten.

Beim Start der PC–Client–Software kann beispielsweise zu der OpenVMS–Warteschlange N3A1PS ein Connect hergestellt werden. Wird als Geräteangabe beim USE–Kommando LPT1: für den MS–DOS Standarddrucker angegeben, so kann N3A1PS über das MS–DOS Kommando COPY, das Kommando NET PRINT oder nur PRINT angesprochen werden.

Die Verwendung von am Server installierten Postscript–Druckern bietet für alle PC–Benutzer die Möglichkeit, mit Standard–PC–Programmen hochwertige Ausdrucke zu geringen Kosten zu erhalten.

11.7.1 Aufbau einer Verbindung zu einem Druckdienst

Das Format für das USE Kommando ist:
USE <local printer> \\<node>\<Printer–Service>

Beispiele:

- Aufbau eines Links zu einem zentralen Drucker:
  C>USE LPT2: \\GSNC01\N3A1PS
  Der Printer Service N3A1PS muß dabei vom PC–Manager mit Hilfe eines der PATHWORKS Verwaltungsprogramme eingerichtet worden sein (siehe auch Abschnitt 11.2.6 auf der Seite 357.
- Die Druckausgabe kann auch mit dem MS–DOS Kommando COPY veranlaßt werden.
  C>COPY /B DOKU1.PS LPT2:
- Abbau eines Links zu einem Server–Drucker:

C>USE LPT2: /D

■

Die Benutzung des Kommandos NET PRINT erlaubt es dem PC–Benutzer die verfügbaren Druckerwarteschlangen des Servers abzufragen und Druckaufträge anzeigen bzw. löschen zu können.

Beispiele:

NET PRINT HELP

```
The syntax of this command is:

NET PRINT {\\computername[\sharename] | devicename}
      {\\computername | devicename} [job#{/HOLD | /RELEASE | /DELETE}]

NET PRINT displays or controls print jobs in a printer queue.
```

Die volle Funktionalität hat das Kommando NET PRINT nur auf dem Server.

NET PRINT \\GSNV02

```
Printer queues at \\gsnv02

Name                          Job #       Size             Status
--------------------------------------------------------------------
A0_KMBPR_01 Queue            0 jobs                        *Queue held*
A1_LASER_02_P Queue          2 jobs                        *Queue Active*
     sarnecki                   809      52224             Held in queue
     ERLER                      876    1538048             Held in queue
FWT_PRINT Queue              3 jobs                        *Queue held*
     boppel                     927        512             Waiting
     boppel                     935        512             Waiting
     warzecha                   544       6656             Waiting
GAS_PRINT Queue              0 jobs                        *Queue Active*
W1_LASER_01_A Queue          2 jobs                        *Queue Active*
     hess                       461       5632             Held in queue
     hess                       678       5632             Held in queue
W1_LASER_01_E Queue          0 jobs                        *Queue Active*
W1_LASER_01_P Queue          0 jobs                        *Queue Active*
The command completed successfully.
```

■

Hat sich der Benutzer beim Server durch ein Logon nach dem Start der PATHWORKS Software beim Server angemeldet, so ist es auch möglich einen Druckauftrag vom PC aus wieder zu löschen. Es wird der Druckauftrag Nummer 927 gelöscht.

NET PRINT \\GSNV02 927 /DELETE

```
The command completed successfully.
```

■

11.7.2 Nutzung eines Druckdienstes unter Microsoft Windows

Soll eine Verbindung zu einem Netzwerkdrucker unter Microsoft Windows aufgebaut werden, so ist folgender Ablauf einzuhalten:

- Im *Programm–Manager* von Microsoft Windows ist mit Doppelklick das Symbol *Hauptgruppe* anzuwählen.
- Im Menü *Hauptgruppe* ist mit Doppelklick das Symbol *Systemsteuerung* anzuwählen.
- Im Fenster *Systemsteuerung* ist Doppelklick das Symbol für *Drucker* anzuwählen.
- Mit Doppelklick ist *Verbinden* anzuwählen. Das Dialogfenster *Verbinden* erscheint.

- Es ist das Feld *Netzwerk* anzuwählen. Das Dialogfenster *Drucker – Netzwerkverbindungen* erscheint.
- Im Feld *Netzwerkpfad* gelten die gleichen Eingaberegeln wie beim USE–Kommando.
- Im Feld *Anschluß* ist der gewünschte Druckeranschluß einzugeben, oder die Taste TAB zur Bestätigung des vorgegebenen Wertes zu drücken.
  Achtung: Unter Microsoft Windows können als Netzwerkdrucker nur LPT1:, LPT2: und LPT3: benutzt werden.
- Falls notwendig, ist die Taste TAB zu drücken, um im Feld *Password* das gültige Kennwort einzugeben.
- Anwahl des Auswahlknopfes *Verbinden*.

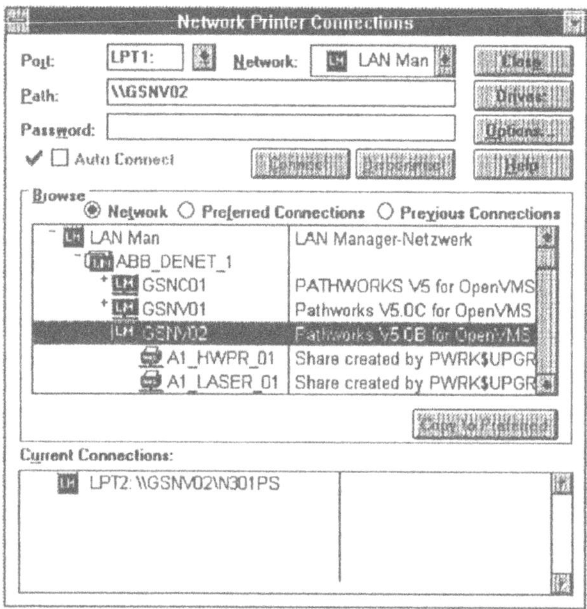

Abb. 11.7–1: Der Verbindungsaufbau zu Netzwerkdruckern unter MS Windows

Alternativ kann auch direkt die Druckerverbindung mit dem Programm *Network Connect* durch Anklicken des Auswahlknopfes *Printers* aufgebaut werden.

11.8 Datensicherung für PC–Platten

Die lokale Ablage von PC–Daten sollte so organisiert sein, daß sich sämtliche Daten von den Programmen getrennt in einem Verzeichnis befinden. Damit reicht es aus die Datenbereiche zu sichern. PC–Files können durch Angabe eines virtuellen Plattennamens auf den OpenVMS–Server gesichert werden. Damit sind diese Dateien bzw. die gesamte PC–Platte automatisch in den Datensicherungszyklus des Servers einbezogen. Eine einfache Möglichkeit, die Daten zu sichern (Sub–Directory [.PC_SAV]) besteht beispielsweise in der Kommandofolge:

```
C> USE      I: \\NODE1\MEIER
C> COPY C:*.*          I:\PC_SAV
```

Die Daten werden in das Unterverzeichnis [.PC_SAV] des Benutzers MEIER kopiert.

Mit diesem Kommando ist es jedoch sehr umständlich, mehrere MS–DOS–Verzeichnisse bzw. eine gesamte Platte zu sichern. Besser verwendet man für die Datensicherung eines der Backup Programme, welche für MS–DOS und MS–Windows verfügbar sind.

Organisation der Datensicherung in einem PC–Netzwerk:

Für jeden am Netzwerk angeschlossenen PC ist ein zentraler File–Service einzurichten, welcher für die Datensicherung vorgesehen ist. Falls mehrere PC an einem Server angeschlossen sind, könnte der für die Datensicherung benutzte Servicename beispielsweise dem Netzwerk–Knotennamen des PC entsprechen. Dieser Service kann als *private share* vom PC–Manager angelegt werden mit Vergabe der Zugriffsrechte für den oder die PC–Nutzer.
Beispielsweise wird vom PC–Manager unter OpenVMS (GSNV01) ein File–Service für den PC mit der Bezeichnung GSIX01 eingerichtet. Vom PC–Benutzer ist ein Link zu diesem File–Service aufzubauen.

```
C>USE    Y: \\GSNV01\GSIX01
```

Nach dem Aufbau einer Netzwerkverbindung zu diesem Service kann auf dieses Laufwerk die Datensicherung durchgeführt werden. Sehr gut eignet sich zur Datensicherung das MS–Windows Programm MWBACKUP, welches sich ab Version 6 von MS–DOS im lokalen DOS–Verzeichnis befindet.
Unter der Version 3.1 von MS Windows befindet sich das Programm MWBACKUP in der Programmgruppe *Microsoft Zubehör*.
Die auf den Server gesicherten Daten unterliegen danach der Datensicherungsorganisation des Rechenzentrums. Werden diese PC–Datensicherungsbereiche beispielsweise einmal pro Woche auf Band ausgelagert, so ist eine Rekonstruktion von PC–Daten möglich, auch wenn schon mehrere Wochen seit der Datensicherung vergangen sind.
In den nachfolgenden Beispielen wird die Datensicherung am Beispiel des MS–Windows Programms MWBACKUP beschrieben.

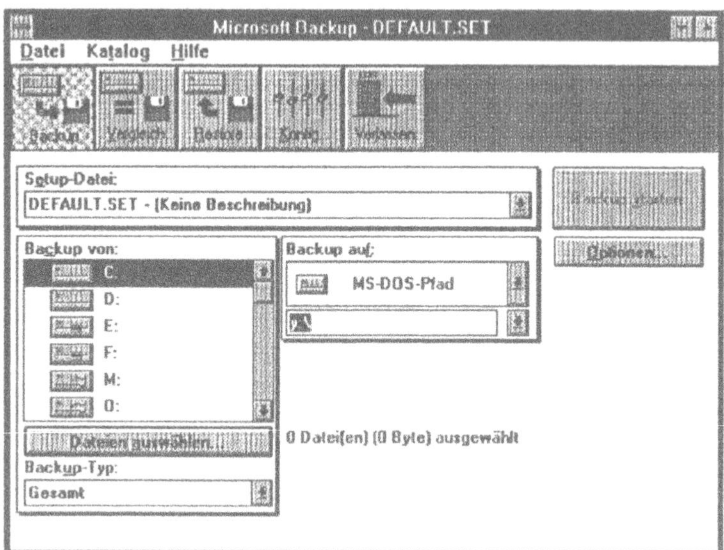

Abb. 11.8–1: Microsoft Backup

Nutzung der MS–Windows Anwendung MWBACKUP:

Wird MWBACKUP das erste Mal benutzt, so sollte als Setup–Datei DEFAULT.SET eingestellt sein (siehe Abbildung 11.8–1). In der Bildschirmmaske sind der Zielpfad (Netzwerklaufwerk) einzugeben, und es ist das zu sichernde Laufwerk auszuwählen. Sollen von diesem Laufwerk nur bestimmte Dateien gesichert werden, können diese durch Anwahl der Funktion *Dateien auswählen* selektiert werden. Die Auswahl erfolgt durch Doppelklick auf den Dateinamen oder auf den Verzeichnisnamen. Nach Anklicken von *Backup–Starten* beginnt der Sicherungsvorgang. Dabei wird im Fenster der Fortschritt des Backups angezeigt (Abbildung 11.8–2).

Die vorgenommenen Einstellungen können in einer Datei abgespeichert werden. Dies erfolgt durch Anwahl der Funktion *Setup–speichern* unter dem Menüpunkt *Datei*. Beim nächsten Backup kann dann diese Setup–Datei anstelle des Default Setups benutzt werden.
Nach Abschluß des Backups wird der Zeitpunkt des Setups und Angaben zum Inhalt der Datensicherung in einer sogenannten Katalogdatei gespeichert, die sich auf dem Ziellaufwerk befindet.

Sollen Daten aus einer Datensicherung zurückgeholt werden, ist die Funktion *Restore* anzuwählen. Danach kann der entsprechende Backup Set ausgewählt werden. Sollen nur bestimmte Dateien zurückgespeichert werden, so können diese über die Funktion *Dateien auswählen* selektiert werden.

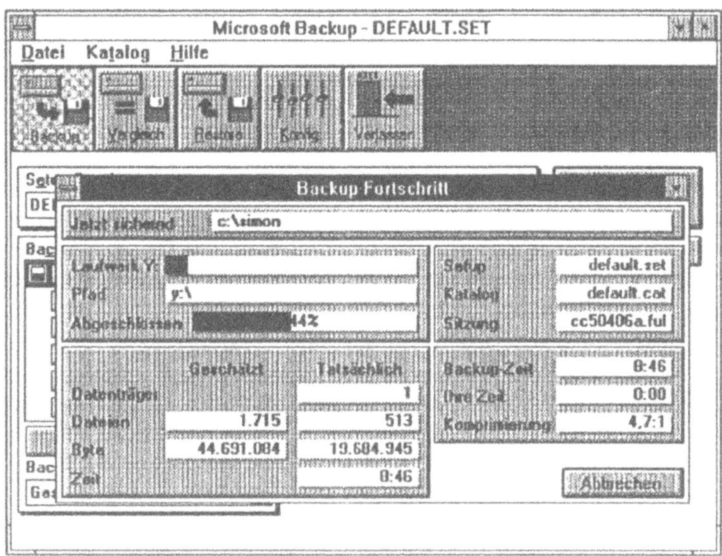

Abb. 11.8–2: Backup Fortschritt

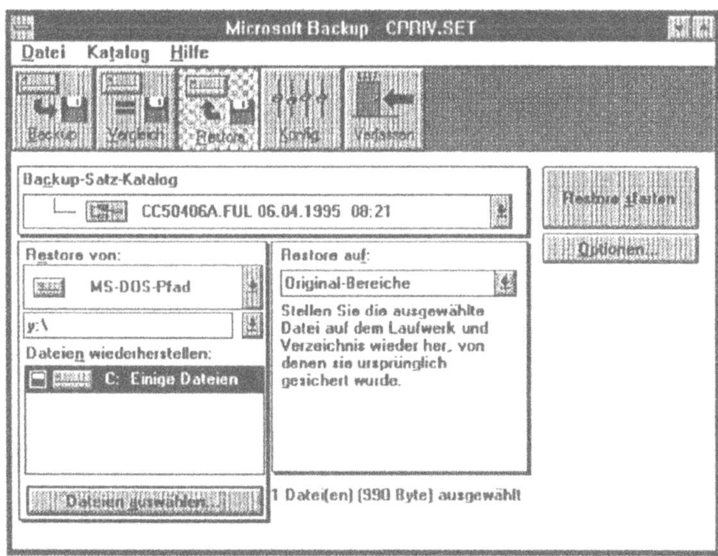

Abb. 11.8–3: Restore mit Microsoft Backup

11.9 PATHWORKS–Mail

PATHWORKS enthält standardmäßig ein Postsystem auf der Basis von OpenVMS–Mail. Damit hat der PC–Benutzer unter MS–DOS alle Möglichkeiten des Versendens und Empfangens von Nachrichten, die auch ein OpenVMS–Benutzer hat. Das Postfach liegt auf dem zugeordneten OpenVMS–Server ab. Dem PC–Benutzer bietet sich nach dem Aufruf von Mail eine Oberfläche, die der gewohnten mausunterstützten PC–Bedienoberfläche entspricht. Das Mail–Programm wird mit MAIL aufgerufen. Ist der Benutzer noch nicht beim Mail–Server angemeldet, so erscheint beim erstmaligen Aufruf des Mail–Programms die in der Abbildung 11.9–1 gezeigte Anmeldemaske.

Vor der erstmaligen Benutzung von Mail sollte mit dem Dienstprogramm MAILSETUP der PC für die Anwendung Mail konfiguriert werden. Hierbei können beispielsweise Server–, Rechnerknoten– und Benutzernamen voreingestellt werden. Der Aufruf erfolgt aus der MS–DOS Ebene durch Eingabe von MAILSETUP. Die Konfigurationsdaten werden im File MAIL.INI im lokalen Verzeichnis der PATHWORKS Software abgelegt.

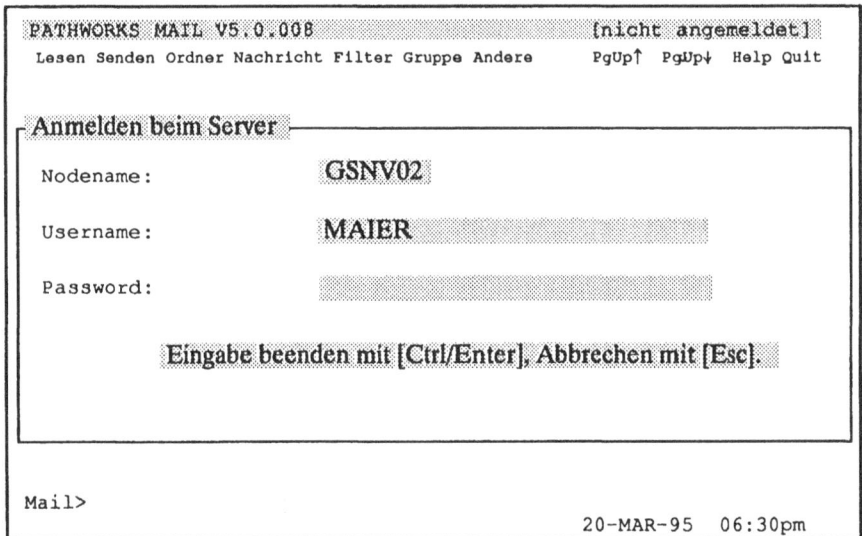

```
PATHWORKS MAIL V5.0.008                                  [nicht angemeldet]
 Lesen Senden Ordner Nachricht Filter Gruppe Andere    PgUp↑  PgUp↓  Help Quit

 Anmelden beim Server
   Nodename:                GSNV02
   Username:                MAIER
   Password:

        Eingabe beenden mit [Ctrl/Enter], Abbrechen mit [Esc].

Mail>
                                                 20-MAR-95  06:30pm
```

Abb. 11.9–1: PATHWORKS Mail–Anmeldungsfenster

11.9.1 Anmeldung beim Mail–Server

Die Anmeldung beim Mail–Server kann auch über das Kommando MAILCHK erfolgen. Dieses Kommando erlaubt es beispielsweise, sofort beim Start der PATHWORKS–Software eine Anmeldung beim Mail–Server zu erzwingen.Die allgemeine Form des Befehls lautet:

MAILCHK <Knoten> [<Benutzername>] [<Kennwort>] /<Qualifier>

Beispiel:
C>MAILCHK VAX2 /START

```
Benutzername: HUBER
Kennwort: ********
Verbindung zu VAX2 wird  herstellt   ..... Ausgeführt
Keine neuen Nachrichten
```

■

Die aufgebaute Verbindung zum Mail–Server bleibt, solange die Netzwerkverbindung besteht, aktiv bzw. bis sie beipielsweise mit MAILCHK /STOP beendet wird. Durch MAILCHK /V kann sich der PC–Benutzer nach dem Verbindungsaufbau jederzeit über den aktuellen Inhalt seines Postfaches informieren.

Beispiel:

C>MAILCHK /V

```
Sie haben 2 neue Nachrichten.
Datum     Von                   Betr
--------------------------------------------------------------
10/07/92  PSI%PSDN1.459903930   Stromabschaltung am Wochenende
10/07/92  VAX2::FLOESER         Test von Floeser
```

```
PATHWORKS MAIL V5.0.008                           [VAX2::FLOESER]
 Lesen Senden Ordner Nachricht Filter Gruppe Andere    PgUp↑ PgUp↓ Help Quit

 1  19-Sept-91     N  GSNC01::SYSTEM |                          [50]
 2  20-Sept-91     N  GSNC01::SIMON  | Testmeldung              [145]

BROWSER für Ordner NEWMAIL (Nachrichten: 2)
Mail>
                                            20-MAR-95  06:31pm
```

Abb. 11.9–2: PATHWORKS Mail–Übersichtsfenster nach Verbindungsaufbau

11.9.2 Versenden einer MS–DOS Datei mit PATHWORKS–Mail

Nachfolgend wird der Ablauf beschrieben, um eine beliebige Datei von einem PC aus an einen anderen am Netzwerk angeschlossenen PC–Benutzer zu versenden.

- Anwahl des Feldes *Senden* in der Menüzeile des PATHWORKS–Mail–Fensters.
- Anklicken der Funktion *Binärdatei anhängen* und Eingabe des Dateinamens.
- Nach Bestätigung durch die Taste *Enter* werden das Ziel und der Betreff abgefragt. Als Ziel ist der Benutzername mit eventuell vorangestelltem Rechner-

knoten anzugeben.
Beispiel:
`An:` SNEV02::HELLWIG
`Betr.:` Übernahme der Umsatzzahlen im EXCEL–Format

■

- Danach kann noch zusätzlicher Text eingegeben werden.
  Das Versenden der Mail erfolgt durch gleichzeitiges Drücken der Tastenkombination CTRL/Z.

Wird eine Mail mit einem Dateianhang empfangen, so ist für die Ablage diese Datei folgender Ablauf einzuhalten.

- Die Meldung ist anzuwählen. Es wird am unteren Rand des Bildschirms angezeigt, wenn die Mail einen Anhang hat.
- Anwahl des Feldes *Nachricht* in der Menüzeile.
- Anwahl der Auswahlfeldes *Binärdatei ablegen.* Am unteren Rand des Bildschirms erscheint die Aufforderung *Anlage ablegen in:* und der ursprüngliche Dateinamen allerdings ohne Platte– und Verzeichnisangabe. Diese Angaben können ergänzt werden. Ansonsten wird die übermittelte Datei im Default PATHWORKS–Verzeichnis des Benutzers abgelegt.

Hinweis: Eine als Anhang von PATHWORKS–Mail verschickte Datei kann auch nur wieder mit PATHWORKS–Mail richtig aus der Meldung ausgepackt werden.

Mittels PATHWORKS–Mail lassen sich Dateien auch über X25–Verbindungen versenden. Bei der CCITT (international telegraph and telephone consultative committee) ist X25 als Standard für die Kommunikation in paketvermittelten Datennetzen (PSDN = packet switching data networks) definiert.
Auf dem Mail–Server muß das Produkt P.S.I. (packetnet systems interface) bzw. P.S.I.–Access installiert sein. P.S.I. erlaubt die Kommunikation über packetvermittelte Datennetze. Beispiele für nationale PSDN sind das deutsche Datex–P Netz der TELECOM, TELEPAC in der Schweiz oder IPERPAC in Spanien.
Im nachfolgenden Beispiel wird die EXCEL–Datei mit dem Namen ber1.xls an den Rechner mit der Datex–P Adresse 4589123458 verschickt.

Beispiel:

```
MAIL>send /attach=c:\excel\ber1.xls
An:          PSI%4589123458
Betr: Als Anlage die gewünschte Tabelle im EXCEL-Format.
```

11.10 PC−DECwindows Motif

Für Workstations stellt DEC eine dem X−Window Standard ähnliche Benutzeroberfläche zur Verfügung (siehe auch Abschnitt 2.5 Workstations und DECwindows Seite 66). PC−DECwindows Motif ermöglicht den Zugriff auf X−Windows− und DECwindows−Anwendungen. Alle Anwendungen, die dem X−Standard entsprechend geschrieben wurden, können über dieses Programm genutzt werden. Anwendungen sind z.B. DECwrite, DECW$CALC, DECW$PPAINT, DECCHART und das OpenVMS−Terminalfenster DECW$TERMINAL.

Über die Fensterumgebung sind folgende Funktionen möglich:

- Verschiedene X−Anwendungen können benutzt werden, ohne spezielle Betriebssystemkommandos kennen zu müssen.
- Es ist möglich gleichzeitig mit mehreren Bildschirmsitzungen (sessions) in verschiedenen X−Anwendungen zu arbeiten.
- Informationen aus einer Anwendung können in eine andere Anwendung übertragen werden (Ausschneiden/Einfügen).

Nachdem die PATHWORKS Software gestartet ist, kann der X−Server gestartet werden mit: DWDOS.
Es wird das DIGITAL−Logo angezeigt, gefolgt von dem Fenster PC−Sitzungsverwaltung (siehe Abbildung 11.10−1). Mit der PC−Sitzungsverwaltung können Anwendungen gestartet werden.

Abb. 11.10−1: PC−Sitzungsverwaltung

Konfigurationseinstellungen sind in der Datei DWDOS.CFG abgelegt, die sich im lokalen Verzeichnis der PATHWORKS Software befindet.

Bevor eine Anwendung gestartet werden kann, muß ein sogenanntes Konto auf einem OpenVMS−, OSF/1− oder UNIX−System verfügbar sein, das die Anwendung bereitstellt. Zum Aufbau dieses Kontos sind der Rechnerknotenname des X−Clients sowie Username und Kennwort anzugeben. Dadurch ist es möglich verschiedene Standardanwendungen unter verschiedenen Kontenbezeichnungen abzulegen. Diese sind dann schnell abrufbar. Außerdem kann ein Konto so eingestellt werden, daß es automatisch beim Start der PC−DECwindows Motif Software aufgerufen wird. Hierzu ist bei der Kontoeinrichtung das Feld *Beim Start betreiben* anzuklicken (Abbildung 11.10−2).

Abb. 11.10–2: PC–DECwindows Motif Starten einer Anwendung mit Konto

Soll eine Anwendung direkt gestartet werden, ist unter dem Menüpunkt Anwendungen die Funktion Schnellstart anzuwählen (siehe Abbildung 11.10–3).

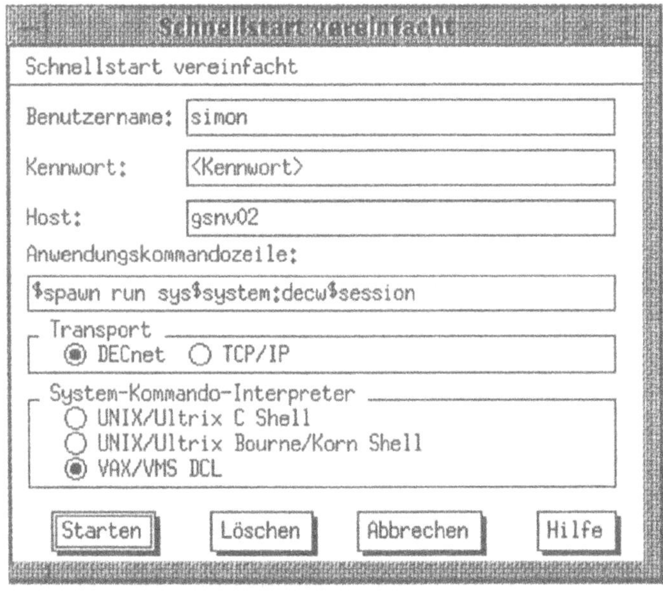

Abb. 11.10–3: PC–DECwindows Starten einer Anwendung

Da mit der PC–Sitzungsverwaltung nur Anwendungen gestartet, aber keine Fenster verwaltet werden können, muß als erste Anwendung ein Window–Manager gestartet werden. Der OpenVMS DECwindows XUI Window–Manager wird durch DECW$WINMGR gestartet. Bei diesem Window–Manager kann die Größe des Fensters verändert werden, indem das Sinnbild am rechten oberen Rand des Fensters mit der Maus angeklickt wird. Die Cursordarstellung wandelt sich und es kann durch Ziehen bei gedrückter linker Maustaste die Größe des Fensters verändert werden. Loslassen der Maustaste bestätigt die Größenänderung.

Nach der Anwendung Window Manager sollte ein Session Manager gestartet werden. Hier bietet sich die DECwindows Motif–Anwendung DECW$SESSION an, welche eine *Pulldown–Menü* Technik verwendet, um weitere Anwendungen zu starten. Damit steht auf dem PC auch der bei Workstations benutzte DECwindows–Session–Manager zur Verfügung wie er im Abschnitt 2.5.1 auf der Seite 66 beschrieben wurde.

Weitere DECwindows–Anwendungen unter OpenVMS sind:

DECW$CALC	Taschenrechner
DECW$PAINT	Graphikprogramm für einfache Illustrationen, Skizzen
DECW$PUZZLE	Window–Version eines Zahlenrätsels
DECW$CALENDAR	Elektronisches Notizbuch
DECW$CLOCK	Uhranzeige in analoger und digitaler Darstellung
DECW$TERMINAL	Terminalemulator der Serie VT300
DECW$MAIL	OpenVMS–Mailsystem

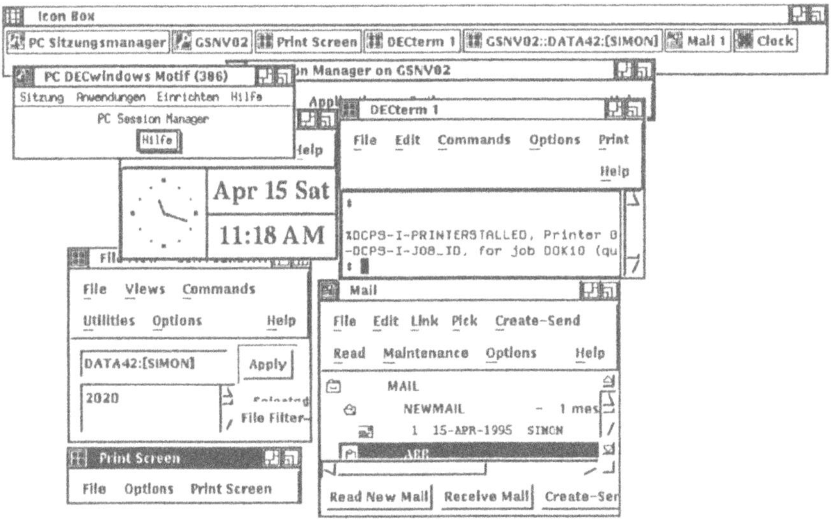

Abb. 11.10–4: PC–DECwindows Motif mit Session Manager

A. Lösungen der Übungsaufgaben

1. Was sind die Hauptkomponenten eines Computers ?
   Ein Computer besteht aus der Zentraleinheit (CPU), den Ein/Ausgabe-Geräten sowie den Hintergrundspeichern (Magnetplatten, Magnetbänder).

2. Wozu dienen die Hintergrundspeicher ?
   Hintergrundspeicher haben die Aufgabe, Daten und Programme längerfristig aufzubewahren. Der Hauptspeicher ist "flüchtig"; d.h. er verliert seine Information, wenn das Stromnetz ausgeschaltet wird. Hintergrundspeicher basieren meist auf dem physikalischen Prinzip des Magnetismus und sind daher in bezug auf die Datenhaltung vom Netzbetrieb unabhängig.

3. Welche Eigenschaften charakterisieren das Betriebssystem OpenVMS ?
   OpenVMS ist ein *interaktives*, *ereignisgesteuertes*, *multiuser* und *virtuelles* Betriebssystem. Damit ist es für alle Rechneranwendungen geeignet.

4. Welche Methoden gibt es unter OpenVMS, die virtuelle Adreßumsetzung zu beschleunigen ?
   Wichtigste Hardware-Ergänzung ist der Translationbuffer. In diesem sehr schnellen Assoziativspeicher werden beispielsweise bei der VAX-11/780 die letzten 128 Seitentabellen-Zuordnungen (Abbildung der Seiten (pages) auf die Speicherkacheln (frames) abgespeichert. Weiter wird unter OpenVMS immer eine *free list* geführt. Der Speicher wird nie ganz mit *Working Sets* der Benutzer belegt. Der Rest des Speichers befindet sich in der sogenannten *free list* bzw. *modified list*. Tritt ein Seitenfehler auf, besteht die Chance, daß die zugehörige Seite sich noch auf der *free list* bzw. *modified list* befindet und damit kein Plattenzugriff erforderlich wird.

5. Wie ist unter OpenVMS das *scheduling* organisiert ?
   Unter *scheduling* wird die Strategie verstanden, nach der die Prozesse gestartet, d.h. der CPU zum Bearbeiten zugeführt werden. Unter OpenVMS gibt es 32 Prioritäten (0 bis 31).

   - Starte immer den Prozeß mit der höchsten Priorität.
   - Falls mehrere Prozesse mit gleicher Priorität vorhanden sind, werden nach der Strategie FIFO (first in, first out) die Prozeßwarteschlangen abgearbeitet.
   - Ein Prozeß darf maximal ein Zeitscheibe (timeslice) lang die CPU belegen. Danach wird er auf jeden Fall wieder an das Ende der seiner Priorität entsprechenden Warteschlange eingetragen.
   - Prozesse, die auf die Beendigung einer Ein/Ausgabeoperation warten, erhalten einen Prioritätszuschlag (priority boosting). Damit hat OpenVMS dynamische Prioritäten.

6. Wozu dienen Quotas und Privilegien ?
   Betriebsmittel des Rechners müssen bei *Multiuser*-Betriebssystemen unter mehreren Benutzern aufgeteilt werden. *Quotas* schützen das System davor, daß sich ein Benutzer unberechtigterweise zuviele Betriebsmittel des Rechners aneignen kann und damit andere Benutzer behindert. Über Quotas wird ein Maximum definiert, das sich ein Benutzer aneignen kann. Wichtigstes Be-

triebsmittel ist dabei der Hauptspeicher. Die meisten Quotas schützen Bereiche des Hauptspeichers (Beispiele sind: FILLM, PRCLM, BYTLM).

7. Wie ist der OpenVMS–File–Name aufgebaut ?
   Ein File–Name besteht unter OpenVMS aus mehreren Bestandteilen. Diese Teile sind durch spezielle Zeichen getrennt. Diese Trennzeichen sind: "::", ":", ".", "[", "]", ";".

   ```
   VAX1::DRB1:[NP222.TEST]BLINK.FOR;3

   VAX1::            DECnet Knotennamen: bis zu 6 Zeichen
   DRB1:             Gerätename (device name)
   [NP222.TEST]      Directory Angabe, bestehend aus
                     der Hauptdirectory NP222 und der
                     Subdirectory TEST (maximal bis zu 39 Zeichen).
   Filename:                BLINK (maximal bis zu 39 Zeichen)
   Filetyp:          FOR (maximal bis zu 39 Zeichen)
   Versionsnummer:   3 (dezimal)
   ```

   Die Gesamtlänge des File–Namens darf 252 Zeichen nicht überschreiten. Der File–Name muß aus alphanumerischen Zeichen bestehen, wobei die Sonder–zeichen $, – und _ als Bestandteile des Filenamens erlaubt sind.

8. Verändern Sie Ihr Password, und überprüfen Sie diese Änderung, indem Sie sich aus– und wieder einloggen. Beachten Sie, daß Sie ohne Kenntnis des Passwords nicht mit dem Rechner arbeiten können.

   ```
   $ SET PASSWORD
   old password: .........
   new password: .........
   verification: .........
   ```

   Die Password–Eingaben werden nicht angezeigt (no echo). Als *verification* muß nochmals das neue Password eingegeben werden.

9. Lassen Sie sich vom Rechner Informationen über den Befehl DIRECTORY geben; ebenso über die Qualifier /PROTECTION, /DATE, /OWNER und /SIZE.

   ```
   $ HELP DIRECTORY
   $ HELP DIRECTORY /DATE
   $ HELP DIRECTORY /OWNER
   $ HELP DIRECTORY /SIZE
   $ HELP DIRECTORY /PROTECTION
   ```

10. Stellen Sie Ihre Default Device/Directory fest.

    ```
    $ SHOW DEFAULT
    ```

11. Schalten Sie Ihre Terminal auf eine Bildschirmbreite von 132 Zeichen pro Zeile um.

    ```
    $ SET TERMINAL/WIDTH=132
    ```

    Das lokale Umschalten des Set–Ups auf eine Bildschirmbreite von 132 reicht im allgemeinen nicht aus.

12. Bestimmen Sie, welche Drucker–Warteschlangen auf Ihrem OpenVMS System existieren.

```
$ SHOW QUEUE/DEVICE/ALL
```

13. Drucken Sie einen File aus, der erst um 18:00 gedruckt werden soll.
    ```
    $ PRINT SYS$LOGIN:LOGIN.COM /AFTER=18:00
    ```
14. Definieren Sie sich einprägsame und kurze Symbole/Synonyme (global) für:
    - Anzeige der Default–Directory
    - Anzeige der Directory mit Schutzcode
    - Abfrage des Inhaltes aller Drucker–Warteschlangen

    Was müssen Sie tun, damit diese Abkürzungen immer gelten ?
    ```
    $ SD == "SHOW DEFAULT"
    $ DP == "DIRECTORY/PROTECTION"
    $ SQA == "SHOW QUEUE/DEVICE/ALL/FULL"
    ```
    Diese Symbolzuweisungen müssen im File SYS$LOGIN:LOGIN.COM eingetragen werden, damit sie nach jedem Login sofort gelten.
15. Legen Sie die vollständige Hilfsinformation für das Kommando DELETE auf einem File ab.
    ```
    $ HELP/OUTPUT=HELPTEXT.OUT  DELETE * *
    ```
16. Stellen Sie die folgenden Informationen fest:
    - Welche Prozesse laufen momentan
    - Welche Benutzer sind eingeloggt
    - Ihre Prozeßeigenschaften
    - Ihre UIC und Default–Directory
    ```
    $ SHOW SYSTEM
    $ SHOW USER
    $ SHOW PROCESS/ALL
    $ SHOW DEFAULT
    ```
17. Suchen Sie alle Files mit dem File–Typ .TXT in Ihrer Directory nach der Zeichenfolge "ist" ab. Legen Sie das Such–Ergebnis in einem File ab.
    ```
    $ SEARCH/OUTPUT=SUCH.OUT   [...]*.TXT  "ist"
    ```
18. Kreieren Sie ein Subdirectory mit dem Namen [.UEBDCL], auf das nur Sie zugreifen können.
    ```
    $ CREATE/DIRECTORY/PROTECTION=(S,O:RWED,G,W)  [.UEBDCL]
    ```
19. Erzeugen Sie ein Inhaltsverzeichnis Ihrer gesamten Directory mit allen Subdirectories, das Sie auf dem Drucker ausgeben können. Das Inhaltsverzeichnis soll folgendes enthalten: File–Name, Anlegedatum, Größe, Protection Code und UIC.
    ```
    $ DIRECTORY [...]*.*;* /DATE/SIZE/PROTECTION/OWNER
    ```
20. Kopieren Sie alle Files von Ihrem Default–Directory/Subdirectory zu einem neuen Directory/Subdirectory, das Sie vorher erzeugen. Besorgen Sie sich gleichzeitig ein Listing von allen übertragenen Files. Löschen Sie anschließend diese Files und die gesamte alte Subdirectory aus Ihrem alten Directory bzw. Subdirectory.
    ```
    $ CREATE/DIRECTORY  [.NEUE_SUB]
    $ SET DEFAULT [-.UEBDCL]
    ```

```
$ COPY/LOG   *.*  [-.NEUE_SUB]
$ DELETE *.*;*
$ SET DEFAULT [-]
$ SET PROTECTION=(O:D) UEBDCL.DIR
$ DELETE UEBDCL.DIR;*
```

21. Löschen Sie alle Ihre Files außer den letzten 2 Versionen. Kontrollieren Sie diesen Vorgang auf dem Bildschirm.

```
$ PURGE/KEEP=2/LOG
```

22. Ändern Sie Ihre Default–Protection, so daß Sie RWED–Zugriff haben, und die Gruppe System nur Lesezugriff hat. Legen Sie mehrere Files an. Überprüfen Sie, ob diese neuen Files diese Protection haben.

```
$ SET PROTECTION/DEFAULT=(O:R,S:RWED,G:RE,W)
```

Die Überprüfung kann erfolgen durch:

```
$ CREATE NEU.DAT
$ DIRECTORY /PROTECTION  NEU.DAT
```

23. Geben Sie ein Beispiel für eine Sortierung an, die zwei Sortierkriterien enthält. Das Ergebnis des Sortierlaufs soll in Ihrer Default–Directory abgelegt werden.

```
$ SORT DISK$COURSE:[COURSE]TELE.DAT  PRIVTELE.DAT -
_$        /KEY=(POSITION:40,SIZE=5) -
_$        /KEY=(POSITION:1,SIZE=30)
```

24. Lesen Sie Ihre Mails.
Schicken Sie eine Nachricht beliebigen Inhalts an einen anderen Benutzer auf Ihrem Rechner.

25. Legen Sie die von einem anderen Benutzer empfangene Nachricht in eine externe Datei mit dem Namen MELDUNG.DAT in Ihrer Default Directory ab.

```
MAIL>READ
MAIL>EXTRACT/NOHEADER  SYS$LOGIN:MELDUNG.DAT
```

26. Erzeugen Sie sich innerhalb Ihrer Mails einen neuen Ordner (Folder) und testen Sie die Mail–Befehle wie:
DIRECTORY/FOLDER, SET FOLDER ...

27. Löschen Sie alle Ihre Mails.

Lösungen der Aufgaben 24. bis 27.:

```
$ MAIL
MAIL>SEND
TO>MAIER
SUBJECT> Kursmitteilung
• Nun den Text eingeben und mit CTRL/Z abschliessen.
MAIL>READ
MAIL>FILE  NEU
• Falls gewünscht, wird nun ein FOLDER mit dem Namen NEU
angelegt, in dem die zuletzt gelesene Meldung abgelegt wird.
MAIL>SET FOLDER NEU
MAIL>DIRECTORY     (Anzeige des Inhalts des Folders NEU)
MAIL>DIRECTORY/FOLDER (Anzeige aller FOLDER)
```

28. Führen Sie mit einem anderen Benutzer ein kurzes "Gespräch" (PHONE). Verabreden Sie vorher mündlich, wer anruft und wer den Anruf beantwortet.

```
$ PHONE
phone>%DIRECTORY             liefert Userübersicht
phone>%DIAL   USER3          Versuch eines Call bei USER3.
```

29. Schreiben Sie eine Prozedur LOESCH.COM, die nach Angabe eines Dateinamens diese Datei löscht, auch wenn sie gegen Löschen gesichert ist.
Zusatz 1: LOESCH.COM soll den Dateinamen nur erfragen, wenn er nicht als Parameter angegeben wurde.
Zusatz 2: LOESCH.COM soll vor dem Löschen alle "passenden" Dateien bei Verwendung von *wild card*–Zeichen (*,%) auflisten und eine Löschbestätigung verlangen. Wenn nicht 'J' eingegeben wird, soll die Prozedur mit einem entsprechenden Vermerk abbrechen.

```
$! Lösung:
$ ! LOESCH.COM Prozedur zum Löschen einer Datei
$ ! 1. Schritt: Dateiname abfragen:
$ dateiname:='p1'
$ if dateiname .nes. "" then goto Schritt2
$ inquire dateiname -
    "Name der zu löschenden Datei (mit Versionsnummer)"
$ ! 2. Schritt: Eventuellen Löschschutz aufheben:
$ Schritt2:
$ set protection=(o:d) 'dateiname'
$ ! 3. Schritt:                      Datei löschen:
$ DIRECTORY 'dateiname'
$ INQUIRE FRAGE "Wirklich löschen  (J/N) "
$ IF FRAGE .NES. "J" THEN GOTO ENDE
$ delete 'dateiname'
$ ! 4. Schritt:                      Prozedur verlassen:
$!
$ENDE:
$!
$ exit
```

30. Schreiben Sie eine Kommando–Prozedur, die folgende Informationen am Bildschirm ausgibt:

- Default–Device/Directory
- Datum und Uhrzeit
- User identification code (UIC)

```
$!Lösung:
$ WRITE SYS$OUTPUT ""
$ WRITE SYS$OUTPUT " DEFAULT DEVICE DIRECTORY "
$ SHOW DEFAULT
$ SHOW TIME
$ WRITE SYS$OUTPUT ""
$ WRITE SYS$OUTPUT " DATUM UND UHRZEIT "
$ SHOW PROCESS
$ WRITE SYS$OUTPUT ""
$ WRITE SYS$OUTPUT " PROCESSANGABEN WIE UIC "
```

```
$!
$! DIE numerische UIC kann wie folgt ermittelt werden:
$ ID := 'F$USER()'
$ INQUIRE ID "IDENTIFIER"
$ UIC =  F$IDENTIFIER("''ID'","NAME_TO_NUMBER")
$ WRITE SYS$OUTPUT " "
$ WRITE SYS$OUTPUT UIC
$ WRITE SYS$OUTPUT "UIC-FORMAT:   ''F$FAO("!%U",UIC)'"
$ EXIT
```

31. Schreiben Sie eine Kommando–Prozedur für die Druckausgabe. Dabei sollen abgefragt werden: File–Name, Drucker, Zeitpunkt des Drucks, Anzahl der Kopien und ein eventuell anzugebender Zusatztext.

```
$! Lösung:
$! DRUCKEN.COM   COMMANDFILE FUER DIE DRUCK-AUSGABE
$! bearbeitet nur .RNO-Files
$ WRITE SYS$OUTPUT "Defaultbezeichnung"
$ SHOW DEFAULT
$ INQUIRE file "Bitte zu druckenden File angeben "
$!
$!    Das Programm steuert die Druckausgabe.
$!
$ Abfrage:
$ INQUIRE antwort "Ausgabe auf FACIT oder PRINTER? - F/P"
$ IF      antwort .EQS. "P" THEN  GOTO   Printer
$ IF      antwort .NES. "F" THEN  GOTO   Abfrage
$!
$Facit:
$ SHOW  TIME
$ WRITE SYS$OUTPUT "===================="
$ WRITE SYS$OUTPUT " "
$!
$!
$Sys$facit:
$ queue := "SYS$FACIT"
$ GOTO     DRUCKER
$!
$PRINTER:
$!
$ WRITE SYS$OUTPUT "Zustand der PRINTER-Schlange"
$ QUEUE := "SYS$PRINT"
$ SHOW   QUEUE/ALL  SYS$PRINT
$DRUCKER:
$!
$ INQUIRE     zeit "Ausgabe nach Zeitpunkt (sofort=0)"
$ IF (ZEIT .EQS. "") THEN ZEIT :="0"
$ INQUIRE     zahl "Anzahl der gewünschten Exemplare"
$ INQUIRE     TEXT "Zusatzbemerkung"
$ PRINT/NOTIFY/AFTER= 'zeit'/COP='zahl' -
        /NOTE="''TEXT'"/QUEUE='queue' 'file'
$ WRITE SYS$OUTPUT " "
```

```
$ WRITE SYS$OUTPUT " "
$ EXIT
```

32. Schreiben Sie eine Kommando–Prozedur TRENN.COM, die folgende Aktionen auslöst:

- Aufforderung zur Eingabe einer vollständigen Dateispezifikation, z.B. VAX2::USER$DISK:[COURSE.USER0]BEISPIEL1.TXT;5
- Korrekte Aufgliederung der Spezifikation in die globalen Symbole

Knoten	(hier: VAX2),
Gerät	(hier: USER$DISK:),
Verzeichnis	(hier: [COURSE.USER0]),
Dateiname	(hier: BEISPIEL1),
Dateierweiterung	(hier: TXT),
Version	(hier: 5)

- Ausgabe der Symbole auf den Bildschirm.

Hinweis: TRENN.COM soll auch bei unvollständigen Angaben funktionieren. Die ausgelassenen Teile sind auf "" zu setzen. Bei falschen Angaben soll TRENN.COM mit einer entsprechenden Meldung abgebrochen werden.

```
$! Lösung:
$ WRITE SYS$OUTPUT -
  "Bitte die vollständige Dateispezifikation angeben"
$ INQUIRE TEXT "DATEI-SPEZIES ANGEBEN"
$ MARKE1 = F$LOCATE("::",TEXT)
$ TEIL1 = F$EXTRACT(0,MARKE1,TEXT)
$ LEN1 = F$LENGTH(TEIL1)+2
$!
$ MARKE2 = F$LOCATE("[",TEXT)
$ TEIL2 = F$EXTRACT(LEN1,MARKE2-1-LEN1,TEXT)
$ LEN2 = F$LENGTH(TEIL2) + 1
$!
$ MARKE3 = F$LOCATE("]",TEXT)
$ TEIL3 = F$EXTRACT(MARKE2,MARKE3-LEN2-LEN1+1,TEXT)
$ LEN3  = F$LENGTH(TEIL3)+LEN2
$ LENG  = F$LENGTH(TEXT)
$ REST1 = F$EXTRACT(MARKE3+1,LENG-MARKE3,TEXT)
$!
$ MARKE4 = F$LOCATE(".",REST1)
$ TEIL4 = F$EXTRACT(0,MARKE4,REST1)
$ LEN4  = F$LENGTH(TEIL4)
$!
$ MARKE5 = F$LOCATE(";",REST1)
$ TEIL5 = F$EXTRACT(LEN4+1,MARKE5-LEN4-1,REST1)
$!
$ MARKE6 = F$LOCATE(" ",REST1)'
$ TEIL6 = F$EXTRACT(MARKE5+1,MARKE6,REST1)
$ WRITE SYS$OUTPUT " DER KNOTEN HEISST:        ''TEIL1' "
$ WRITE SYS$OUTPUT " DAS GERAET HEISST:        ''TEIL2' "
$ WRITE SYS$OUTPUT " DAS VERZEICHNIS HEISST:   ''TEIL3' "
$ WRITE SYS$OUTPUT " DAS FILE HEISST:          ''TEIL4' "
$ WRITE SYS$OUTPUT " DIE EXTENSION HEISST:     ''TEIL5' "
```

```
$ WRITE SYS$OUTPUT "DIE VERSIONSNUMMER IST:     ''TEIL6' "
$! Alternative Lösung mit der lexical Function F$PARSE
$ KNOTEN = F$PARSE(TEXT,,,"NODE")
$ DEVICE = F$PARSE(TEXT,,,"DEVICE")
$ DIREC  = F$PARSE(TEXT,,,"DIRECTORY")
$ NAME   = F$PARSE(TEXT,,,"NAME")
$ TYP    = F$PARSE(TEXT,,,"TYPE")
$ VERSION = F$PARSE(TEXT,,,"VERSION")
$ EXIT
```

33. Schreiben Sie eine Kommando–Prozedur, welche in allen Files mit dem File–Typ *.TXT* eine beliebige Zeichenfolge durch eine andere automatisch ersetzt. Abgefragt werden sollen: File–Spezifikation, alter String, neuer String. Starten Sie diese Kommando–Prozedur auch über einen Batch–Job.

```
$! ERSETZE.COM
$ filespc := 'P1'
$ alt_string := 'P2'
$ neu_string := 'P3'
$! Lösung:
$ wp := "write sys$output"
$ if filespc .EQS. "" then   -
     inquire filespc "In welchen Dateien soll ersetzt werden "
$ if alt_string .EQS. "" then inquire alt_string "Alte Zeichen-
folge"
$ if neu_string .EQS. "" then  -
     inquire neu_string"Neu Zeichenfolge: "
$ sea_string := 'alt_string'
$!wp sea_string
$ search'/heading/window=0/output=found.lst -
    'filespc'.txt -
     "'sea_string'"
$ open/write workfile edtchange.edt
$ write workfile "substitute ~",alt_string,"~",neu_string, -
      "~whole/not"
$ write workfile "exit"
$ close workfile
$ open/read workfile found.lst
$!
$ readagain:
$ read/end_of_file=ende workfile editfile
$ wp "folgende Datei wird geändert: ", editfile
$ edit/edt/command=edtchange.edt 'editfile'
$ goto readagain
$ ende:
$ close workfile
$ exit
```

Für das Starten als Batch–Job müssen alle Abfragen mit dem Kommando INQUIRE durch Parameter–Zuweisung ersetzt werden. Als P1 wird der Name der zu ersetzenden Dateien, als P2 die alte Zeichenfolge und als P3 die neue

Zeichenfolge übergeben. Anschließend wird der Batch–Job gestartet mit: SUBMIT ERSETZE/PARAMETERS=("*.TXT","X25","Datex–P").

34. Schreiben Sie ein Programm, das aus drei Moduln besteht:
Einem Hauptteil mit zwei Unterprogrammen. Der Hauptteil ruft die beiden Unterprogramme auf.

- Linken Sie diese Programme einfach zusammen, und testen Sie das Programm (LINK Kommando, RUN Kommando).
- Erzeugen Sie eine Objektbibliothek, in der die beiden Unterprogramme liegen. Nach Erzeugung dieser Bibliothek löschen Sie die ursprünglichen OBJ–Files. Linken Sie nun das Programm zusammen. Lassen Sie sich in beiden Fällen eine Linker Map ausgeben.

Lösung: Der Name des Hauptprogramms sei HAUPT.FOR, die beiden Unterprogramme heißen SUB1.FOR bzw. SUB2.FOR.

```
$ FORTRAN HAUPT
$ FORTRAN SUB1
$ FORTRAN SUB2
$ LINK/MAP HAUPT,SUB1,SUB2
$ LIBRARY/CREATE  MYLIB  SUB1,SUB2
$ LINK/MAP HAUPT,MYLIB/LIB
```

35. Sichern Sie all Ihre Files mit der BACKUP–Utility über einen Container–File (Beispiel: USER.CNT) in eine andere Directory, die sich auf einer anderen Platte befindet. Beispielsweise sei der Zielbereich DISK$COURSE:[COURSE.BACKUP].

```
$ BACKUP [...]*.*  DISK$COURSE:[COURSE.BACKUP]USER4.CNT/SAVE
```

36. Übertragen Sie mit dem Kommando EXCHANGE/NETWORK eine Datei auf ein anderes System und wieder unter einem anderen Namen zurück. Vergleichen Sie den Ursprungsfile mit dem neu angelegten File.

```
$ EXCHANGE/NETWORK /TRANSFER=BLOCK  -
_$   PROG1.EXE      ZIEL"<username> <password>"::
$! Zurückkopieren, möglichst mit einem Befehl des Zielsystems
$! Danach DIFFERENCES laufen lassen
$ DIFF   PROG1.EXE  PROGN.EXE
```

B. Literaturverzeichnis

Die OpenVMS–Literatur ist sehr umfangreich. Die Dokumentation ist ab der Version 6.1 von OpenVMS sowohl für eine VAX–Plattform als auch für eine Alpha AXP–Plattform gültig. Mit OpenVMS wird die Dokumentation standardmäßig auf einer CD (compact disc) ausgeliefert. In Papierform muß die Dokumentation extra bestellt werden.

Die Alpha AXP OpenVMS distribution CD für OpenVMS V6.1 enthält im Verzeichnis [DOCUMENTATION.V061.DOCW$BOOK] die Dokumentation zu OpenVMS im Bookreaderformat.

Der CD–Dokukit von DEC umfaßt vier CDs. Die OpenVMS Dokumentation befindet sich auf der Disc 3 der online Dokumentation. Der Zugriff auf diese CDs ist im Abschnitt 2.5.4 auf der Seite 75 beschrieben. Die online Dokumentation ist wie folgt gegliedert:

- Alphabetical Listing of OpenVMS Manuals
- Overview of OpenVMS Documentation
- DCL Dictionary
- OpenVMS Glossary
- OpenVMS Master Index
- OpenVMS Software Overview
- System Messages: Companion Guide for Help Message Users
- OpenVMS User Documents
- OpenVMS Programming Documents
- OpenVMS System Management Documents
- OpenVMS VAX (Alpha) Upgrade and Installation Supplements
- OpenVMS Version 6.1 Release Documents

Es gibt drei Dokumentations–Kits in Papierform:

- Basis–Dokumentations–Kit:
  Dieser Kit umfaßt die notwendige Dokumentation für Benutzer von kleinen standalone Systemen oder Benutzern, welche an ein großes OpenVMS System angeschlossen sind.
- Standard–Dokumentations–Kit:
  Ausführliche Dokumentation für alle Benutzer, welche weitergehende Information zu den Hauptfunktionen von OpenVMS benötigen.
- Standard + optionaler Dokumentations–Kit:
  Für Kunden, welche alle verfügbare Dokumentation zu OpenVMS benötigen.

Der Basis–Dokumentations–Kit enthält insbesondere keine Dokumentation zur Programmierung.
Der Standard–Dokumentations–Kit umfaßt im einzelnen:
Base Kit, Advanced Systems Management Kit, Networking Kit, Programming Kit, Master Reference Kit und Release Notes Kit.
Jeder dieser Kits kann auch einzeln bestellt werden. Der Release Notes Kit ist Bestandteil jedes dieser Dokumentations–Kits.

Ein Gesamtüberblick der OpenVMS Dokumentation ist in der Abbildung B.–1 zu finden.
Das vorliegende Buch benutzt unter anderem Informationen, die in den nachfolgenden Original–Manuals (OpenVMS 6.2 und PATHWORKS 5.0) detailliert in Englisch beschrieben sind.

- Introduction to VMS
- VT220 Owners Manual
- Installing and Using the VT320 Video Terminal
- OpenVMS
  - DCL Dictionary
  - EDT Reference Manual
  - EVE Extensible Versatile Editor
  - Debugger Manual
  - User's Manual
  - Guide to System Security
  - System Manager's Manual Essentials
  - System Management Utilities Reference Manual
  - License Management Utility Manual
  - DECwindows Motif User's Guide
  - Document SET
  - Networking Manual
- PATHWORKS Guide to Managing PATHWORKS Licenses
- PATHWORKS Server Administrator's Command Reference
- PATHWORKS Server Administrator's Guide
- PATHWORKS V5 for DOS and Windows
  - Client Installation and Configuration
  - Client Commands Reference
  - Benutzerhandbuch
  - Terminal Emulation Guide
- VAX Architecture Handbook
- Introduction to VAX–11: Concepts
- Computer Programming and Architecture the VAX–11
  Henry M. Levy, Richard H. Eckhouse, Digital Press
- VAX/VMS Internals and Data Structures
  Ruth E. Goldenberg / Lawrence J. Kenah, Digital Press
- OpenVMS AXP Internals and Data Structure
  Ruth E. Goldenberg / Saro Saravanan, Digital Press
- Alpha Architecture Reference Manual
  Richard L. Sites, Digital Press
- VAX FORTRAN
  Volume 1 Reference Manual
  Volume 2 User Manual
- VAX PASCAL
  Volume 1 Reference Manual
  Volume 2 User Manual, Reference Supplement for VMS Systems

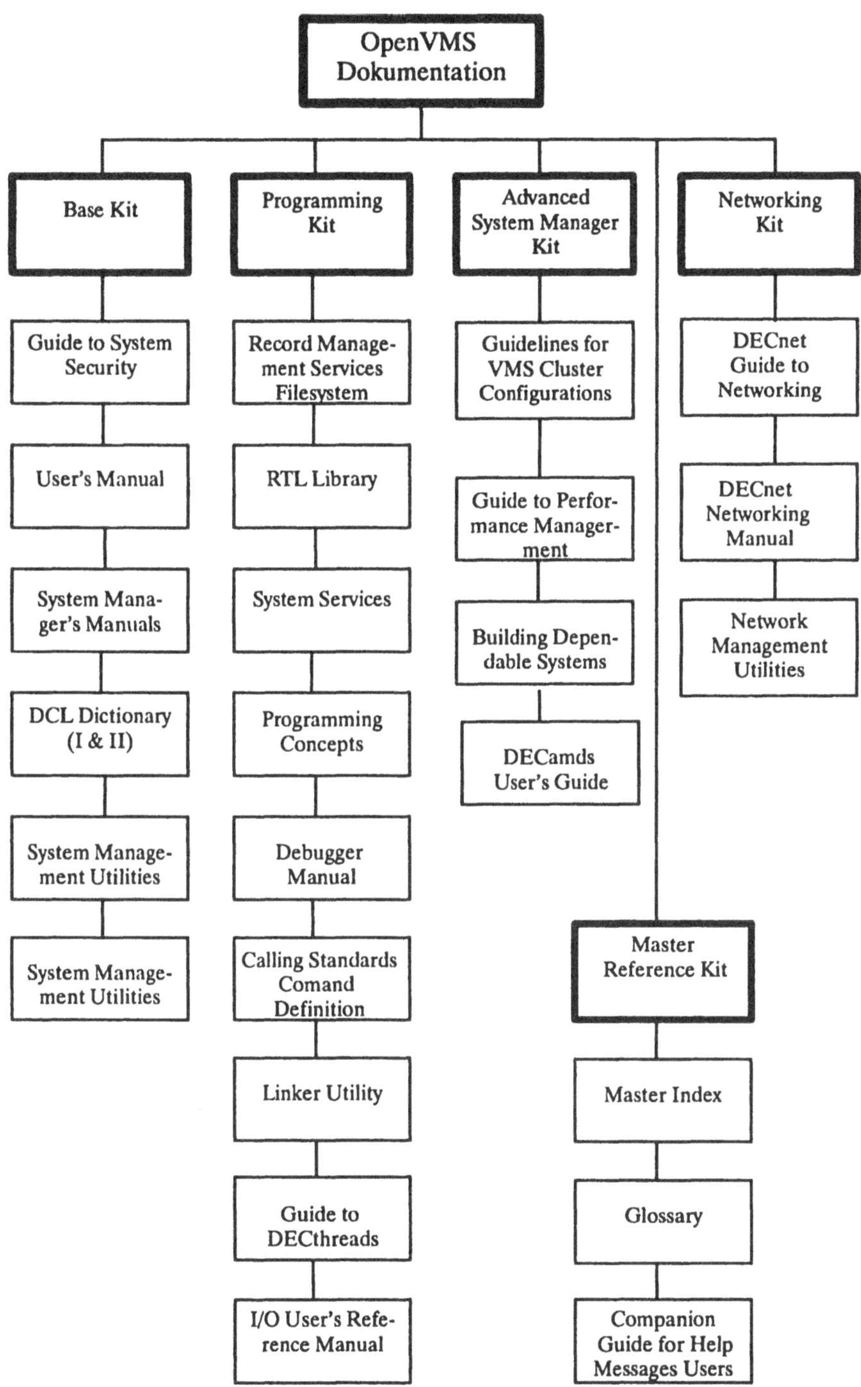
OpenVMS Dokumentation
Base Kit
Programming Kit
Advanced System Manager Kit
Networking Kit
Guide to System Security
User's Manual
System Manager's Manuals
DCL Dictionary (I & II)
System Management Utilities
System Management Utilities
Record Management Services Filesystem
RTL Library
System Services
Programming Concepts
Debugger Manual
Calling Standards Comand Definition
Linker Utility
Guide to DECthreads
I/O User's Reference Manual
Guidelines for VMS Cluster Configurations
Guide to Performance Managerment
Building Dependable Systems
DECamds User's Guide
DECnet Guide to Networking
DECnet Networking Manual
Network Management Utilities
Master Reference Kit
Master Index
Glossary
Companion Guide for Help Messages Users

Abb. B.–1: OpenVMS V6–Dokumentation

C. Stichwortverzeichnis

C

F

G

H

I

M

N

T

www.ingramcontent.com/pod-product-compliance
Lightning Source LLC
Chambersburg PA
CBHW031431180326
41458CB00002B/510
* 9 7 8 3 4 8 6 2 3 2 5 9 2 *